Jen Kondash

2,208
oval

Наверное

carned

можно Вас пригласит на

lunch
обед в воскресене
↑
sunday

мне жаль →
I'm sorry

JEN

Pg 288 poem

# RUSSIAN
## *Face to Face*

# A Communicative Program in Contemporary Russian

**Zita Dabars**
Friends School
Baltimore, Maryland U.S.A.

**George W. Morris**
St. Louis University High School
St. Louis, Missouri U.S.A.

**Nadezhda I. Smirnova**
A. S. Pushkin Institute of the Russian Language
Moscow, Russian Federation

Project Consultant:
**Mark N. Vyatyutnev**
A. S. Pushkin Institute of the Russian Language
Moscow, Russian Federation

Project Director:
**Dan E. Davidson**
American Council of Teachers of Russian and
Bryn Mawr College

National Textbook Company
a division of *NTC Publishing Group* • Lincolnwood, Illinois USA
In association with the American Council of Teachers of Russian ▲CTR
and Russky Yazyk Publishers, Moscow, Russian Federation

# Acknowledgments

The authors wish to acknowledge the support of Russian-language teachers, field testers, students, and foundations.

*Russian Face to Face 2* has benefited from extensive field testing and/or close reading and evaluation of individual chapters by Regina Avrashov (University of Colorado), Kathleen Dillon (Polytechnic School), Melissa Feliciano (Friends School), and curriculum consultants Irina Dementeva, Tatyana Kazaritskaya, Ludmila Pogorelova, Lidia Smelnyakova, Nadezhda Troshina, and Irina Vorontsova, as well as by Frederick Johnson (Northfield Mt. Hermon School), Helen Meigs (Allerdice High School), Alicja Power (Northwestern Michigan College), John Sheehan (Winter Park High School), Andrew Tomlinson (Western High School), Sue Ellen Turscak (Episcopal High School), and the 24 teachers who attended the 1992 Summer Institute in Russian Language and Culture at Bryn Mawr College. Funding for the Institute was provided by the National Endowment for the Humanities through the Center of Russian Language and Culture (CORLAC).

We also want to thank the members of the project advisory board: Jane Barley (New York State Education Department), Richard Brecht (University of Maryland), Olga Kagan (UCLA), Marie Lekic (University of Maryland), and Irene Thompson (George Washington University), all of whom have been generous with their time, advice, and assistance.

Joel Brady, Cheryl Draves, Abigail Evans, Janet Innes, and Lisa Preston have been of great general assistance to the project, especially in preparing field-testing versions of the textbook. As Resident Director of the American Council of Teachers of Russian (ACTR) U.S.-U.S.S.R. High School Partnership Exchange, Steve Frank assisted in transporting manuscripts between the United States and Moscow.

We are also grateful to Lilia Vokhmina, co-author of *Russian Face to Face 1* and Ellina Sosenko, both of the A. S. Pushkin Institute of the Russian Language in Moscow, for careful review of the manuscript and for useful exercise materials.

*Russian Face to Face 2* benefited from the comments of the students who participated in the field testing of the textbook. Special thanks go to the 1993 graduating class at Friends School (Baltimore) and at St. Louis University High School. The first names of the American students in the book are those of students who received the Claire Walker Award for Excellence in Russian at Friends School (1978-1990). They are representative of all the students whom the authors have had the pleasure of teaching.

We gratefully acknowledge the support of the American Council of Teachers of Russian, Friends School, St. Louis University High School, and the A. S. Pushkin Institute. Dr. Dan E. Davidson, Executive Director of the American Council of Teachers of Russian (ACTR) and professor of Russian at Bryn Mawr College, has provided invaluable leadership throughout the project.

This project would not have been possible without two grants from the Geraldine R. Dodge Foundation. Special thanks go to Scott McVay, Director, and Alexandra Christy, Program Officer, for their support of our efforts.

*Editors:* T. J. Rogus, N. N. Kouznetsova, M. V. Piterskaya

*Design:* N. N. Kouznetsova, N. I. Terechov

*Artist:* L. Kh. Nasyrov

*Phonetics:* M. Lukanova

1996 Printing

# Contents

# ЧАСТЬ ВТОРАЯ

# ЧАСТЬ ТРЕТЬЯ

# ЧАСТЬ ЧЕТВЁРТАЯ

# Appendix

Symbols and special indications

Boldface in the text indicates the first appearance
of a vocabulary item

 Reading text for complete understanding, using vocabulary

Reading text for comprehension of most important information

Exercise for written expression in Russian

# Grammar Structures—A Chapter-by-Chapter Overview

| Lesson 1 | Lesson 2 | Lesson 3 | Lesson 4 |
|---|---|---|---|
| The preposition из with the genitive case | Давай/те + future tense or infinitive | The preposition с; instrumental forms of nouns and adjectives | The construction хотéл бы |
| Verbs of motion with the prefix при- | The preposition у + genitive case | The pronoun тот | The short-form adjective знакóм |
| Defining one noun with another | Imperfective and perfective future tenses | The verbs познакóмить, познакóмиться | The verb быть + adjectives in the instrumental case singular |
| | Рад + infinitive; рад + что... | The instrumental forms of the personal pronouns | |
| | | The short-form adjective похóж | |
| | | The verb form говоря́т | |

| Lesson 6 | Lesson 7 | Lesson 8 | Lesson 9 |
|---|---|---|---|
| The prepositions от, до, рядом с; adjectives in the genitive and instrumental cases | Impersonal constructions with the predicate надо | The perfective verbs принести and прийти | The preposition от + genitive case |
| Там and туда | Using imperatives | The grammatical forms of non-Russian names | The pronoun сам |
| Лучше + verb | The preposition по with the dative case | The preposition к + dative case | The verbs есть and пить |
| Verbs of motion with the prefixes до- and про- | | | |
| В/на with the prepositional case: adjective and noun forms | | | |
| Памятник + the dative case | | | |

| Lesson 11 | Lesson 12 | Lesson 13 | Lesson 14 |
|---|---|---|---|
| Verbs with suffix -ова-: волнова́ться, сове́товать | Using the accusative case to express duration | Са́мый + qualifying adjective | The preposition для + genitive case |
| The verbs of motion ходи́ть and е́здить | The adverbs всегда́, ча́сто, обы́чно, иногда́, ре́дко, никогда́ | The verb быва́ть | The prepositional and genitive plural of adjectives and pronouns |
| The pronoun весь | The verbal prefix по- | The neuter singular of ordinal numbers in dates | The verb мочь |
| Adjective-adverb relationships | Using пока́ | The genitive of dates in answering the question когда́? | |
| The perfective verb понра́виться | Comparatives бо́льше, ме́ньше | | |
| | The possessive pronoun свой | | |

| Lesson 16 | Lesson 17 | Lesson 18 | Lesson 19 |
|---|---|---|---|
| The use of на in time expressions | The preposition че́рез + the accusative case | The dative plural of nouns and possessive pronouns | The reflexive pronoun себя́ |
| Telling time during first half of the hour: the nominative of minutes + genitive of hours | The verb успева́ть/успе́ть | The conjunction кото́рый in the singular | The verb взять |
| Genitive case of cardinal numbers | The use of по́сле того́, как | Comparatives of adjectives and adverbs | The use of кото́рый in the plural |
| Telling time during second half of the hour: the preposition без + the genitive case | | Comparisons using чем | Review: case forms of numbers |
| Review: using nouns with numerals | | | |
| Review: noun + noun-word combinations | | | |

# Introduction

The greater openness of Russia in recent years has allowed people from other countries to travel there and make contact face to face—лицо́м к лицу́—with Russians in their own country. This book aims to help English-speaking students communicate information and ideas in Russian.

Throughout the book, you will follow a group of students who travel to Moscow to spend a month living with Russian families, attending classes, and going on sightseeing and shopping trips. The students' activities are ones that you might become involved in yourself, when you spend time in Russia.

Of course, encounters between Russian and American students are a two-way street. While in Moscow, our American students are asked many questions about life in America. You will also find that many Russian students travel to America and other English-speaking countries. Some may now be visiting your school or city. You will find that this book will help you to converse with them about topics that are important to all of you.

Счастли́вого пути́!

# ЧАСТЬ
# ПЕРВАЯ

# Урок 1 (Первый урок)

# Давайте познакомимся!

| Part | Main Structures | Functions | Grammatical Concepts |
|---|---|---|---|
| A | — Давáйте познакó-мимся. Меня зовýт Ирúна. А это Слáва. | Introducing oneself and others | |
| | — Вы откýда при-éхали, из Амéрики? | Asking and telling where one is from | The preposition из with the genitive case |
| | — Да, из Чикáго. | | Verbs of motion with the prefix при- |
| | **Language & Culture** | Exchange Programs | |
| B | — Óчень приятно. Рáда с вáми по-знакóмиться. | Responding to introductions | |
| | — Это наш учúтель рýсского языкá. | | Defining one noun with another |
| | — Мóжно прóсто Натáша и Сергéй. | Giving one's diminutive | |
| | **Language & Culture** | Diminutives | |
| C | **Cultural Readings** Informational signs at airports | Чтéния из рýсских газéт | |
| D | **Grammar Summary** | | |
| E | **Phonetics** Интонáция: ИК-1, ИК-2, ИК-3 Фонéтика: т, д, н, с, з, у, о | Overview of the Lesson Словáрь Geographical Names | |

## A Introducing Oneself and Others

| Давáйте познакóмимся. | Let me introduce myself. |
|---|---|
| Меня́ зовýт Ири́на. | My name is Irina. |
| А э́то Слáва. | And this is Slava. |

**A1** (D1, D2, D3)* Listen to the dialogues before reading them. Tell where they occurred:

- at a bus stop
- at a railway station
- at an airport

American student groups are being met by their Russian hosts:

a. — Ребя́та, вы **из** США?
   — Да, из Вашингтóна.
   — Óчень хорошó. Я вас **встречáю**. Бýдем знакóмы.
   Меня́ зовýт Пáвел Ивáнович.

---

\* Note to the student: the notations D1, D2, etc. refer to the sections below where grammatical
structures are explained.

---

**b.** — Ребя́та, **отку́да вы?**

— Из Атла́нты.

— Я вас встреча́ю. **Дава́йте познако́мимся.**
Я Алла Влади́мировна.

**c.** — Вы отку́да прилете́ли — из Аме́рики?

— Да, из Чика́го.

— Очень хорошо́. Дава́йте познако́мимся.
Меня́ зову́т Серге́й Бори́сович, а э́то
Ната́лья Ива́новна. Мы вас встреча́ем.

**d.** — Отку́да вы прие́хали — из Филаде́льфии?

— Да, из Филаде́льфии.

— Здра́вствуйте. Бу́дем знако́мы. Меня́ зову́т
Ири́на. А э́то Сла́ва. Мы вас встреча́ем.

Russians give their last names only in formal and official introductions and in business. Young people usually give just their
first names when meeting people their own age.

**A2** Look at the table below. After each listing of a function
(such as inquire where someone comes from), a statement
in Russian illustrates the idea (**Отку́да ты?**). Examine the
dialogues above and add other sentences from them to illustrate
these functions. After **Отку́да ты?** you might add: **Ребя́та, вы
из США? Ребя́та, отку́да вы? Отку́да вы прие́хали — из
Аме́рики?** or **Отку́да вы прилете́ли — из Филаде́льфии?**

| How to | |
| --- | --- |
| inquire where someone came from: | Отку́да ты? |
| tell where one is from: | Я из Росси́и. |
| introduce oneself: | Дава́йте познако́мимся.<br>Меня́ зову́т Игорь. |

**A3**  Many Americans visit Moscow. Use these patterns to create dialogues of your own:

— Откýда вы приéхали?  — Из США.
— Откýда вы прилетéли?  — Из Чикáго.
  — Из Нью-Йóрка.
  — Из Атлáнты.
  — Из Вашингтóна.
  — Из Филадéльфии.

**A4**  Как вы дýмаете, откýда онú приéхали?

**A5**  Many exchange programs involve American and Russian high school students. The High School Academic Partnership Exchange requires a knowledge of Russian. This program is one result of the Moscow Summit in May 1988 and an agreement reached by then Presidents Reagan and Gorbachev. In the first year, thirty schools exchanged ten to fifteen students and one or two teachers each. The following year twenty-nine schools were added, and the program is still growing. Russian-speaking students spend a month living with American families, and American students do the same in Russia. American schools are paired with schools in cities throughout Russia and its neighbors. You will learn more about this Partnership Exchange throughout this textbook.

**A6**  Role play.

At the airport: a group of American high school students has come to visit Russia.

A. You are a Russian meeting the group. Make sure you have found the right group and introduce yourself.

B. You are a member of the group. A person who is meeting your group addresses you to make sure he has found the right one. Tell him where you come from.

**A7**  Role play.

At the airport: a group of Russian students has come to visit the United States.

A. You are an American student who has come to the airport with your Russian teacher to help him/her meet the group. Make sure you are addressing the right group and introduce yourself. You are meeting groups from St. Petersburg (**Санкт-Петербу́рг**), Moscow (**Москва́**), Yaroslavl (**Яросла́вль**), Minsk (**Минск**), and Odessa (**Оде́сса**).

B. You are a member of the Russian group. An American steps up to speak to you. Confirm that you are from the group he/she is supposed to meet.

## B  Responding to Introductions

Рад с ва́ми познако́миться.       Nice to meet you.

Мо́жно про́сто Па́вел.          You can call me Pavel.

**B1**  Listen to the dialogues on tape before reading them and answer the following questions:

1.  How many people are speaking in each dialogue?

2.  What is the purpose of the dialogues?

    • learning about places people came from
    • introducing people
    • learning about one's plans

American students have become acquainted with the Russians who came to meet them and now introduce the Russians to the leaders of the American groups:

**Гру́ппа из Вашингто́на:**

| | |
|---|---|
| Учени́к: | Па́вел Ива́нович, познако́мьтесь, э́то наш **учи́тель ру́сского языка́.** **Ми́стер** Джо́нсон, э́то Па́вел Ива́нович. Он нас встреча́ет. |
| Учи́тель: | Дейв Джо́нсон из Вашингто́на. |
| Па́вел Ива́нович: | Очень прия́тно. **Рад с ва́ми** познако́миться. Па́вел Ива́нович Су́хов, и́ли **про́сто** Па́вел. |
| Дейв Джо́нсон: | Очень прия́тно, Па́вел. |

**Гру́ппа из Атла́нты:**

| | |
|---|---|
| Учени́к: | Алла Влади́мировна, э́то на́ша **учи́тельница ру́сского языка́.** Познако́мьтесь, пожа́луйста. |
| Алла Влади́мировна: | Алла Влади́мировна Берёзова. Учи́тельница англи́йского языка́. Мо́жно про́сто Алла. |
| Учи́тельница: | Очень прия́тно. Хе́лен Сно́у из Атла́нты. Ра́да с ва́ми познако́миться. |

**Гру́ппа из Чика́го:**

| | |
|---|---|
| Учени́к: | Ми́стер Бра́йтон, познако́мьтесь. Это Ната́лья Ива́новна и Серге́й Бори́сович. Они́ нас встреча́ют. |
| Учи́тель: | Здра́вствуйте. Я Ри́чард Бра́йтон из Чика́го. |
| Ната́лья Ива́новна: | Очень прия́тно, Ри́чард. Мы ра́ды с ва́ми познако́миться. Меня́ зову́т Ната́лья Ива́новна Соло́мина, а это Серге́й Бори́сович Ивано́в. Мо́жно про́сто Ната́ша и Серге́й. Мы из шко́лы № 15. |
| Ри́чард Бра́йтон: | Очень прия́тно. Рад с ва́ми познако́миться. |

**Гру́ппа из Филаде́льфии:**

| | |
|---|---|
| Учени́к: | **Ми́ссис** Уа́йли, вот Ири́на и Сла́ва. Они́ нас встреча́ют. Познако́мьтесь. |
| Се́йра Уа́йли: | Здра́вствуйте. Я Се́йра Уа́йли из Филаде́льфии. |
| Ири́на: | Очень прия́тно, Се́йра. Я Ири́на Хра́мова, а э́то Станисла́в Радке́вич, и́ли про́сто Сла́ва. Мы вас встреча́ем. |
| Се́йра Уа́йли: | Ири́на и Сла́ва. Очень прия́тно. Ра́да с ва́ми познако́миться. |

**B2** Review the dialogues above and add appropriate expressions from them to the examples below:

| How to | |
|---|---|
| introduce someone: | Познако́мьтесь, э́то Том. |
| respond to an introduction: | Очень прия́тно.<br>Рад с ва́ми познако́миться. |
| give one's diminutive: | Меня́ зову́т Екатери́на, и́ли про́сто Ка́тя. |

**B3** It is important to know both full Russian names and their diminutive forms. Russian young people use diminutives with each other, and adults also use diminutives among friends and relatives. Some Russian names have two (or more) diminutives, and the same diminutive is sometimes used for both males and females.

Guess the diminutives of these Russian names. Match the names in the left column with the diminutives in the right column.

— Екатери́на, и́ли про́сто Ка́тя.

1. Алекса́ндр, Алекса́ндра — Ната́ша
2. Екатери́на — Серёжа
3. Анастаси́я — Андрю́ша
4. Михаи́л — Са́ша
5. Наде́жда — Ка́тя
6. Андре́й — На́стя
7. Ната́лья — Ми́ша
8. Серге́й — Же́ня
9. Евге́ний, Евге́ния — На́дя
10. Ю́рий — Юра

**B4** To introduce someone, choose an item from each of the first two lists. To respond, choose from the third list.

**1**
— Дава́й познако́мимся.
— Дава́йте познако́мимся.
— Познако́мься, пожа́луйста.
— Познако́мьтесь, пожа́луйста.

**3**
Меня́ зову́т...
Это мой друг/моя́ подру́га...
Его́/её зову́т...

**2**
— Очень прия́тно.
— Рад/ра́да с тобо́й/с ва́ми познако́миться.

**B5** В Москву́ из Вашингто́на прилете́л Стив Фрэ́нклин, учи́тель ру́сского языка́, и его́ ученики́.
Их встреча́ют учи́тельницы англи́йского языка́ из шко́лы но́мер пятна́дцать Ната́лья Ива́новна Буда́рина и Ири́на Петро́вна Воронцо́ва.

Ири́на рабо́тала зимо́й в Балтимо́ре и зна́ет Сти́ва. Она́ о́чень ра́да, что Стив и америка́нские шко́льники прилете́ли в Москву́.

Listen to the three friends' conversation on tape and answer the questions.

1. Where does the conversation take place: in Moscow or in Baltimore?
2. Who is Steve Franklin?
3. How many people met Steve and his pupils?
4. Was Irina introduced to Steve or did she know him before?
5. Did Natasha talk only with Steve or with his students, too?

**B6**  Role play.

A group of American high school students has come to visit Russia.

A. You are one of the group. A Russian teacher who is supposed to meet the group has already introduced himself to you. Introduce him to the leader of your group.

B. You are the group leader. One of your students introduces you to a Russian teacher who has come to meet the group. Respond to the introduction.

C. You are a Russian teacher who has come to the airport to meet a group. A student introduces you to the leader of the group. Respond to the introduction.

**B7** Role play.

A group of Russian students has come to visit the United States.

A. You have come with your teacher to meet a group of Russian students at the airport. You were the first to meet the leader of the Russian group. Introduce him/her to your teacher.

B. You are a leader of a Russian group. An American student introduces you to a man/woman who came to meet you. Respond to the introduction.

C. You have come to meet the group at the airport. One member of the group introduces you to the leader of the group.

## C Cultural Readings

**C1** In every airport, there are many informational signs. Some signs used in Russia are given on the next page. On the right are corresponding American signs. Match the Russian signs with their English equivalents.

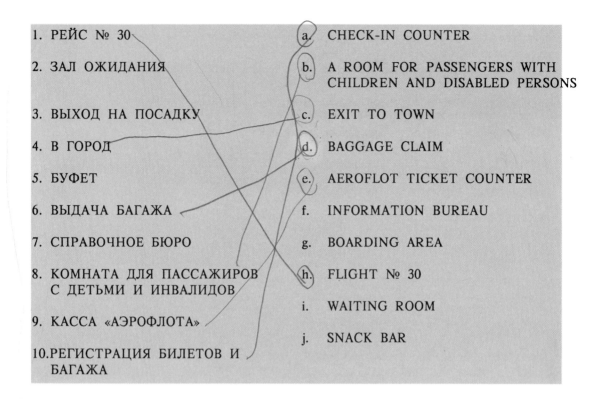

| | |
|---|---|
| 1. РЕЙС № 30 | a. CHECK-IN COUNTER |
| 2. ЗАЛ ОЖИДАНИЯ | b. A ROOM FOR PASSENGERS WITH CHILDREN AND DISABLED PERSONS |
| 3. ВЫХОД НА ПОСАДКУ | c. EXIT TO TOWN |
| 4. В ГОРОД | d. BAGGAGE CLAIM |
| 5. БУФЕТ | e. AEROFLOT TICKET COUNTER |
| 6. ВЫДАЧА БАГАЖА | f. INFORMATION BUREAU |
| 7. СПРАВОЧНОЕ БЮРО | g. BOARDING AREA |
| 8. КОМНАТА ДЛЯ ПАССАЖИРОВ С ДЕТЬМИ И ИНВАЛИДОВ | h. FLIGHT № 30 |
| 9. КАССА «АЭРОФЛОТА» | i. WAITING ROOM |
| 10. РЕГИСТРАЦИЯ БИЛЕТОВ И БАГАЖА | j. SNACK BAR |

**C2** Here are some brief selections from Russian newspapers. Determine the subject matter of these articles, and answer the following questions:

Откуда приехали школьники? Куда они приехали?

Международный детский лагерь открылся этим летом в Иркутске. Здесь будут жить и знакомиться друг с другом ребята из Иркутска и из американского города Юджин, штат Орегон.

Сегодня на вечере поэзии в московской школе № 679 были гости — ребята из Арлингтонской школы штата Нью-Йорк (США). Весь вечер в школе звучала музыка — пели американские и русские песни, читали стихи. Ребята хорошо понимали друг друга.

В Санкт-Петербург приехали учителя и школьники из Пенсильвании, Иллинойса, с Аляски. Они приехали по программе русско- американского школьного обмена. Сейчас уже более пятидесяти школ России и США участвуют в этой программе.

## D Grammar Summary

**D1** To indicate where someone comes from: из/с + genitive case (A1, A3, B1). The prepositions из and с are used with the genitive case to answer the question откýда? These prepositions are paired in the same way as в and на when indicating destination.

| | | | |
|---|---|---|---|
| в Вашингтóн | из Вашингтóна | на спектáкль | со спектáкля |
| в шкóлу | из шкóлы | на урóк | с урóка |
| в класс | из клáсса | на тренирóвку | с тренирóвки |
| в музéй | из музéя | на экскýрсию | с экскýрсии |
| | | на плóщадь | с плóщади |

But remember:  **домóй — из дóма**

Note that some borrowed nouns ending in -o (метрó, кинó) and proper names ending in -o, -и (Чикáго, Сóчи) do not decline: из кинó, в метрó, в Сóчи, из Сóчи.

Constructions with the preposition из are also used to denote origin: турńсты из Россńи, шкóльники из США, кнńга из библиотéки.

**D2** Verbs of motion with prefix при-: приéхать, прилетéть (A1, A3, B1).

When used with the prefix при-, verbs of motion acquire the meaning of "reaching a final goal" or "arrival at a destination."

— Когдá вы приéхали в Москвý?
— Мы прилетéли вчерá вéчером.

**D3** To qualify one noun with another: учńтель рýсского языкá (B1).

When a noun expresses something that is part of another noun, or specified by it, the second noun is in the genitive case: учńтель рýсского языкá, шкóльники Москвы́, столńца страны́, истóрия гóрода.

## E Phonetics

**E1** Practice the following words. Pay attention to the pronunciation of the sounds

| | | | |
|---|---|---|---|
| нас | дам | там | самá |
| нам | рáда | э́то | здрáвствуй |
| нáша | давáй | прóсто | |

**E2** Read aloud, following the example you hear as closely as possible. Pay attention to the pronunciation of y and the stressed vowel **o**.

| | | |
|---|---|---|
| óчень | у́чит | откýда |
| прóсто | бýдем | музéй |
| знакóм | рýсский | урóк |
| познакóмь | зовýт | учи́тель |

**E3** Read aloud, following the example you hear as closely as possible.

| | | |
|---|---|---|
| вот | штат | из(с) |
| год(т) | друг(к) | нас |
| рад(т) | урóк | класс |

**E4** Read aloud. Make sure you pronounce each prepositional phrase as a single unit with the word that follows it.

| **(ф)** | **(ис)** |
|---|---|
| в США | из США |
| в Филадéльфию | из Филадéльфии |
| в класс | из клáсса |
| в шкóлу | из шкóлы |

| **(в)** | **(из)** |
|---|---|
| в Вашингтóн | из Вашингтóна |
| в Амéрику | из Амéрики |
| в Москвý | из Москвы́ |
| в Санкт-Петербýрг | из Санкт-Петербýрга |
| в музéй | из музéя |

In the following examples, the vowels in prepositions **на** and **со** are reduced.

на спекта́кль            со спекта́кля
на уро́к                 с уро́ка
на экску́рсию            с экску́рсии

**E5**  Read the sentences. Follow the intonation of these questions and statements. The intonational pattern is indicated by the number above the intonational center of the sentence. Consult the appendix.

**ИК-2**

2
Отку́да вы?
Отку́да вы прие́хали?
Вы отку́да прие́хали?

**ИК-3**

3
Вы из США?
Вы из Аме́рики?
Вы знако́мы?

**ИК-1**

1
Из США.
Из Вашингто́на.
Ещё нет.
Это Па́вел.
Он нас встреча́ет.
Очень прия́тно.
Рад с ва́ми познако́миться.

**E6**  Read this poem.

Я до́лго ду́мал:
Отку́да на у́лице взя́лся тигр?
Ду́мал — ду́мал,
Ду́мал — ду́мал,
Ду́мал — ду́мал,
Ду́мал — ду́мал,
В э́то вре́мя ве́тер ду́нул —
И я забы́л, о чём я ду́мал...

*Д. Хармс*

# Overview of the Lesson

Match the pictures with the list of functions. What do you think the people are saying? You may suggest more than one function for each picture.

Introducing oneself
Introducing someone
Reacting to an introduction
Inquiring and telling where someone is from

# Слова́рь

## Part A

| | | |
|---|---|---|
| аэропо́рт | airport | |
| бу́дем знако́мы | let's get acquainted | |
| вокза́л | train station | |
| встреча́ть/встре́тить | to meet | встреча́-ю, -ешь, -ют/ |
| дава́й/те | let's | встре́ч-у, встре́т-ишь, -ят |
| из (+ gen.) | from (a place) | |
| отку́да | from where | |
| познако́миться (pf.) | to become acquainted | познако́м-люсь, -ишься, -ятся |
| познако́мьтесь (imper. pl.) | get acquainted, meet | |
| прие́хать (pf.) | to arrive (by a means of transportation) | прие́д-у, -ешь, -ут |
| прилете́ть (pf.) | to arrive (by flying) | прилеч-у́, прилет-и́шь, -я́т |

## Part B

| | |
|---|---|
| ми́ссис | Mrs. |
| ми́стер | Mr. |
| про́сто | simply |
| рад, ра́да, ра́ды (m., f., pl.) | glad |
| с ва́ми (instr. of вы) | with you |
| учи́тель ру́сского языка́ | teacher of Russian (male) |
| учи́тельница англи́йского языка́ | teacher of English (female) |

## List of Geographical Names

| | |
|---|---|
| Аме́рика | America |
| Атла́нта | Atlanta |
| Вашингто́н | Washington |
| Ло́ндон | London |
| Минск | Minsk |
| Москва́ | Moscow |
| Нью-Йорк | New York |
| Оде́сса | Odessa |
| Санкт-Петербу́рг | Saint Petersburg |
| США | USA |
| Филаде́льфия | Philadelphia |
| Чика́го *(not declined)* | Chicago |
| Яросла́вль *(m.)* | Yaroslavl |

# Урок 2 (Второй урок)

| Part | Main Structures | Functions | Grammatical Concepts |
|------|-----------------|-----------|----------------------|
| A | — Давáйте бýдем на «ты».<br>— Давáйте, или нет — давáй.<br><br>— Я бýду жить у Натáши Ивановой. | Making suggestions<br><br>Expressing agreement or refusal<br><br>Naming a person as a location | Давáй/те + future tense or infinitive<br><br><br>The preposition у + genitive case |
| | **Language & Culture** | Russian apartments | |
| B | — Зáвтра ýтром у вас бýдет встрéча.<br><br>— Я рáда, что ты бýдешь у меня жить.<br>— Неужéли!<br>— Как интерéсно!<br>— Как здóрово! | Describing future actions and events<br><br>Expressing gladness, interest, surprise, enthusiasm | Imperfective and perfective future tenses<br>Рад + infinitive; рад + что... |
| | **Language & Culture** | Expressions of enthusiasm<br>The newspaper «Московские нóвости» | |
| C | **Cultural Readings**<br>«Как написáли пéсню» | Песня: «Пусть всегдá бýдет сóлнце» | |
| D | **Grammar Summary** | | |
| E | **Phonetics**<br>Pronunciation and Practice<br>Интонáция: ИК-1, ИК-3, ИК-5<br>Фонéтика: у, о, ж, ш, и, ы<br>Dentals | Overview of the Lesson<br>Словáрь<br>Names of Russian and American Students | |

# A Making Suggestions

Дава́йте бу́дем на «ты».    Let's use "ты."
Дава́й пойдём на матч.    Let's go to the game.

**A1**  (D1, 2, 3, 4) Listen to the dialogues before reading them and tell:

a.    What are the speakers doing?
- introducing people
- telling the schedule
- suggesting some activities

b.    In which dialogues do both teachers and students talk and in which do only teachers talk?

American students who have come to Moscow will be living in the apartments of their host families. They are getting acquainted:

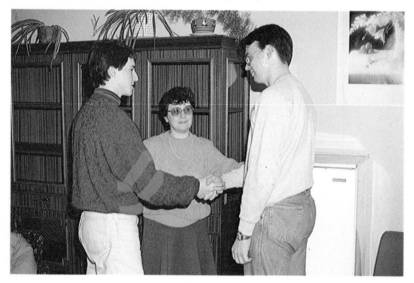

a. Учи́тельница:    Вита́лий, **познако́мься**. Это Джаха́н
                    Фо́ули. Он **бу́дет жить у тебя́**.

   Вита́лий:    Очень прия́тно. Я Вита́лий Бе́рестов.

   Джаха́н:    А я Джаха́н Фо́ули из Филаде́льфии.

**b.** Учи́тель:     Эли́са, познако́мься с На́стей Орло́-
вой. Ты бу́дешь жить у неё до́ма.

Эли́са:     Очень прия́тно. Я Эли́са Кайт.

На́стя:     А я На́стя Орло́ва. Я ра́да, что ты
бу́дешь у меня́ жить.

**c.** Учи́тельница:     Дейв, познако́мьтесь, пожа́луйста.
Это Евге́ний Ива́нович Ска́лкин,
учи́тель матема́тики. Вы бу́дете
жить у него́ до́ма. Это Дейв Джо́н-
сон — учи́тель ру́сского языка́ из
Вашингто́на.

Дейв:     Очень прия́тно. Рад с Ва́ми позна-
ко́миться. Я пра́вильно по́нял: Вас
зову́т Евге́ний Ива́нович Ска́лкин?

Ска́лкин:     Да, но мо́жно про́сто Же́ня. И да-
ва́йте бу́дем на «ты», ла́дно?

Дейв:     Дава́йте, и́ли нет — дава́й.

---

**A2**   Examine the table below. Then review the dialogues in section A1 and add
sentences from them to illustrate the functions named in the table.

| How to | |
|---|---|
| **talk about future actions:** | Я бу́ду жить у Ната́ши Ивано́вой. |
| **express gladness, enthusiasm:** | Я рад, что ты бу́дешь у меня́ жить. |
| **suggest something:** | Дава́й бу́дем на «ты». |
| **express agreement:** | Ла́дно/Хорошо́. |

**A3** Examine the list of hosting assignments below. Use the following patterns to explain at whose house each American will live:

— Ро́берт Хи́лвуд бу́дет жить у Ге́ны Петро́ва.
— Эли́са Кайт бу́дет жить у На́сти Орло́вой.

Ро́берт Хи́лвуд — Ге́на Петро́в
Эли́са Кайт — На́стя Орло́ва
Мели́сса Во́льфсон — Га́ля Семёнова
Сет Хо́уплан — Андре́й Кузнов
Джек Скил — Игорь Ершов
Том Бру́слан — Ка́тя Богатова
Ла́ура Андервуд — Све́та Игнатова
Джа́хан Фо́ули — Вита́лий Бересто́в

**A4** Melissa was talking and did not hear her assignment. So she asked:

Мели́сса: Извини́те, меня́ зову́т Мели́сса Во́льфсон.
У кого́ я бу́ду жить?
Учи́тель: У Га́ли Семёновой.

You are an American student on the list. Ask where you will be staying. A classmate should check the list and answer you.

**A5** You and your classmates are the American students on the list. Ask your classmates with which Russian students they will be staying. Use the hosting assignments given above.

Póберт: Мелисса, ты у когó бýдешь жить?
Мелисса: У Гáли Семёновой, а ты?
Póберт: У Гéны Петрóва.

**A6** Act out situations in which the American and Russian students named above are introduced to each other and respond to the introduction. Use the dialogue given below as a model:

Учитель: Мелисса, познакóмься, э́то Гáля. Ты бý-
дешь у неё жить.
Мелисса: Óчень прия́тно. Меня́ зовýт Мелисса —
Мелисса Вóльфсон из Вашингтóна.
Гáля: Óчень прия́тно. Я Гáля Семёнова.
Я рáда, что ты бýдешь у меня́ жить.

**A7** Expressing enthusiasm in Russian.

How do you react to suggestions made in Russian? Like other languages, Russian has a number of words to express varying degrees of satisfaction and enthusiasm, ranging from лáдно, хо-рошó, с удовóльствием, здóрово, or ещё бы. Of course, Russian young people are always creating new slang expressions to show approval.

## A8 Russian apartments.

In major cities, most Russians live in highrise apartment buildings.
A typical Russian apartment for a family of three has a small
entryway (холл), a kitchen (кухня), a living room (гостиная),
a bedroom (спальня), a bathroom (ванная), and a toilet (туалет).
Typically, the living room sofa converts into a bed, so that the
living room can be used as a bedroom as well. Many families
have a table that can be extended and used as a dining-room
table, so that the living room/bedroom can become a dining room
(столовая) for special occasions. Russians would call this a two-
room apartment. How many rooms would Americans say it had?

## B Describing Future Actions and Events

| | |
|---|---|
| За́втра у вас бу́дет встре́ча. | Tomorrow you'll have a meeting. |
| Ты бу́дешь у неё жить. | You're going to live with her. |

**B1** A Russian teacher tells the American students about the schedule for the next day:

Учи́тель: Ребя́та, за́втра у́тром у вас бу́дет **встре́ча в реда́кции** газе́ты «Моско́вские но́вости».

Джек: **Неуже́ли!**

Ро́берт: **Как интере́сно!**

Учи́тель: Да, у вас бу́дет встре́ча с **реда́ктором** газе́ты.

Ла́ура: Ой, **как здо́рово!**

Is the reaction above one of interest, indifference, surprise, dislike, or enthusiasm? What Russian phrases are used to express feelings of

- surprise:
- interest:
- enthusiasm:

**B2** The Russian teacher continues talking about the program:

Учи́тель: За́втра у вас бу́дет экску́рсия в Кремль.
Вы уви́дите собо́ры и музе́и Кремля́.

Ученики́: Мы уви́дим Кремль? Неуже́ли?
Как интере́сно!
Вот здо́рово!

React to what has been proposed:

1. — За́втра днём у вас бу́дет экску́рсия по Москве́.
2. — За́втра ве́чером вы **пойдёте** в цирк.
3. — Во вто́рник вы **пое́дете** в **Звёздный городо́к.**
   Там у вас бу́дет встре́ча с космона́втом.
4. — В сре́ду бу́дет экску́рсия в Новоде́вичий монас-
   ты́рь.
5. — В сре́ду ве́чером вы пойдёте на конце́рт попу-
   ля́рной ру́сской рок-гру́ппы.
6. — В четве́рг у́тром вы пое́дете в **телеце́нтр.**
7. — В четве́рг ве́чером вы пое́дете в Петербу́рг.

Jahan is especially glad about the rock concert:

— Я рад, что пойду́ на конце́рт рок-гру́ппы.

Express your own satisfaction with specific plans.

**B3** A group of Russian students is coming to your school for
a week. Think of possible activities in your city or locality.
Write down your ideas, then compare them with your classmates
suggestions, discuss them, and make up a schedule.

Fill in the bubbles:

**B4** The newspaper *Moscow News* («Моско́вские но́вости») is
one of the most popular Russian papers both at home and
abroad. The paper was first published in 1930 and now comes
out in Russian, English, Greek, Estonian, German, Spanish, and
French. «Моско́вские но́вости» is an independent paper. This
means that it is not a publication of any governmental or socie-
tal organization but, rather, reflects the views of radical democrat-
ic strata of Russian society. In the United States one can sub-
scribe to and receive «Моско́вские но́вости» not only in English
but also in the Russian language.

**B5** Сет Хо́фман живёт у Андре́я Буя́нова. В суббо́ту ве́чером Анд-
ре́й сказа́л:

Андре́й: Дава́й пойдём за́втра на хокке́йный матч.

Сет:     На хокке́йный матч? **С удово́льствием.** Я люблю́ хокке́й.

**B6**  Role play.

A Russian student (a) is talking to an American student (b) who is staying with him/her.

a. Suggest going together to one of the following places, or think of some other things you may propose:

в  Кремль                         на  футбо́льный матч
    цирк                              дискоте́ку
    Истори́ческий музе́й              симфони́ческий конце́рт
    кино́                             Кра́сную пло́щадь

b. Accept the suggestion or refuse, explaining your refusal. Use an appropriate phrase from those provided.

If you accept:                     If you refuse:

— С удово́льствием. Я люблю́...     — Спаси́бо, но я не о́чень
— Дава́й.                              люблю́...
— Ла́дно.                          — Спаси́бо, но я там уже́ был/
                                       была́.


**B7**  Role play.

An American student suggests an activity to his Russian guest.

A. Suggest going to a place of interest or some other activity.

B. Use the appropriate phrase from those given above to react to the suggestion.

**B8** An American group is listening to the schedule for the next day. Listen to the dialogue, and tell which of the following is scheduled:

- a performance at the Bolshoi Theater
- an excursion around the city
- a trip to Suzdal
- an excursion to the Historical Museum
- a meeting at the editorial office of a newspaper
- an excursion to Novodevichy Monastery
- a rock concert

 **B9** You are pleased to learn that you will be going to St. Petersburg because you have a friend there. Write a letter to him, saying that you will soon visit St. Petersburg and see him. In addition, tell him about the tour of Moscow that you will be taking tomorrow. Based on the information given in exercise B2, indicate which places you look forward to seeing.

## C Cultural Readings

**C1** Read how the popular Russian song, «Пусть всегда́ бу́дет со́лнце» ("Let There Always Be Sunshine") was written. Once you understand how the word пусть is used, you will be able to do the task given at the end.

### Как написа́ли пе́сню

В Росси́и все зна́ют пе́сню «Пусть всегда́ бу́дет со́лнце» — и больши́е, и ма́ленькие, и па́пы, и ма́мы, и де́душки, и ба́бушки. Мо́жет быть, вы то́же слы́шали её.

У э́той пе́сни интере́сная исто́рия. Писа́тель Корне́й Чуко́вский о́чень люби́л **дете́й** и написа́л мно́го де́тских книг. Есть у него́ кни́га, где он расска́зывает, что и как говоря́т ма́ленькие де́ти. И вот оди́н расска́з.

**Одна́жды** ма́ленький ма́льчик спроси́л ма́му, что зна́чит сло́во «всегда́». Ма́ма отве́тила ему́: «Всегда́ — зна́чит и у́тром, и ве́чером, и зимо́й, и ле́том... — всегда́». «Понима́ю, — **сказа́л** ма́льчик. — Это хоро́шее сло́во, оно́ мне нра́вится». Пото́м он посмотре́л на со́лнце — большо́е и краси́вое, — и вдруг сказа́л: «Пусть всегда́ бу́дет со́лнце!» Посмотре́л на не́бо: «Пусть всегда́ бу́дет не́бо!» А что ещё сказа́ть? «Пусть всегда́ бу́дет ма́ма! Пусть всегда́ бу́ду я!» «Очень хорошо́, — сказа́ла ма́ма. — Это уже́ настоя́щие стихи́».

Эту исто́рию прочита́л в кни́ге Чуко́вского худо́жник Никола́й Чару́хин и реши́л нарисова́ть плака́т: большо́й де́тский рису́нок со́лнца и слова́

«Пусть всегда...». А потóм э́тот плака́т уви́дел компози́тор Арка́дий Остро́вский. Вме́сте с поэ́том Льво́м Оша́ниным они́ и написа́ли пе́сню.

А тепе́рь вы напиши́те но́вые слова́. Наприме́р: «Пусть всегда́ бу́дет ле́то! Пусть всегда́ бу́дет пе́сня! Пусть всегда́ бу́дет дру́жба! Пусть всегда́ бу́дем мы!»

## Пусть всегда́ бу́дет со́лнце

Со́лнечный круг,
Не́бо вокру́г —
Э́то рису́нок мальчи́шки.
Нарисова́л
Он на листке́
И подписа́л в уголке́:

*Припе́в:* «Пусть всегда́ бу́дет со́лнце,
Пусть всегда́ бу́дет не́бо,
Пусть всегда́ бу́дет ма́ма,
Пусть всегда́ бу́ду я!»

Ми́лый мой друг,
До́брый мой друг,
Лю́дям так хо́чется ми́ра!
И в три́дцать пять
Се́рдце опя́ть
Не устаёт повторя́ть:

*Припе́в.*

Ти́ше, солда́т,
Слы́шишь, солда́т,
Лю́ди пуга́ются взры́вов.
Ты́сячи глаз
В не́бо глядя́т,
Гу́бы упря́мо твердя́т:

*Припе́в.*

Про́тив беды́,
Про́тив войны́
Вста́нем за на́ших мальчи́шек.
Со́лнце наве́к,
Сча́стье наве́к —
Так повеле́л челове́к!

*Припе́в:*   «Пусть всегда́ бу́дет со́лнце,
Пусть всегда́ бу́дет не́бо,
Пусть всегда́ бу́дет ма́ма,
Пусть всегда́ бу́ду я!»

## ПУСТЬ ВСЕГДА БУДЕТ СОЛНЦЕ!

Слова Л. ОШАНИНА                    Музыка А. ОСТРОВСКОГО

# D Grammar Summary

**D1** To tell about future actions: **Future tense** (A1, B1, B2).

Perfective verb forms are based on perfective infinitives like прочитáть and stress the completeness of an action: Я прочитáл кнúгу (I have read the book), Я прочитáю кнúгу (I will read the book [to the end]). Imperfective forms are based on imperfective infinitives like читáть and name the action or tell about its progress: Я читáл кнúгу (I was reading a book), Я читáю кнúгу (I am reading a book), Я бýду читáть кнúгу (I will be reading a book), or focus on the repetitive nature of an action: В прóшлом годý я читáл эти стихú мнóго раз (Last year I read these poems many times), Я ещё читáю кнúгу (I still read the book), Я бýду читáть кнúгу (I will read the book [more than once, repeatedly]).

## FUTURE TENSE

| Imperfective | Perfective | *что?* |
|---|---|---|
| Читáть | Прочитáть | |
| я бýду читáть | я прочитáю | журнáл |
| ты бýдешь читáть | ты прочитáешь | учéбник |
| он | он | |
|     бýдет читáть |     прочитáет | кнúгу |
| онá | онá | |
| мы бýдем читáть | мы прочитáем | газéту |
| вы бýдете читáть | вы прочитáете | упражнéние |
| онú бýдут читáть | онú прочитáют | стихотворéние |

The perfective future is formed by conjugating the perfective infinitive. Perfective verbs do not have present tense forms, since perfective actions are either already complete or planned for completion in the future. The perfective future tense forms of some verbs you already know are:

**ви́деть/уви́деть**

> я уви́жу, ты уви́дишь, они́ уви́дят

**идти́/пойти́**

> я пойду́, ты пойдёшь, они́ пойду́т

**е́хать/пое́хать**

> я пое́ду, ты пое́дешь, они́ пое́дут

**смотре́ть/посмотре́ть**

> я посмотрю́, ты посмо́тришь, они́ посмо́трят

**встреча́ть/встре́тить**

> я встре́чу, ты встре́тишь, они́ встре́тят

**D2** To indicate place: **у + genitive case** (A1–A4).

The preposition **у** plus the genitive case of a noun or a pronoun is used to mean "at someone's house," "at someone's place":

Вчера́ у меня́ бы́ли друзья́.

У Ни́ны за́втра ве́чером бу́дут го́сти.

Ле́том Том живёт у ба́бушки.

**D3** To express gladness: рад + infinitive; рад + что... (A1, A6, B2).

| Present | Past | Future |
|---|---|---|
| я, он рад | я, он был рад | я бу́ду рад |
| я, она́ ра́да | я, она́ была́ ра́да | она́ бу́дет ра́да |
| мы ра́ды | мы бы́ли ра́ды | мы бу́дем ра́ды |

To express satisfaction that something has been, is being, or will be done, either of the following constructions can be used:

Я рад ви́деть тебя́.      Я рад, что ви́жу тебя́.
Я ра́да узна́ть э́то.      Я ра́да, что узна́ла э́то.
Мы ра́ды познако́миться      Мы ра́ды, что познако́мились
    с ва́ми.               с ва́ми.

The construction with the infinitive cannot be used when the subject changes. To express pleasure at another person's action or feeling, you can only say:

Я рад, что ты здесь.
Я ра́да, что у неё есть свобо́дное вре́мя.
Мы ра́ды, что вы нам всё рассказа́ли.

**D4** To suggest something: дава́й + future tense/infinitive (A1, B5).

Дава́й (дава́йте) is used with:

the future tense form of perfective verbs:

Дава́й пое́дем на экску́рсию.      Дава́йте познако́мимся.
Дава́й пойдём в кино́.      Дава́йте встре́тимся на стадио́не.

the infinitive of imperfective verbs:

Дава́й смотре́ть телеви́зор.      Дава́йте говори́ть то́лько по-ру́сски.
Дава́й собира́ть грибы́.      Дава́йте игра́ть в футбо́л.

## E Phonetics

**E1** Read each phrase as a single unit. Practice pronouncing stressed **o** and **y** and the consonants in bold print (dentals).

| | | |
|---|---|---|
| во вто́рник | у тебя́ до́ма | о́чень популя́рная |
| в суббо́ту | бу́ду у тебя́ у́тром | гру́ппа |
| у неё до́ма | познако́мься с мои́м | погуля́ть по у́лицам |
| | дру́гом | экску́рсия по го́роду |

**E2** As you read the following sentences aloud, pay attention to the pronunciation of **ж** and **ш**, which are always hard.

| | | |
|---|---|---|
| сижу́ | шесть | бу́дешь |
| неуже́ли | хорошо́ | прочита́ешь |
| дру́жба | ба́бушка | уви́дишь |
| ка́жется | слу́шай | пойдёшь |
| пожа́луйста | Ната́ша | пое́дешь |

**E3** Read aloud, following the example you hear as closely as possible. Note that after hard consonants or after prepositions ending in a hard consonant, **и** is pronounced as **ы**.

| | | |
|---|---|---|
| ты | жить | на «ты» |
| мы | у́жин | на «вы» |
| вы | напиши́ | в институ́т |
| язы́к | покажи́ | из Ирку́тска |

**E4** Practice expressing enthusiasm using **ИК-5**.

**ИК-5**

    5
Неуже́ли!

    5
Как интере́сно!

    5
Как здо́рово!

    5
Вот здо́рово!

Read aloud, following the example you hear as closely as possible:

| ИК-3 | ИК-1 |
|---|---|
| a. Дава́й пое́дем на экску́рсию?³ | Дава́й.¹ |
| b. Дава́й пойдём в кино́?³ | Дава́й.¹ |
| c. Дава́йте познако́мимся?³ | С удово́льствием.¹ |
| d. Дава́йте бу́дем на «ты»?³ | Дава́йте.¹ |

**E6**   Learn this tongue-twister:

Шла Са́ша по шоссе́ и соса́ла су́шку.

**E7**   Read this poem.

Е́сли ру́ки мы́ли Вы,
Е́сли ру́ки мы́ли Мы,
Е́сли ру́ки мы́ла Ты,
Зна́чит ру́ки Вы-Мы-Ты.

# Overview of the Lesson

Match the pictures with the list of functions below. What do you think the people are saying? You may suggest more than one function for each picture.

Expressing enthusiasm      Suggesting

Expressing surprise      Agreeing

Expressing gladness      Refusing

# Слова́рь

## Part A

| | |
|---|---|
| бу́дет жить у тебя́ | he/she will live at your house |
| познако́мься (imper. sing.) | get acquainted, meet |
| Я ра́да, что | I am glad that |

## Part B

| | | Фо́рмы глаго́лов |
|---|---|---|
| ви́деть/уви́деть | to see, catch sight of | ви́ж-у, ви́д-ишь, -ят/ уви́ж-у, уви́д-ишь, -ят |
| встре́ча | meeting | |
| говори́ть/сказа́ть | to say, tell | говор-ю́, -и́шь, -я́т/скаж-у́, -ешь, -ут |
| городо́к | small city, town | |
| Звёздный городо́к | Star City | |
| де́ти (pl.) | children | |
| е́хать/пое́хать | to go (by a means of transportation) | ед-у, -ешь, -ут/пое́д-у, -ешь, -ут |
| здо́рово | great, wonderful | |
| идти́/пойти́ | to go (on foot) | ид-у́, -ёшь, -у́т/пойд-у́, -ёшь, -у́т |
| как интере́сно | how interesting | |
| неуже́ли | really, is it really possible | |
| одна́жды | once | |
| пусть | let | |
| реда́ктор | editor | |
| реда́кция | editorial office | |
| с удово́льствием | with pleasure | |
| телеце́нтр | televison station | |

# Names of Russian and American Students

| | |
|---|---|
| Джаха́н Фо́ули | Jahan Foley |
| Джек Скил | Jack Skiel |
| Ла́ура Андервуд | Laura Underwood |
| Мели́сса Во́льфсон | Melissa Wolfson |
| Пам Бру́кман | Pam Brookman |
| Сет Хо́упман | Seth Hopeman |
| Андре́й Буя́нов | Andrei Buyanov |
| Вита́лий Бе́рестов | Vitaly Berestov |
| Га́ля Семёнова | Galya Semyonova |
| Игорь Ершо́в | Igor Yershov |
| Ка́тя Бога́това | Katya Bogatova |
| Све́та Игна́това | Sveta Ignatova |

# Урок 3 (Третий урок)

# Кто тебе нравится?

| Part | Main Structures | Functions | Grammatical Concepts |
|------|-----------------|-----------|----------------------|
| **A** | — А кто та девушка с длинными волосами? | Describing a person's appearance | The preposition с; instrumental forms of nouns and adjectives<br>The pronoun тот |
| | — Ну как, Роберт, тебе здесь нравится? | Asking someone's opinion | |
| | — Хочешь, я тебя познакомлю? | | The verbs познакомить, познакомиться |
| | — По-моему, он хочет с тобой познакомиться. | | The instrumental forms of the personal pronouns |
| | **Language & Culture** | Homerooms in Russian schools | |
| **B** | — По-моему, всё очень здорово! | Expressing one's opinion | |
| | — А твой брат ничего. Он мне нравится. | Giving a positive evaluation | |
| | — Говорят, Элиса похожа на свою маму. | Conveying information without naming the source | The short form adjective похож<br>The verb form говорят |
| | **Language & Culture** | Книга о Майкле Джексоне | |
| **C** | **Cultural Readings** | Стихи «Одна дана нам голова» | |
| **D** | **Grammar Summary** | | |
| **E** | **Phonetics**<br>Pronunciation and Practice<br>Интонация: ИК-2, ИК-3<br>Фонетика: ж, ш, ы, ц, дц, тс, тьс | Overview of the Lesson<br>Словарь | |

# A  Describing a Person's Appearance

Он высо́кий, в очка́х.  He's tall, with glasses.

Та де́вушка с дли́нными  That girl with long hair.
волоса́ми.

**A1**  (D1, D2, D3, D4) Listen to the dialogues before reading them, and answer the following questions:

a. Where are the students talking?
- on the street
- at a party
- in class

b. Are the dialogues related? How are they related?

**a.** Ребя́та в гостя́х у Све́ты. Разгова́ривают Ге́на Петро́в и Ро́берт Хи́лвуд.

Ге́на:  Ну как, Ро́берт, тебе́ здесь нра́вится?

Ро́берт:  **Ничего́**, хоро́шая му́зыка. И с ребя́тами интере́сно разгова́ривать. Слу́шай, а кто вон та де́вушка — **с дли́нными волоса́ми**?

Ге́на:  Кака́я? Вон та — невысо́кая с тёмными волоса́ми? Это Ната́ша Скворцо́ва **из девя́того** «В». Хо́чешь, я тебя́ **познако́млю**?

Ро́берт:  Дава́й.

**b.** Разгова́ривают Све́та и Ната́ша.

Све́та:  Слу́шай, вон тот **па́рень** всё вре́мя на тебя́ смо́трит. **По-мо́ему**, он хо́чет с тобо́й познако́миться.

Ната́ша:  Да? Кто?

Све́та:  Вон, ви́дишь — высо́кий, в **очка́х**, с фотоаппара́том. Он разгова́ривает с Ге́ной Петро́вым.

**A2** Select lines from the dialogues above to illustrate the functions listed below:

| | |
|---|---|
| **How to** | |
| describe someone's appearance: | Она высокая с тёмными волосами. |
| give positive evaluation: | А твой брат ничего. Он мне нравится. |
| express one's opinion: | По-моему, ты ему нравишься. |

**A3** The number of "homerooms" per class in Russian schools depends on the number of pupils in that class. Each homeroom receives its own "letter"—1 "A," 1 "B," and so forth. Students are assigned to these homerooms in the first grade, and they remain in them with the same classmates for all their school years. A student in 9 "A," for example, would have taken many courses with the same classmates for nine years. There is mingling among homerooms, but there generally is not the same closeness among students in different homerooms as there is among students within a homeroom. Each homeroom has about 30-40 students. Schools in more populated, newer areas sometimes have as many as 6-7 homerooms. By the way, check how well you remember your Russian alphabet—what would be the letters of these seven Russian homerooms?

## A4 Это фотогра́фии америка́нских шко́льников.

Ask each other questions, and describe the American students pictured.

Мели́сса

Пэм

Сэт

Ро́берт

— Как вы́глядит . . . ?

У неё/него́...

| тёмные | dark | |
| се́рые | gray | |
| голубы́е | blue | глаза́ |
| зелёные | green | eyes |
| больши́е | big | |
| ма́ленькие | small | |

*ка́рие*

У неё/него́...

| дли́нные | long | |
| коро́ткие | short | |
| кудря́вые | curly | во́лосы |
| прямы́е | straight | hair |
| тёмные | dark | |
| све́тлые | light-colored | |

*синий blue*

Она́/Он...

| стро́йный/стро́йная | slender |
| по́лный/по́лная | stout |
| прия́тный/прия́тная | pleasant |
| (не)высо́кий/(не)высо́кая | not tall |
| сре́днего ро́ста | of medium height |

**A5** Gena shows Robert a picture of his classmates and asks Robert to find his friend. Robert asks questions and identifies Ira:

*темные*
*полные*

Гéна:   Как ты дýмаешь, кто Ира? Онá стрóйная,
        с кудрявыми тёмными волосáми.

Рóберт: А какие у неё глазá?

Гéна:   Большие, зелёные.

Рóберт: А какóго онá рóста?

Гéна:   Онá высóкая.

Рóберт: По-мóему, вот это Ира.

Гéна:   Прáвильно, молодéц.


Identify the other students, working in pairs with one person asking for information and the other providing it:

Свéта — невысóкая, с прямыми длинными волосáми. У неё небольшие глазá. Онá в очкáх.

Сáша — невысóкий молодóй человéк, с тёмными прямыми волосáми. У негó сéрые глазá. Он пóлный.

Денис в очкáх. У негó свéтлые вóлосы, тёмные глазá, он срéднего рóста, стрóйный.

American (a) and Russian (b) students are at a house party together.

a. Ask your Russian friend about a boy or a girl who attracted
   your attention. Describe his/her appearance to avoid misunder-
   standing. Accept your friend's offer to introduce you.

b. Ask questions to make certain you understood who your American friend is asking about. Identify the person and volunteer
   to introduce the American to him/her.

## B  Asking and Expressing Opinions

— Ну, тебе́ здесь нра́вится?        Well, do you like it here?

— По-мо́ему, всё здо́рово.         I think everything's great.

**B1**  Melissa and Galya took a stroll along the Arbat, a Moscow street reserved for pedestrians. They met some people
there and took a few pictures. Listen to what Galya says about
some of their new acquaintances, and find them in the pictures.

1.                    2.                    3.

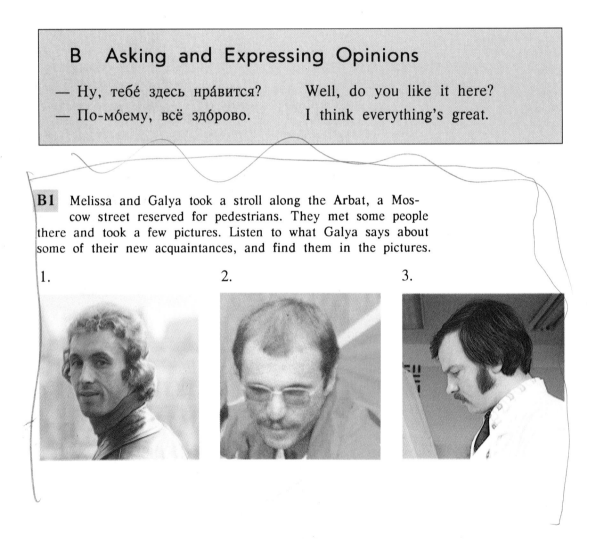

**B2** Melissa wrote in her journal about three of the people she saw on the Arbat. Tell your classmates about these people, whose photos are on p. 64. Then write a description of the two who interest you the most and whom you would like to meet.

**B3** Describe a classmate. Begin with a general description, and let others ask for details until they identify the person.

These expressions will help you introduce your opinion:

Я ду́маю, что ...
По-мо́ему, ...

**B4** Look at the pictures and read their captions. Match the dialogues with the cartoons.

1. Ната́ша: Ну как, Ро́берт? Тебе́ здесь нра́вится?
   Ро́берт: Да, по-мо́ему, всё о́чень здо́рово! И я рад, что познако́мился с тобо́й.
2. Ге́на: Ната́ша, приве́т. Ты сего́дня отли́чно вы́глядишь.

3. Ве́ра:    Смотри́, он её фотографи́рует.

   Лю́да:    Хм, поду́маешь... мисс Москва́!

4. Ро́берт:  Слу́шай, Ната́ша, дава́й я тебя́ сфотогра-
             фи́рую, мо́жно?

   Ната́ша:  Коне́чно, мо́жно. С удово́льствием.

5. Ге́на:    Слу́шай, я хочу́ тебя́ познако́мить. Это
             Ро́берт из Вашингто́на. Он сейча́с живёт
             у меня́.

   Ната́ша:  Да? Очень прия́тно. Приве́т, Ро́берт.

   Ро́берт:  Приве́т.

**B5** (D5, D6) Nastya and Elisa are examining photos sent to a magazine for the «Один к одному» ("Look-alikes") contest:

Настя: Смотри, Элиса, это София Ротару — очень популярная певица. А это Елена Чуб. **Как по-твоему,** она очень **похожа** на Софию Ротару?

Элиса: Похожа, но, по-моему, не очень. У неё **такой же нос,** такой же **рот,** но **совсем** другие глаза.

*[handwritten annotations: сердце heart; mustaches усы-mea; голова head; ear/уши-ухо ear; живот stomach; тело body]*

**B6** А как по-вашему?

— Говорят, Элиса похожа на свою маму.
— Говорят, сын похож на своего отца.

Do you look like someone famous? Or do you know somebody who does?

Find out what your classmates think about these photographs. The following constructions may help you to express yourself:

| | | | |
|---|---|---|---|
| Он | очень | похож | на *(+ acc.)* |
| Она | не очень | похожа | |
| Они | совсем не | похожи | |

| | | | |
|---|---|---|---|
| У него | такой же/другой | рот | mouth |
| | | нос | nose |
| У неё | такая же/другая | улыбка | smile |
| | | борода | beard |
| | такое же/другое | лицо | face |
| | такие же/другие | глаза | eyes |
| | | волосы | hair |
| | | усы | mustache |

The author's name
Where the book was published
When it was published
The author's age
Why the author was interested in his subject

## Кни́га о рок—музыка́нте

Это пе́рвая в СССР кни́га о рок—музыка́нте. Она́ вы́шла в Москве́ в 1990 году́. Автору кни́ги 13 лет. Его́ зову́т Пи́тер Джа́сон. Пи́тер живёт в Москве́ и у́чится в шко́ле.

Когда́ Пи́теру бы́ло 11 лет друзья́ сказа́ли ему́, что он о́чеиь похо́ж на рок—музыка́нта. Пи́тер на́чал собира́ть фотогра́фии, видеоза́писи и други́е материа́лы о рок—музыка́нтах. Он зна́ет са́мые популя́рные пе́сни изве́стных америка́нских певцо́в и «пока́зывает» их. Говоря́т, у него́ э́то получа́ется о́чень похо́же.

# C Cultural Readings

**C1** The poet **С. Я. Маршáк** (S. Ya. Marshak) (1887-1964) is equally famous for his poems for children and for his translations of English and American poetry. His translations of Robert Burns and William Shakespeare are among the best Russian translations of English poetry. Here is one of his humorous poems for children:

Однá данá нам головá,
А глáза два
И у́ха два,
И два вискá, и две щеки́,
И две ноги́, и две руки́.

Затó оди́н и нос и рот.
А будь у нас наоборóт,
Однá ногá, однá рукá,
Затó два рта, два языкá, —
Мы тóлько бы и знáли,
Что éли и болтáли.

## D  Grammar Summary

**D1**  Describing appearance: noun + c(o) + instrumental plural (A1, A5).

The instrumental case with the preposition c(o) is frequently
used to describe physical characteristics. The endings of nouns
and adjectives in the instrumental plural are the same for all
genders:

-ыми/-ими for adjectives and -ами/-ями for nouns.

Де́вушка с голубы́ми глаза́ми, со све́тлыми волоса́ми.

Молодо́й челове́к с бородо́й, с уса́ми, с дли́нными волоса́ми.

Ко́мната с больши́ми о́кнами.

Улица с ма́ленькими дома́ми.

**D2**  Personal pronouns: c(o) + pronoun (instrumental case) (A1, B4).

Learn the instrumental case forms of the personal pronouns:

|  |  |  |  |  |
|---|---|---|---|---|
| Учи́тель разгова́ривает... | со мно́й | (я) | с на́ми | (мы) |
|  | с тобо́й | (ты) | с ва́ми | (вы) |
|  | с ним | (он) | с ни́ми | (они́) |
|  | с ней | (она́) |  |  |

**D3**  The verbs познако́мить and познако́миться (A1, B4).

The verb познако́мить is often followed by a direct object in the accusative case
and the preposition c(o) with the instrumental case:

познако́мить кого́? *(acc.)* с кем? *(instr.)*

Я хочу́ познако́мить тебя́ с дру́гом.

Ты познако́мишь меня́ с ру́сскими шко́льниками?

   Sometimes the prepositional phrase c(o) + instrumental case (with whom) is left
out, but the meaning is clear:

Я хочу́ тебя́ познако́мить (с Ни́ной). Это Ни́на.

Познако́мить тебя́ (с Ни́ной)?

The verb **познако́миться** ends in the reflexive particle **-ся**. It is always used with the construction **с(о)** + the instrumental case except when the subject of the verb is plural.

Я рад, что **познако́мился с тобо́й**.

За́втра мы **познако́мимся с ру́сскими журнали́стами**.

Вы уже́ **познако́мились?**

Both verbs have the same endings as the verb **люби́ть**. But note that the stresses are different:

| | | |
|---|---|---|
| люблю́ | Я познако́млю вас. | Я познако́млюсь с ва́ми. |
| лю́бишь | Ты познако́мишь нас? | Ты познако́мишься с на́ми. |
| лю́бят | Они́ познако́мят тебя́. | Они́ познако́мятся с тобо́й. |

**D4** Pronouns: **тот, та, то, те** (A1).

These pronouns are often used with the demonstrative **вон** when pointing to something or someone at a distance:

**вон тот** челове́к, **вон та** де́вушка, **вон то** зда́ние, **вон те** кни́ги.

**D5** The short-form adjective **похо́ж** (B5, B6).

This adjective has the same forms as the adjective **рад**. However, **похо́ж** also has a neuter form. It is followed by the preposition **на** and a noun or pronoun in the accusative case:

*m.:*    Он **похо́ж** на отца́.

*f.:*    Она́ **похо́жа** на мать.

*n.:*    Э́то сло́во не **похо́же** на ру́сское сло́во.

*pl.:*    Э́ти слова́ немно́го **похо́жи**.

**D6** Conveying information: **Говоря́т...** (B6).

When information is conveyed without naming the source, the word **говоря́т** is often used to introduce it. It corresponds to the English construction "They say...":

**Говоря́т**, тебе́ нра́вится наш учи́тель ру́сского языка́.

**Говоря́т**, зима́ бу́дет холо́дная.

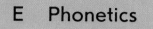

## E Phonetics

**E1**  Review the pronunciation of **ж, ш, ы.**

| | | |
|---|---|---|
| мо́жно | слу́шай | похо́ж |
| похо́жа | большо́й | хо́чешь |
| тако́й же | де́вушка | нра́вишься |

| | |
|---|---|
| вы́брал | се́рый |
| высо́кий | дли́нный |
| вы́глядит | тёмный |
| во́лосы | по́лный |

**E2**  As you read these words practice the pronunciation of **ц,** which is always hard. This sound can also be represented by the consonant clusters **дц, тс, тьс.**

| | | |
|---|---|---|
| лицо́ | сове́тский | три́дцать |
| певи́ца | учи́ться | пятна́дцать |
| молоде́ц | у́чится | два́дцать |
| певе́ц | получа́ется | оди́ннадцать |
| о певце́ | познако́миться | три́дцать |

**E3**  Review the pronunciation of unstressed syllables.

| | |
|---|---|
| **со** мно́й | с на́ми |
| **с** тобо́й | с ва́ми |
| **в** очка́х | па́рень |

| | | |
|---|---|---|
| во́лосы | коро́ткий | познако́мь |
| де́вушка | прия́тный | ничего́ |
| вы́глядишь | кудря́вый | голубо́й |

**E4** Practice questions with two different types of intonation.

**ИК-2**

А как по-ва́шему?

Како́го она́ ро́ста?

Как он вы́глядит?

**ИК-3**

Познако́мить тебя́?

Ты познако́мишь меня́?

Ты познако́мишь меня́ со шко́льниками?

Ты познако́мишь меня́ с ру́сскими шко́льниками?

**E5** Learn this proverb:

Ти́ше е́дешь, да́льше бу́дешь.

**E6** Read this poem:

Пти́цы клю́вы раскрыва́ют,
Пти́цы пе́сни распева́ют:
«Рипи-ти́ц, типи-ри́ц» —
Репети́ция у птиц.

*И. Пивова́рова*

# Overview of the Lesson

Match the pictures with the list of functions below. What do you think the people are saying? You may suggest more than a single function for each picture.

Asking someone's opinion

Giving a positive evaluation

Expressing one's opinion

# Слова́рь

## Part A

| | | |
|---|---|---|
| во́лосы (pl.) | hair | |
| вы́глядеть (impf.) | to appear, look | вы́гляж-у, вы́гляд-ишь, -ят |
| глаз (pl. глаза́) | eye(s) | |
| дли́нный | long | |
| из девя́того «В» | from 9th grade, "V" section | |
| коро́ткий | short | |
| кудря́вый | curly | |
| лицо́ | face | |
| ничего́ | O.K., not bad, all right | |
| очки́ (pl.) | glasses | |
| в очка́х | wearing glasses, in glasses | |
| па́рень (m.) | guy, boy | |
| по-мо́ему | in my opinion | |
| познако́мить (pf.) | to acquaint, introduce | познако́м-лю, -ишь, -ят |
| по́лный | stout, full-figured, heavy-set, obese | |
| прия́тный | pleasant, pleasing | |
| прямо́й | straight | |
| рост | height | |
| сре́днего ро́ста | (of) medium height | |
| све́тлый | light | |
| се́рый | gray | |
| совсе́м | quite, totally, entirely | |
| стро́йный | slender | |
| тёмный | dark | |
| тот, та, то, те | that | |

*ры́жий red* (handwritten)

*У него́ серый паре́с волосы и полны и семья́ Это президе́нт* (handwritten)

*и парень в очки* (handwritten)

## Фо́рмы глаго́лов

| | |
|---|---|
| борода́ | beard |
| нос | nose |
| певи́ца | singer |
| по-ва́шему *(pl.)* | in your opinion |
| по-тво́ему *(s.)* | in your opinion |
| поду́маешь! | just think, imagine! *who cares?* |
| похо́ж, похо́жа, похо́же, похо́жи (на + *acc.*) | similar to, like |
| рот | mouth |
| тако́й же, така́я же, тако́е же, таки́е же | the same kind |
| улы́бка | smile |
| усы́ | mustache, whiskers (when referring to animals) |
| фотографи́ровать/ сфотографи́ровать | to photograph |

фотографи́ру-ю, -ешь, -ют/
сфотографи́ру-ю, -ешь, -ют

# Урок 4 (Четвёртый урок)

# Я хотел бы быть смелым

| Part | Main Structures | Functions | Grammatical Concepts |
|------|-----------------|-----------|----------------------|
| A | — Он о́чень сме́лый и весёлый. | Describing character traits | |
| | — Хоте́ла бы я так знать ру́сский язы́к. | Expressing wishes | The construction хоте́л бы |
| | — Как тебе́ Ро́берт? Пра́вда, отли́чный па́рень? | Seeking agreement | |
| | — Мне ка́жется, что мы все знако́мы уже́ сто лет. | Expressing a supposition | The short-form adjective знако́м |
| | **Language & Culture** | Different terms for parties | |
| B | — Я хоте́л бы быть си́льным и сме́лым. | Expressing opinions | The verb быть + adjectives in the instrumental case singular |
| | **Language & Culture** | Giving compliments in Russian | |
| C | **Cultural Readings** "Personals" in newspapers and magazines | | |
| D | **Grammar Summary** | | |
| E | **Phonetics** Pronunciation and Practice Интона́ция: ИК-1, ИК-2, ИК-3 Фоне́тика: ц, дц, тс, тьс, л, ль, о, а | Overview of the Lesson Слова́рь Additional Adjectives | |

# A Describing Character Traits

| | |
|---|---|
| Он отли́чный па́рень. | He's a great guy. |
| Она́ о́чень че́стная. | She's very honest. |

**A1** (D1, D3) Listen to the dialogues before looking at them, and answer the following questions:

**a.** Where are the dialogues taking place?
- at a party
- in a classroom
- at a meeting

**b.** What are the students discussing?
- knowledge of languages
- personal traits
- sports
- mutual impressions

**a.** Ната́ша: Ну, как тебе́ на́ши ребя́та? Нра́вятся?

    Ро́берт: Ничего́, **отли́чные** ребя́та. **Весёлые. И**
так здо́рово говоря́т по-англи́йски.
**Хоте́л бы** я так знать ру́сский язы́к.

    Ната́ша: **Зна́ешь, мне ка́жется,** что мы все
**знако́мы** уже́ сто лет.

**b.** Настя: Сет, ты, **наве́рное**, занима́ешься спо́ртом? У тебя́ о́чень спорти́вная **фигу́ра**.

Сет: Да, я игра́ю в бейсбо́л и в америка́нский футбо́л.

Настя: Америка́нский футбо́л? Что э́то тако́е? Он похо́ж на наш футбо́л?

Сет: Нет, совсе́м не похо́ж. Это совсе́м друга́я игра́.

**c.** Ге́на: Ната́ша, ну как тебе́ Ро́берт? **Пра́вда**, отли́чный па́рень?

Ната́ша: Да, о́чень **прия́тный**. Зна́ешь, он так интере́сно расска́зывал об Аме́рике. Он сказа́л, что ру́сские и америка́нцы о́чень похо́жи.

Ге́на: Да, мне то́же так ка́жется.

---

**A2** Examine the table below. Then review the dialogues in section **A1**, and add sentences from them to illustrate the functions listed in the table:

| **How to** | |
|---|---|
| express a wish: | Я хоте́ла бы хорошо́ говори́ть по-ру́сски. |
| express an impression: | Мне ка́жется, мы знако́мы. |
| express a supposition: | Наве́рное, ты хорошо́ танцу́ешь. |
| seek agreement: | Пра́вда, хоро́шая му́зыка? |

**A3** There are a number of ways to express the concept of "a party" in Russian. For young people, the most common term is вéчер, as in мы вчерá бы́ли на вéчере. Occasionally, the term вечери́нка is used, but Russians avoid this word since it implies excessive drinking. Young people who use city slang would say тусо́вка (мы вчерá бы́ли на тусо́вке). Although this word and its verb form тусовáться have begun to appear in newspaper articles, many people still do not consider it appropriate. A neutral way of talking about going to someone's place for a party is мы идём в го́сти. After a party, you would say мы бы́ли в гостя́х. Literal translations of the last two Russian sentences are "we are going (somewhere) as guests" and "we went (somewhere) as guests."

**A4** Listen to what the girls are saying and answer the questions.

1. Who is talking?
   • Melissa
   • Elisa
   • Galya
   • Natasha

2. Who are they talking about?
   • Genya
   • Seth
   • Robert

3. Natasha says that Robert is:
   • smart       • serious
   • fun          • bold
   • boring      • talented

4. When Melissa says that Robert likes her, Natasha:
   • agrees with Melissa
   • isn't sure

5. When are the students getting together at Gena's?
   • tonight
   • tomorrow night
   • they got together yesterday

**A5** Элиса показывает Насте фотографии.

Элиса: Это мой брат.
Настя: Наверное, он очень серьёзный.
Элиса: Да нет, это так кажется. Он очень весёлый.

1. — Это моя подруга.
   — . . .

2. — Это мои родители.
   — . . .

What do you think the other people in the pictures are like?
Show your classmates pictures of your friends and relatives, and let them guess about their personalities. Tell whether you agree.

If you agree:

— Да, он/она правда...

If you disagree:

— Да нет, это так кажется.
  Он/она...

Write descriptions of the people in these pictures. Compare them with your class-mates' versions.

| Мне ка́жется, | что | Э́тот челове́к | краси́вый. |
|---|---|---|---|
| | | Э́тот мужчи́на | . . . |
| | | Э́та же́нщина | си́льная. |
| | | Э́та де́вушка | . . . |

## B    Expressing Opinions

— Тебе нра́вится Хэ́ммер?

— Нет, не о́чень. По-мо́ему, он ску́чный.

Do you like Hammer?

No, not much. I think he's boring.

**B1** Listen to what students are saying about politicians, film stars, athletes, and other prominent people.

Ге́на:    Тебе́ нра́вится Альбе́рто То́мба?

Ро́берт: Да, нра́вится. Он о́чень сме́лый и весёлый.

Ната́ша: Тебе́ нра́вится Хэ́ммэр, Эли́са?

Эли́са:  Нет, не о́чень. По-мо́ему, он сли́шком ску́чный.

Ask what your classmates think about the people pictured below and on the next page. Express your opinion also.

— Тебе́ нра́вится . . . ?

**1**
— Да.  По-мо́ему, ...
    Мне ка́жется, что...
    Мне нра́вится, что...

**2**
он/она́ о́чень
он/она́ не о́чень
он/она́ сли́шком

**3**

| | |
|---|---|
| че́стный/-ая | honest |
| злой/-а́я | ill-tempered |
| си́льный/-ая | strong |
| скро́мный/-ая | modest |
| сме́лый/-ая | daring |
| жа́дный/-ая | greedy |

**1**
— Нет. Мне не нра́вится, что...

**2**
он/она́ совсе́м не

**3**

| | |
|---|---|
| до́брый/-ая | kind |
| глу́пый/-ая | stupid |
| ску́чный/-ая | boring |
| весёлый/-ая | joyful |
| спорти́вный/-ая | athletic |
| лени́вый/-ая | lazy |
| бога́тый/-ая | rich |
| серьёзный/-ая | serious |
| у́мный/-ая | clever |
| тала́нтливый/-ая | talented |

Are there any other traits you do or do not like in these people?

**B2** What traits do people appreciate most? Read what Natasha and Robert think:

Ната́ша: Мне нра́вятся весёлые и до́брые лю́ди. И не
нра́вятся эгоисти́чные и ску́чные.

Ро́берт: А мне нра́вятся си́льные и че́стные лю́ди.
И не нра́вятся жа́дные и глу́пые.

What do you like and dislike most in people? What traits do you especially appreciate in teachers, in friends, in boys, in girls?

|  |  | *какие?* |  |
|---|---|---|---|
|  | учителя́ |  |  |
|  | друзья́ |  |  |
| Мне нра́вятся | мужчи́ны | . . . |  |
|  | же́нщины |  |  |
|  | де́вушки |  |  |

**B3** Are you satisfied with yourself? This is what Gena thinks about himself:

— По-мо́ему, я сли́шком лени́вый. Я хоте́л бы быть си́льным и сме́лым.

What would you say about yourself?

**B4** Gena and his friends conducted a short psychological survey and were surprised to see the gap between their self-image and the way others saw them.

Make notes about yourself under the headings below as they did, and then see whether your classmates agree.

| Мне кáжется, что я... | Я хотéл бы быть... | Мне нрáвится... | Мне не нрáвится... | (Здесь пúшут друзья́) Он/Онá |
|---|---|---|---|---|
| серьёзной | неленивым | читать | танцевать | честный |
| ленивый | весёлым | играть в шахматы | говорить по телефону | весёлый |
| скучный | спортивным | писать письма | | |
| | | | | |
| | | | | |
| | | | | |

Here are a few additional adjectives you might need to express your opinion. For more adjectives, check the dictionary or ask your teacher.

energetic — энергúчный
hardworking — трудолюбúвый
rude — грýбый
egotistical — эгоистúчный
patient — терпелúвый

decisive — решúтельный
independent — самостоя́тельный
healthy — здорóвый
educated — образóванный
spoiled — избалóванный

**B5** Па́рень та́к себе.

Вы, наве́рное, зна́ете его́. Он па́рень та́к себе: не плохо́й, но и не хоро́ший, не до́брый, но и не злой. Что ещё мо́жно сказа́ть?

Умный? Да нет, не о́чень у́мный, но и не...
Си́льный? Да нет, не о́чень си́льный, но и не...
Весёлый? Да нет, не о́чень весёлый, но и не...
До́брый? Да нет, не о́чень до́брый, но и не...

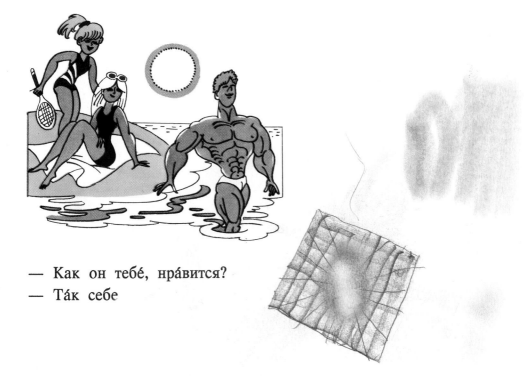

— Как он тебе́, нра́вится?
— Та́к себе

**B6** Та́к себе is a slightly ironic way of referring to someone that you are not very fond of. When kids want to express approval, they say that someone is a кла́ссный па́рень. An even more colloquial expression is клёвый па́рень. (Клёвый was especially popular from the 1970s to the mid-1980s and is occasionally still heard.) More recently the adjective круто́й has replaced клёвый as the contemporary slang expression of approval.

To talk about a situation that they like, kids would use the adverb здо́рово (mentioned in Lesson 2), or кла́ссно. (Там бы́ло здо́рово/кла́ссно.) The adverbial forms of the adjectives клёвый and круто́й are клёво and кру́то. (Там бы́ло клёво/кру́то.)

# C  Cultural Readings

**C1**  Over the last few years, Russia has seen the appearance
and widespread use of "personals" in newspapers and magazines. In addition to clubs and special evenings organized for
the purpose of introducing people, these personals help people to
ind a friend (and possibly a mate) with similar interests.

Read some of these "personals" and tell which of these
people seem interesting. How many are written by males, how
many by females?   (Следующее будет дано как отрывки объявлений из газет)

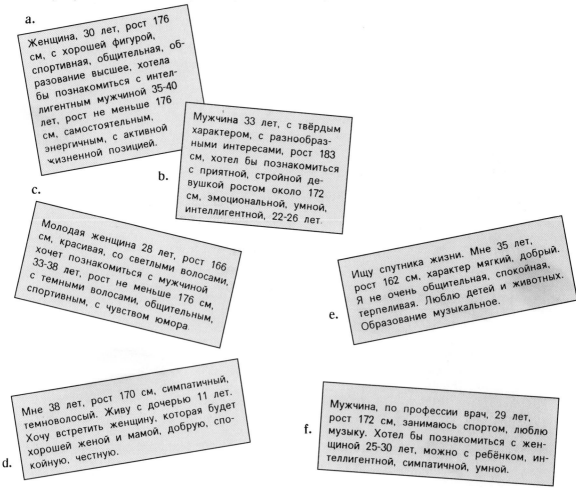

a.
Женщина, 30 лет, рост 176
см, с хорошей фигурой,
спортивная, общительная, образование высшее, хотела
бы познакомиться с интел-
лигентным мужчиной 35-40
лет, рост не меньше 176
см, самостоятельным,
энергичным, с активной
жизненной позицией.

b.
Мужчина 33 лет, с твёрдым
характером, с разнообраз-
ными интересами, рост 183
см, хотел бы познакомиться
с приятной, стройной де-
вушкой ростом около 172
см, эмоциональной, умной,
интеллигентной, 22-26 лет.

c.
Молодая женщина 28 лет, рост 166
см, красивая, со светлыми волосами,
хочет познакомиться с мужчиной
33-38 лет, рост не меньше 176 см,
с темными волосами, общительным,
спортивным, с чувством юмора.

e.
Ищу спутника жизни. Мне 35 лет,
рост 162 см, характер мягкий, добрый.
Я не очень общительная, спокойная,
терпеливая. Люблю детей и животных.
Образование музыкальное.

d.
Мне 38 лет, рост 170 см, симпатичный,
темноволосый. Живу с дочерью 11 лет.
Хочу встретить женщину, которая будет
хорошей женой и мамой, добрую, спо-
койную, честную.

f.
Мужчина, по профессии врач, 29 лет,
рост 172 см, занимаюсь спортом, люблю
музыку. Хотел бы познакомиться с жен-
щиной 25-30 лет, можно с ребёнком, интеллигентной, симпатичной, умной.

**C2**  Write a "personal" for the type of person that you would be interested in contacting.

## D  Grammar Summary

**D1**  Expressing a wish: хотéл бы (A1, B3, B4).

The construction **хотéл бы** is used to express a wish.

*m.:*  Он **хотéл бы** встрéтиться с вáми.
*f.:*  Онá **хотéла бы** познакóмиться с тобóй.
*pl.:*  Они **хотéли бы** сфотографироваться с нáми.

**D2**  The verb **быть** used with adjectives in the instrumental case (B3, B4).

Adjectives in the instrumental singular have the endings -ым/-им for the masculine and neuter genders and -ой/-ей for the feminine gender:

| Он | хотéл бы | быть | дóбрым. |
|----|----------|------|---------|
|    |          |      | хорóшим. |
|    |          |      | сильным. |

| Онá | хотéла бы | быть | дóброй. |
|-----|-----------|------|---------|
|     |           |      | хорóшей. |
|     |           |      | весёлой. |

Adjectives in the instrumental plural have the endings -ыми/-ими for all genders.

| Мы | хотéли бы | быть | дóбрыми и хорóшими. |
|----|-----------|------|---------------------|
|    |           |      | спортивными. |

**D3** The short-form adjective **знако́м** (A1).

This adjective has the same gender forms as the adjectives
**рад** and **похо́ж**. **Знако́м** is followed by the preposition **с** plus
the instrumental case, and the word **похо́ж** by the preposition
**на** plus the accusative case:

*m.:* Я **знако́м** с ним.          Он **похо́ж** на отца́.

*f.:* Я **знако́ма** с ней.          Она́ **похо́жа** на мать.

*n.:* Это сло́во мне не **знако́мо**.          Оно́ не **похо́же** на ру́сское сло́во.

*pl.:* Они́ **знако́мы** уже́ сто лет.          Они́ да́же немно́го **похо́жи**.

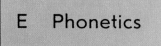

## E   Phonetics

**E1** As you read the words aloud, review the pronunciation of **ц** and the clusters
**ться** and **тся** that represent the same sound.

| | |
|---|---|
| танцу́ет | встре́титься |
| танцу́ешь | нра́вится |
| та́нец | ка́жется |

**E2** Practice the pronunciation of hard **л** in the following words.

| | | |
|---|---|---|
| глу́пый | хоте́ла | расска́зывала |
| злой | хоте́л | расска́зывал |
| футбо́л | весёлый | сме́лый |

**E3** Practice the pronunciation of the soft **л**.

| | |
|---|---|
| сли́шком | англи́йский |
| отли́чный | си́льный |

**E4** As you read these words make sure you pronounce each phrase as a single unit.

слишком весёлый          хотéл бы быть сильным
слишком глу́пый          хотéла бы быть весёлой
сильный человéк         знакóма с отли́чным человéком

**E5** Practice the pronunciation of unstressed **o** and **a** after hard consonants.

| | | |
|---|---|---|
| знакóм | знакóма | говори́ |
| похóж | похóжа | расскажи́ |
| хотéл | хотéла | хорошó |

**E6** Practice declarative sentences using **ИК-1**.

1
Похóж.

1
Он похóж.

1
Он похóж на отцá.

1
Он не слишком похóж на отцá.

1
Весёлый.

1
Весёлый человéк.

1
Весёлый человéк твой друг.

1
Весёлый человéк твой америкáнский друг.

**E7** Read this poem.

— Носоро́г, носоро́г!
Нос ты вы́брал и́ли рог?
Если ты име́ешь нос,
то тогда́ ты носоно́с.
Если ты име́ешь рог,
то тогда́ ты рогоро́г...
— У меня́ и нос, и рог,
потому́ я носоро́г.

*И. Кры́стев.*

# Overview of the Lesson

Match the pictures with the list of functions below. What do you think the people are saying? You may suggest more than one function for each picture.

Expressing a wish
Expressing a supposition
Seeking agreement

# Слова́рь

## *Part A*

| | |
|---|---|
| весёлый | joyful, cheerful, fun |
| знако́м *(m.)*, | |
| знако́ма *(f.)*, | |
| знако́мо *(n.)*, | |
| знако́мы *(pl.)* | acquainted, familiar |
| мне ка́жется | it seems to me |
| наве́рное | probably, undoubtedly |
| отли́чный | excellent |
| пра́вда | truth |
| прия́тный | pleasant, likable |
| та́к себе | so-so |
| фигу́ра | figure |
| хоте́л бы | would like |

## *Part B*

| | |
|---|---|
| бога́тый | rich |
| глу́пый | foolish, silly, stupid |
| до́брый | good, kind |
| жа́дный | greedy |
| злой | wicked, malicious, bad-tempered |
| лени́вый | lazy |
| серьёзный | serious |
| скро́мный | modest |
| ску́чный | boring |
| сли́шком | too |
| сме́лый | daring, brave |
| тала́нтливый | talented |
| че́стный | honest |

## Additional adjectives

energetic — энерги́чный

hardworking — трудолюби́вый

rude — гру́бый

egotistical — эгоисти́чный

patient — терпели́вый

decisive — реши́тельный

independent — самостоя́тельный

healthy — здоро́вый

educated — образо́ванный

spoiled — избало́ванный

# Урок 5 (Пятый урок)

## Review of lessons 1–4

This review lesson is designed to improve your communicative skills and increase your knowledge of spoken Russian. The letters and numbers provide a reference to the places where language functions and grammar were discussed or practiced in the preceding lessons. For example, the notation 1:A1 refers to lesson 1, section A, exercise 1.

## I. FUNCTIONS

### 1. Introductions and Responses (1:A1, B1; 2:A1, D3, D4)

УПРАЖНЕ́НИЕ 1. Divide your class into Russians and Americans. Work in pairs or in threes:

a. Introduce yourself to the Russians whose names appear in the box below. Follow this example:

— Михаи́л, здра́вствуйте, меня́ зову́т Пи́тер. Бу́дем знако́мы.

b. Introduce yourselves to each other, or be introduced by someone else. Respond to the introductions, give the shortened form of your name, and suggest that the ты form of address be used.

| | |
|---|---|
| Михаи́л Светло́в | Па́мела Уа́йли |
| Екатери́на Петро́вна | Мели́нда Ри́чмонд |
| Ната́лья Ката́ева | Ри́чард Ло́ман |
| Серге́й Чеботарёв | Пи́тер Кайл |
| Алекса́ндр Серге́евич | Да́ниел Смит |
| Наде́жда Бори́совна | Сти́вен Гри́нберг |

## 2. Asking/telling where somebody/something came from
(1:A1, A3, D1, D2)

УПРАЖНЕ́НИЕ 2. Отку́да э́ти пи́сьма?

— Это письмо́ из Аме́рики из Вашингто́на.

## 3. Making a Suggestion (1:A1, B4)

УПРАЖНÉНИЕ 3. Role play.

**a.** Suggest to your partner some of the activities listed below.

— Хóчешь, пойдём на концéрт?
— Давáй...

1. на хоккéйный матч
2. на бейсбóльный матч
3. на пикнúк в лес
4. в кинó
5. в гóсти
6. в клуб

**b.** React to the suggestions, either by accepting or refusing them.

— С удовóльствием./Давáй./Лáдно.
— Спасúбо, но...

## 4. Expressing surprise, interest, enthusiasm (2:B1, B2)

УПРАЖНÉНИЕ 4. React to these titles of newspaper articles by using the expressions: **Как интерéсно! Неужéли! Вот здóрово!**

КАК ВЫИГРАТЬ 10000 ДОЛЛАРОВ

ЧЕМПИОНУ — 10 ЛЕТ

ВСТРЕЧА ПРЕЗИДЕНТА С РУССКИМИ ШКОЛЬНИКАМИ

КОСМОНАВТЫ НА МАРСЕ

НОВЫЙ ПРЕЗИДЕНТ «ДЖЕНЕРАЛ МОТОРС»

КИТАЙСКИЙ ЯЗЫК — ЭТО СОВСЕМ НЕ ТРУДНО

УПРАЖНЕ́НИЕ 5. American students are talking about their trip to Russia. React to what they are saying:

— В Москве́ мы говори́ли то́лько по-ру́сски.
— Вы говори́ли то́лько по-ру́сски? Неуже́ли?/Как здо́рово!

1. У нас была́ встре́ча в реда́кции газе́ты «Пра́вда».
2. Журнали́ст написа́л о нас в газе́те.
3. С на́ми разгова́ривал реда́ктор газе́ты.
4. Нам показа́ли ко́мнату, где рабо́тает президе́нт.
5. Ру́сские шко́льники сде́лали о нас фильм.
6. У нас была́ встре́ча с америка́нскими диплома́тами.
7. У нас была́ пое́здка в Санкт-Петербу́рг.

## 5. Describing wishes/plans and future actions
(2:A1, A3-6, B1, B2, D1; 4:A1, D1)

УПРАЖНЕ́НИЕ 6. Talk about your plans. Use the sentence patterns given, and add what you would like to do, for example, next Sunday.

| Я хоте́л(а) бы | пойти́ | в бассе́йн. |
| | пое́хать | в парк. |
| | | на матч. |
| | | на конце́рт. |

| Я бу́ду | игра́ть... |
| | писа́ть... |
| | де́лать... |
| | слу́шать... |
| | чита́ть... |

Я пойду́
поéду
прочитáю
напишу́
сдéлаю
посмотрю́

УПРАЖНÉНИЕ 7. What are your plans for/ideas about the future?

1. Каки́е языки́ ты бу́дешь учи́ть в шко́ле?
2. Ты бу́дешь учи́ться в ко́лледже?
3. Чем ты бу́дешь занима́ться по́сле шко́лы?
4. Ско́лько у тебя́ бу́дет детéй?
5. Куда́ ты поéдешь лéтом?
6. Что ты бу́дешь дéлать за́втра вéчером?

## 6. Expressing an opinion (3:A1, B5)

УПРАЖНÉНИЕ 8. Read these titles of TV programs and tell whether they would interest you. You are not expected to understand every word in the titles of the programs, but you should be able to figure out what they are about. When giving your opinion, use expressions such as: мне ка́жется, я ду́маю, по-мо́ему.

— Мне ка́жется, э́то мне бу́дет (не)интерéсно.

1. «Дéтский час (с уроком английского языка)»
2. «Мы и экономика»
3. «Добрый вечер, Москва»
4. «Школьный час»
5. «В мире музыки. И. С. Бах»
6. «Наш сад»
7. «Памятники России»
8. «Спорт, спорт, спорт»
9. «Конкурс „Мисс Москва"»
10. «Мама, папа и я»
11. «Встреча с поэтом Андреем Вознесенским»
12. «Международная панорама»
13. «Арена. Спортивная программа»

## 7. Describing someone's appearance and character traits
(3:A1, A4, A5, B4, B5, D1, D5; 4:A1, A6, B1-4)

УПРАЖНÉНИЕ 9. Think of some people you admire—stars,
public figures, TV personalities, characters in books or films.
Do you want to be like any of them? Why? Use one of these
patterns in your answer.

1. Я хотéл бы быть похóж на    . . . , потомý что...
2. Я хотéла бы быть похóжа на   . . .
3. Мне нрáвится, что он/онá...


## II. GRAMMAR

## 1. Pronouns

Now you know all of the forms of the personal pronouns in Russian. Here is a
complete table:

| Case | Pronouns | | | |
|---|---|---|---|---|
| Nominative<br>*кто? что?* | я | ты | он/онó | онá |
| Genitive<br>*когó? чегó?* | меня́ | тебя́ | (н)егó* | (н)её |
| Dative<br>*комý? чемý?* | мне | тебé | (н)емý | (н)ей |
| Accusative<br>*когó? что?* | меня́ | тебя́ | (н)егó | (н)её |
| Instrumental<br>*(с) кем? чем?* | мной | тобóй | (н)им | (н)ей |
| Prepositional<br>*о ком? о чём?* | обо мне | о тебé | о нём | о ней |

---

\*    «Н» appears with all third-person pronouns when they are preceded by prepositions. Compare
Я не вѝжу егó. Я дýмаю о нём. Мы говорѝли с ней.

---

| Case | Pronouns | | |
|---|---|---|---|
| Nominative<br>*кто? что?* | мы | вы | они́ |
| Genitive<br>*кого́? чего́?* | нас | вас | (н)их |
| Dative<br>*кому́? чему́?* | нам | вам | (н)им |
| Accusative<br>*кого́? что?* | нас | вас | их |
| Instrumental<br>*(с) кем? чем?* | на́ми | ва́ми | (н)и́ми |
| Prepositional<br>*о ком? о чём?* | о нас | о вас | о них |

## 2. Aspect

You have already encountered verbal aspect. Do not worry if it seems difficult to you. It is, in fact, the most difficult thing about Russian for foreigners to learn and must be learned gradually. The chart on page 102 will help you.

Here are some suggestions that will help. You may be asked: "Что ты де́лаешь? Чем ты занима́ешься? (What are you doing? What are you occupied with?) /Что ты де́лал? Чем ты занима́лся? (What did you do? What were you occupied with?) " In such cases, answer using only imperfective verbs. The question is not whether you have finished your lessons, but how you have spent your time, what you have been busy with. The

same goes for the question: "Ско́лько вре́мени ты чита́л (писа́л, игра́л, гуля́л...)? (How long did you read, write, play, walk?) " In addition, if you talk about a repeated action, the verb for that action also should be in the imperfective aspect.

If a Russian asks a question using a verb in the perfective, usually he or she already knows that the action has taken place and is most interested in the result. Sometimes the question is whether an action has been completely or just partially finished, but the emphasis is still on the result. Perfective verbs are used to talk about a specific, concrete, and individual occurrence.

| Несоверше́нный вид<br>Imperfective Aspect | Соверше́нный вид<br>Perfective Aspect |
|---|---|
| I — Что ты де́лаешь?<br>— Я пишу́ письмо́.<br>— What are you doing?<br>— I'm writing a letter.<br><br>— Что ты вчера́ де́лал?<br>— Я чита́л, а пото́м смотре́л телеви́зор.<br>— What did you do yesterday?<br>— I read, and then watched television.<br><br>— Ско́лько вре́мени ты чита́л?<br>— Немно́го, то́лько оди́н час.<br>— How long did you read?<br>— Not long, only an hour. | I — Ты написа́л письмо́?<br>— Да, вот оно́.<br>— Have you finished writing the letter?<br>— Yes, here it is.<br><br>— Что ты де́лал?<br>— Я чита́л кни́гу.<br>— Ну и как, прочита́л?<br>— Нет, я прочита́л не всё, то́лько э́то ме́сто.<br>— What were you doing?<br>— I was reading a book.<br>— So, did you finish it?<br>— No, I didn't finish all of it, just this part. |
| II — Ты ча́сто пи́шешь пи́сьма?<br>— Нет, не ча́сто, у меня́ ма́ло вре́мени.<br>— Do you often write letters?<br>— No, not often, I don't have much time.<br><br>III Я люблю́ чита́ть. (вообще́)<br>I love to read. (in general) | II — Я написа́л письмо́ и пошёл на по́чту.<br>— I wrote a letter and went to the post office.<br><br>— В 5 часо́в я сде́лал все уро́ки и пошёл игра́ть в футбо́л.<br>— At five o'clock I had finished all my lessons and left to play football. |

## 3. Prepositions of Motion

In Russian, the direction in which people or things move is very important, because specific prepositions and cases are used to indicate where a person or thing is, where a person or thing is going, and where a person or thing is coming from. Here is a general table:

| Gender | ГДЕ? | КУДА́? | ОТКУДА? |
|---|---|---|---|
| | в (во) +<br>prepositional<br>на + | в (во) +<br>accusative<br>на + | из +<br>genitive<br>с (со) + |
| masculine | в го́роде<br>на стадио́не<br>во Влади́мире<br>в музе́е<br><br>до́ма | в го́род<br>на стадио́н<br>во Влади́мир<br>в музе́й<br><br>домо́й | из го́рода<br>со стадио́на<br>из Влади́мира<br>из музе́я<br>из до́ма |
| feminine | на у́лице<br>в лаборато́рии<br>на пло́щади | на у́лицу<br>в лаборато́рию<br>на пло́щадь | с у́лицы<br>из лаборато́рии<br>с пло́щади |
| neuter | на окне́<br>на мо́ре<br>в зда́нии | на окно́<br>на мо́ре<br>в зда́ние | с окна́<br>с мо́ря<br>из зда́ния |

# III. JOKES AND ANECDOTES

## Подумай и скажи.

— Что было завтра, а будет вчера?

## В самолёте

Один симпатичный, но не очень решительный студент очень хотел познакомиться с красивой молодой девушкой, которая летела с ним в одном самолёте. Он думал, думал, а потом сказал:

— Извините, вы тоже летите на этом самолёте?

## Когда мы встретимся?

Он: Давай встретимся сегодня в пять часов на нашем месте у метро.

Она: Хорошо, давай. А когда ты придёшь?

# IV. GUIDED CONVERSATIONS AND ROLE PLAYS

## 1. Two classmates are talking

| A | B |
|---|---|
| Tell one of your classmates that a girl/boy was asking about her/him in the morning. | Ask what he/she looks like. |
| Describe the girl/boy. | Ask questions about appearance not covered by the description just given to you. |
| Answer the questions. | Guess the girl's/boy's name. Say that you already saw her/him in the morning. |

## 2. An American (A) and a Russian (B) are talking in Moscow

| A | B |
|---|---|
| Say that a friend of yours, Kurt, has come from Philadelphia and that you want to show him Moscow. However, you still do not know Moscow very well and would like your Russian friend to give you some advice. | Suggest places to go with Kurt. Be specific. Suggest a specific itinerary. Offer your help. |
| Agree with what has been suggested. Invite your friend to your place to meet Kurt. | Accept the invitation. Agree on a time. |
| Say good-bye. | |

## 3. An American (A) is calling a Russian (B) by phone from the United States

**A**

You've called your Russian friend. Ask him how he is, and ask him to meet your sister, who will come to Moscow from Chicago. Describe her, and tell your friend your sister's name.

**B**

A friend from the United States calls you and asks you to meet his/her sister. Agree to meet her. Ask her name, and ask what she looks like.

## 4. Two friends are talking

**A**

At a concert, you met someone you liked. Tell a friend about this experience. Describe your new friend, and talk about her/his character.

**B**

Your friend tells you about a new acquaintance. Ask about the person's appearance and character.

# Culture in Focus

# Russian Cooking

Russian cuisine is world famous. Its special features are a wide variety of hors-d'oeuvres, pickled vegetables and mushrooms, flour-based recipes (such as dumplings and pirozhki), soups and the traditionally lavish holiday meals, which include preserves, cookies, gingerbread, and pastries.

Rye bread is a staple of the Russian table. Baked as far back as the tenth century, it is still popular today. White bread, introduced by French and German bakers, became popular in Russia only at the beginning of the 20th century. For a long time, it was eaten only on holidays.

In the Russian Orthodox Church, most days of the year—from 192 to 216, depending on the year—used to be days when eating meat was forbidden. Dietary rules were strictly observed, leading to the creation of a wide variety of fish, mushroom, vegetable, and flour-based dishes.

Kasha, a type of porridge, is a traditional Russian dish. Originally a holiday treat, it gradually became a staple of the Russian diet. Buckwheat, rice, semolina, oats, wheat, millet, and barley kasha are all popular. Kasha is cooked with milk and eaten as a separate dish, or made with water and served as an accompaniment to meat and fish.

Tartar and other Eastern influences on Russian cooking date back to the 17th century. It was then that dishes made with unleavened dough, such as noodles and "pelmeni" (dumplings), appeared. Sweets, such as candied fruit, raisins, and fruit drops also became popular. Most important was the introduction of lemons and tea, which became a traditional Russian drink.

In the 18th and 19th centuries, Russian cooking borrowed heavily from European cooking. Chefs from France, Germany, and Holland worked for Russia's nobility. Cheeses, sandwiches, salads, cutlets, sausages, and compote appeared in Russia during this period. It was also at this time that Western Europeans brought tomatoes and potatoes to Russia. Eventually, potatoes became an indispensable part of the Russian diet and were called Russia's "second bread."

# ЧАСТЬ

# ВТОРАЯ

# Урок 6 (Шестой урок)

## Как дойти до Красной площади?

| Part | Main Structures | Functions | Grammatical Concepts |
|------|-----------------|-----------|----------------------|
| A | — Хочешь, поедем на Воробьёвы горы? | Suggesting going somewhere | The prepositions от, до, рядом с; adjectives in the genitive and instrumental cases |
| | — Это рядом с американским посольством. | | |
| | — Там рядом. | | Там and туда |
| | — А как туда доехать? | | |
| | — Лучше пойдём пешком. | Stating a preference | Лучше + verb |
| | **Language & Culture**<br>Moscow tourist sites: Воробьёвы горы, Коломенское, Новый Арбат, Садовое кольцо. | | |
| B | — Как пройти на Красную площадь? | Asking and giving directions | Verbs of motion with the prefixes до- and про- |
| | — На Пушкинской площади. | | В/на with the prepositional case: adjective and noun forms |
| | — А это кому памятник?<br>— Маяковскому. | | Памятник + the dative case |
| | **Language & Culture** | | Reading a map in Russian |
| C | **Cultural Readings**<br>Some popular Moscow museums: Коломенское, Третьяковская галерея, Музей космонавтики, Театральный музей, Покровский собор | | |
| D | **Grammar Summary** | | |
| E | **Phonetics**<br>Pronunciation and Practice<br>Фонетика: hard and soft л<br>Soft consonants; review of intonations | **Overview of the Lesson**<br>Словарь<br>Additional Place Names | |

## A  Suggesting Going Somewhere

| | |
|---|---|
| Дава́й пое́дем в Коло́менское. | Let's go to Kolomenskoye. |
| Пое́дем на метро́. | Let's take the metro. |

**A1**  (D1, D2, D3, D4) Listen to the dialogues before reading them and answer:

**a.** Who is speaking?

- two Russians
- two Americans
- an American and a Russian

**b.** What is the main topic?

- sightseeing
- a birthday party
- plans for the next day

Ве́чером все америка́нские шко́льники иду́т в го́сти
к Ка́те Бога́товой, а сейча́с у них свобо́дное вре́мя.
Ру́сские ребя́та хотя́т показа́ть им Москву́.

**a.** Андре́й:  Сет, хо́чешь, пое́дем на **Воробьёвы го́ры**?
Посмо́трим Моско́вский университе́т.

Сет:  МГУ? Дава́й, а э́то **далеко́**?

Андре́й:  Нет, не о́чень. Пое́дем на метро́. Там
**ря́дом**.

**Воробьёвы го́ры** are located in the southwestern part of Moscow.
It's a favorite place for strolling and relaxing. Nearby a number
of buildings of **Моско́вский университе́т** are located and also
**но́вый цирк** and **Де́тский музыка́льный теа́тр**.

**b.** Гáля:　Мелѝсса, давáй поéдем в Колóменское.
　　　　　Это óчень красѝвое мéсто.

Мелѝсса:　Колóменское? Да, я, кáжется, слы́шала.
　　　　　А где э́то? Далекó?

Гáля:　От цéнтра далекó. Но тудá мóжно до-
　　　　éхать на метрó.

Kolomenskoye is a fourteenth-century country estate that, at one time, was located outside of Moscow, but contemporary Moscow has surrounded it. It is a popular place for people to relax and a popular Moscow tourist attraction.

**c.** Натáша:　Хóчешь, я покажý тебé америкáнское по-
　　　　　сóльство?

Рóберт:　А где онó нахóдится?

Натáша:　В цéнтре, недалекó от Нóвого Арбáта.

Рóберт:　А как тудá доéхать? На метрó?

Натáша:　Нет, лýчше всегó на троллéйбусе.

New Arbat, one of the main streets of Moscow, is located next to the Arbat, one of Moscow's oldest streets. For a long time, New Arbat Street was known as Prospekt Kalinina.

**d.** Нáстя:　Элѝса, хóчешь пойтѝ в музéй Чéхова?

Элѝса:　С удовóльствием. Это далекó?

Нáстя:　Не óчень. Это ря́дом с америкáнским по-
　　　　сóльством. Мóжно дойтѝ пешкóм ѝли до-
　　　　éхать на троллéйбусе.

Элѝса:　Лýчше пойдём пешкóм.

Anton Pavlovich Chekhov (1860-1904), best known in the United States for his plays, is better known in Russia for his short stories.

**Садовое кольцó** (The Garden Ring) is the name of a chain of streets that encircle the central part of Moscow. The American Embassy is located on one of these streets.

**A2**  Examine the table below. Then review the dialogues in section **A1**, and add sentences from them to illustrate these functions:

**How to**

suggest doing something:     Хо́чешь, пое́дем в Коло́менское?

inquire about location:     Это далеко́?

state a preference:     Лу́чше пое́дем на метро́.

**A3**  Nastya and Elisa are discussing their plans for the weekend. Nastya suggests some places to go.

На́стя:  Хо́чешь, пое́дем в Новоде́вичий монасты́рь?

Эли́са:  С удово́льствием. А э́то далеко́? Как туда́ дое́хать?

На́стя:  Не о́чень. Мо́жно дое́хать на метро́.

Review the place names given in this lesson, and use them in this role play:

**A.** Take the part of a Russian and suggest to your American friend some places to visit in Moscow. When asked, tell how to get there.

**B.** Agree or disagree with your friend's suggestion. If you agree, ask where the place is located and how to get there. If you disagree, say why.

**A4** Role play.

An American boy/girl is speaking with a Russian student who is staying at his/her place.

| A | B |
|---|---|
| Suggest going some place interesting. | You have never heard of this place. Ask about it. |
| Describe the place you suggested. | Accept or reject the suggestion. If you disagree, give the reason. If you agree, ask where the place is located and how to get there. |
| Answer the questions. Suggest how to get there. | |

# B  Asking and Giving Directions

| | |
|---|---|
| Как туда́ дое́хать? | How do you get there? |
| Скажи́те, пожа́луйста,<br>как дойти́ до ци́рка? | Tell me, please, how do<br>I get to the circus? |

**B1**  Pam and Laura are looking at a map of Moscow with Katya and are asking her about some of the abbreviations:

Пэм:    Ка́тя, „ул." — э́то, коне́чно, у́лица. А что
        зна́чит „просп."?

Ла́ура:  Э́то, наве́рное, проспе́кт. Да, Ка́тя?

Ка́тя:   Пра́вильно, молоде́ц.

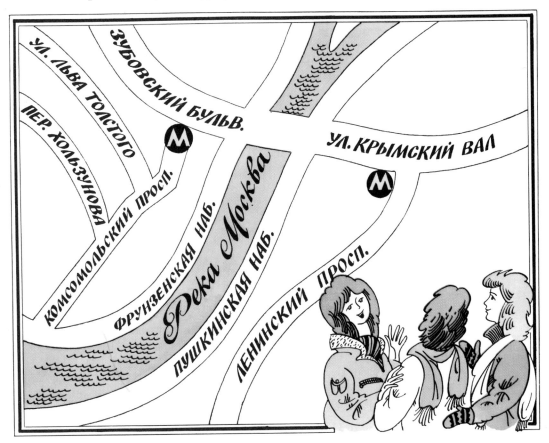

Now, with a partner, match the abbreviations on the map on page 119 with the words below:

| | |
|---|---|
| у́лица | street |
| проспе́кт | avenue |
| **бульва́р** | boulevard |
| пло́щадь | square |
| **ста́нция метро́** | metro station |

You may need to use a map of Moscow one day. It will help you to get some practice using one. Perhaps you know some Moscow place names but have not seen them in Russian. Read the names below, and find them on the map above.

| | |
|---|---|
| Red Square | New Arbat |
| Tverskaya Street | Arbat |
| Kremlin | Teatralnaya Square |
| Bolshoi Theater | Pushkin Square |
| Manezhnaya Square | Historical Museum |
| St. Basil's Cathedral | |

**B2**  Some Americans decide to go touring by themselves and have to ask the way to the places they want to see. They ask:

Джек:  Скажи́те, пожа́луйста, как дойти́ до ци́рка?

Джаха́н: Извини́те, вы не ска́жете, как пройти́ на Кра́сную пло́щадь?

Ask how to get to the places you want to see.

| Извини́те, | как | дойти́ | до... + *genitive case* |
| Скажи́те, пожа́луйста, | | дое́хать | |
| Вы не ска́жете, | | пройти́ | в/на... + *accusative case* |
| | | прое́хать | |

| | |
| в америка́нское посо́льство | до америка́нского посо́льства |
| в Новоде́вичий монасты́рь | до Новоде́вичьего монастыря́ |
| в Храм Васи́лия Блаже́нного | до Хра́ма Васи́лия Блаже́нного |
| на Кра́сную пло́щадь | до Кра́сной пло́щади |
| на Тверску́ю (у́лицу)* | до Тверско́й (у́лицы) |

Посо́льство США на Садо́вом кольце́

Some other places Jack plans to see in Moscow are:

| | |
| Истори́ческий музе́й | Ста́рый цирк |
| Моско́вский университе́т | Большо́й теа́тр |

How will he ask directions?

---

\*     **Тверска́я** and **Арба́т** streets are frequently referred to without the word у́лица—"street"— following their names.

**B3** (D5, D6) Jahan and Seth want to eat at the Moscow McDonald's. They ask a passerby (**прохо́жий**) for directions:

Джаха́н: Извини́те, вы не ска́жете, где нахо́дится Макдо́нальдс?

Прохо́жий: На Пу́шкинской пло́щади.

Джаха́н: Это далеко́?

Сет: Как туда́ дое́хать?

Прохо́жий: Лу́чше всего́ на метро́.

Джаха́н: Спаси́бо.

Suppose you are in Moscow. Act out the following situations with a partner. Use expressions from the conversation above and from previous dialogues.

**A.** You are an American student. Ask a Muscovite about some places you want to see in Moscow. Ask about their location and how to get there:

Большо́й теа́тр       кинотеа́тр Росси́я
Истори́ческий музе́й     храм Васи́лия Блаже́нного
Дом кни́ги

Истори́ческий музе́й

**B.** You are a Muscovite. A foreigner turns to you for help with directions. Give him the necessary information. The following notes will help you:

| | |
|---|---|
| Большо́й теа́тр | Театра́льная пл., ст. м. Театра́льная |
| Истори́ческий музе́й | Кра́сная пл., ст. м. Охо́тный ряд |
| Дом кни́ги | Но́вый Арба́т, ст. м. Арба́тская |
| кинотеа́тр Росси́я | Пу́шкинская пл., ст. м. Пу́шкинская |
| храм Васи́лия Блаже́нного | Кра́сная пло́щадь, ст. м. Кита́й-го́род |

**B4** Ната́ша и Ро́берт гуля́ют по Москве́. Ро́берт фотографи́рует. Сейча́с они́ на Театра́льной пло́щади о́коло Большо́го теа́тра.

Ро́берт:  Я хоте́л бы сфотографи́ровать па́мятник Юрию Долгору́кому. Это далеко́?
Ната́ша:  Нет. Недалеко́. (*Пока́зывает ему́ ка́рту.*) Смотри́. Мы вот здесь, на пло́щади, а па́мятник вот здесь, на Тверско́й. Пойдём пешко́м и́ли пое́дем на тролле́йбусе?
Ро́берт:  Дава́й лу́чше пешко́м.

**B5** (D7) Пэм и Катя приехали на площадь Маяковского.

Пэм:    А это кому памятник?

Катя:   Маяковскому. Это **известный** советский поэт.

Look at these pictures of some famous Moscow monuments and the people they honor. Make up dialogues with your classmates: ask about these monuments and give answers using the information from the captions.

1.

2.

А. С. Пушкин (1799—1837) — русский поэт.

В. В. Маяковский (1893—1930) — советский поэт.

3.

Юрий Долгорукий (1090—1157) —
русский князь, основатель Москвы.

А какие это памятники? Где они находятся?

4.

5.

6.

**B6** Разгова́ривают Андре́й и Сет.

Listen to their conversation, and answer the following questions:

a. When are Andrei and Seth having this conversation?

  • on Sunday
  • on Wednesday
  • on Saturday

b. What does Seth want to see? Which places are they discussing?

Кра́сная пло́щадь          Третьяко́вская галере́я

Истори́ческий музе́й       Коло́менское

Оста́нкино                 Новоде́вичий монасты́рь

---

c.    What have they decided to see?

- Коло́менское
- Кра́сную пло́щадь

- Истори́ческий музе́й
- Третьяко́вскую галере́ю

Музе́й-уса́дьба Коло́менское

d.    Why are the students going to the Истори́ческий музе́й?

- It is not far from their house.
- It is right next to Кра́сная пло́щадь, which they also want to see.
- It is located fairly close to the Большо́й теа́тр, where they will be going this evening.

e.    How will Andrei and Seth get to the Истори́ческий музе́й?

- by subway to Пло́щадь Револю́ции station
- by subway to Тверска́я station and then on foot
- by subway to Театра́льная station

**B7** Role play.

Suppose you are taking pictures of Moscow with a Russian friend. Act out the situations below using the map of Moscow from exercise **B1** to indicate these locations.

Вы хотéли бы сфотографи́ровать:

| | |
|---|---|
| па́мятник Пу́шкину | на Пу́шкинской пло́щади |
| па́мятник Маяко́вскому | на пло́щади Маяко́вского |
| храм Васи́лия Блаже́нного | на Кра́сной пло́щади |

Вы нахо́дитесь:

на Театра́льной пло́щади
на Пу́шкинской пло́щади
на пло́щади Маяко́вского

Use your home city or town to create similar dialogues.

## C  Culture Readings

**C1**  The texts on pages 129–134 describe some popular Moscow museums. Some words and phrases are given below each excerpt. Look at them before reading the excerpt, and use your knowledge of English and Russian to guess what they mean. After you read each passage, do Exercises *a, b,* and *c:*

a.  What type of museum is being described?

b.  Which museum would you recommend to a friend who is interested in:

Russian history?
Russian art?
Russian theater?
Russian science and technology?

c. Tell your friend where the museum is located and how to get there. (Stress marks have been added to help you pronounce the names of the museums and their locations. However, the text itself does not have stress marks since it is taken from a tour book for Russians where stresses do not appear.)

Музе́й-уса́дьба Коло́менское
*Просп. Андро́пова, 39. Ст. м. «Коло́менская»*

Коломенское — один из лучших архитектурных ансамблей Москвы. Название усадьбы первый раз встречается в летописях в 1339 году. В XVII веке здесь была резиденция царя Алексея Михайловича, отца Петра 1-ого. Экспозиция музея рассказывает об истории усадьбы, строительной технике XV—XVIII веков, жизни и быте того времени.

На территории усадьбы находятся памятники русской деревянной архитектуры: дома, церкви, башни. Их привезли в Коломенское из разных районов России — даже из Сибири и с Крайнего Севера.

| | |
|---|---|
| **архитекту́рный анса́мбль** | architectural grouping |
| **резиде́нция царя́** | tsar's residence |
| **экспози́ция музе́я** | museum's exhibits (*lit.* exposition) |
| **деревя́нная архитекту́ра** | wooden architecture (compare with **де́рево** tree) |

Третьяко́вская галере́я
*Лавру́шинский пер., 10. Ст. м. «Третьяко́вская»*

Один из самых известных художественных музеев Москвы. В галерее хранится богатое собрание древнерусских икон, русской живописи, графики и скульптуры XVII—XX веков. В экспозиции также представлены произведения советского многонационального искусства.

| | |
|---|---|
| **галере́я** | gallery |
| **древнеру́сская ико́на** | ancient Russian icon |
| **ико́на** | icon |
| **гра́фика** | drawing |
| **скульпту́ра** | sculpture |
| **собра́ние карти́н** | a collection of pictures |
| | (compare with **собира́ть** to collect) |

Музей древнерусской культуры и искусства имени Андрея Рублёва
*Пл. Прямикова, 10. Ст. м. «Курская»*

Находится в здании бывшего Спасо-Андрониковского монастыря. В этом монастыре провёл последние годы жизни и был похоронен великий иконописец древней Руси Андрей Рублёв.

В экспозиции музея — иконы, фрагменты фресок и их копий, произведения прикладного искусства древней Руси.

| | |
|---|---|
| **иконописец Андрей Рублёв** | icon painter Andrei Rublyov |
| **фрагмент** | fragment |
| **фреска** | fresco |
| **копия** | copy |
| **древняя Русь** | old Russia |

Музе́й космона́втики
*Алле́я космона́втов. Ст. м. «ВДНХ»*

Музей находится в основании памятника покорителям космоса на Аллее Космонавтов. В экспозиции музея — образцы космической техники, документы, фотографии, киноматериалы, которые знакомят посетителей с историей освоения космоса в СССР.

| | |
|---|---|
| **музе́й космона́втики** | museum of cosmonautics |
| **косми́ческая те́хника** | space technology |
| **докуме́нты** | documents, materials |
| **киноматериа́лы** | movie |

Театра́льный музе́й и́мени А. А. Бахру́шина
*Ул. Бахру́шина, 31/12. Ст. м. «Павеле́цкая»*

В экспозиции музея — материалы по истории русского до- и послереволюционного театра: театральные костюмы, мемориальные вещи, эскизы и макеты декораций, фотографии, афиши. В музее есть библиотека и собрание звукозаписей.

Регулярно бывают лекции, концерты, встречи с артистами и режиссёрами.

| | |
|---|---|
| театра́льный костю́м | theatrical costume |
| мемориа́льный | memorial |
| декора́ции | decorations |
| регуля́рно | regularly |
| ле́кции | lectures |

Покро́вский собо́р (Храм Васи́лия Бла́женного)
*Кра́сная пл. Ст. м. «Охо́тный ряд», «Пло́щадь револю́ции»*

Экспози́ция музе́я знако́мит посети́телей с эпо́-
хой царя́ Ива́на Гро́зного (XVI-й век) и расска́зыва-
ет об исто́рии строи́тельства собо́ра.

**D1**  Indicating motion toward a destination: дойти/доéхать до + genitive case (A1, A3, B2).

Verbs of motion with the prefix до- (дойти, доéхать) are usually used with the preposition до + genitive:

дойти до пáрка/до плóщади

доéхать до вокзáла/до гостúницы

The preposition до used with a verb of motion indicates reaching or coming up to a destination, as opposed to entering it. By contrast, the prepositions в/на + accusative specifically refer to entering a place when used with a verb of motion:

идтú в парк/на плóщадь

éхать на вокзáл/в гостúницу

Remember that the entire noun phrase in the construction до + genitive is also in the genitive case:

*m.:*  до э́того нóвого дóма, до Новодéвичьего монастыря́

*n.:*  до америкáнского посóльства

*f.:*  до э́той у́лицы, до Крáсной плóщади, до сúней машúны

Refer to the grammar tables for endings of adjectives and nouns in the genitive and accusative cases.

**D2**   Indicating relative locations: prepositions **от, до, рядом с** (A1, A3, B2).

The prepositions **от** and **до** are used with the genitive case:

> недалекó от нóвой гостѝницы — not far from the new hotel
> от шкóлы до дóма — from school to the house

The prepositional construction **рядом с** is used with the instrumental case:

> рядом с этим больши́м дóмом — near (next to) this big house
> рядом с этой нóвой гостѝницей — near (next to) this new hotel

**D3**   Asking about destinations: verbs of motion with the prefixes **до-** and **про-** (A1, A3, B2).

Both of the following constructions can be used to ask directions:

> **Как дойти́/доéхать до** + genitive case
> **Как пройти́/проéхать в/на** + accusative case

Remember that these constructions imply different intentions upon reaching destinations (see **D1**).
Both **дойти́** and **пройти́** are perfective verbs and are conjugated like the verb **идти́:**

| | | |
|---|---|---|
| я иду́ | я дойду́ | я пройду́ |
| ты идёшь | ты дойдёшь | ты пройдёшь |
| он идёт | он дойдёт | он пройдёт |
| мы идём | мы дойдём | мы пройдём |
| вы идёте | вы дойдёте | вы пройдёте |
| они́ иду́т | они́ дойду́т | они́ пройду́т |

The past tense is also formed like verb **идти́:**

| | |
|---|---|
| он шёл | он дошёл/прошёл |
| онá шла | онá дошлá/прошлá |
| они́ шли | они́ дошли́/прошли́ |

**D4** Indicating location and direction: там and туда́ (A1, A3, B3).

In Russian, two different words correspond to English "there."
To indicate a location and answer a question starting with где, the word **там** is used:

— Где ты был?
— Там. *← over there w/ any meaning of location*

To indicate a destination and answer a question beginning with куда́, the word **туда́** is used:

— Куда́ ты идёшь?
— Туда́. *← meaning of destination*

**D5** Indicating locations: в/на with the prepositional singular of adjectives and nouns (B3).

Review the forms of adjectives and pronouns in the prepositional singular:

*m.:* на Куту́зовском проспе́кте, в ста́ром па́рке, в хоро́шем словаре́
*n.:* в э́том ру́сском сло́ве, в хоро́шем зда́нии
*f.:* на Кра́сной пло́щади, на э́той встре́че, в хоро́шей кварти́ре

See the grammar tables for the endings of adjectives and nouns in the prepositional case.

**D6** Expressing preference: лу́чше + verb (A2, B4).

The comparative degree of the adverb хорошо́ — лу́чше—is used to express preference.

До Большо́го теа́тра **лу́чше** е́хать на метро́.
Пойдём **лу́чше** пешко́м. *Better*

**Лу́чше** is often used with personal pronouns in the dative case:

Наве́рное, **мне лу́чше** пое́хать на такси́.
**Вам лу́чше** дое́хать до ста́нции Университе́т. *Dative case*

## D7 Па́мятник кому́? (В4)

The dative case is used to name the person that a statue or monument is dedicated to. Note that all feminine last names, as well as masculine last names ending in -ий, have adjectival endings:

| | |
|---|---|
| па́мятник Пу́шкину | (Пу́шкин) |
| па́мятник Маяко́вск**ому** | (Маяко́вский) |
| па́мятник Юрию Долгору́к**ому** | (Юрий Долгору́кий) |
| па́мятник Анне Ахма́тов**ой** | (Анна Ахма́това) |

## E Phonetics

**E1** Practice these words with hard and soft л. Be sure to distinguish between them.

С удово́льствием  посо́льство недалеко́ от бульва́ра
слы́шала о Коло́менском  лу́чше всего́ на тролле́йбусе

**E2** Read these words, and practice pronouncing the soft consonants before и and ь.

кни́ги слы́шать бульва́р
пойти́ дое́хать большо́й
посмотри́ пло́щадь посо́льство
у́лица монасты́рь уса́дьба

Listen to the tape, and follow the intonation patterns as closely as possible.

      3
— Поедем на Воробьёвы горы?

          3               4
— На Воробьёвы горы? А это далеко?

    3
— Хочешь посмотреть Московский университет?

   3       1
— МГУ? С удовольствием.

           3
— Давай поедем в Коломенское?

   3         2
— Коломенское? А где это?

**E4** Read this poem:

Жили-были два соседа,
два соседа—людоеда.
Людоеда людоед
приглашает на обед.
Людоед ответил: — Нет!
Не пойду к тебе, сосед.
На обед попасть не худо,
Но отнюдь не в виде блюда.

               *Б. Заходер*

# Overview of the Lesson

Match the pictures with the list of functions below. What do you think the people are saying? You may suggest more than one function for each picture.

Inquiring about location
Asking and giving directions
Stating a preference
Suggesting going somewhere

# Слова́рь

## Part A

| | | |
|---|---|---|
| гора́ | hill, mountain | |
| Воробьёвы го́ры | Vorobyovy Hills | |
| далеко́ | far, distant | |
| до *(+ gen.)* | to, up to, as far as | |
| дое́хать *(pf.)* | to go, get to (by a means of transportation) | дое́д-у, -ешь, -ут |
| дойти́ *(pf. + gen.)* | to get to (on foot) | дойд-у́, -ёшь, -у́т |
| идти́ в го́сти к *(+ dat.)* | to go to (visit) someone's place | |
| кольцо́ | ring | |
| Садо́вое кольцо́ | Garden Ring | |
| лу́чше | better | |
| лу́чше всего́ | best of all | |
| недалеко́ от *(+ gen.)* | not far from | |
| пешко́м | on foot | |
| посо́льство | embassy | |
| пройти́ *(pf. + acc.)* | to get to (on foot) | пройд-у́, -ёшь, -у́т |
| ря́дом | nearby, beside, next to, alongside | |
| ря́дом с *(+ instr.)* | next to, near | |
| слы́шать *(imperf.)* | to hear | слы́ш-у, -ишь, -ат |
| туда́ *(with a verb of motion)* | there | |

## Part B

| | |
|---|---|
| бульва́р | boulevard |
| изве́стный | famous, well-known |
| па́мятник *(+ dat.)* | monument |
| прохо́жий *(noun)* | passerby |
| ста́нция метро́ | metro station |

# Additional place names

| | |
|---|---|
| Америка́нское посо́льство | American Embassy |
| Арба́т | Arbat |
| Большо́й теа́тр | Bolshoi Theater |
| Де́тский музыка́льный теа́тр | Children's Musical Theater |
| Дом кни́ги | House of Books |
| Тверска́я (у́лица) | Tverskaya Street |
| Коло́менское | Kolomenskoye |
| Кремль | Kremlin |
| Кра́сная пло́щадь | Red Square |
| Истори́ческий музе́й | Museum of History |
| кинотеа́тр Росси́я | Rossiya Theater (movie) |
| Куту́зовский проспе́кт | Kutuzovsky Prospekt |
| Мане́жная пло́щадь | Manezhnaya Square |
| МГУ | MGU |
| Моско́вский госуда́рственный университе́т | (abbreviation for Moscow State University) |
| Музе́й Че́хова | Chekhov Museum |
| Новоде́вичий монасты́рь | Novodevichy Monastery |
| Но́вый Арба́т | New Arbat |
| Но́вый цирк | New Circus |
| Пу́шкинская пло́щадь | Pushkin Square |
| Театра́льная пло́щадь | Theater Square |
| храм Васи́лия Блаже́нного | St. Basil's Cathedral, (Church of St. Vasily the Blessed) |
| | |
| па́мятник | Monument |
| Анне Ахма́товой | to Anna Akhmatova |
| Ва́шингтону | to Washington |
| Джефферсону | to Jefferson |
| Юрию Долгору́кому | to Yuri Dolgoruky |
| Ли́нкольну | to Lincoln |
| Маяко́вскому | to Mayakovsky |
| Пу́шкину | to Pushkin |

# Урок 7 (Седьмой урок)

## Повторите, пожалуйста

| Part | Main Structures | Functions | Grammatical Concepts |
|---|---|---|---|
| A | — Вам на́до идти́ пря́мо по у́лице до бульва́ра. | Giving Directions or Instructions | Impersonal constructions with the predicate на́до |
| | — Там поверни́те нале́во. | | The preposition по with the dative case |
| | — Прости́те, я не всё по́нял. Повто́ри́те, пожа́луйста, ещё раз. | Saying you don't understand something<br><br>Asking for repetition | Using imperatives |
| | — Я пра́вильно поняла́: на́до идти́ в э́ту сто́рону. Так?<br>— Да, пра́вильно. | Checking and confirming information | |
| | **Language & Culture** | More facts about Moscow<br>One of Pushkin's ancestors | |
| B | — Вот здесь Пу́шкинская пло́щадь. | Reading signs and maps | |
| | **Language & Culture** | Пушки́нская площадь | |
| C | **Cultural Readings** | Стихотворе́ние А. С. Пу́шкина «Ты и Вы» | |
| D | **Grammar Summary** | | |
| E | **Phonetics**<br>Pronunciation and Practice<br>Интона́ция: ИК-2, ИК-3<br>Фоне́тика: soft consonants;<br>я, е, ю, ё | Overview of the Lesson<br>Слова́рь<br>Additional Place Names | |

## A Giving Directions or Instructions

Вам на́до идти́ пря́мо по
у́лице до бульва́ра.
Там поверни́те нале́во.

You should go straight along
this street up to the boulevard.
Turn left there.

**A1** (D1, D2, D3) Listen to the dialogues before reading them and tell:

a.  Where do these dialogues occur?
   • on a street
   • in a bus
   • inside a metro station

b.  Do the speakers know each other?

c.  What are they talking about?

   • asking where a place is
   • asking how to get to a certain place
   • asking to show a place on the map
   • asking to repeat an explanation

d.  Which of the following places are mentioned?

Пу́шкинская пло́щадь, Театра́льная пло́щадь, па́мят-
ник Пу́шкину, па́мятник Маяко́вскому, бульва́р, про-
спе́кт, кинотеа́тр, цирк, ста́нция метро́.

В шесть часо́в ве́чера все шко́льники собира́ются у па́мятника
Пу́шкину. Они́ пойду́т к Ка́те на день рожде́ния.

**а. Джек:** Вы не скáжете, как дойти́ до пáмятника Пу́шкину?

**Прохо́жий:** Вам нáдо идти́ пря́мо **по** у́лице до бульвáра, а там **повернýть** налéво.

**Джек:** **Прости́те**, я не всё пóнял. **Повтори́те**, пожáлуйста, ещё раз.

**Прохо́жий:** Иди́те пря́мо по у́лице до бульвáра. Там поверни́те налéво. Пáмятник Пу́шкину нахóдится ря́дом с кинотеáтром.

**Джек:** Тепéрь **поня́тно**. Спаси́бо большóе.

**b.** Ла́ура: Скажи́те, пожа́луйста, как дое́хать до Пу́шкинской пло́щади?

Прохо́жий: Лу́чше всего́ на метро́.

Ла́ура: А как дойти́ до ста́нции метро́?

Прохо́жий: Это недалеко́. Иди́те **в э́ту сто́рону,** и **на друго́й стороне́** у́лицы уви́дите ста́нцию.

Ла́ура: Я пра́вильно поняла́: на́до идти́ в э́ту сто́рону. Так?

Прохо́жий: Да, всё пра́вильно.

Ла́ура: Большо́е спаси́бо.

---

**A2** Examine the table below. Then review the dialogues in **A1**, and add sentences from them to illustrate the functions listed in the table:

| How to | |
|---|---|
| say you don't understand something: | Прости́те, я не по́нял. |
| ask for repetition: | Повтори́те, пожа́луйста. |
| see if you have understood: | Я так вас по́нял? |
| say you understand: | Да, поня́тно. |
| confirm what someone says: | Да, всё пра́вильно. |

Just as Laura did in the second dialogue, check whether you understood the directions:

1. — Извини́те, где здесь есть по́чта?
   — Иди́те пря́мо, пото́м поверни́те нале́во.
   — Я пра́вильно вас по́нял/поняла́: мне на́до...

2. — Вы не ска́жете, как пройти́ на Садо́вое кольцо́?
   — Иди́те пря́мо по у́лице, дойди́те до пло́щади и поверни́те напра́во.
   — Я так по́нял/поняла́: мне на́до... → put this in infinitive

3. — Извини́те, америка́нское посо́льство в э́ту сто́рону?
   — Нет, э́то в другу́ю сто́рону. Иди́те до Садо́вого кольца́, там поверни́те нале́во и на друго́й стороне́ у́лицы уви́дите посо́льство.
   — Я пра́вильно по́нял: мне на́до...

**A4** Тури́ст в Москве́.

Muscovites are famous for their hospitality. They are always ready to help a stranger in trouble, at least with advice.

**A5** Джаха́н спра́шивает на у́лице прохо́жего.

Джаха́н: Мне на́до на Пу́шкинскую пло́щадь. Как туда́ пройти́?

Прохо́жий: Вам на́до идти́ пря́мо до бульва́ра, а там поверну́ть нале́во.

Джаха́н: Спаси́бо.

**A6** A Russian friend has asked you to indicate the main sights of interest in your town, their location, and the best way to get there. Name some places, and discuss your suggestions with your classmates. Then make notes for your Russian friend.

**A7** One of Pushkin's ancestors.

Ask a Russian for the name of the greatest Russian poet, and he or she will invariably answer „Алекса́ндр Пу́шкин.“ Pushkin, who lived from 1799 to 1837, was the great-grandson of Hannibal **(Ганниба́л)**, an Abyssinian who served in the court of Peter the Great. This African became a favorite of Peter and married a lady of the court. One of Pushkin's works, «Ара́п Петра́ Вели́кого,» is about his great-grandfather.

# B Reading Signs and Maps

Вот здесь Пу́шкинская пло́щадь.   Here's Pushkin Square.
Кра́сная пло́щадь нахо́дится      Red Square isn't far.
  недалеко́.

**B1**  Guess what these common Russian signs mean.

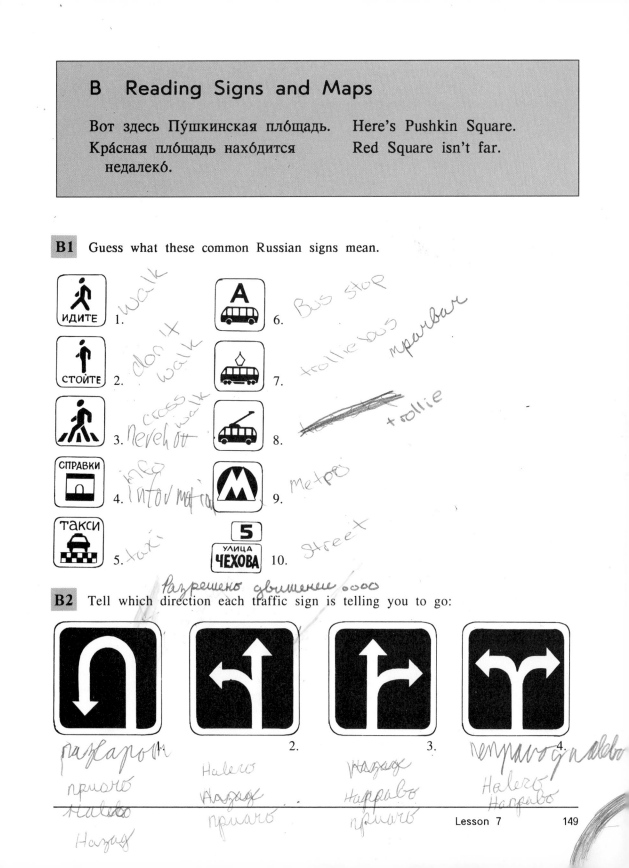

1. _walk_
2. _don't walk_
3. _Perehot cross walk_
4. _Information_
5. _taxi_
6. _Bus stop_
7. _trolleybus трамвай_
8. _trollie_
9. _metro_
10. _Street_

**B2**  Tell which direction each traffic sign is telling you to go:

2.   3.   4.

Lesson 7   149

**B3**  Role play.

An American student (A) addresses a passerby (B) in Moscow to ask how to get somewhere.

**A**

Ask the way to the places you would like to visit from the list below. If you wish, add other places you would like to visit:

*Скажите, пожалуйста, где находится Красная площадь?*

Кра́сная пло́щадь

Центра́льный стадио́н

Моско́вский университе́т

Большо́й теа́тр

Тверска́я у́лица

Пу́шкинская пло́щадь

Гости́ница «Ко́смос»

Но́вый цирк

**B**

Using the signs below, tell the American student how to get to the place mentioned. If you don't know, apologize by saying:

— Извини́те, я не зна́ю, где э́то нахо́дится.

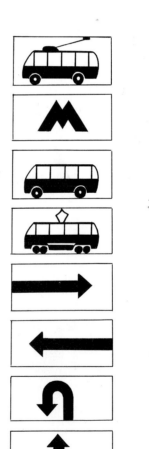

назад = back

сторона = side

у (+ gen) = near, by

прямо = straight

налево = left

направо = right

**B4** Look at the picture, read the captions, and identify the places shown. Say what is special about Pushkin Square.

### Пу́шкинская пло́щадь

Это Пу́шкинская пло́щадь. В це́нтре пло́щади па́мят-
ник Пу́шкину. Ря́дом с па́мятником есть **вход** на ста́н-
цию метро́. Напра́во от па́мятника — реда́кция газе́ты
«Изве́стия», нале́во — реда́кция газе́ты «Моско́вские
но́вости». Сза́ди — фонта́н и кинотеа́тр «Росси́я». На
друго́й стороне́ у́лицы нахо́дится рестора́н.

Ка́ждый день здесь **быва́ют 15 ты́сяч** челове́к.
В э́том рестора́не мо́жно купи́ть то́ же, что и в Аме́-
рике —га́мбургеры, карто́фель-фри, моло́чные
кокте́йли...

1. Гéна Петрóв стоѝт у пáмятнтка Пýшкину.

2. Мелѝсса — у вхóда в метрó.

3. На другóй сторонé ýлицы Рóберт фотографѝрует ресторáн.

4. Ря́дом с ним Натáша.

5. Напрáво от пáмятника сидѝт и смóтрит кáрту Москвы́ Лáура.

6. Налéво сидя́т Сет и Джейк и читáют газéты.

7. Сзáди у фонтáна разговáривают Элѝса и Нáстя.

**B6** Match the Russian and English names of the places listed below, and find them on the map. Which of these places do you already know? Which are new to you?

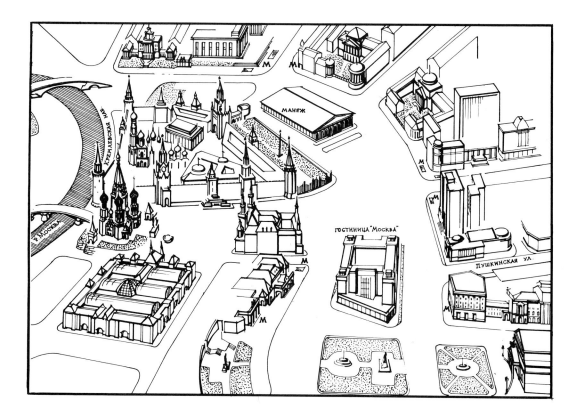

1. Кра́сная пло́щадь
2. Мавзоле́й В. И. Ле́нина
3. Храм Васи́лия Блаже́нного
4. Кремль
5. ГУМ (Госуда́рственный универса́льный магази́н)
6. Истори́ческий музе́й
7. Гости́ница «Москва́»
8. Тверска́я у́лица
9. Театра́льная пло́щадь
10. Большо́й теа́тр
11. Гости́ница «Интури́ст»

**B7** Seth wants to go to the American Embassy, and Melissa wants to see the Bolshoi Theater. Katya makes drawings for them with explanations of how to get to Pushkin Square. Which drawing is for Seth and which for Melissa?

**1.**

От Большого театра надо повернуть направо и идти до Манежной площади. Там повернуть тоже направо на Тверскую улицу и идти прямо пешком или ехать на троллейбусе до Пушкинской площади.

**2.**

От посольства надо повернуть налево по Садовому кольцу. Можно идти пешком или ехать на троллейбусе до площади Маяковского. (Остановка троллейбуса на другой стороне улицы.) На площади Маяковского надо повернуть направо на Тверскую улицу и идти прямо по улице до Пушкинской площади.

**B8** Guided conversation.

Act out this dialogue with a classmate. Use the map and the place names above in your conversation.

An American tourist (A), who is walking around downtown Moscow, addresses a passerby (B) in Russian.

| A | B |
|---|---|
| Apologize and ask the name of a street, square, or building. Point out the place on the map. | Answer the question. |
| Ask about some other places. Find out whether they are far from where you are. | Answer or apologize if you cannot. |
| Find out how to get somewhere in Moscow. | Suggest the best way to go. |
| Thank the passerby. | Respond. |

**B9** Listen to the account of an excursion that some American students took around Moscow. Using the map (see B6) show the route the bus took and the places it passed.

On how many streets did the bus travel?

Of the places on the map, which ones did the students pass? As you listen, write down the names of the 12 places mentioned in order.

# C Cultural Readings

**C1** In this chapter, you have learned a bit about the poet Aleksandr Sergeyevich Pushkin. Here is a poem that deals with the choice of using the polite or familiar form of "you" in Russian. Why do you think the poet would like to address the girl by the familiar form? If you were speaking Russian to people you know, with whom would you use the familiar form? With whom would you use the polite form?

### Ты и вы

Пустóе *вы* сердéчным *ты*
Онá обмóлвясь заменúла
И все счастлúвые мечты́
В душé влюблённой возбудúла.
Пред ней задýмчиво стою́;
Свестú очéй с неё нет сúлы;
И говорю́ ей: как *вы* мúлы!
И мы́слю: как *тебя́* люблю́!

## D Grammar Summary

**D1** Giving directions, instructions, and making requests: imperatives (A1, A3, A4).

When giving directions, giving instructions, or making requests, imperative verb forms are used:

Иди́те пря́мо.

Поверни́те напра́во.

Дойди́те до бульва́ра.

Повтори́те, пожа́луйста.

Покажи́те мне, пожа́луйста, доро́гу.

The imperative form ending in -те is used when addressing a number of people or someone to whom you say "вы." When addressing someone to whom you say "ты," the -те ending is omitted: иди́, поверни́, дойди́, повтори́, покажи́.

Here are some frequently used imperatives:

| infinitive | "ты" form | "вы" form |
|---|---|---|
| смотре́ть | смотри́ | смотри́те |
| чита́ть | чита́й | чита́йте |
| писа́ть | пиши́ | пиши́те |
| рассказа́ть | расскажи́ | расскажи́те |
| говори́ть | говори́ | говори́те |
| вы́учить | вы́учи | вы́учите |

*Galaendawagon*

## D2  Talking about directions (A1, A3-A5).

When talking about directions, an impersonal construction with the word **на́до** is often used to name the destination.

**Мне на́до на Кра́сную пло́щадь. Как туда́ пройти́?**

**Мне на́до на вокза́л. Как туда́ дое́хать?**

## D3  The preposition **по** with the dative case (A1, A3, A4).

The preposition **по**, used with dative case, has numerous translations. **По** is frequently used with a noun to tell where the action occurs. Compare: Я иду́ в парк. (destination) Я иду́ в парк **по бульва́ру**. (location) Some other examples:

Мы шли **по у́лице** и разгова́ривали.
We were walking along the street and talking.

Я люблю́ ката́ться на велосипе́де **по на́шему па́рку**.
I like to ride a bicycle through our park.

## E Phonetics

## E1  Read each phrase as a single unit. Practice the pronunciation of the soft consonants.

на пло́щадь
е́хать до бульва́ра
идти́ по у́лице
по у́лице до бульва́ра
по пло́щади до посо́льства

Practice the pronunciation of **я, е, ю, ё** after soft consonants. Follow the examples carefully.

| | | |
|---|---|---|
| пря́мо | газе́та | всю́ду |
| ря́дом | нале́во | лю́ди |
| сидя́т | в Москве́ | всё |
| ребя́та | на стороне́ | тёплый |

**E3** Read aloud. Follow the examples as closely as possible.

| | | |
|---|---|---|
| пря́мо | сидя́т | газе́та |
| тёплый | такси́ | нале́во |
| всю́ду | в Москве́ | поня́тно |
| лю́ди | проспе́кт | спаси́бо |

**E4** Read these imperative sentences aloud. Follow the examples as closely as possible. Contrast the intonation of commands and requests.

**ИК-2**

2
Поверни́те нале́во.

2
Иди́те пря́мо.

2
Дойди́те до пло́щади.

**ИК-3**

3
Повтори́те, пожа́луйста.

3
Ещё раз.

3
Посмотри́ напра́во.

**Read this poem:**

У Танюши дел немало,
У Танюши мно́го дел:
Утром бра́ту помога́ла,
Он с утра́ конфе́ты ел...
Вот у Та́ни ско́лько де́ла:
Та́ня е́ла, чай пила́,
Се́ла, с ма́мой посиде́ла,
Вста́ла, к ба́бушке пошла́.
Перед сно́м сказа́ла ма́ме:
— Вы меня́ разде́ньте са́ми,
Я уста́ла, не могу́.
Я вам за́втра помогу́.

А. Барто́

Tanoosha has a lot todo
She has so much to do
In the morning she helped
her brother. He ate candy all
morning. She has so much to
do she ate & drank some
teach. She sat with her
mom and grandmother.
Before she went to bed
She told he mother to undres
her b/c she was too tierd.
She will help her tomm.

# Overview of the Lesson

Examine these pictures, and match each picture with a function. Then tell what the people are saying.

Asking for repetition ← *повторите*

Checking for understanding ← *понятна?*

Indicating understanding ← *понятна.*

Indicating that you don't understand → *не понятна*

Acknowledging that someone understands *она понимает.*

## Part A

Фо́рмы глаго́лов

| | | |
|---|---|---|
| ещё раз | once more | |
| наза́д | back | |
| по *(+ dat.)* | along | |
| поверну́ть *(pf.)* | to turn | поверн-у́, -ёшь, -у́т |
| повтори́(те) *(imperative)* | repeat | |
| поня́тно | understood | |
| прости́(те) *(imperative)* | forgive | |
| сторона́ | side | |
| в э́ту сто́рону | in this direction | |
| на друго́й стороне́ | on the other side | |
| у *(+ gen.)* | near, by | |

Фо́рмы глаго́лов

| | | |
|---|---|---|
| быва́ть *(impf.)* | to be (sometimes), to frequent | быва́-ю, -ешь, -ют |
| вход | entrance | |
| га́мбургер | hamburger | |
| карто́фель *(m.)* | potatoes | |
| картофель-фри | french fries | |
| моло́чный коктéйль *(m.)* | milkshake | |
| назва́ние | name (of streets, buildings, etc.) | |
| но́мер | number | |
| остано́вка автобуса | bus stop | |
| остано́вка трамва́я | tram stop | |
| остано́вка троллéйбуса | trolleybus stop | |
| перехо́д | crosswalk | |
| спра́вки | information | |
| сто́йте | don't walk (*lit.* stand) | |
| стоя́нка такси́ | taxi stand | |
| то́чно | exactly | |
| ты́сяча | thousand | |

## Additional place names

| | |
|---|---|
| гости́ница «Интури́ст» | Intourist Hotel |
| гости́ница «Ко́смос» | Cosmos Hotel |
| гости́ница «Москва́» | Moskva Hotel |
| кинотеа́тр «Росси́я» | Rossiya Movie Theater |
| ГУМ (Госуда́рственный универса́льный магази́н) | GUM (State Universal Store) (a department store) |
| Мавзоле́й В. И. Ле́нина | Lenin Mausoleum |
| Центра́льный стадио́н | Central Stadium |
| Центра́льный телегра́ф | Central Telegraph |

# Урок 8 (Восьмой урок)

## Идём в гости

| Part | Main Structures | Functions | Grammatical Concepts |
|---|---|---|---|
| A | — Гéна обещáл принестú цветы́.<br>— А вот и он! | Conveying another person's promise<br>Saying someone has arrived | The perfective verbs принестú and прийтú |
| | — Мóжет быть, кнúгу?<br>— Ну что ты! Прекрáсные рóзы! | Expressing uncertainty<br><br>Reassuring somebody | |
| | — Ты пойдёшь зáвтра к Тóму Джóнсону? | | The grammatical forms of non-Russian names |
| | **Language & Culture** | Popular Russian first names | |
| B | — Он немнóго опоздáет и придёт прямо к Кáте. | Naming people's homes as destinations | The preposition к + dative case |
| | — Давáй сдéлаем óбщий подáрок.<br>— А что? Неплохáя идéя. | Making and reacting to a suggestion | |
| | **Language & Culture** | Gifts given by Russian teenagers<br>«Цветы́ — хорóший подáрок» | |
| C | **Cultural Readings** | «Из Нью-Джéрси с любóвью» | |
| D | **Grammar Summary** | | |
| E | **Phonetics**<br>Pronunciation and Practice<br>Интонáция: ИК-2, ИК-3, ИК-4, ИК-5<br>Фонéтика: Phrases with не<br>Soft consonants | Overview of the Lesson<br>Словáрь | |

# A Conveying Another Person's Promise

to promise

Гéна обещáл принестú цветы.     Gena promised to bring flowers.

Он обещáл прийтú.     He promised to come.

---

**A1** (D1, D2, D3) Listen to the dialogues before reading them and tell:

a. Whether the students who are talking

- are planning to go to a party;
- are already at a party;
- are coming back from a party.

b. Whether everybody has arrived.

c. What is said about each of the following people?

Гéна...
- is late;
- promised to bring flowers;
- will not come at all.

Андрéй...
- will come later;
- will bring beverages;
- is the host of the party.

Кáтя...
- is late;
- is the hostess of the party;
- promised to bring flowers.

Ру́сские и америка́нские ребя́та пришли́ к па́мятнику Пу́шкину на Пу́шкинской пло́щади. Они́ иду́т на день рожде́ния к Ка́те.

*emphasizes the word it follows*

**а** Ната́ша: Ребя́та, а где **же** цветы́?

Игорь: Ге́на **обеща́л принести́**..

Све́та: **А вот и он!** Ой, каки́е краси́вые ро́зы!

Ге́на: Ну как цветы́ — ничего́?

Ната́ша: **Ну что ты! Прекра́сные** ро́зы! Молодец!

*o come on!*   *wonderful*   *well done*

**b.** Гéна:  А где же Андрéй? Кáтя егó **приглаcи́ла**?

Свéта:  Ну конéчно, но у негó трениpóвка. Он немнóго **опоздáет** и **придёт** пpя́мо **к** Кáте.

*[handwritten annotations: to invite; to be late; to arrive; to whom dative case]*

**A2**  Examine the table below. Then review the dialogues in section **A1**, and add sentences from them to illustrate the functions listed in the table:

| How to | |
|---|---|
| convey someone's promise: | — Он обещáл прийти́. |
| say someone has arrived: | — А вот и Натáша! |
| reassure somebody: | — Тебé не хóлодно?<br>— Нет, что ты! Совсéм не хóлодно. |
| express uncertainty: | — Ну как я́блоки? Ничегó? |

**A3**  Katya and her mother are busy getting ready for the guests. Her mother checks to see whether they have everything:

Мáма:  Кáтя, а где же хлеб?

Кáтя:  Пáпа обещáл принести́.

Now you check whether they have the following items:

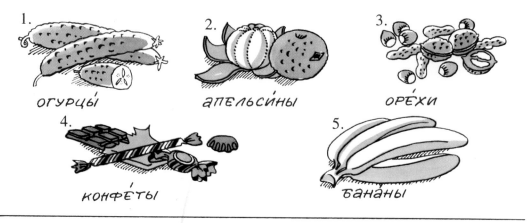

1. огурцы́

2. апельси́ны

3. орéхи

4. конфéты

5. банáны

6. салáт
7. виногрáд
8. помидóры
9. я́блоки
10. смета́на
11. лимóны

**A4** Katya's father has just come home with the groceries. But he is not sure whether he has bought the right things. Katya reassures him:

Пáпа:   Ну как я́блоки? Ничегó?

Кáтя:   Ну что ты! Прекрáсные я́блоки! Спаси́бо.

Continue their conversation. Mention other food items that Katya's father bought.
— Ну, как виногрáд? Ничегó? (etc.)

**A5** (D4) Мáма хóчет знать, когó Кáтя пригласи́ла в гóсти. Онá спрáшивает:

Мáма:   А Игоря Ершóва ты пригласи́ла?

Кáтя:   Конéчно, пригласи́ла.

Мáма:   А Гáлю Семёнову?

Кáтя:   Тóже пригласи́ла.

Katya's mother also asks about these friends. Ask whether they were invited.

| | |
|---|---|
| Гéна Петрóв | Нáстя Орлóва |
| Андрéй Буя́нов | Свéта Игнáтова |
| Витáлий Бéрестов | Натáша Скворцóва |

Suppose your partner is asking you about the guests you invited to your birthday party. Before you answer, note the way non-Russian masculine and feminine names are used in Russian:

Ты пригласи́л     Джо́эла Джо́нсона/Ба́рли?

Аби́гэйл Джо́нсон/Ба́рли?

Са́ру Джо́нсон/Ба́рли?

**A6**   Pam, who lives at Katya's place, wants to know if all the American students were invited and whether they will come.

Пэм:    А Ро́берта ты пригласи́ла? Он придёт?

Ка́тя:    Сказа́л, что придёт.

Пэм:    А Ла́ура?

Ка́тя:    То́же обеща́ла прийти́.

Working in pairs, ask whether other members of the American group are coming. Answer in the affirmative. The names of all the American students are:

| | |
|---|---|
| Ро́берт Хи́лвуд | Эли́са Кайт |
| Мели́сса Во́льфсон | Сет Хо́фман |
| Джек Скил | Пам Бру́кман |
| Ла́ура Андервуд | Джаха́н Фо́ули |

**A7**   Some Russian names have been popular for generations: there have always been many boys named Воло́дя, Са́ша, Серге́й, Андре́й; many girls have been called Мари́я, Ната́ша, or Га́ля, Та́ня. From time to time, other names have become fashionable. In the early Soviet period, some children received newly coined names such as Владиле́на or Ниле́л (to honor Влади́мир Ле́нин, founder of the Soviet state) or even Электрифика́ция or Днепрогэ́с (to show enthusiastic support for the goal of full electrification of the country or the building of a hydro-electric station on the Dnieper River (Днепр)). Foreign names have also been popular at times: Ро́берт, Маргари́та, Марк, Эдуа́рд, Альби́на and others. In addition, some very old names are still used, though they may seem old-fashioned to some: Святосла́в, Яросла́в, И́горь, Васили́са, Людми́ла, and О́льга, to name a few. Nowdays, the traditional Russian names—Ива́н, Кири́лл, Никола́й, Екатери́на, А́нна, Елизаве́та—became very popular again.

## B Naming People's Homes as Destinations

| | |
|---|---|
| Ты придёшь в суббо́ту к Ка́те? | Are you going to Katya's on Saturday? |
| Она́ придёт к Бори́су. | She's going to Boris's. |

**B1** Andrei is going to arrive late at Katya's birthday party. However, he has a good excuse:

Све́та: Ты придёшь в суббо́ту к Ка́те?

Андре́й: **Обяза́тельно** приду́, но немно́го опозда́ю: у меня́ трениро́вка.

Which of these excuses would you accept? Name some other valid reasons for arriving late.

| Мне на́до | встре́тить дру́га. | У меня́ | трениро́вка. |
|---|---|---|---|
| | сде́лать уро́ки. | | заня́тия. |
| | купи́ть пода́рок/цветы́. | | матч. |
| | погуля́ть с соба́кой. | | мно́го дел. |
| | написа́ть письмо́. | | экза́мен. |
| | в поликли́нику/к врачу́. | | встре́ча с... |

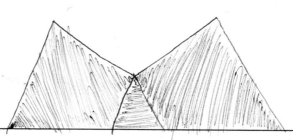

**B2** A few days before Katya's birthday, her friends discuss what to do about a present.

**a.** Игорь: Слушай, Галя, что мне подарить Кате, как ты думаешь? Может быть, книгу?

Галя: Знаешь что, давай лучше сделаем общий подарок и подарим ей самовар.

Игорь: Самовар? Настоящий?

Галя: Электрический.

Игорь: А что? Неплохая идея.

**b.** Джахан: А что мы подарим Кате?

Лаура: Может быть, вот этот альбом с видами Вашингтона? Как ты думаешь, Галя?

Галя: А что? По-моему, прекрасный подарок. И конечно, цветы.

**B3** Examine the table below. Then review the dialogues in exercises **B1** and **B2**, adding sentences from them to illustrate the functions listed in the table:

| How to | |
|---|---|
| name people's homes as destinations: | — Она́ придёт к Бори́су. |
| make a suggestion: | — Мо́жет быть, сде́лаем о́бщий пода́рок? |
| react to a suggestion: | — О́бщий пода́рок? А что? Мо́жно. |

**B4** Today is Katya's birthday. Katya and her mother are waiting for their guests and are checking to see if everything is on the table. Listen to their conversation, and find the right answers.

a. Katya's mother:
   • invited the guests to her daughter's birthday party by herself;
   • and Katya both invited them;
   • found out the names of Katya's guests just before they arrived.

b. Who is mentioned when Katya and her mother talk about the guests Katya invited?

   • Ната́ша      • Серге́й
   • Га́ля        • Анато́лий
   • Све́та       • Андре́й
   • Ге́на        • Пе́тя

c. Katya thinks her friends will be late because:
   • they went on a field trip;
   • they were at the editorial office of the newspaper «Изве́стия»;
   • they were at the editorial office of the newspaper «Моско́вские но́вости».

d.   Her friends were:
   • not late to her birthday party because they took a taxi;
   • a little late because they came to Katya's on the subway;
   • not late except for Seth.

**e.** What did Kátya's friends give her for her birthday?

Candies, Flowers, Records, Samovar, Cassette tapes, Postcards of Baltimore, Roses, English books, Postcards of San Francisco

**B5** Role play.

Two students are talking.

**A.** You want to know if your partner is coming to a classmate's party. Ask if other students are coming too. Use your friends' real names, but note the way non-Russian names are used in this context:

— Ты пойдёшь за́втра к То́му Джо́нсону?
                         к Джейн Джо́нсон?
                         к Са́ре Джо́нсон?

— Ты пойдёшь за́втра к . . . ?

**B.** Reply that you are coming. Explain that you will be a little late, and give the reason. Say that all your other classmates have also promised to come.

**B6** Discuss with classmates what personal or group gift you would give to someone. Russian teenagers traditionally give:

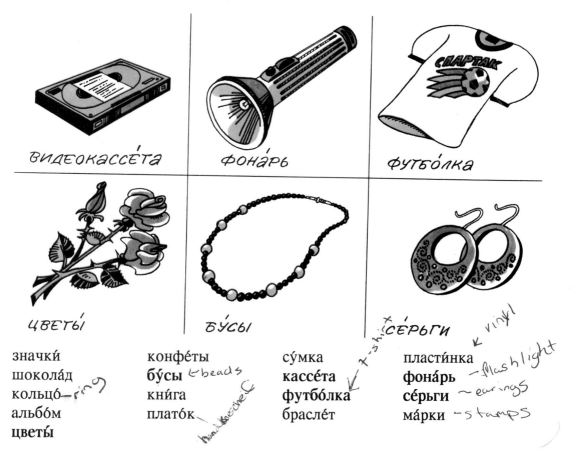

ВИДЕОКАССЕ́ТА     ФОНА́РЬ     ФУТБО́ЛКА

ЦВЕТЫ́     БУ́СЫ     СЕ́РЬГИ ← vinyl

| | | | |
|---|---|---|---|
| значки́ | конфе́ты | су́мка | пласти́нка |
| шокола́д | **бу́сы** ← beads | **кассе́та** | **фона́рь** — flashlight |
| кольцо́ — ring | кни́га | **футбо́лка** | **се́рьги** ~ earings |
| альбо́м | плато́к — handkerchief | брасле́т | ма́рки — stamps |
| **цветы́** | | | |

t-shirt →

Which of these presents would you give as a gift? Ask your partner what he/she would propose. This conversation pattern will help you:

. . .    я бы подари́л    . . .
(Кому?)            (что?)

Как ты ду́маешь, что подари́ть    . . .
                                    (кому?)

Дава́й пода́рим ей/ему́ . . .
                  (что?)

А мо́жет быть, лу́чше . . .
                (что?)

Дава́й сде́лаем о́бщий пода́рок и пода́рим ему́/ей    . . .
                                                       (что?)

Based on your conversation on page 175,
report to the class what you decided.

Мы ду́мали/реша́ли, что подари́ть . . .

(кому?)

. . . хоте́л бы подари́ть . . .

(Кто?)          (что?)

Мы реши́ли...

**АБ** **В7** Gena brought flowers to Katya's birthday party. Read this
passage about the etiquette of giving flowers in Russia. Then
give the Russian equivalent of these three words and expressions:

odd number            even number            funeral

Цветы́ — хоро́ший пода́рок не то́лько на день рож-
де́ния, но и когда́ вы про́сто идёте в го́сти. Но не
забу́дьте, что в Росси́и обы́чно да́рят **нечётное число́**
цвето́в: 1, 3, 5... **Чётное число́** (2, 4, 6...) мо́жно при-
нести́ то́лько на **по́хороны**.

В Москве́ цветы́ мо́жно купи́ть в специа́льных
кио́сках, на ста́нциях метро́ и, коне́чно, на ры́нке.
Обы́чно э́то **гвозди́ки** и́ли **ро́зы**, но ле́том быва́ют и
други́е цветы́ — **гладио́лусы, ли́лии, хризанте́мы,
рома́шки, васильки́.**

рома́шки          васильки́          а́стры          гвозди́ки

**В8** Role play.

You are organizing a party for visiting Russian students.
Discuss the details with a partner: where to hold the party; who
has promised to come; who hasn't been invited yet; who has
said they will be late and why; and what gifts you will give.

## C Cultural Readings

C1 Read the following short article from the newspaper **"Мос- ко́вские но́вости."** You need not understand every word in the article. If you can answer these questions, you have understood its main points:

What kind of organization is mentioned: political, athletic, or charitable?
Where is the organization located?
What is its purpose?
What did this group do?
What is the organization planning to do next?

### ИЗ НЬЮ-ДЖЕРСИ С ЛЮБОВЬЮ

— Я не знаю ни одного мальчика или де- вочки, которые не были бы рады получить в подарок маленького игрушечного медве- жонка.

Вот мы и решили сделать такие подарки московским детям, — сказали Линн Киммель и Боб Конибер, основатели Фонда приноше- ния даров в Нью-Джерси (США).

В этот фонд американские дети и их родители посылают игрушечных зверей, а Линн и Боб дарят их мальчикам и девочкам из других стран. На этот раз они приехали в Москву и привезли 450 медвежат.

— Когда приедем назад домой, — ска- зала Линн, — мы обязательно соберём ещё медвежат и пошлём их детям в Армению.

игру́шечный — toy *(adj.)*          зверь *(m.)* — wild animal
медвежо́нок — bearcub, медвежа́та *(pl.)*
игру́шечный медвежо́нок — teddy bear, toy bear

# D Grammar Summary

**D1** The perfective verb **принести** *(кому? что?)* (A1, A3).

**Принести** (to bring) is conjugated as follows:

## Future

| | | | |
|---|---|---|---|
| Я | принесу́ | дру́гу | пода́рок. |
| Ты | принесёшь | учи́телю | альбо́м. |
| Он/она́ | принесёт | подру́ге | газе́ту. |
| Мы | принесём | сестре́ | кни́гу. |
| Вы | принесёте | роди́телям | пода́рки. |
| Они́ | принесу́т | друзья́м | цветы́. |

## Past

| | | | |
|---|---|---|---|
| Я, ты, он | принёс | дру́гу | пода́рок. |
| Я, ты, она́ | принесла́ | подру́ге | пода́рок. |
| Мы, вы, они́ | принесли́ | друзья́м | пода́рки. |

## Imperative

| | |
|---|---|
| **Принеси́** | мне, пожа́луйста, пе́пси-ко́лу. |
| **Принеси́те** | нам, пожа́луйста, журна́лы. |

**D2** The perfective verb **прийти́** (A1, A2, B1).

**Прийти́** (to come, arrive) is formed by adding the prefix **при-** to the verb **идти́**. It is conjugated as follows:

## Future

| | | | | | |
|---|---|---|---|---|---|
| Я | приду́ | за́втра | Мы | придём | у́тром |
| Ты | придёшь | сего́дня | Вы | придёте | днём |
| Он/она́ | придёт | ве́чером | Они́ | приду́т | но́чью |

## Past

| | | |
|---|---|---|
| Я, ты, он | пришёл | |
| Я, ты, онá | пришлá | вчерá |
| Мы, вы, они́ | пришли́ | |

**D3** Naming people's homes as destinations: к + dative case (A1, B1).

This construction is used when talking about going to see someone (at his/her house or office):

прийти́ к дру́гу/к подру́ге/к друзья́м

Check whether you know all the dative forms of the personal pronouns:

| Го́сти пришли́ | ко мне | (я) | к нам | (мы) |
|---|---|---|---|---|
| | к тебé | (ты) | к вам | (вы) |
| | к нему́* | (он) | к ним | (они́) |
| | к ней | (онá) | | |

Что мы ему́/ей/им подáрим?    Что ему́/ей/им нрáвится?

**D4** The use of non-Russian names (A6, B5).

Non-Russian names are declined in Russian as follows:

**I.**

| | | | |
|---|---|---|---|
| *nom.* | Джон Смит | Джейн Смит | Сáра Смит |
| *gen.* | у Джóна Смúта | у Джейн Смит | у Сáры Смит |
| *dat.* | к Джóну Смúту | к Джейн Смит | к Сáре Смит |
| *acc.* | Джóна Смúта | Джейн Смит | Сáру Смит |
| *instr.* | с Джóном Смúтом | с Джейн Смит | с Сáрой Смит |
| *prep.* | о Джóне Смúте | о Джейн Смит | о Сáре Смит |

*no change*

---

\* When these pronouns are not the objects of prepositions, the forms are: ему́, ей, им.

---

**II.**

| | | |
|---|---|---|
| *nom.* | Хью Ба́рли | Ки́ти Ба́рли |
| *gen.* | у Хью Ба́рли | у Ки́ти Ба́рли |
| *dat.* | к Хью Ба́рли | к Ки́ти Ба́рли |
| *acc.* | Хью Ба́рли | Ки́ти Ба́рли |
| *instr.* | с Хью Ба́рли | с Ки́ти Ба́рли |
| *prep.* | о Хью Ба́рли | о Ки́ти Ба́рли |

Now answer the following questions.

**a.** Do names ending in vowels (besides **a**) change form? *NO*

**b.** Does a female name ending in a consonant change its form? *NO*

**c.** Does a female name ending in the letter **a** change? *Yes*

**d.** Compare it with the Russian name **Ира**: у Иры, к Ире, Иру, с Ирой, об Ире.

Compare the forms of the male name **Джон Смит** and the Russian name **Оле́г**: у Оле́га, к Оле́гу, Оле́га, с Оле́гом, об Оле́ге.

Can you now formulate a rule about the declension of names?

*(margin handwritten note: Same as Russian names if masculine names end in a consonant & feminine names ending "a")*

## E Phonetics

**E1** Review the pronunciation of soft consonants followed by vowels.

придёт к Андре́ю                   краси́вые ребя́та
придёт пря́мо к Ге́не         принёс хлеб и конфе́ты
коне́чно, молоде́ц

**E2** As you read, remember that unstressed **e** after a soft consonant is always pronounced as **и**.

| | | |
|---|---|---|
| цветы́ | принести́ | прекра́сный |
| сестре́ | обеща́ть | немно́го |
| тебе́ | неплохо́й | смета́на |

**E3** Read these phrases aloud, pronouncing each one as a single unit. Remember that the negative particle **не** is pronounced **ни**.

не пришёл                не опозда́л
не принёс                не подари́л
не пригласи́л

**E4** Practice the intonational patterns of exclamations:

**ИК-5**

$\overset{5}{\text{Каки́е красивые ро́зы!}}$

$\overset{5}{\text{Каки́е вку́сные помидо́ры!}}$

$\overset{5}{\text{Прекра́сные я́блоки.}}$

$\overset{5}{\text{Вку́сные конфе́ты!}}$

$\overset{5}{\text{Молоде́ц!}}$

**ИК-2**

$\overset{2}{\text{Ну что ты!}}$

$\overset{2}{\text{Коне́чно, приду́!}}$

$\overset{2}{\text{Прекра́сные я́блоки.}}$

$\overset{2}{\text{Вку́сные конфе́ты!}}$

$\overset{2}{\text{Молоде́ц!}}$

**E5** As you read the following examples, note that questions with the conjunction **a** require **ИК-4**.

**ИК-3**

— Ты пригласи́ла $\overset{3}{\text{Игоря?}}$

**ИК-4**

— А $\overset{4}{\text{Га́лю?}}$

— А $\overset{4}{\text{Ната́шу?}}$

— А $\overset{4}{\text{Све́ту?}}$

— А $\overset{4}{\text{Ро́берта?}}$

**E6** Read this poem:

В зелёном, зелёном, зелёном лесу́
Зелёный листо́к, как флажо́к я несу́.
Зелёная ши́шка под ёлкой молчи́т.
Зелёная му́зыка где́-то звучи́т.
Зелёный кузне́чик в зелёной стране́
Игра́ет зелёную пе́сенку мне.

## Overview of the Lesson

Match the pictures with the list of functions below. What do you think the people are saying? You may suggest more than one function for each picture.

Saying someone has arrived
Suggesting something
Reacting to a suggestion

Expressing uncertainty
Reassuring somebody

# Слова́рь

## Part A

| | | Фо́рмы глаго́лов |
|---|---|---|
| а вот и он! | and here he is! | |
| апельси́н | orange | |
| бана́н | banana | |
| виногра́д | grapes | |
| день рожде́ния | birthday | |
| же *(particle)* | (emphasizes the word it follows) | |
| к *(+ dat.)* | to (someone's house, place) | |
| лимо́н | lemon | |
| ну что ты! | what are you talking about! | |
| обеща́ть *(pf.* and *impf.)* | to promise | обеща́-ю, -ешь, -ют |
| огуре́ц *(pl.* огурцы́*)* | cucumber | |
| опа́здывать/опозда́ть | to be late | опа́здыва-ю, -ешь, -ют |
| оре́х | nut | опозда́-ю, -ешь, -ют |
| помидо́р | tomato | |
| прекра́сный | marvelous, wonderful | |
| приглаша́ть/ пригласи́ть *(на + acc.)* | to invite | приглаша́-ю, -ешь, -ют приглаш-у́, приглас-и́шь, -я́т |
| прийти́ *(pf.)* | to arrive *(on foot)* | прид-у́, -ёшь, -у́т |
| принести́ *(pf.)* | to bring | принес-у́, -ёшь, -у́т |
| сала́т | salad *(may include lettuce, other vegetables, but also meat, herring, etc.)* | |
| смета́на | sour cream | |
| я́блоко *(pl.* я́блоки*)* | apple | |

## Part B

| | |
|---|---|
| альбо́м | album |
| бу́сы *(pl.)* | beads |
| василёк | cornflower |
| вид *(+ gen.)* | view |
|    альбо́м с ви́дами | album with pictures |
| гвозди́ка | carnation |
| гладио́лус | gladiola |
| дари́ть/ | |
|    подари́ть | to give as a gift |
| кассе́та | cassette |
| ли́лия | lily |
| мо́жет быть | perhaps |
| о́бщий | general, common |
| обы́чно | usually |
| обяза́тельно | definitely |
| пода́рок *(pl.* пода́рки*)* | present, gift |
| по́хороны *(pl.)* | funeral, burial |
| ро́за | rose |
| рома́шка | daisy |
| самова́р | samovar |
| се́рьги *(pl.)* | earrings |
| фона́рь | flashlight |
| футбо́лка | T-shirt |
| хризанте́ма | crysanthemum |
| число́ | number |
|   нечётное число́ | uneven number |
|   чётное число́ | even number |
| электри́ческий | electrical |

дар-ю́, -ишь, -ят/
  подар-ю́, -ишь, -ят

# Урок 9 (Девятый урок)

## С днём рождения!

| Part | Main Structures | Functions | Grammatical Concepts |
|------|-----------------|-----------|----------------------|
| A | — Кáтя, поздравляем тебя с днём рождéния. | Congratulating people on special occasions | |
| | — А это общий подáрок от америкáнцев. | | The preposition от + genitive case |
| | — Спасибо вам, ребята, за подáрки. | Expressing thanks | |
| | **Language & Culture** | Names, name days, and their celebration | |
| B | — Кáтя, неужéли ты всё это самá приготóвила? | | The pronoun сам |
| | — Попрóбуй пирожки с мясом. | Offering food | |
| | — Лýчше немнóго грибóв. | Expressing a preference | |
| | — Очень вкýсные. Я ужé попрóбовал. | Accepting, declining, or complimenting food | The verbs есть and пить |
| | — Нет, спасибо, я не ем селёдку. | | |
| | **Language & Culture** | Food for special occasions Birthday celebrations | |
| C | **Cultural Readings** | «Пожелáния друзьям» | |
| D | **Grammar Summary** | | |
| E | **Phonetics** Pronunciation and Practice Интонáция: ИК-5 Фонéтика: Unstressed vowels; pronunciation of я, е, ю, ё | Overview of the Lesson Словáрь | |

## A Congratulating People on Special Occasions

Поздравля́ю тебя́ с днём      I wish you a Happy Birthday.
рожде́ния.

Жела́ю тебе́ всего́ хоро́шего.    I wish you all the best.

---

**A1** (D1) Listen to the dialogue before reading it, and choose the correct answer to the following questions:

a. What is happening?

- Guests are being greeted.
- Guests are congratulating the hostess.
- Guests are leaving.

b. Who are the students talking to?

- Katya
- her mother
- her father

c. What is Katya's mother expressing in the final line of the dialogue?

- an invitation
- gratitude
- hesitation

Шко́льники пришли́ к Ка́те:

Игорь:    Ка́тя, **поздравля́ем тебя́ с днём рожде́ния.**
              Мы **жела́ем** тебе́ всего́ хоро́шего! Это тебе́
              наш о́бщий пода́рок.

Ка́тя:     Ой, како́й большо́й самова́р! Спаси́бо. Ма́ма,
              смотри́, что ребя́та принесли́.

Ро́берт:  А э́то о́бщий пода́рок **от** америка́нцев. Аль-
              бо́м с ви́дами Вашингто́на.

Ка́тя:     **Спаси́бо** вам, ребя́та, **за** пода́рки. Я о́чень
              ра́да, что вы пришли́.

Ма́ма:    Ну что, все пришли́? **Тогда́,** пожа́луйста, **к**
              **столу́.**

**A2**  Examine the table below. Then review the dialogues in section **A1**, and find
sentences in them that illustrate the functions listed in the table:

| How to | |
| --- | --- |
| wish someone a happy birthday: | Поздравля́ю с пра́здником! |
| wish someone happiness: | Жела́ю вам сча́стья. |
| say thanks: | Спаси́бо за пода́рок. |

**A3** Katya received greetings from relatives and friends on her birthday.

Откýда и от когó пришлú письмó, открýтка и телегрáмма?

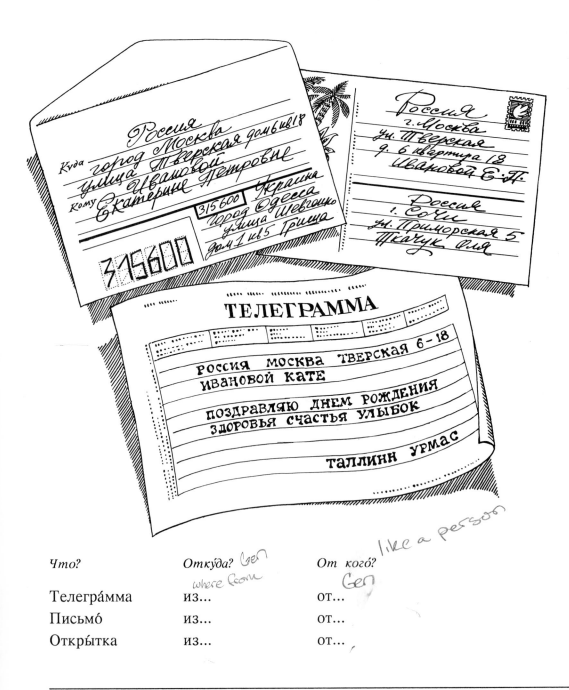

| Что? | Откýда? *Gen* (where from) | От когó? *Gen* (like a person) |
|------|------|------|
| Телегрáмма | из... | от... |
| Письмó | из... | от... |
| Открýтка | из... | от... |

**A4** Прочитáйте, что написáли Кáте её друзья.

Tell what you would write in a card to:

**a.** a Russian student on his/her birthday;
**b.** your Russian-language teacher for Christmas;
**c.** a Russian teacher who works at your school, for New Year's.

These sentence patterns will help you:

Дорогóй . . . ! Поздравля́ю тебя́ с днём рождéния.
Дорогáя . . . ! Вас прáздником.
Дорогúе . . . ! вас именúнами. (Name day)
Рождествóм. (Christmas)
Нóвым гóдом. (New Year)

Жела́ю (I wish) тебé здорóвья! (health)
Вам счáстья! (happiness)
вам успéхов! (success)
всегó хорóшего! (best wishes)

**A5** Как вы ду́маете, кака́я пе́сня са́мая популя́рная
в ми́ре? Отве́т есть в *Кни́ге реко́рдов Ги́ннесса*,
и вы, наве́рное, уже́ по́няли — э́то, коне́чно, "Happy Birthday." А вот как америка́нские шко́льники пе-
ре́вели её на ру́сский язы́к и поздра́вили Ка́тю:

Поздравля́ем тебя́!
Поздравля́ем тебя́!
С днём рожде́ния, Ка́тя, поздравля́ем тебя́!

А как вы поздра́вите с днём рожде́ния друзе́й?

Wish your classmates a "Happy Birthday."

**A6** A few days later, it was Seth's birthday, and he also received many birthday greetings and presents. Here are some of them:

Of course, he thanked all his Russian friends. This is what he said to Igor:

—Игорь, большо́е спаси́бо тебе́ за футбо́лку. Мне она́ о́чень нра́-
вится.

А что он сказа́л Ка́те? Ге́не? Све́те?

**A7** The students went to Katya's place to celebrate her birthday. Russian people also celebrate "name days." This practice was especially popular in pre-revolutionary Russia.

Today, as in the past, Russian Orthodox believers choose names for babies from a church calendar that lists the holy days of all the saints. People celebrate their "name days" (**имени́ны** or **день а́нгела**) on their saints' days. Examples of such names are **Никола́й, Ольга, Татья́на,** and **Еле́на.**

In the early 1990's, even some non-Christians started to celebrate their name days. The best known name day is for the three "sisters," **Ве́ра** ("Faith"), **Наде́жда** ("Hope"), **Любо́вь** ("Love" or "Charity"), and their mother, **Со́фья** ("Wisdom"). Their name day is celebrated on September 30. The name day for **Татья́на**, January 25, is known as **Татья́нин день**. Tatyana's day is especially popular in Moscow because St. Tatyana is the patron saint of Moscow University, and her name day is a holiday. People give presents on name days, just as they do on birthdays.

## B Accepting, Declining, or Complimenting Food

Нет, спасибо, я не ем селёдку.  No thanks, I don't eat herring.
Как всё вкусно!  Everything is so delicious!

**B1** Listen to the dialogues before reading them, and decide what their theme is:

- birthday presents
- food
- plans for after the party

Катя с ребятами в столовой:

a. Элиса: Ка́тя, неуже́ли ты всё э́то **сама́ пригото́вила?**

   Ка́тя: Нет, коне́чно. Вме́сте с ма́мой. Она́ о́чень хорошо́ **гото́вит.**

   Пэм: А вот э́ти **бутербро́ды** мы с Ка́тей са́ми сде́лали. Пра́вда, краси́вые?

   Ге́на: Да, и о́чень **вку́сные.** Я уже́ **попро́бовал.**


b. Ка́тя: Мели́сса, попро́буй **пирожки́ с мя́сом.**

   Мели́сса: Спаси́бо, с удово́льствием.

   Ка́тя: Что тебе́ ещё **положи́ть? Что ты бу́дешь?**

   Мели́сса: Пожа́луйста, немно́го сала́та.

   Ка́тя: А что ты **бу́дешь пить?** Что тебе́ **нали́ть?**

   Мели́сса: **Я́блочный сок.**


c. Ка́тя: Ла́ура, хо́чешь **селёдку?**

   Ла́ура: Нет, спаси́бо, я не **ем** селёдку. Лу́чше немно́го грибо́в.

   Ка́тя: Ты како́й хлеб бу́дешь — бе́лый и́ли чёрный?

   Ла́ура: Чёрный. **Как всё вку́сно!**


**B2** Examine the table below. Then review the dialogues in **B1**, and find sentences that illustrate the functions listed in the table:

| How to | |
|---|---|
| offer food: | — Попро́буйте грибы́. |
| learn what someone wants (to eat or drink): | — Что вы бу́дете (есть/пить)? |
| express a preference: | — Лу́чше бе́лый хлеб. |
| decline food: | — Спаси́бо, я не ем колбасу́. |
| compliment a dish: | — Сала́т о́чень вку́сный. |

**B3** As a rule, birthdays are celebrated at home around the table, covered with a large variety of dishes made by the host or hostess. The usual festive Russian dinner begins with many rich cold appetizers (**закуски**). Frequently, the main course is not the success it should be, since guests have already eaten their fill.

СЕЛЁДКА   САЛА́Т   ИКРА́

КРА́БЫ   КОЛБАСА́   ВЕТЧИНА́   *Ham*

СЫР   ПИРОЖКИ́ *little baked pies*   ПИРО́Г *pie*

Pies, **пироги́** (large), and pastries, **пирожки́** (small), filled with cabbage, meat, mushrooms, rice, apples, or fruit, are very popular. Soup, considered a "must" at an ordinary meal, is not usually served on such occasions. Sweet pastries, **пиро́жные**, and cakes, **то́рты**, are served for dessert. These are usually made by the hostess herself. Russians eat desserts with a spoon, not a fork. A pot of hot tea usually accompanies dessert.

*sell in coffee houses*

**B4** Listen to this telephone conversation, and answer the following questions:

a. Who is talking, and why did he/she call?

b. Who will be there?

c. When will they arrive?

d. What is the address? (Write it down.)

e. Which of these is mentioned in the conversation: конфе́ты, пе́пси-ко́ла, я́блоки, виногра́д?

f. What does Misha plan to bring to the party?

**B5** Узнайте, кто что любит.

## How to ask:

1. Ты любишь/ешь... (сыр, селёдку)?
   Do you like (love)/eat... (cheese, herring)?

2. Тебе нравится... (сыр, селёдка)?
   Do you like... (cheese, herring)?

## How to answer:

if you wish to give an affirmative answer, you may say:

1. Да, (очень) люблю.
2. Да, ем (с удовольствием).
3. Да, (очень) нравится.

If you wish to give a negative answer, you can say:

1. Нет, (совсем) не люблю.
2. Нет, (совсем) не ем.
3. Нет, (совсем) не нравится.

If you are not sure, you can say:

1. Так себе.
2. Когда как.
3. Не очень.

**B6** Role play.

Katya is offering her guests some food. Read what she says in
the dialogues that follow. How do her guests reply? Make up
role plays of your own, using the names of dishes and beverages
given in this lesson.

**a.** When you're not sure whether you will like a dish, at least taste it. Here's how
Jack handles this:

Кáтя: Джек, что ты бýдешь? Что тебé положúть?

Джек: Немнóго грибóв.

Кáтя: Пожáлуйста.

Джек: Спасúбо.

**b.** Here is how you ask what someone would like to drink:

Кáтя: Что ты бýдешь <u>пить</u>, Лáура? Что тебé налúть?

Лáура: Пéпси-кóлу.

*drink*          *Rpore*

**c.** Ask your friend to try a dish that you like, as Igor did.

Игорь: Сет, попрóбуй вот э́тот салáт. Óчень вкýсный.

Сет: Я ужé попрóбовал. Прáвда, вкýсный.

**d.** Elisa chose one dish but declined another. She said:

Кáтя: Элúса, ты бýдешь ветчинý?

Элúса: Да, спасúбо.

Кáтя: А салáт тебé положúть?

Элúса: Нет, спасúбо. Салáта не нáдо.

**B7** Everyone at Katya's contributed food for her birthday party:

*to cook, prepare*

Ма́ма <u>пригото́вила</u> торт и пирожки́ с мя́сом.

Па́па собра́л в лесу́ грибы́ и пригото́вил их.

Ка́тя сде́лала сала́ты.

Пэм сде́лала я́блочный пиро́г.

Ка́тя и Пэм вме́сте сде́лали бутербро́ды.

When the guests complimented the dishes, Katya explained who had made them:

— Како́й вку́сный торт!

— Ма́ма его́ сама́ пригото́вила!

Many kids complimented the food. Give Katya's responses:

Каки́е вку́сные грибы́!

Како́й вку́сный я́блочный пиро́г!

Каки́е вку́сные пирожки́!

Како́й вку́сный сала́т!

Каки́е краси́вые бутербро́ды!

**B8** Guided conversation.

Two high school students are talking at a classmate's birthday party.

**A**

Ask whether your friend has tried the pirozhki.

Ask whether your friend liked the sandwiches with black caviar.

**B**

Answer yes, and indicate that you especially liked the meat pirozhki.

Say that you liked the sandwiches with red caviar better, but you liked the smoked fish best. Ask what drink you may pour for your friend.

| **A** | **B** |
|---|---|
| Answer that you would like some Fanta or grape juice. | Say that there is no Fanta, but that you will give your friend some grape juice. |
| Thank your friend for the grape juice. Ask whether you can serve your friend some cake. Say that the host/hostess (give the name) made the cake him/herself. | Say that you do not want cake, because you already had some and it was very good. Say that you would really (with pleasure) like to try the apple pie. |

**B9** Write a letter to Katya with New Year's greetings from one of the American students who attended her birthday party. Say what pleasant memories you have of Moscow and how fondly you remember her birthday party. Mention what you especially liked about the people you met and the food and drinks that were served.

**B10** Continue planning a party for Russian exchange students. Discuss the details with a partner: the food and beverages to be served, the food you can cook yourself, and what should be bought. Ask your classmates to bring some things: music, videocassettes, food, drinks, etc. Write down who promised to bring what.

# C Cultural Readings

**C1** Here is another poem by Samuel Marshak. After reading it, say what you would like to wish your friends in Russian. Which part of the poem could help you express your wishes?


### Пожелáния друзьям

Желáю вам цвести́, расти́,
Копи́ть, крепи́ть здорóвье.
Онó для дáльнего пути́ —
Главнéйшее услóвье.


Пусть кáждый день и кáждый час
Вам нóвое добýдет.
Пусть дóбрым бýдет ум у вас,
А сéрдце ýмным бýдет.


Вам от души́ желáю я,
Друзья́, всегó хорóшего.
А всё хорóшее, друзья́,
Даётся нам недёшево!

---

## D Grammar Summary

**D1** The preposition **от** + genitive case (A1, A3, A6).

The preposition **от** + genitive is used in this lesson to name people who send you mail, give you presents, or are sources of information:

Мне пришло письмо **от дру́га.**

**От кого́** э́тот пода́рок? **От роди́телей.**

**От кого́** ты узна́л о моём дне рожде́ния? **От учи́теля.**

**D2** The pronoun **сам, сама́, са́ми** (B1, B7).

The pronoun **сам, сама́, са́ми** is used after a noun or pronoun that names a person. It stresses that an action was performed by that person alone:

*m.:* Брат обеща́л всё принести́ **сам.**

*f.:* Она́ **сама́** тебя́ пригласи́ла?

*pl.:* Мы всё **са́ми** приготовили.

**D3** The imperfective verbs **есть** (to eat) and **пить** (to drink) (B1, B5).

These verbs are conjugated as follows:

### Present

| Я | ем | сыр. | Я | пью | чай. |
|---|---|---|---|---|---|
| Ты | ешь | бутербро́д. | Ты | пьёшь | ко́фе. |
| Он/Она́ | ест | колбасу́. | Он/Она́ | пьёт | во́ду. |
| Мы | еди́м | ветчину́. | Мы | пьём | молоко́. |
| Вы | еди́те | ма́сло. | Вы | пьёте | фа́нту. |
| Они́ | едя́т | я́блоко. | Они́ | пьют | пе́пси. |

### Past

| Я, ты, он | ел, пил |
|---|---|
| Я, ты, она́ | е́ла, пила́ |
| Мы, вы, они́ | е́ли, пи́ли |

### Imperative

Ешь**(те)**, пожа́луйста!

Пей**(те)**, пожа́луйста!

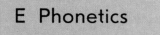

# E Phonetics

**E1** Read these phrases as a single unit, noting the pronunciation of unstressed vowels after soft consonants.

сего́дня интере́сный фильм
не о́чень интере́сно
нет, не нра́вится
принесли́ телегра́мму от Ка́ти
нет, не люблю́
нет, не ем

**E2** Practice reading these phrases as a single unit. Watch the pronunciation of consonant clusters.

| от америка́нцев | до ве́чера |
|---|---|
| от И́горя | до суббо́ты |
| от Ге́ны | за пода́рки |
| от дру́га | за поздравле́ния |

| с пра́здником | к столу́ |
|---|---|
| с Рождество́м | к дру́гу |
| с имени́нами | из ва́шего до́ма |
| с днём рожде́ния | из кла́сса |

**E3**    Listen to the tape, following the examples you hear as closely as possible.

| | | |
|---|---|---|
| ем | пью | моя́ |
| ешь | пьёшь | твоё |
| ест | пьёт | пиро́жное |
| едя́т | пьют | копчёная |

**E4**    Listen to the tape, and repeat these compliments. Note the intonation.

**ИК-5**

⁵
Каки́е вку́сные грибы́!

⁵
Како́й вку́сный я́блочный пиро́г!

⁵
Каки́е краси́вые бутербро́ды!

⁵
Како́й прекра́сный сала́т!

**E5**    Read this poem:

Весно́й порося́та ходи́ли гуля́ть,
Счастли́вей не знал я семьи́.
„Хрю-хрю,“ — говори́ла дово́льная мать,
А де́тки визжа́ли: „йи-йи!“

С. Марша́к

# Overview of the Lesson

Match the pictures with the list of functions below. What do you think the people are saying? You may suggest more than one function for each picture.

Congratulating people on special
  occasions
Expressing thanks
Inquiring about someone's tastes

Complimenting a dish
Accepting a dish
Declining a dish
Offering food

1.

2.

3.

# Слова́рь

## Part A

| | | |
|---|---|---|
| всего́ хоро́шего | best wishes, good luck | |
| день а́нгела | name day, saint's day | |
| жела́ть/пожела́ть | to wish | жела́-ю, -ешь, -ют/ |
| кому́ (dat.) | (someone on | пожела́-ю, -ешь, -ют |
| чего́ (gen.) | something) | |
| за (+ acc.) | for | |
| здоро́вье | health | |
| имени́ны | name day | |
| к столу́ | to the table | |
| Но́вый год | New Year | |
| от | from (a person) | |
| поздравля́ть/ | to congratulate | поздравля́-ю, -ешь, -ют/ |
| поздра́вить кого́ | (someone, on | поздра́в-лю, -ишь, -ят |
| (acc.) с чем (instr.) | something) | |
| Рождество́ | Christmas | |
| спаси́бо за пода́рок | thanks for the present | |
| сча́стье | happiness | |
| тогда́ | then, at that time | |
| успе́х | success | |

## Part B

| | | |
|---|---|---|
| бутербро́д | sandwich | |
| ветчина́ | ham | |
| виногра́дный | grape *(adj.)* | |
| вку́сно | delicious, tasty | |
| вку́сный | delicious, tasty | |
| гото́вить/ пригото́вить | to prepare *(food)*, fix, make ready; cook | гото́в-лю, -ишь, -ят/ пригото́в-лю, -ишь, -ят |
| есть/съесть | to eat | ем, ешь, ест, еди́м, еди́те, едя́т/ |
| заку́ска | appetizer, hors d'oeuvres | съем, съешь, съест, съеди́м, съеди́те, съедя́т |
| икра́ | caviar | |
| колбаса́ | sausage | |
| ко́фе | coffee | |
| краб | crab | |
| лимона́д | lemonade | |
| минера́льная вода́ | mineral water | |
| молоко́ | milk | |
| нали́ть *(pf.)* | to pour | наль-ю́, -ёшь, -ю́т |
| пиро́г | pie | |
| пиро́жное | sweet pastry | |
| пирожо́к | filled pastry | |
| пить/вы́пить | to drink | пь-ю, -ёшь, -ют/ |
| положи́ть *(pf.)* | put, place, lay down, offer | вы́пь-ю, -ешь, -ют полож-у́, поло́ж-ишь, -ат |
| про́бовать/ попро́бовать | to try | про́бу-ю, -ешь, -ют/ попро́бу-ю, -ешь, -ют |
| ры́ба | fish | |
| ры́ба копчёная | smoked fish | |
| сам, сама́, са́ми | himself, herself, themselves | |
| селёдка | herring | |
| сок | juice | |
| сыр | cheese | |
| тома́тный | tomato *(adj.)* | |
| торт | cake | |
| чай | tea | |
| что ты бу́дешь ... ? (+ *inf. of verb*) | what will you ... ? | |
| я́блочный сок | apple juice | |

# Урок 10 (Десятый урок)

## Review of lessons 6–9

This review lesson is designed to improve your communicative skills and increase your knowledge of spoken Russian. The letters and numbers provide a reference to the places where language functions and grammar were discussed or practiced in the preceding lessons. For example, the notation **6:A1** refers to lesson **6**, section **A**, exercise **1**.

## I. FUNCTIONS

**1. Asking and giving directions** (6:A1, A3, A4, B2, B3, D1-4, D6)

УПРАЖНЕ́НИЕ 1. Ask where some famous places in Moscow are located and how to get to them. Then give directions. Follow the examples.

**a.** — Где нахо́дится па́мятник Пу́шкину?
— На Пу́шкинской пло́щади.

**b.** — Как дое́хать до па́мятника Пу́шкину?
— На метро́. (Лу́чше всего́ на метро́.)

**c.** — Как дойти́ до па́мятника Пу́шкину?
— Иди́те пря́мо, пото́м поверни́те напра́во.

— Где нахо́дится . . . ?      — Как дойти́/дое́хать до . . . ?
— Иди́те...                   — На...

## 2. Making a suggestion to go somewhere and reacting to that suggestion (6:A1, A3, A5, D2)

УПРАЖНЕ́НИЕ 2. Use the patterns below to suggest going somewhere. Agree to go, and ask where the place is. Specify the location.

— Хо́чешь, пое́дем в Истори́ческий музе́й?
— С удово́льствием. А где он нахо́дится?
— В це́нтре го́рода.

Here are some conversation patterns:

**1**

— Дава́й пойдём в...?
— Хо́чешь, пое́дем в...?

**2**

— С удово́льствием. А э́то далеко́?
— Дава́й. А где э́то нахо́дится?
— Ла́дно.

**3**

— В це́нтре.
— Недалеко́ от...
— Ря́дом с...
— На у́лице/проспе́кте...

## 3. Asking to have something repeated (7:A1, A3, D1)

УПРАЖНЕ́НИЕ 3. If you miss part of what someone says, ask to have it repeated. Do the following exercise as shown in the example.

— В Москве́ мы жи́ли в гости́нице «Ко́смос».
— Прости́, я не по́нял, в како́й гости́нице? Повтори́, пожа́луйста.

1. Я о́чень хоте́л бы пое́хать в Большо́й теа́тр.
2. Мой брат вчера́ был в кинотеа́тре «Росси́я».

3. Сегóдня в газéте написáли о концéрте рок-грýппы «Парк Гóрького».
4. Вчерá я познакóмилась с журналúстом из «Литератýрной газéты».
5. Зáвтра мы пойдём в редáкцию газéты «Москóвские нóвости».

## 4. Conveying a promise. Saying someone has arrived (8:A1, A6, D2)

УПРАЖНÉНИЕ 4. You are meeting your friends, but somebody hasn't arrived yet. Ask where he/she is. Then say that your friend has arrived.

— Где же . . . ? Он/онá обещáл(-а) прийтú.   *promised to come*
— А вот и он/онá!   *And there she is*

УПРАЖНÉНИЕ 5. Think of at least three things you have promised your parents or your friends at school. Say whether you have kept your promises.

## 5. Congratulating people on special occasions (9:A1, A4)

УПРАЖНÉНИЕ 6. Work in pairs. Wish a classmate a Merry Christmas, a Happy New Year, a Happy Birthday, etc. Your partner should say thanks.

— . . . , поздравляю тебя с днём рождéния.   *I congragulate you*
— Спасúбо.
— . . . , желáю тебé счáстья, здорóвья...

УПРАЖНÉНИЕ 7. Which of these Russian greeting cards would you choose to give a friend for New Year's? For his/her birthday? For another holiday?

## 6. Offering food. Accepting or declining food (9:B1, B5, B6, B7, D3)

УПРАЖНÉНИЕ 8. Compose a dialogue between the host and the guests at a dinner party.

**Host:**

**Guests:**

Ask your guests what they would like to eat and drink.

Choose among the dishes offered.

Offer food you have prepared.

Politely decline what you do not like.

Compliment dishes you do like.

# II. GRAMMAR

## 1. Adjectives and Demonstrative Pronouns

You should already be familiar with all the singular forms of adjectives and of the demonstrative pronouns (э́тот, э́та, э́то). The following table shows these forms together.

| Case | Masculine | Feminine | Neuter |
|---|---|---|---|
| Nominative | *како́й?*<br>э́тот но́вый дом | *кака́я?*<br>э́та но́вая у́лица | *како́е?*<br>э́то но́вое зда́ние |
| Genitive | *(у) како́го?*<br>э́того но́вого до́ма | *(у) како́й?*<br>э́той но́вой у́лицы | *(у) како́го?*<br>э́того но́вого зда́ния |
| Dative | *како́му?*<br>э́тому но́вому до́му | *како́й?*<br>э́той но́вой у́лице | *како́му?*<br>э́тому но́вому зда́нию |
| Accusative | *како́й?*<br>э́тот но́вый дом | *каку́ю?*<br>э́ту но́вую у́лицу | *како́е?*<br>э́то но́вое зда́ние |
| Instrumental | *(с) каки́м?*<br>(с) э́тим но́вым до́мом | *(с) како́й?*<br>(с) э́той но́вой у́лицей | *(с) каки́м?*<br>(с) э́тим но́вым зда́нием |
| Prepositional | *(в, на) како́м?*<br>(в) э́том но́вом до́ме | *(в, на) како́й?*<br>(на) э́той но́вой у́лице | *(в, на) како́м?*<br>(в) э́том но́вом зда́нии |

## 2. Prefixed Verbs of Motion

Adding a prefix to a verb of motion changes its meaning. По-
indicates the beginning of a movement or the intention to move
in a specific direction. При- indicates arrival at a destination.
Compare: Вчера́ мы пое́хали в шко́лу в 7.30, но прие́хали
то́лько в 8.15, потому́ что на у́лице бы́ло мно́го сне́га и
бы́ло тру́дно е́хать.

До- indicates reaching a destination boundary. It does *not*
indicate crossing that boundary: Мы дошли́ до па́рка, но тут
пошёл дождь, и мы пошли́ домо́й. Мы дое́хали до шко́лы
за пять мину́т и бы́ли уже́ в кла́ссе, когда́ услы́шали звоно́к.

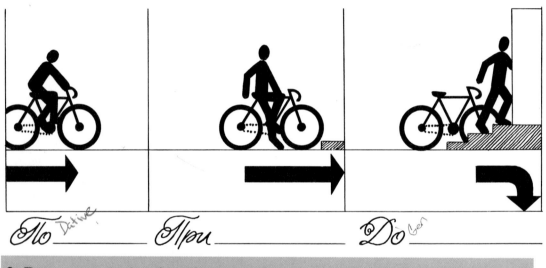

По ___Dative___    При ___    До ___Gen___

## 3. Responses to the Questions "где?", "куда?", and "отку́да?"

In lesson 5, there is a table showing place names as answers
to the questions Где?, Куда́?, Отку́да?. The following table
includes personal names as possible answers to these questions.

| Где?<br>У кого́? | Куда́?<br>К кому́? | Отку́да?<br>От кого́? |
|---|---|---|
| в го́роде<br>на по́чте<br>у Анто́на<br>у Иры | в го́род<br>на по́чту<br>к Анто́ну<br>к Ире | из го́рода<br>с по́чты<br>от Анто́на<br>от Иры |

## 4. Prepositions of Location

Here is a table of some important prepositions of location.

на *in/at*

около *near*

у *by*

недалеко от *Not far from*

рядом с *right next to*

до _____

по *along*

## 5. The Preposition "по" + the Dative

The preposition по with the dative has several meanings. You have already learned some of them:

1. Кома́нда «Спарта́к» — чемпио́н Росси́и **по футбо́лу**.
   (The *Spartak* team is the Russian soccer champion.)

   Это моя́ тетра́дь **по ру́сскому языку́**.
   (This is my Russian notebook.)

   In these sentences, prepositional phrases with по answer the questions Како́й чемпио́н? and Кака́я тетра́дь? Like adjectives, these prepositional phrases modify or clarify the meaning of the nouns кома́нда and тетра́дь.

2. Вчера́ наш класс пока́зывали **по телеви́зору**.
   (Yesterday, they showed our class on television.)

   Я не люблю́ разгова́ривать **по телефо́ну**.
   (I don't like talking on the telephone.)

   In these sentences, по is used with a noun specifying a means of communication. По indicates how communication is established by telephone, by radio, by television, etc.

3. Мы шли **по у́лице** и разгова́ривали.
   (We were walking along the street and talking.)

   Я люблю́ ката́ться на велосипе́де **по на́шему па́рку**.
   (I like to ride my bicycle through the park.)

   In these sentences, по is used with a noun to tell where an action occurs. Compare: Я иду́ *в* парк. (destination) and Я иду́ в парк *по* бульва́ру. (location)

   The preposition по has numerous meanings, depending on the noun it is used with: "along," "on," "by," "through," "in."

---

## III. JOKES AND ANECDOTES

### В кафе́

Челове́к бы́стро вошёл в кафе́, кото́рое бы́ло ря́дом с теа́тром и сказа́л:

— 87, 88, 89... бутербро́д, 92, 93... и стака́н со́ка... 97, 98... пожа́луйста, бы́стро... 101...

— Извини́те, я не понима́ю, что вы говори́те?

— Очень про́сто... 120, 121... я игра́ю в орке́стре в теа́тре на бараба́не... 140, 141... и сейча́с у меня́ па́уза 300 та́ктов... 161, 162... Официа́нт! Ско́лько сто́ит мой бутербро́д?... 170...

### Обеща́ю

Худо́жник рису́ет портре́т одного́ челове́ка.

— Скажи́те, а мой портре́т бу́дет краси́вым?

— О, коне́чно! Обеща́ю, вы не узна́ете, что э́то вы!

# IV. GUIDED CONVERSATIONS AND ROLE PLAYS

## 1. An American (A) is talking to a passerby (B) on a Moscow street.

**A**

You are walking along a street in Moscow. Ask a passerby how to get somewhere. Show him/her a map of Moscow, and ask to be shown where this place is located on the map.

Answer any questions you are asked, and tell a little about yourself. Thank your partner for helping you.

**B**

A foreigner asks the location of some place of interest. Show where the place is located on the map. Then ask some questions: what the person's name is, where he/she is from...

## 2. An American (A) who has come to Moscow is talking with a Muscovite (B).

**A**

You want to see some places of interest around Moscow. Ask for advice. Say what you like and dislike about certain places. Find out what your friend likes about the places he/she suggests.

**B**

Before giving advice to the American about what to see in Moscow, ask about his/her likes and interests. Then recommend some places that you think might be interesting.

## 3. Two classmates are talking:

**A**

Find out whether your friend is invited to a classmate's birthday party.

Ask whether he/she has any ideas for a present.

Suggest buying a group present. Propose something.

You like the idea. Say that you will also bring flowers.

**B**

Answer "yes."

Say that you haven't thought about it yet.

Agree to the idea. Add that you are going shopping and offer to buy the present.

Agree and decide when and where you will meet to go to the party.

## 4. Шко́льники пришли́ на имени́ны:

**A**

You are the host. Ask whether everybody has arrived. Invite the guests into the dining room.

Say who made what.

Say what the dish is. Find out what foods your friends like. Offer food and beverages.

**B**

You are a guest. Compliment the host on the food. Ask whether the host made everything by himself/herself.

Ask about a dish you are not familiar with.

Accept the dishes you like, and decline the ones you don't like. Compliment the food once again.

## 5. Use these comic strips to make up your own story:

1.

2.

# Culture in Focus

# Russian Arts and Crafts

There are over two hundred traditional folk handicrafts in Russia. Among the best known are embroidery; painted wood; bone, wood and stone carvings; ceramics; and lacquered and enameled dishes. Russian craftsmanship has been developed over centuries. Often, the artisans of a village or town would become well known for one particular handicraft, and crafts would become associated with their places of origin. Khokhloma woodenware, Palekh lacquered papier-maché boxes, Zhostov trays, Dymkov toys, Vologod lace, and Rostov enemels all take their names from Russian towns and villages.

### 1. Zhostov Trays

Trays were first made in the village of Zhostovo at the beginning of the 19th century. Made of metal, they come in various sizes and shapes, with brightly colored hand-painted flowers, fruit, and sometimes birds, on a black background.

## 2. Khokloma

In the 17th century, painted wooden tableware and crockery were already being made near Nizhny-Novgorod. The name for these handicrafts comes from the village of Khokhloma. The colorful patterns of Khokhloma tableware were typically painted on a gold background using red and black colors. Almost the entire surface is covered with stylized designs of grass, berries, flowers, and leaves. Since the artists decorate their works by hand, there are subtle differences in every item.

## 3. Dymkov Toys

Colorful clay figurines known as Dymkov toys originated in the village of that name. These toy human and animal figures first appeared in pre-Christian Russia and were considered magic, but with time this association was forgotten. The figurines later came to be sold at fairs as children's toys and are now very popular, but expensive, souvenirs.

## 4. Gzhel

Gzhel is a much sought-after white and blue ceramic. Produced in the village of Gzhel, near Moscow, it has the traditional shape and decoration of ancient folk ceramics. Gzhel china is greatly appreciated throughout the world.

## 5. Palekh

The villages of Palekh, Mstyora, Kholuy, and Fedoskino were centers of icon painting in old Russia. Later, lacquered miniatures with highly detailed secular motifs appeared. What is often referred to as "palekh" includes miniature lacquered boxes, ladies' powder boxes, decorated plaques, pins, and other ornamental works admired for the beauty and mastery of their design. The decoration of these miniatures is inspired by Russian fairy tales, epics, songs, and everyday life.

## 6. Matryoshkas

Matryoshkas, or nesting dolls, are the best known and most traditional Russian souvenirs. They are figurines stacked inside each other, each a slightly smaller size. Matryoshkas appeared in Russia at the end of the 19th century, when a rich Russian merchant brought one home from Japan. The original matryoshka became so popular that the doll was made to look like a young Russian woman, dressed in the Russian national costume: a sarafan pinafore, with a scarf on the head. All of the dolls in one set look almost identical to one another, except for some minor detail. The number of figurines that make up a matryoshka ranges from three to twenty-four. However, there are also custom-made matryoshkas consisting of sixty or more dolls.

# ЧАСТЬ
# ТРЕТЬЯ

# Урок 11 (Одиннадцатый урок)

# Куда вы вчера ходили?

| Part | Main Structures | Functions | Grammatical Concepts |
|------|-----------------|-----------|----------------------|
| A | — Я начала волноваться.<br>— Ну что ты, Катя. Не волнуйся!<br><br>— Это Джек посоветовал нам съездить туда.<br>— А я как раз хотела сходить с тобой туда завтра. | Expressing concern or worry<br>Reassuring someone<br><br>Talking about someone's recommendations<br><br>Stressing a point | Verbs with suffix -ова- |
| | **Language & Culture** | The Арбат and famous literary figures | |
| B | — Туда, по-моему, можно ходить каждый день.<br>— Мы с Лаурой весь вечер ходили по Арбату.<br><br>— Там не очень весело.<br>— Он был там вчера, и ему очень понравилось. | Relating activities and impressions | The verbs of motion ходить/ездить and сходить/съездить<br><br>The pronoun весь<br><br><br>Adjective-adverb relationships<br>The perfective verb понравиться |
| | **Language & Culture** | «Стена мира» | |
| C | **Cultural Readings**<br>Булат Окуджава: | «Как мы метро смотрели»<br>«Песенка об Арбате» | |
| D | **Grammar Summary** | | |
| E | **Phonetics**<br>Фонетика: е, ю, я;<br>unstressed syllables; phrases | **Overview of the Lesson**<br>Словарь | |

## A  Expressing Concern and Reassurance

Máма ужé волнýется.

Не нáдо волновáться.

Mother is already worried.

There is no need to worry.

**A1** (D1, D2, D3, D4, D5) Listen to the dialogues before reading them and answer:

a.  What emotion is expressed at the beginning of each dialogue?

- content
- discontent
- anxiety — *Волнаванца*

b.  What is the reason?

- The girls have come home on time.
- The girls have come home late in the evening.
- The girls are planning to go somewhere.

c.  What places are mentioned?

- Воробьёвы гóры
- Арбáт
- Коло́менское

d.  How did they like it?

*Interesting*

**a.** Вéчером Пэм опоздáла домóй к Кáте.

Кáтя: Где ты былá, Пэм? Ужé дéсять часóв.
**Я началá волновáться.**

Пэм: Ну что ты, Кáтя. Не волнýйся! Прóсто мы
с Лáурой весь вéчер <u>ходúли</u> по Арбáту.
Там так здóрово! ⟶ to walk there & back

Кáтя: Так ты былá на Арбáте! А я **как раз** хотéла
**сходúть** с тобóй тудá зáвтра.

Пэм: Прáвда? И пойдём! Тудá, по-мóему, мóжно
ходúть **кáждый день.** Там так интерéсно!

**b.** Свéта и Лáура тóже опоздáли домóй в этот вéчер.

Мáма: Дéвочки, где же вы бы́ли? Ужé **пóздно.**
Мы с пáпой так волнýемся.

Свéта: Ну что вы, не волнýйтесь. Мы **éздили** на
Арбáт.

Лáура: Это Джек **посовéтовал** нам **съéздить** тудá.
Он был там вчерá, и емý óчень **понрáвилось.**

Мáма: А тебé, Лáура?

Лáура: Мне тáк себе. Интерéсно, но слúшком мнóго **нарóда.** А вот Пэм, **наоборóт,** там понрáвилось.

**A2** Examine the table below. Then review the dialogues in section **A1**, and find sentences in them that illustrate the functions listed in the table:

| How to | |
|---|---|
| express anxiety: | Где ты был? Я так волновáлась. |
| reassure someone: | Не волнýйтесь, пожáлуйста. |
| report advice: | Подрýга посовéтовала нам сходúть в теáтр. |
| stress a point: | Я как раз тудá вчерá éздил. |

**A3** Visitors want to see as much of Moscow as possible. Pam and Laura are not the only ones who got back late.

Андрéй и Сет éздили в Колóменское.
Натáша и Рóберт ходúли на дискотéку.
Джахáн ходúл в цирк.
Мелúсса и Гáля ходúли в кинó.
Элúса ходúла в гóсти.
Джек éздил на Воробьёвы гóры.

How did they reassure people who were worried about them?

1. Máма: Андрéй, где же вы бы́ли? Ужé пóздно. Я так волнýюсь.
   Андрéй:

2. Гéна: Рóберт, где же ты был? Ужé пóздно. Родѝтели волнýются.
   Рóберт:

3. Пáпа: Натáша, почемý ты так пóздно? Мáма ужé волнýется.
   Натáша:

4. Витáлий: Джахáн, откýда ты так пóздно? Мы ужé нáчали волновáться.
   Джахáн:

5. Мáма: Мелѝсса, Гáля! Кудá же вы ходѝли? Ужé пóздно. Мы
   волнýемся.
   Гáля:

6. Нáстя: Элѝса! Вот и ты! А я ужé началá волновáться.
   Элѝса:

7. Игорь: Джек! Где же ты был? Я ужé нáчал волновáться.
   Джек:

**A4** The Арба́т is a very old street. This street and the sidestreets around it are associated with quite a few Russian cultural figures. Алекса́ндр Пу́шкин (1799–1837) lived in no. 53 immediately after his marriage. Not far away stands the house where the poet **Михаи́л Ле́рмонтов** (1814–1841) lived while attending Moscow University.

Other famous cultural figures also lived on the streets and alleys adjoining the Арба́т. The writer **Михаи́л Булга́ков** (1891–1940), the poet **Мари́на Цвета́ева** (1892–1941), and writer and poet **Була́т Окуджа́ва** (b. 1924), a famous singer-songwriter, all lived on the Арба́т at one time.

**A5** Уже́ по́здно. Ла́уры и Све́ты нет до́ма. Роди́тели Све́ты разгова́ривают.

Listen to what Sveta's parents say, and indicate which places and activities they mention:

    music party
    somebody's place
    theater
    movie house
    video-club
    excursion

Who is more worried because they are late—Sveta's father or mother?

## B  Relating Activities and Impressions

| | |
|---|---|
| Вы уже ходили на Арбат? | Did you already go to the Arbat? |
| Да, мы как раз ходили туда вчера. | Yes, as a matter of fact, we went there yesterday. |
| Там очень весело. | It's really fun there. |

**B1**  Robert meets Natasha's parents, and they ask him what the American students have seen in Moscow.

— Вы уже ходили в Третьяковскую галерею?
— Нет, мы пойдём туда в пятницу.
— А в Новодевичий монастырь уже ездили?
— Нет, в Новодевичий монастырь мы поедем завтра.

Look at Robert's answers below, and supply the questions.

1. — . . .
— Нет, в цирк мы пойдём сегодня вечером.

2. — . . .
— Нет, в Большой театр мы пойдём в субботу.

3. — . . .
— Нет, в Коломенское мы поедем в воскресенье.

4. — . . .
— Нет, в Детский музыкальный театр мы пойдём завтра.

**B2** Natasha's parents are slightly surprised to hear Robert answer "no" to all their questions. So they ask:

— Так где же вы ужé были?

Look at this page from Robert's diary. What did he answer?

| ПОНЕДЕЛЬНИК | Экскурсия по Москве |
|---|---|
| ВТОРНИК | Музеи и соборы Кремля |
| СРЕДА | Поездка в Суздаль |
| ЧЕТВЕРГ | Цирк |
| ПЯТНИЦА | Новодевичий монастырь Детский музыкальный театр |
| СУББОТА | Третьяковская галерея Большой театр |
| ВОСКРЕСЕНЬЕ | Экскурсия в Коломенское |

**B3** После урóка Гéна встрéтил Джéка у метрó.

Гéна:    Привéт, Джек. Кудá ты éдешь?

Джек:    На Арбáт.

Гéна:    Но ты же ужé éздил тудá вчерá.

Джек:    Да, но мне там так понрáвилось. Я хочý ещё раз тудá съéздить.

Create a dialogue. You are American students who would like to go back to some places in Moscow. Make your dialogue similar to the one above. The following example will also help.

— Привéт, . . . Кудá ты éдешь/идёшь?

**B4** How might the students react to their friends' suggestions if they had just visited these places the day before? Read Pam and Laura's responses to what Jahan said:

Джаха́н: Джек посове́товал мне съе́здить на Арба́т.

Пэм:   Мы как раз е́здили туда́ вчера́. Это о́чень интере́сно.

Ла́ура:  Мы с Пэм е́здили туда́ вчера́. Там интере́сно, но сли́шком мно́го наро́да.

1. Мели́сса: Учи́тельница посове́товала нам сходи́ть в музе́й Че́хова.

2. Ро́берт: Вита́лий посове́товал нам сходи́ть на стадио́н на футбо́льный матч.

3. Джек:   Ма́ма И́горя посове́товала нам съе́здить в Коло́менское.

4. Сет:    Брат Андре́я посове́товал мне съе́здить на Воробьёвы го́ры.

5. Эли́са:  Подру́га посове́товала нам сходи́ть в Ста́рый цирк.

6. Ла́ура:  Друзья́ посове́товали нам съе́здить в Новоде́вичий монасты́рь.

*Как тебе? → How do you like it*

**B5** Talk with a classmate. Say what places you have been to (in the United States or, perhaps, in Russia) and say which places you disliked and why. Then explain that someone who was with you had a different reaction.

Laura expresses it this way:

Ла́ура: Вчера́ мы с Пэм е́здили на Арба́т.

Игорь: Да? **Ну и как тебе́ там?**

Ла́ура: Та́к себе. Сли́шком мно́го наро́да. А вот Пэм, наоборо́т, там понра́вилось.

Reasons why you may not like a place:

сли́шком далеко́        не о́чень интере́сно

сли́шком мно́го наро́да     не о́чень **ве́село**

сли́шком **шу́мно**        ску́чно

сли́шком жа́рко/хо́лодно

*Сли́шком = too*
*Ex → too much*

**B6** Read the following passage. What tile would you put up on the wall?

## Стена́ ми́ра

Эту фотогра́фию сде́лали на ста́ром Арба́те. Здесь из пли́ток с рису́нками сове́тских дете́й и дете́й из Аме́рики, Кана́ды и други́х стран америка́нская худо́жница Кароли́на Маркс сде́лала «Сте́ну ми́ра».

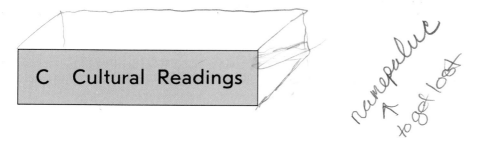

## C Cultural Readings

**C1** Read the story, and look at the Moscow metro map on page 238. Which station do you think they were trying to find? Why did they get lost?

Here are a few words to help you. Try to learn them now so that you will not have to refer to this list as you read.

кани́кулы — vacation   по́езд — train, subway train
встать — to get up     эскала́тор — escalator
неско́ро — not soon     поката́ться — to ride (for pleasure)

### Как мы метро́ смотре́ли *(по Н. Но́сову)*

На кани́кулы наш класс е́здил в Москву́. В пе́рвый же ве́чер учи́тельница сказа́ла:

— Ребя́та, за́втра в 9.30 у нас бу́дет экску́рсия по Москве́.

На друго́й день мы с Лёшей Скворцо́вым вста́ли в 6 утра́ и ста́ли в окно́ смотре́ть. Напра́во мы уви́дели большу́ю кра́сную бу́кву М. Я сказа́л:

— Ви́дишь, э́то вход в метро́. Зна́ешь что, экску́рсия ещё неско́ро, дава́й пока́ пойдём са́ми метро́ посмо́трим . . .

Мы и пошли́ . . . Ста́нция была́ о́чень краси́вая, све́тлая. Пока́ мы её смотре́лн, по́езд пришёл. Лёша говори́т:

— Слу́шай, ещё то́лько 7 часо́в. Дава́й пое́дем други́е ста́нции посмо́трим. А пото́м наза́д прие́дем.

Почему́ не пое́хать? Интере́сно же . . . Прое́хали мы две ста́нции — Смоле́нскую и Арба́тскую. Я говорю́:

— Зна́ешь, дава́й до сле́дующей дое́дем и наза́д.

Сле́дующая ста́нция была́ Ки́евская.

— Ла́дно, — говори́т Лёша. — Сейча́с наза́д пое́дем. То́лько дава́й снача́ла по ста́нции похо́дим.

Походи́ли мы, посмотре́ли, на эскала́торе поката́лись, пото́м наза́д пое́хали. Прое́хали две ста́нции, смо́трим — не туда́ прие́хали, не на́ша э́то ста́нция.

— Дава́й спро́сим, как до на́шей ста́нции дое́хать, — говори́т Лёша.

— А ты зна́ешь, как она́ называ́ется?

— Нет.

— Что же де́лать? Дава́й е́здить и смотре́ть все ста́нции. Мо́жет быть, узна́ем на́шу.

Ста́нцию мы пото́м, коне́чно, уви́дели, но на экскурсию в тот день так и не пое́хали — опозда́ли.

## МОСКОВСКИЙ МЕТРОПОЛИТЕН

## Пе́сенка об Арба́те

*(слова́ и му́зыка Була́та Окуджа́вы)*

Ты течёшь, как река́, стра́нное назва́ние.
И прозра́чен асфа́льт, как в реке́ вода́.
Ах Арба́т, мой Арба́т, ты моё призва́ние,
Ты и ра́дость моя́, и моя́ беда́.

Пешехо́ды твои́ — лю́ди невели́кие,
Каблука́ми стуча́т, по дела́м спеша́т.
Ах Арба́т, мой Арба́т, ты моя́ рели́гия.
Мостовы́е твои́ подо мно́й лежа́т.

От любо́ви твое́й во́все не излечишься,
Со́рок ты́сяч други́х мостовы́х любя́.
Ах Арба́т, мой Арба́т, ты моё оте́чество,
Никогда́ до конца́ не пройти́ тебя́.

## D Grammar Summary

**D1** Verbs with the suffix -ова-: волнова́ться, сове́товать (A1, A3, B4).

These verbs belong to the same group as фотографи́ровать, and
рисова́ть. In the present tense, the suffix -ова- becomes -у-.
The suffix -ова- is retained in the past tense:

Я так волну́юсь. Я о́чень волнова́лся.

Я вам сове́тую сходи́ть к врачу́. Я ему́ сове́товал сходи́ть к врачу́.

**D2** The verbs of motion ходи́ть and е́здить (A1, A3, B1, B3, B4, B5).

These verbs are both imperfective. They describe motion on foot (ходи́ть) or by
vehicle (е́здить), but they are different from the verbs идти́ and е́хать. Compare:

### идти́/е́хать

| | |
|---|---|
| Куда́ ты идёшь/е́дешь? | right now, in a definite direction |
| Я иду́/е́ду в музе́й. | one-way motion to a particular destination on a specific occasion |

### ходи́ть/е́здить

| | |
|---|---|
| Вчера́ я ходи́ла/е́здила в теа́тр. | motion somewhere and back (a round-trip) |
| Я люблю́ ходи́ть/е́здить по го́роду. | motion without any particular destination, walking or driving for its own sake |
| Ребёнок уже́ хорошо́ хо́дит. | simple indication of motion or merely |
| Я ещё пло́хо е́зжу на маши́не. | the ability to move |

The verbs ходи́ть and е́здить are often used with words denoting frequency of
action (ча́сто, всегда́, никогда́, etc.):

## Present forms

| Я | хожу́/е́зжу | по у́лице. |
|---|---|---|
| Ты | хо́дишь/е́здишь | по пло́щади. |
| Он, она́ | хо́дит/е́здит | по бульва́ру. |
| Мы | хо́дим/е́здим | по на́бережной. |
| Вы | хо́дите/е́здите | по переу́лку. |
| Они́ | хо́дят/е́здят | по проспе́кту. |

When these verbs are used with the prefix с-, they become perfective and express the idea of a brief trip to and from a place:

Мне на́до сходи́ть в магази́н. Дава́й съе́здим в лес.

**D3** Pronoun весь (вся, всё)—all (A1).

This pronoun is frequently used with a noun, which it agrees with in gender, number, and case, just as an adjective does.

*Nom.* На конце́рте был **весь** класс (**вся** гру́ппа).
*Gen.* Экза́мен был у **всего́** кла́сса (у **всей** гру́ппы).
*Dat.* Го́сти подари́ли пода́рки **всему́** кла́ссу (**всей** гру́ппе).
*Acc.* Учи́тель поздра́вил **весь** класс (**всю** гру́ппу).
*Instr.* Журнали́сты познако́мились со **всем** кла́ссом (со **всей** гру́ппой).
*Prep.* Ученики́ расска́зывали обо **всём** кла́ссе (обо **всей** гру́ппе).

When used without a noun, все means "everybody" or "everyone," and всё means "everything."

Все встре́тились у вхо́да в телеце́нтр.
Я хоте́ла бы всё здесь попро́бовать.

**D4** Adjective-adverb relationships (B5).

Many adverbs are derived from adjectives. In such cases, the adverb ending is -o:

| | |
|---|---|
| хоро́ший | хорошо́ |
| весёлый | ве́село |
| интере́сный | интере́сно |
| прия́тный | прия́тно |
| ску́чный | ску́чно |

**D5** In sentences with нра́виться/понра́виться the subject of verb is the person or thing which is pleasing to the person named by the noun or pronoun in the dative case. Look at these examples:

У тебя́ о́чень хоро́шая мать. Она́ мне о́чень
понра́вилась.                                      (feminine gender)

Нам о́чень понра́вился но́вый учи́тель.       (masculine gender)

Ему́ о́чень понра́вилось Чёрное мо́ре.        (neuter gender)

Джо́ну понра́вились но́вые друзья́.           (plural)

Ками́лле понра́вилось игра́ть в футбо́л.      (infinitive)

Вчера́ мы **бы́ли в гостя́х** и там нам о́чень
понра́вилось,                                      (neuter gender)

In the last sentence there is no concrete object or infinitive that is referred to; in such cases the neuter form is used.

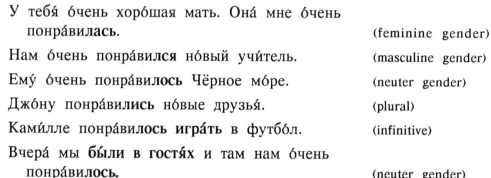

## E  Phonetics

**E1**  Read each phrase as a single unit. Review the pronunciation of **е, ю, я.**

мы так волнуемся                ходили в Третьяковскую галерею
я так волнуюсь                   ездили на Арбат
ездил во Дворец Съездов          поедем в воскресенье


**E2**  Read these words aloud. Practice the pronunciation of the unstressed syllables.

волноваться        посоветовать       понравилось
не волнуйся        Третьяковская      наоборот
интересно          музыкальная        экскурсия
по Арбату          Новодевичий        на переход


**E3**  Listen to the cassette, and then try to read these phrases smoothly out loud. Follow the examples you hear as closely as possible.

Волноваться.                     Посоветовал.
Начала волноваться.              Посоветовал съездить.
Катя уже начала волноваться.     Посоветовал нам съездить туда.

Ходили.
Ходили в галерею.
Ходили в Третьяковскую галерею.

**E4**  Read this poem.

Мой знако́мый Дя́дя Фе́дя
За обе́дом съел медве́дя.
А пото́м у Дя́ди Фе́ди
Це́лый день живо́т боле́л,
Потому́ что Дя́дя Фе́дя
Ру́ки мыть не захоте́л.

## Overview of the Lesson

Match the pictures with the list of functions below. What do you think the people are saying? You may suggest more than one function for each picture.

Expressing concern
Reassuring someone
Talking about someone's recommendations

1.

# Слова́рь

## Part A

Фо́рмы глаго́лов

| | | |
|---|---|---|
| весь, вся, всё, все | all, whole | |
| волнова́ться | to worry | волну́-юсь, -ешься, -ются |
|   волну́йся | | |
|   волну́йтесь | | |
| ка́ждый | every, each | |
| как раз | as it happens, just now | |
| наоборо́т | on the contrary | |
| наро́д | people | |
| начина́ть/ | | начина́-ю, -ешь, -ют/ |
|   нача́ть | to begin | начн-у́, -ёшь, -у́т; |
| по́здно | late | *past:* на́ча-л, -ла́, -ли |
| понра́виться *(pf.)* | to like (beginning impression), be pleasing *(used in past tense)* | |
| сове́товать/ | | сове́ту-ю, -ешь, -ют/ |
|   посове́товать | to advise | посове́ту-ю, -ешь, -ют |
| сходи́ть *(pf.)* | to go (brief round-trip, on foot) | схож-у́, сход-ишь, -ят |
| съе́здить *(pf.)* | to go (brief round-trip, by means of transportation) | съе́зж-у, съе́зд-ишь, -ят |

| | |
|---|---|
| ве́село | fun, cheerful, cheerfully |
| Ну и как тебе́ там? | Well, how did you like it there? |
| пли́тка | tile |
| стена́ | wall |
| шу́мно | noisy, noisily |

# Урок 12 (Двенадцатый урок)

## Погуляем по Арбату

| Part | Main Structures | Functions | Grammatical Concepts |
|------|-----------------|-----------|----------------------|
| A | — Как до́лго они́ рису́ют?<br>— Обы́чно со́рок мину́т. | Discussing the duration of an action | Using the accusative case to express duration |
| | — Ге́на ча́сто хо́дит в видеосало́н, а я ре́дко. | Discussing the frequency of actions | The adverbs всегда́, ча́сто, обы́чно, иногда́, ре́дко, никогда́ |
| | — Ещё погуля́ем. | Discussing an activity of short duration | The verbal prefix по- |
| | — Пока́ ты был в магази́не, мы познако́мились с поэ́том. | Discussing simultaneous actions | Using пока́ |
| | — Обы́чно два́дцать мину́т. Иногда́ бо́льше, иногда́ ме́ньше. | | Comparatives бо́льше, ме́ньше |
| | **Language & Culture** | More about the Arbat | |
| B | — Дать тебе́ ка́рту?<br>— Спаси́бо, у меня́ есть своя́. | Expressing refusal and confirmation | The possessive pronoun свой |
| | **Language & Culture** | Самоцве́ты | |
| C | **Cultural Readings** | Арба́т — не про́сто у́лица | |
| D | **Grammar Summary** | | |
| E | **Phonetics**<br>Фоне́тика: ж, ш, ц, ч, щ (жч)<br>Интона́ция: ИК-1 | **Overview of the Lesson**<br>Слова́рь | |

## A Discussing Frequency, Duration, and Simultaneity of Actions

| | |
|---|---|
| Вы ча́сто хо́дите в видеосало́ны? | Do you often go to videoclubs? |
| Ты ещё до́лго бу́дешь чита́ть журна́л? | Will you be reading the magazine a while longer? |
| Пока́ ты слу́шала музыка́нтов, я фотографи́ровала. | While you were listening to the musicians, I was taking pictures. |

**A1** (D1, D2, D3, D4, D5, D6) Listen to the dialogues before reading them, and answer the following questions:

a. Where are the students talking?

- on Pushkin Square
- on the Arbat
- on Red Square

b. What are they talking about?

- artists
- musicians
- performing artists

c. What do the students want to do?

- buy paintings from the artists
- order portraits
- photograph the artists

Ка́тя и Игорь пришли́ на Арба́т с америка́нцами.

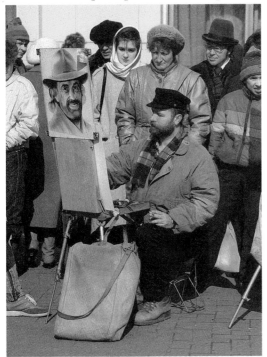

**a.** Ка́тя:  Ну вот, мы и на Арба́те!

Джаха́н:  Здесь всегда́ так мно́го худо́жников?

Игорь:  Обы́чно да. **Иногда́ бо́льше,** иногда́ **ме́ньше.** Хо́чешь **заказа́ть свой портре́т,** Джаха́н?

Джаха́н:  А что? Мо́жет быть, закажу́.

**b.** Пэм:  Мне нра́вится, как э́тот па́рень рису́ет. Мо́жет быть, мне заказа́ть ему́ свой портре́т?

Ка́тя:  Ну, что ж... Мне он то́же нра́вится. Закажи́, на **па́мять** об Арба́те.

Пэм:  А как **до́лго** они́ рису́ют?

Ка́тя:  Обы́чно со́рок мину́т. Иногда́ бо́льше, иногда́ ме́ньше. Сади́сь вот сюда́, Пэм. А мы **похо́дим пока́** он нарису́ет портре́т, а пото́м придём, ла́дно?

Пэм:  Оке́й.

**A2** Look at this table. Then review the dialogues in section **A1**, and find sentences in them that illustrate the functions in the table below:

| How to | |
| --- | --- |
| talk about duration: | Как дóлго идёт фильм? |
| talk about frequency: | Пóсле шкóлы я обы́чно игрáю в тéннис. |
| talk about an activity of short duration: | Я немнóго похожý по цéнтру гóрода. |
| talk about actions taking place at the same time: | Ты сходи́ в магази́н, а я покá торт приготóвлю. |

**A3** The Arbat stretches from the Prague Restaurant to Smolensk Square. Near the Prague Restaurant, there are dozens of artists who do portraits, caricatures, and silhouettes. Many of these street artists are art students, but others are professionals. A charcoal or pastel portrait takes 20 minutes to three-quarters of an hour to complete and can cost from ten to fifty dollars, depending on the medium and the artist's experience. An oil portrait costs considerably more.

**A4** The triangle below illustrates the following Russian frequency words:

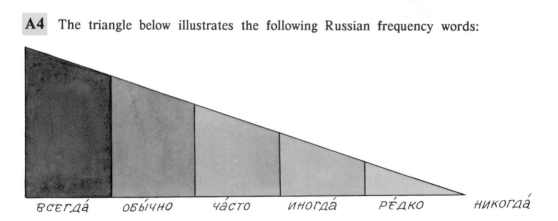

ВСЕГДА́   ОБЫ́ЧНО   ЧА́СТО   ИНОГДА́   РÉДКО   НИКОГДА́

Find a place in the pyramid for these English frequency words:

always, usually, frequently, sometimes, rarely, never

**A5** Шко́льники хо́дят по Арба́ту и ви́дят **видеосало́н.**

Сет: Ка́тя, ты и твои́ това́рищи, вы ча́сто хо́дите в видеосало́ны?

Ка́тя: Кто как. Ге́на, наприме́р, ча́сто хо́дит, а я **ре́дко.** У меня́ ма́ло свобо́дного вре́мени, я мно́го занима́юсь му́зыкой.

Игорь: А я никогда́ не хожу́. Я оди́н раз был, и мне не понра́вилось. Там сли́шком шу́мно.

With a partner, talk about which of these activities are usual for you and which are not. Think of some other activities. Give reasons for your answers.

Ходи́ть в кино́, в го́сти, в теа́тр...

Игра́ть в те́ннис, в футбо́л, в ша́хматы...

Е́здить на маши́не, на велосипе́де, на мотоци́кле...

Смотре́ть телеви́зор, ви́део...

**A6** Guided conversation.

Russian and American students are touring the United States.

| A | B |
|---|---|
| An American student gives the name of the place where they are. | A Russian student asks whether this place is always crowded (or deserted). |
| Another American student answers, describing a typical morning, afternoon, or evening.* | |

---

\*  The following sentence patterns may be useful:

| Утром | здесь | всегда́ | мно́го | дете́й. |
|---|---|---|---|---|
| Днём | | обы́чно | ма́ло | наро́да. |
| Ве́чером | | иногда́ | | студе́нтов. |
| | | ре́дко | | спортсме́нов. |
| | | | | тури́стов. |

**A7** Pam wants to know how long it will take the artist to draw her portrait:

Пэм: Извини́те, а как до́лго вы обы́чно рису́е-
те портре́ты?

Худо́жник: Обы́чно со́рок-со́рок пять мину́т.
Иногда́ немно́го бо́льше, иногда́ ме́ньше.

Ask and tell each other how long it takes to do different things. Here are some ideas to start with:

идти́/е́хать в шко́лу
гобори́ть по телефо́ну

де́лать дома́шнее зада́ние
смотре́ть телеви́зор

**A8** Игорь был в магази́не, а ребя́та в э́то вре́мя
познако́мились с поэ́том, кото́рый чита́л на Ар-
ба́те свои́ стихи́. Пото́м они́ сказа́ли Игорю:

— Пока́ ты был в магази́не, мы познако́мились с поэ́том.

Read what the students did while they were on the Arbat (see the left-hand column below), and suggest what they might say to each other later.

In order to finish each sentence correctly, you have to read first what the speaker did and then what the person spoken to did.

Сет слушал музыкантов.

Мелисса купила билеты в театр.

Роберт фотографировал.

Джек ходил в видеосалон.

Джахан купил сувениры.

Катя смотрела картины художников.

Элиса разговаривала с рокерами.

Джек сказал Сёту: . . .

Мелисса сказала Роберту: . . .

Элиса сказала Кате: . . .

Джахан сказал Джёку: . . .

Катя сказала Сёту: . . .

Роберт сказал Элисе: . . .

Сет сказал Роберту: . . .

**A9** Игорь купил книги в магазине на Арбате.

Игорь:     Ребята, вы ещё долго будете здесь гулять?
Джахан:    Ещё погуляем, а что?
Игорь:     Тогда я пока схожу здесь рядом в магазин.
Джахан:    Окей.

Your friend is busy with something that does not interest you. Say what you'll do in the meantime.

1. — Ты ещё долго будешь смотреть картины?
   — Ещё немного посмотрю, а что?
   — . . .

2. — Ты ещё долго будешь работать?
   — Ещё поработаю, а что?
   — . . .

3. — Ты ещё долго будешь читать журнал?
   — Ещё немного почитаю, а что?
   — . . .

4. — Ты ещё долго будешь слушать музыку?
   — Ещё немного послушаю, а что?
   — . . .

5. — Ты ещё долго будешь играть в теннис?
   — Ещё немного поиграю, а что?
   — . . .

**A10** Robert took these pictures on the Arbat. Among these pictures is also another one that Gena had given to Robert. It shows how the street looked before it was made into a pedestrian street. Listen to Robert and Gena's conversation, and say which photographs they are talking about.

1.

2.

3.

## B Expressing Refusal and Confirmation

| | |
|---|---|
| Дать тебе ру́чку? | Shall I give you a pen? |
| Спаси́бо, у меня́ есть своя́. | Thanks, I have my own. |
| Да, мы ходи́ли к его́ дру́гу. | Yes, we went to his friend's place. |

**B1** While strolling along the Arbat, the students pass by many stores. One of them is called «Самоцве́ты.» Nobody could say what that word meant in English.

| | |
|---|---|
| Джаха́н: | На́до посмотре́ть в словаре́, что тако́е «Самоцве́ты». |
| Игорь: | **Дать** тебе́ слова́рь? |
| Джаха́н: | Спаси́бо, у меня́ есть свой. |

Complete the following dialogues by expressing polite refusal.

1. Мелисса: Я хотела бы сфотографировать эту группу.
   Игорь:   Дать тебе мой фотоаппарат?
   Мелисса: . . .

2. Лаура:  Я хочу посмотреть на карте, где находится Арбат.
   Катя:   Дать тебе карту?
   Лаура:  . . .

3. Роберт:  Мне надо написать адрес на открытке.
   Наташа:  Дать тебе ручку?
   Роберт:  . . .

4. Игорь:   Мне нравится, как поют эти ребята. Я хотел бы **записать**
             их **на** магнитофон.
   Мелисса: Дать тебе магнитофон?
   Игорь:   . . .

5. Катя:   Надо посмотреть в газете, какие фильмы идут сегодня.
   Игорь:  Дать тебе газету?
   Катя:   . . .

**B2** Match the statements with the pictures.

1. Де́вушка заказа́ла **свою́** фотогра́фию. Фото́граф сде́лал **её** фотогра́фию.

2. Ребя́та заказа́ли **свои́** фотогра́фии. Фото́граф сде́лал **их** фотогра́фии.

3. Мужчи́на заказа́л **свой** портре́т. Худо́жник рису́ет **его́** портре́т.

4. Худо́жник рису́ет **свой** портре́т.

5. Же́нщина заказа́ла портре́т **свое́й** до́чери. Худо́жник рису́ет портре́т **её** до́чери.

**B3** Пэм познакомилась с художником, который рисовал её портрет. Он дал ей свой номер телефона и пригласил её в гости.

Pam confirms this:

Пэм:   Да, у меня есть его номер телефона.


Give phrases that express confirmation:

1. Наташа познакомила Роберта со своими родителями.
   Роберт:   Да, я познакомился с её родителями.


2. Джек заказал художнику свой портрет.
   Художник: Да, я сделал (нарисовал) его портрет.


3. Катя подарила Пэм свою фотографию.
   Пэм:   Да, у меня есть её фотография.


4. Сет написал Игорю свой адрес.
   Игорь:   Да, у меня есть его адрес.


5. Гена пригласил Роберта к своему другу.
   Роберт:   Да, мы пойдём (ходили) к его другу.


6. Художник показал Пэм свой картины.
   Пэм:   Да, я видела его картины.

**B4** Моско́вские ребя́та сде́лали на Арба́те фотогра́фии и подари́ли их свои́м америка́нским друзья́м.

What might they have written on the backs of the photographs? Match the names with the pictures.

1.

2.

3.

The American students took these pictures and sent them to their Moscow friends. What might they have written on the other side?

1.

2.

3.

**B5** «Самоцве́ты,» semi-precious stones, are very popular jewelry in Russia. From the Ural Mountains come malachite (малахи́т) and lapis lazuli (ля́пис-лазу́рь). From the Baikal region and Siberia come jade (нефри́т), rhodonite (родони́т), and tiger eye (тигро́вый глаз). Amber (янта́рь), most popular of all, is actually petrified pine resin, not a stone. It washes up on the shore of the Baltic and surrounding areas. Amber is worn in necklaces, bracelets, pins, and earrings. Most highly prized are pieces of amber with fossilized insects from prehistoric times.

# C  Cultural Readings

**C1**  In the text about the Arbat on the next page, you will
find some new words. You should be able to figure out
their meanings. Some are cognates, and others can be guessed
by analyzing their forms. The following exercise will help you.

Some new words from the text are given on the left.
Their translations and/or explanations are shown out of order
on the right. Match the items on the left with their meanings
on the right.

| | |
|---|---|
| 1. си́мвол | perfective form of **зараба́тывать** *(impf.)* |
| 2. о́браз жи́зни | politics |
| 3. о́браз мы́слей | elderly men |
| 4. ро́керы | love |
| 5. хи́ппи | way of life |
| 6. па́нки | way of thinking |
| 7. металли́сты | symbol |
| 8. кришнайты | commerce |
| 9. старики́ | art |
| 10. зарабо́тать | hippies |
| 11. иску́сство | punks |
| 12. комме́рция | bikers |
| 13. любо́вь | heavy-metal fans |
| 14. поли́тика | Hare Krishnas |

*to earn*

Арба́т — не про́сто у́лица. Арба́т — э́то исто́рия,
э́то си́мвол, э́то о́браз жи́зни и о́браз мы́слей. Об
Арба́те пи́шут кни́ги, пою́т пе́сни, его́ рису́ют и
фотографи́руют. Арба́т сего́дня — э́то худо́жники и
музыка́нты, э́то ро́керы и бре́йкеры, хи́ппи и па́нки,
металли́сты и кришна́йты, тури́сты и москвичи́, де́ти
и старики́, э́то все, кто прихо́дит сюда́ попе́ть и
поспо́рить, отдохну́ть и зарабо́тать, и́ли про́сто по-
гуля́ть. Му́зыка и пе́сни, иску́сство и комме́рция,
любо́вь и поли́тика — всё э́то вме́сте и есть Арба́т.

C3 Write a few words in Russian about a place like the Arbat in your hometown or somewhere else in the United States.

# D Grammar Summary

**D1** Adverbs of frequency (A1, A3, A4, A5).

Всегда́, ча́сто, обы́чно, иногда́, ре́дко, and никогда́ are frequency words. As a rule, they are used with imperfective verbs.

**Обы́чно** я гуля́ю с соба́кой по па́рку, а **иногда́** хожу́ по на́бережной.

When the word **никогда́** is used in a sentence, the verb must always be preceded by the particle **не**:

Мы **никогда́ не** е́здим на маши́не по го́роду.

**Никогда́ не** ходи́ одна́ ве́чером.

**D2** Expressing comparisons: **бо́льше, ме́ньше** (A1, A6).

These words are the comparatives of the adverbs **мно́го (бо́льше)** and **ма́ло (ме́ньше)** and are used when comparing actions, activities, or quantities.

Мне на́до **бо́льше** занима́ться ру́сским языко́м.

Мой брат сейча́с **ме́ньше** боле́ет, зимо́й он боле́л **бо́льше**.

У меня́ уже́ **мно́го** ру́сских ма́рок. Моя́ сестра́ то́же собира́ет ма́рки, но у неё их **ме́ньше**.

**D3** Indicating the length of an action: одну́ мину́ту, две неде́ли (A1, A6).

When indicating the duration of an action, use the accusative case. Finish writing example sentences for the following words:

| | | |
|---|---|---|
| одну́ | мину́ту | |
| два́дцать оди́н | час | |
| со́рок оди́н | день | |
| одну́ | неде́лю | Мы бы́ли в Москве́ **одну́ неде́лю.** |
| оди́н | ме́сяц | |
| оди́н | год | Я учу́ ру́сский язы́к **оди́н год.** |

| | | |
|---|---|---|
| две, три, четы́ре | мину́ты | |
| два́дцать два | часа́ | Фильм идёт **два часа́.** |
| со́рок два | дня | |
| две | неде́ли | Я не́ был до́ма **две неде́ли.** |
| два | ме́сяца | |
| два | го́да | Он уже́ **два го́да** у́чится в университе́те. |

| | | |
|---|---|---|
| пять | мину́т | Он говори́л по телефо́ну **пять мину́т.** |
| два́дцать пять | часо́в | |
| со́рок | дней | |
| сто | неде́ль | |
| | ме́сяцев | Мой друг жил в Росси́и **пять ме́сяцев.** |
| | лет | Я не ви́дел тебя́ **сто лет!** |

In the nominative and accusative singular, the numbers 2, 3, and 4 are normally followed by genitive singular noun forms. Numbers from 5 to 20 take the genitive plural. This same rule applies with numbers from twenty on up. For example, 22 hours in Russian is **22 часа́**, but 27 hours is **27 часо́в**. The number one, whatever its case, is normally followed by a noun in the same case.

**D4** The pronoun **свой**—one's own (A1, B1, B2, B3).

The possessive adjective/pronoun **свой** can refer to any person and is the only way of expressing the meaning "her/his/its/ their own," referring to possession by the logical subject of a sentence. The possessive pronouns **его, её, их** imply that the object possessed belongs to someone other than the subject when the subject is in the third person (**он, она́, они́,** or any noun). The full declension (singular and plural) is given below for reference.

*Gen.* Я был у **своего́** бра́та (у **свое́й** сестры́, у **свои́х** роди́телей).

*Dat.* Я написа́л **своему́** бра́ту (**свое́й** сестре́, **свои́м** роди́телям).

*Acc.* Я встре́тил **своего́** бра́та (**свою́** сестру́, **свои́х** роди́телей).

*Instr.* Я гуля́л со **свои́м** бра́том (со **свое́й** сестро́й, со **свои́ми** роди́телями).

*Prep.* Я ду́мал о **своём** бра́те (о **свое́й** сестре́, о **свои́х** роди́телях).

Note that this pronoun cannot normally be used in the nominative case, except when it refers to possession by the logical, rather than the grammatical, subject.

*Nom.* Example: У меня́ есть **свой** фотоаппара́т (**своя́** ка́рта, **своё** ме́сто, **свои** карти́ны).

**D5**  Telling about actions that take place simultaneously: **пока́**.

**Пока́** is used to combine two parts of a sentence that describe actions taking place at the same time.

Пока́ шёл дождь, я сде́лал все уро́ки.

Пока́ ты бу́дешь есть, я пригото́влю чай.

**D6**  Talking about actions of short duration: the prefix **по-**.

The prefix **по-** frequently refers to an action of short duration:

Мне нра́вится э́то ме́сто. Я хоте́л бы здесь ещё **погуля́ть**.

Дава́й немно́го **поигра́ем** в ша́хматы.

Remember that, when used with determinate verbs of motion like идти́ and е́хать, the prefix **по-** indicates the beginning of a motion. However, when it is used with indeterminate verbs like ходи́ть and е́здить, it implies short duration.

Тури́сты **походи́ли** по це́нтру и **пошли́** в музе́й.

## E Phonetics

**E1** Review the pronunciation of ж, ш, ц. These consonants are always hard.

| | | |
|---|---|---|
| закажу́ | бо́льше | центр |
| похожу́ | ме́ньше | по це́нтру |
| ска́жет | сли́шком | мотоци́кл |
| худо́жник | шу́мно | у́лица |

**E2** Read aloud. Practice the pronunciation of ч, which is always soft.

| | | |
|---|---|---|
| чита́ть | ча́сто | ве́чером |
| ру́чка | москвичи́ | обы́чно |

**E3** Practice the pronunciation of щ and cluster жч which represent the same sound.

| | | | |
|---|---|---|---|
| ещё | това́рищи | това́рищ | мужчи́на |

**E4** Practice the intonation for sentences containing a series.

ИК-1

Я хожу́ в кино́, в го́сти, в теа́тр.

Мы игра́ем в те́ннис, в футбо́л, в ша́хматы.

Мо́жно е́хать на маши́не, на велосипе́де, на мотоци́кле.

Ца́пля ча́хла,
Ца́пля со́хла,
Ца́пля сдо́хла.

У четырёх черепа́х по четы́ре черепашо́нка.

Четы́ре чёрненьких чума́зеньких чертёнка черти́ли чёрными черни́лами чертёж чрезвыча́йно чи́сто.

# Overview of the Lesson

Match the pictures with the list of functions. Choose the Russian phrases that fit the pictures. More than a single function may be appropriate for a picture.

Asking and telling about duration

Asking and telling about frequency

Telling about actions that take place at the same time

# Слова́рь

## Part A

Фо́рмы глаго́лов

| | | |
|---|---|---|
| бо́льше | more | |
| видеосало́н | videoclub | |
| до́лго | for a long time | |
| зака́зывать/ | | зака́зыва-ю, -ешь, -ют/ |
|   заказа́ть | to order |   закаж-у́, зака́ж-ешь, -ут |
| иногда́ | sometimes | |
| ме́ньше | less | |
| обы́чно | usually | |
| па́мять *(f.)* | memory | |
| свой, своя́, своё, | | |
|   свои́ | one's own | |
| портре́т | portrait | |
| на па́мять | | |
|   *кому́ (dat.)* | | |
|   *от кого́ (gen.)* | as a keepsake | |
| пока́ | meanwhile (also "bye" with friends) | |
| ре́дко | rarely | |

## Part B

Фо́рмы глаго́лов

| | | |
|---|---|---|
| дава́ть/дать | | да-ю́, да-ёшь, да-ю́т/ |
|   *что (асс.)* | |   да-м, да-шь, да-ст, дад-и́м, |
|   *кому́ (dat.)* | to give |   дад-и́те, дад-у́т |
| запи́сывать/ | to record, | запи́сыва-ю, -ешь, -ют/ |
|   записа́ть *что (асс.)* | tape something; |   запиш-у́, запи́ш-ешь, -ут |
|   *на что (асс.)* | to make notes | |

# Урок 13 (Тринадцатый урок)

# Самый любимый праздник

| Part | Main Structures | Functions | Grammatical Concepts |
|---|---|---|---|
| **A** | — Я все праздники люблю, но самый любимый — Thanksgiving Day.<br><br>— Скоро Рождество.<br><br>— День Благодарения всегда бывает в последний четверг ноября. | Using the superlative degree<br><br>Discussing forthcoming events<br><br>Correcting a mistaken assumption | Самый + qualifying adjective<br><br>The verb бывать |
| | **Language & Culture** | | Праздники в русском календаре |
| **B** | — Сегодня двенадцатое апреля.<br><br>— А когда отмечают День Победы?<br>— Девятого мая. | Talking about dates<br><br>Telling when an event occurs | The neuter singular of ordinal numbers in dates<br><br>The genitive of dates in answering the question когда |
| | **Language & Culture** | | Russian and American holidays |
| **C** | **Cultural Readings**<br>«Санта-Клаусы на Красной площади» | | |
| **D** | | | |
| **E** | **Phonetics**<br>Фонетика: ч, щ, я; shifting stress<br>Интонация: ИК-1, ИК-2, ИК-3 | Overview of the Lesson<br>Словарь<br>Months of the Year<br>Russian and American Holidays | |

Как у вас отмечáют
  Нóвый год?

Какóй твой сáмый любúмый
  прáздник?

How do you celebrate
  the New Year?

What is your favorite holiday?

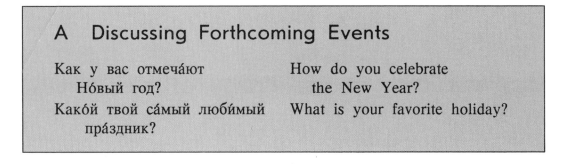

**A1** (D1, D2, D3, D4) Listen to the dialogues before reading them, and answer the following questions:

a.  What is the topic of the dialogues?

b.  What is the purpose of the dialogues?

   • inquiring about a celebration
   • inviting people to a celebration
   • reporting on a celebration

Russian and American students are talking.

**a.** Джахáн: **Скóро** Рождествó. У вас егó отмечáют?

Витáлий: Отмечáют, но у нас бóльше отмечáют Нóвый год. А ты знáешь, что у нас Рождествó не **в декабрé**, а **седьмóго января́**?

Джахáн: Да? **Пéрвый раз** слы́шу. А почемý так?

Витáлий: Это же **церкóвный** прáздник. А в рýсской цéркви свой **календáрь** и свой прáздники.

**b.** Свéта: У тебя́ есть **люби́мый** прáздник?

Лáура: Я все прáздники люблю́, но **сáмый люби́мый** — Thanksgiving Day. Как э́то бýдет по-рýсски?

Свéта: **День Благодарéния.** А как егó **отмечáют?**

Лáура: О! Обязáтельно едя́т **индéйку.**

---

**A2** Examine the table below. Then review the dialogues in section A1, and add sentences from them to illustrate the functions listed in the table:

| How to | |
|---|---|
| use the superlative: | Это сáмый весёлый прáздник. |
| discuss forthcoming events: | Скóро придýт гóсти. |
| correct a mistaken assumption: | Мы бóльше отмечáем не Рождествó, а Нóвый год. |
| talk about dates: | Сегóдня пéрвое мáрта, четвёртого мáрта у меня́ день рождéния. |
| tell when an event occurs: | Сегóдня пéрвое мáрта, четвёртого мáрта у меня́ день рождéния. |

**A3** В ру́сском календаре́ есть и други́е пра́здники. Наприме́р, междунаро́дные: Междунаро́дный день студе́нтов, Междунаро́дный день музе́ев, Междунаро́дный день теа́тра. Все таки́е пра́здники обы́чно рабо́чие дни. Есть профессиона́льные пра́здники: День учи́теля, День строи́теля, День кино́. Их ча́сто отмеча́ют в воскресе́нье. Наприме́р, День учи́теля быва́ет в пе́рвое воскресе́нье октября́.

В дни междунаро́дных и профессиона́льных пра́здников быва́ют пра́здничные конце́рты, специа́льные теле- и радиопрогра́ммы, иногда́ **ми́тинги** и салю́ты.

**A4** Тепе́рь вы зна́ете, каки́е пра́здники есть в Росси́и. Но в ка́ждой семье́ отмеча́ют ещё и свои́ **семе́йные** пра́здники: дни рожде́ния, **годовщи́ны сва́дьбы**, имени́ны... Как раз об э́том и разгова́ривают ребя́та:

Пэм: Ка́тя, а твои́ роди́тели отмеча́ют годовщи́ну свое́й сва́дьбы?

Ка́тя: Да, обяза́тельно, ка́ждый год.

Пэм: Вы хо́дите в рестора́н?

Ка́тя: Нет, семе́йные пра́здники мы обы́чно отмеча́ем до́ма. К нам прихо́дят го́сти.

Work in pairs. Ask and tell each other when birthdays, wedding anniversaries, and other family holidays are celebrated. Describe them. The words below may be useful:

приглаша́ть госте́й

ходи́ть в го́сти

быть в гостя́х

гото́вить **пра́здничный обе́д (у́жин)**

дари́ть пода́рки/цветы́

поздравля́ть с пра́здником

слу́шать му́зыку, гуля́ть, петь, танцева́ть

**A5** Russian friends may ask you about American family holidays and traditions. Working in pairs or groups, write a brief composition on this topic. You may begin with the words:

В Аме́рике обы́чно отмеча́ют...

У нас до́ма отмеча́ют...

В э́тот день...

**A6**  Виталий хочет знать, какой праздник у Джека самый любимый.

Виталий: Какой твой самый любимый праздник?
Джек:    Рождество.
Виталий: Правда? Почему?
Джек:    Это очень красивый праздник — с ёлкой,
         с Санта-Клаусом. Все дарят друг другу
         подарки. Бывает очень весело.

Ask some of your classmates what their favorite holiday is. Find out why, and report to the class.

**A7**  Jack wants to know whether Mother's Day is celebrated in Russia.

Джек:    У нас отмечают День Матери. А у вас
         есть такой праздник?
Игорь:   Нет, такого праздника у нас нет. В России
         отмечают не День Матери, а Международ-
         ный женский день.

Tell a Russian student about American holidays, and find out whether there are similar holidays in Russia. Similar Russian and American holidays are given below. Have a classmate act out the role of the Russian student and answer your questions.

| American holidays: | Russian holidays: |
| --- | --- |
| День Памяти | День Победы |
| День Независимости | День Независимости России |
| День Труда | Праздник весны и труда |

Мели́сса расска́зывает Га́ле о пра́здниках, кото́рые отмеча́ют в США. Послу́шайте, что она́ расска́зывает, и отве́тьте на вопро́сы.

**a.** Which American holidays is Melissa describing?

**b.** Which of the three holidays Melissa mentions are not celebrated in Russia? Which two holidays are similar to Russian holidays?

**c.** Which is Melissa's favorite holiday?

**A9**  Guided conversation.

An American (A) and a Russian (B) are talking on the eve of a holiday celebrated in both countries:

**A**

Greet the Russian, and wish him/her a happy holiday, as appropriate.

**B**

Say thanks and wish the American the same.

You may do it either of the following ways:

— Спаси́бо. И тебя́/Вас так же.
— Спаси́бо. Я тебя́/Вас то́же поздравля́ю. И тебе́/ Вам то́же всего́ хоро́шего.

## B  Talking about Dates

| | |
|---|---|
| Поздравля́ю вас с пра́здником Восьмо́го ма́рта! | Happy 8th of March! |
| Како́й пра́здник бу́дет два́дцать девя́того ноября́? | What holiday is on November 29th? |

**B1**  Put the months of the year listed below in correct order.

май, октя́брь, янва́рь, а́вгуст, дека́брь, февра́ль, ию́ль, сентя́брь, март, ноя́брь, ию́нь, апре́ль

Пе́рвый ме́сяц —

Второ́й ме́сяц —

Тре́тий ме́сяц —

Четвёртый ме́сяц —

Пя́тый ме́сяц —

Шесто́й ме́сяц —

Седьмо́й ме́сяц —

Восьмо́й ме́сяц —

Девя́тый ме́сяц —

Деся́тый ме́сяц —

Оди́ннадцатый ме́сяц —

Двена́дцатый ме́сяц —

**B2**  Look at the list of some holidays, and match the dates with the names of the holidays in Russian and in English.

1. Пе́рвое января́ —    Междунаро́дный же́нский день
   Victory Day

2. Седьмо́е января́ —    Но́вый год
   International Women's Day

3. Восьмо́е ма́рта —    Пра́здник весны́ и труда́
   New Year's Day

4. Пе́рвое ма́я —    Рождество́
   Independence Day of Russia

5. Девя́тое ма́я —    День Незави́симости Росси́и
   Spring and Labor Day

6. Двена́дцатое ию́ня — День Побе́ды
   Christmas

In conversation, Russians usually omit the long official names of some of their holidays and refer to them just by the date:

Поздравля́ю вас с пра́здником Пе́рвого ма́я!

Ско́ро пра́здник Восьмо́го ма́рта.

Как вы отмеча́ете Девя́тое ма́я?

**B3** Jack knows some Russian holidays, but he does not know their dates. He asks Igor:

Джек:  А когда́ отмеча́ют День Побе́ды?

Игорь:  Девя́того ма́я.

Working in pairs, ask each other the dates of the holidays listed above. Example:

Рождество́, Же́нский пра́здник, День Незави́симости Росси́и

**B4** На́стя хо́чет бо́льше узна́ть об америка́нских пра́здниках. Она́ смо́трит календа́рь и спра́шивает Эли́су:

На́стя:  Како́й пра́здник бу́дет два́дцать девя́того ноября́?

Эли́са:  День Благодаре́ния. Но его́ то́лько в э́том году́ отмеча́ют два́дцать девя́того ноября́. Он всегда́ быва́ет в после́дний четве́рг ноября́.

A Russian student is looking at a calendar and asking you about secular and religious American holidays. Answer his/her questions. The names of the holidays are given in Russian below. Use a calendar when you act out this situation.

День па́мяти Ма́ртина Лю́тера Ки́нга    День Ма́тери

День Президе́нта    День Па́мяти

День свято́го Валенти́на (День любви́)    Хэллоуи́н

День Незави́симости

День Труда́    День Благодаре́ния

Рождество́

**B5** Tell this joke:

Учи́тель: Како́й день са́мый коро́ткий?
Учени́к: Воскресе́нье.

**B6** Russian calendars are rather different from American ones. On a Russian calendar, dates run down rather than across, and each week begins with Monday, not Sunday. Calendars are a traditional New Year's gift, and pocket calendar sets with attractive pictures are especially popular. As in the U.S., people often use calendar posters to decorate their apartment walls.

**B7** Seth and Andrei are talking about the coming holidays.

Сет:    Како́е сего́дня число́?
Андре́й: Двадца́тое декабря́. Ско́ро Рождество́.
Сет:    Да, два́дцать пя́того декабря́.

With a classmate, act out a dialogue similar to the one above, using these places and times:

в Росси́и:       пя́тое ма́я         в США:    двадца́тое декабря́
                 деся́тое ию́ня                два́дцать четвёртое
                 пе́рвое ма́рта                октября́
                                              пе́рвое ию́ля
                                              деся́тое января́

**B8** Summarize what you have learned about holidays celebrated in Russia. Scan the previous pages, and write down the information you think is important to a student of Russian.

---

**C1** Read this short article from the newspaper *Моско́вские но́вости*, and tell which of the following statements are true and which are false:

Са́нта-Кла́усы:
— э́то арти́сты моско́вских теа́тров
— они́ прие́хали в Москву́ из Аме́рики
— они́ прие́хали в Москву́ пе́рвый раз
— они́ приезжа́ют в Москву́ ка́ждый год
— они́ ка́ждый год е́здят в ра́зные стра́ны ми́ра

### Санта-Клаусы на Красной площади

Те, кто пришёл в этот день на Красную площадь, встретили там настоящих Санта-Клаусов. Они пели, танцевали и раздавали детям подарки. Эти Санта-Клаусы приехали в Москву из Америки. Каждую зиму члены добровольческой организации «Телефон пионеерз» надевают костюмы Санта-Клаусов и едут на Рождество в одну из стран мира. На этот раз 165 Санта-Клаусов из Америки приехали поздравить с Рождеством жителей Москвы.

чле́ны доброво́льческой организа́ции — members of a volunteer organization

Find this word in the text and try to guess its meaning:
раздава́ть — a. to give out, b. to take away, c. to show

## D Grammar Summary

**D1** Using the superlative degree: са́мый + adjective (A1, A6).

The word са́мый (са́мая, са́мое, са́мые) is used with an adjective to state that a person or thing possesses the superlative degree of a characteristic:

| Это | мой **са́мый** люби́мый | пра́здник. |
|---|---|---|
| | моя́ **са́мая** люби́мая | пе́сня. |
| | моё **са́мое** люби́мое | моро́женое. |
| | мои́ **са́мые** люби́мые | конфе́ты. |

**D2** The verb быва́ть (A1, A3, B4).

The verb быва́ть is often used with frequency words:

| Здесь | ча́сто | **быва́ет** снег. |
|---|---|---|
| | обы́чно | |
| | иногда́ | |
| | ка́ждый день | |
| | ре́дко | |
| | никогда́ не | |

It also may be used with the words люби́ть and нра́виться.

Я люблю́ быва́ть на Арба́те.
Мне нра́вится быва́ть в гостя́х.

The verb быва́ть has the same endings as the verb чита́ть:

| Я | быва́ю | в Москве́ ка́ждый год. |
|---|---|---|
| Ты | быва́ешь | |
| Он/Она́ | быва́ет | |
| Мы | быва́ем | |
| Вы | быва́ете | |
| Они́ | быва́ют | |

**D3**  Ordinal numerals: пе́рвый, второ́й, тре́тий (A1, B1, B2, B3, B4, B6).

Ordinal numerals are declined like adjectives and have the same endings. In the nominative singular masculine, they have the stressed ending -ой — второ́й, шесто́й, седьмо́й, восьмо́й — and the unstressed ending -ый — пе́рвый, пя́тый, etc. The exception is тре́тий (тре́тья, тре́тье), which belongs to a special soft declension.

*What is the difference?*

| Nom. | | но́вый | пе́рвый | второ́й | тре́тий | год |
|------|------|--------|---------|---------|---------|-----|
| Gen. | (для) | но́вого | пе́рвого | второ́го | тре́тьего | го́да |
| Dat. | (к) | но́вому | пе́рвому | второ́му | тре́тьему | го́ду |
| Acc. | | но́вый | пе́рвый | второ́й | тре́тий | год |
| Instr. | (с) | но́вым | пе́рвым | вторы́м | тре́тьим | го́дом |
| Prep. | (о) | но́вом | пе́рвом | второ́м | тре́тьем | го́де |

Ordinal numbers are often compound:

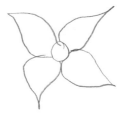

Два́дцать пе́рвый но́мер, два́дцать пе́рвое ме́сто, на два́дцать пе́рвом ме́сте, девяно́сто тре́тья ко́мната, в девяно́сто тре́тьей ко́мнате.

**1.** Is the first part of a compound ordinal a cardinal or an ordinal?

**2.** What is the second part?

**3.** Do both parts of the ordinal change when used with nouns of different gender?

Which part changes and which does not?

You don't need to learn all the forms of the cardinals and ordinals now, but some of them will be useful, for example, when giving the date.

**D4** Giving the date: двáдцать трéтье мáрта and answering the question Когдá...? двáдцать пя́того декабря́ (A1, B2, B3, B4, B6).

The date is given using the **neuter singular** of the ordinal number plus the **genitive singular** of the month:

— Какóе сегóдня числó?

      — Сегóдня двенáдцат**ое** апрéля.
      — Вчерá бы́ло одúннадцат**ое** апрéля.
      — Зáвтра бýдет тринáдцат**ое** апрéля.

— Когдá у тебя́ день рождéния?

      — Двенáдцат**ого** апрéля.
      — Трéть**его** ию́ня.
      — Двáдцать пéрв**ого** áвгуста.

In what case do the ordinal numbers appear in answer to the first question?

In what case do they appear in answer to the question Когдá...?

In what case do the months appear in both sentences?

In English, we would say "*on* November 7" (for example) in answer to questions about dates. In Russian, no preposition is used:

— Когдá в Амéрике отмечáют Рождествó?
— **Двáдцать пя́того** декабря́.

— Когдá в Росси́и отмечáют День Побéды?
— **Девя́того** мáя.

## E Phonetics

**E1** Practice saying these phrases smoothly. Pay special attention to the pronunciation of ч and щ.

Отмеча́ть День учи́теля.

Почему́ пра́здничный концéрт?

Междунаро́дная солида́рность трудя́щихся.

Четвёртая годовщи́на револю́ции.

В четвéрг обы́чный рабо́чий день.

**E2** Listen to the cassette, and read aloud. Follow the examples you hear as closely as possible.

май — ма́я                    ию́нь — ию́ня

ию́ль — ию́ля                  апрéль — апрéля

**E3** Practice reading words that have shifting stress.

янва́рь — января́              октя́брь — октября́

февра́ль — февраля́            ноя́брь — ноября́

сентя́брь — сентября́          дека́брь — декабря́

**E4** Listen to the cassette, and read the following words aloud. Follow the examples you hear as closely as possible.

| приходи́ть | семéйный | пра́здники | годовщи́на |
| отмеча́ть | церко́вный | пра́здничный | отмеча́ют |
| календа́рь | люби́мый | | |
| Рождество́ | индéйка | | |

**E5** Practice reading these phrases smoothly.

**ИК-1**

Сего́дня пятна́дцатое сентября́.[1]

Вчера́ бы́ло восемна́дцатое апре́ля.[1]

**ИК-2**

Когда́?[2]

**ИК-3**

Два́дцать второ́го января́?[3]

Три́дцать пе́рвого декабря́?[3]

Оди́ннадцатого ма́рта?[3]

**E6** Read this poem.

Води́чка, води́чка,
Умо́й моё ли́чико,
Чтобы гла́зки блесте́ли,
Чтобы щёчки красне́ли,
Чтоб смея́лся рото́к,
Чтоб куса́лся зубо́к.

Compare the pictures with the list of functions below. What do you think the people are saying? More than one function may be appropriate for each picture.

How to use the superlative

How to give the date

How to say when an event occurs

How to talk about forthcoming events

How to correct a mistaken assumption

# Слова́рь

## Part A

Фо́рмы глаго́лов

| | | |
|---|---|---|
| быва́ть | to be *(regularly or customarily)*, to happen, to take place | **быва́-ю, -ешь, -ют** |
| в декабре́ | in December | |
| друг дру́гу | to/for each other | |
| ёлка | fir, spruce, Christmas or New Year's tree | |
| инде́йка | turkey *(as food)* | |
| индю́к | turkey *(the animal)* | |
| календа́рь *(m.)* | calendar | |
| люби́мый *(adj.)* | favorite | |
| отмеча́ть/ отме́тить | to celebrate | **отмеча́-ю, -ешь, -ют/ отме́ч-у, отме́т-ишь, -ят** |
| пе́рвый раз | first time | |
| са́мый | most | |
| седьмо́го января́ | on January 7th | |
| ско́ро | soon | |
| церко́вный *(adj.)* | church | |

## Part B

Фо́рмы глаго́лов

| | | |
|---|---|---|
| годовщи́на | anniversary | |
| ми́тинг | rally, gathering | |
| обе́д | dinner | |
| после́дний | last | |
| пра́здничный | festive, holiday | |
| приходи́ть/ прийти́ | to arrive *(on foot)* | **прихож-у́, прихо́д-ишь, -ят/ прид-у́, -ёшь, -у́т** |
| семе́йный *(adj.)* | family | |
| у́жин | supper | |
| число́ | date | |

| Российские праздники: | Russian holidays: |
|---|---|
| Международный женский день (8 марта) | International Women's Day |
| День Конституции (7 октября) | Constitution Day |
| Новый год (1 января) | New Year's Day |
| Праздник весны и труда (1 мая) | Spring and Labor Day |
| Годовщина Октябрьской революции 1917 года (7 ноября) *день примирения народов* | Anniversary of the October Revolution of 1917 *Day of peace* |
| Рождество (7 января) | Christmas |
| День Победы (9 мая) | Victory Day |
| День Независимости России (12 июня) | Independence Day of the Russian Republic |
| День защитника Родины (23 февраля) | Motherland Defender Day |

| Американские праздники: | American holidays: |
|---|---|
| День памяти Мартина Лютера Кинга | Martin Luther King Day |
| День Президента | President's Day |
| День святого Валентина (День любви) | St. Valentine's Day |
| День Независимости | Independence Day |
| День Труда | Labor Day |
| День Матери | Mother's Day |
| День Памяти | Memorial Day |
| Хеллоуин | Halloween |
| День Благодарения | Thanksgiving Day |
| Рождество | Christmas |

| Ме́сяцы го́да: | | Months of the year: | |
|---|---|---|---|
| янва́рь | January | ию́ль | July |
| февра́ль | February | а́вгуст | August |
| март | March | сентя́брь | September |
| апре́ль | April | октя́брь | October |
| май | May | ноя́брь | November |
| ию́нь | June | дека́брь | December |

|  | ЯНВАРЬ | ФЕВРАЛЬ | МАРТ | АПРЕЛЬ | МАЙ | ИЮНЬ |
|---|---|---|---|---|---|---|
| Пн. | 4 11 18 25 | 1 8 15 22 | 1 8 15 22 29 | 5 12 19 26 | 3 10 17 24 31 | 7 14 21 28 |
| Вт. | 5 12 19 26 | 2 9 16 23 | 2 9 16 23 30 | 6 13 20 27 | 4 11 18 25 | 1 8 15 22 29 |
| Ср. | 6 13 20 27 | 3 10 17 24 | 3 10 17 24 31 | 7 14 21 28 | 5 12 19 26 | 2 9 16 23 30 |
| Чт. | 7 14 21 28 | 4 11 18 25 | 4 11 18 25 | 1 8 15 22 29 | 6 13 20 27 | 3 10 17 24 |
| Пт. | 1 8 15 22 29 | 5 12 19 26 | 5 12 19 26 | 2 9 16 23 30 | 7 14 21 28 | 4 11 18 25 |
| Сб. | 2 9 16 23 30 | 6 13 20 27 | 6 13 20 27 | 3 10 17 24 | 1 8 15 22 29 | 5 12 19 26 |
| Вс. | 3 10 17 24 31 | 7 14 21 28 | 7 14 21 28 | 4 11 18 25 | 2 9 16 23 30 | 6 13 20 27 |

|  | ИЮЛЬ | АВГУСТ | СЕНТЯБРЬ | ОКТЯБРЬ | НОЯБРЬ | ДЕКАБРЬ |
|---|---|---|---|---|---|---|
| Пн. | 5 12 19 26 | 2 9 16 23 30 | 6 13 20 27 | 4 11 18 25 | 1 8 15 22 29 | 6 13 20 27 |
| Вт. | 6 13 20 27 | 3 10 17 24 31 | 7 14 21 28 | 5 12 19 26 | 2 9 16 23 30 | 7 14 21 28 |
| Ср. | 7 14 21 28 | 4 11 18 25 | 1 8 15 22 29 | 6 13 20 27 | 3 10 17 24 | 1 8 15 22 29 |
| Чт. | 1 8 15 22 29 | 5 12 19 26 | 2 9 16 23 30 | 7 14 21 28 | 4 11 18 25 | 2 9 16 23 30 |
| Пт. | 2 9 16 23 30 | 6 13 20 27 | 3 10 17 24 | 1 8 15 22 29 | 5 12 19 26 | 3 10 17 24 31 |
| Сб. | 3 10 17 24 31 | 7 14 21 28 | 4 11 18 25 | 2 9 16 23 30 | 6 13 20 27 | 4 11 18 25 |
| Вс. | 4 11 18 25 | 1 8 15 22 29 | 5 12 19 26 | 3 10 17 24 31 | 7 14 21 28 | 5 12 19 26 |

# Урок 14 (Четырнадцатый урок)

## Скоро Новый год!

| Part | Main Structures | Functions | Grammatical Concepts |
|------|-----------------|-----------|----------------------|
| A | — А что э́то зна́чит — биле́ты на ёлку?<br><br>— Так э́то, наве́рное, для дете́й?<br><br>— Ребя́та пришли́ в свои́х маскара́дных костю́мах.<br><br>— Ещё бы! Коне́чно, хочу́. | | The preposition для + genitive<br><br>The prepositional and genitive plural of adjectives and pronouns |
| | **Language & Culture** | Маскара́дные костю́мы | |
| B | — К сожале́нию, в пя́тницу не могу́.<br><br>— Мы мо́жем пригласи́ть их ко мне. И на́ши ребя́та то́же мо́гут прийти́. | Expressing ability or permission | The verb мочь |
| | **Language & Culture** | New Year's celebrations through the ages | |
| C | **Cultural Readings** | Ска́зка «Снегу́рочка»<br>Пе́сня о ёлочке | |
| D | **Grammar Summary** | | |
| E | Phonetics<br>Интона́ция: Enumerations<br>ИК-1, ИК-3, ИК-4<br>Фоне́тика: л, ль, я, е, р, рь | Overview of the Lesson<br>Слова́рь | |

# A Questions about Unfamiliar Things

| | |
|---|---|
| А что тудá лу́чше наде́ть? | What should I wear there? |
| Игорь, а что Э́то зна́чит — бал-маскарáд? | Igor, what is a masquerade ball? |

**A1** (D1, D2) Listen to both dialogues, and suggest your own ending.

New Year's Day is coming soon, and students are making plans for the holiday.

**a.** Настя: Элиса, у меня есть два билета на ёлку в Лужники. Пойдём?

Элиса: **А что это значит** — билеты на ёлку?

Настя: Это билеты на **новогодний** концерт. Обычно там бывает ёлка и Дед Мороз.

Элиса: Дед Мороз? Так это, наверное, для детей?

Настя: Нет, почему же? Эта ёлка как раз для **старшеклассников**. А у вас бывают ёлки?

Элиса: . . .

**b.** Света: Лаура, скоро Новый год. Ты хочешь пойти на новогодний **бал** в Кремль?

Лаура: В Кремль? **Ещё бы!** Конечно, хочу.

Света: Тогда пойдём 30 декабря. У меня есть и **пригласительные билеты.**

Лаура: А что туда лучше **надеть?**

Света: Что хочешь. **Можешь даже** сделать **маскарадный** костюм. А у вас на Рождество бывает **маскарад?**

Лаура: . . .

---

**A2**  Examine the table below. Then review the dialogues in section **A1**, and add sentences from them to illustrate the functions listed in the table:

| How to | |
| --- | --- |
| inquire about something you aren't familiar with: | Что это значит — пригласительный билет? |
| express enthusiasm for a suggestion: | Хочешь пойти на бейсбольный матч? |
| say I may/I can: | Мы можем пойти на ёлку в цирк. |

**A3** Here are some traditional elements of the Russian New Year's holiday:

Which of these elements are typical of Christmas or New Year's in America? What else can you think of that is typical of American holidays? The following sentence patterns will help you:

1.

Ёлка

2.

Ёлочные игрушки

3.

украшёния
*lights & decorations*
*ornaments*

4.

Дед Морόз

5.

Снегýрочка
*his granddaughter*

6.

новогόдние подάрки

| На Рождествό | у нас в Амέрике | всегдά | бывάет/бывάют... |
| На Нόвый год | | обычно | готόвят... |
| | | чάсто | едя́т... |
| | | никогдά не | пьют... |
| | | | надевάют... |
| | | | поют... |
| | | | дέлают... |

**A4**  Igor and Jack are examining a New Year's ad, and Jack asks Igor about things he does not fully understand, such as:

Джек:   Игорь, что это значит — **бал-маскара́д**?

Игорь:  Бал-маскара́д — это когда́ все прихо́дят в костю́мах и́ли ма́сках. Обы́чно маскара́ды быва́ют на Но́вый год.

After reading Igor's explanations, guess what questions Jack asked:

1.

— Старшекла́ссники — это ученики́ девя́того, деся́того и оди́ннадца-того кла́ссов.

2.

— Лужники́ — это стадио́н в Москве́. Там ча́сто быва́ют концéрты, а на Но́вый год — ёлки.

Read this text about some masquerade costumes. Can you identify them in the drawings?

## Какие бывают маскарадные костюмы?

Обычно для маленьких детей родители делают костюмы разных цветов и **животных**, героев книг и сказок: Красной шапочки и Серого волка, Золушки, Снегурочки (сказку о Снегурочке вы прочитаете в конце этого урока), **Буратино**, Кота в сапогах,...

Старшеклассники тоже часто надевают на Новогодний бал маскарадные костюмы, как правило, национальные или исторические.

**A6** Making masquerade costumes does not necessarily require a lot of work. Often "grandmother's old clothes" will do. As in this case:

Настя:  Элиса, смотри, это же прекрасное платье для русского костюма.

Look at the other things the girls found, and suggest what costumes you can make from them:

Одежда

1. брюки
2. шарф
3. пиджак
4. рубашка
5. платье
6. шляпа
7. туфли
8. свитер
9. юбка
10. сапоги
11. куртка
12. пальто
13. блузка
14. плащ
15. жилет
16. перчатки

Test your language skills. Read the descriptions, and identify the characters in the drawing below.

**Кто э́то?**

На ней зелёная ю́бка, бе́лая блу́зка, **фа́ртук,** кра́сная ша́почка.

На нём чёрные брю́ки, кра́сный плащ, кра́сные сапоги́.

На ней кори́чневое пла́тье, фа́ртук, се́рые ту́фли.

## B Expressing Enthusiasm or Regret

Ну вот и хорошо́. Схо́дим — посмо́трим.
К сожале́нию, не могу́.

Well, that's great. Let's go have a look.
Unfortunately, I can't.

**B1** The Russian students invite their American guests to a special New Year's show.

Андре́й: Сет, хо́чешь пойти́ на ёлку в цирк?
Сет:　　 Ещё бы! Коне́чно, хочу́.

Express enthusiasm over the following suggestions:

1. — Ско́ро Но́вый год. Хо́чешь пойти́ на ёлку?

2. — Сего́дня День Побе́ды. Хо́чешь посмотре́ть пра́здничный **салю́т**?

3. — Ско́ро **Па́сха**. Это большо́й церко́вный пра́здник. Хо́чешь сходи́ть в це́рковь?

4. — Ско́ро **Ма́сленица**. Хо́чешь, мы пригото́вим настоя́щие **блины́**?

What American holiday events could you suggest to a Russian friend?

**B2** In old Rus, the new year began in March, and New Year's was a celebration of the sun, spring, and the beginning of work in the fields.

At the end of the tenth century, Russia became Christian, and people began to use the Byzantine calendar and celebrate the New Year on September 1st.

On the eve of the year 1700, Tsar Peter I issued a decree establishing January 1 as the New Year following European custom. He ordered everyone to greet each other on New Year's, celebrate joyfully, and decorate their homes with pine trees and branches. At twelve o'clock midnight, Peter I himself walked onto Red Square with a torch in his hand and launched a rocket into the sky. This began the Russian custom of the New Year's fireworks display.

As in other countries, Easter is a church holiday in Russia. On this day, many people, even those who are not believers, go to church. On the eve of the

holiday, many Russians bake "kulich," or Easter cake, and color eggs.

Shrovetide is an ancient pagan holiday that marks the passing of winter. After Russia became Christian, this holiday was adopted by the Russian Orthodox Church. (See also *Russian: Face to Face I*, Lesson 16, C10.)

**B3** The Russian students are discussing their plans for Christmas.

Андрей: Скоро Рождество. Для американцев это большой праздник. Наверное, они хотели бы отметить его все вместе.

Света: Да, я уже думала об этом. Мы можем пригласить их ко мне. И наши ребята тоже могут прийти.

Imagine some Russian exchange students are studying at your school. Think of how you could celebrate some upcoming American holidays. Suggest various activities, such as buying gifts, sending cards, inviting them to a party, etc.

1. — Скоро День Победы. В России это большой праздник. Наверное, надо поздравить русских ребят.

   — . . .

2. — Завтра 8 марта. В России в этот день поздравляют всех женщин и девушек.

   — . . .

3. — Скоро Рождество. Как ты думаешь, русские ребята будут его отмечать?

   — . . .

**B4** Robert wants to know whether Natasha will come to the Christmas party:

Роберт:  Ты можешь прийти в пятницу к Свете?
         Мы будем отмечать у неё Рождество.

Наташа:  **К сожалению**, в пятницу не могу. Мы
         идём на день рождения к дедушке. Ему
         будет 90 лет.

Reply to the following requests. If you refuse, express your regret and state why.

1. — Ты можешь сфотографировать нас около ёлки?

2. — Вы можете спеть нам американские новогодние песни?

3. — Ты можешь рассказать нам сказку о Деде Морозе?

4. — Твои родители могут дать тебе видеокамеру?

5. — Ты можешь поздравить всех с праздником по-русски?

**B5** Listen to the conversation, and answer the following questions:

**a.** Can you identify the speakers?

**b.** Which of the following special tickets is being discussed?

**B6** Напишите, как отмечают в США Рождество и Новый год. Можете рассказать, как отмечают эти праздники в вашем городе, в вашей семье.

## C  Cultural Readings

**C1**  Ру́сский Дед Моро́з прихо́дит всегда́ вме́сте со
Снегу́рочкой. Кто она́ така́я? Иногда́ говоря́т,
что она́ — **вну́чка** (granddaughter) Де́да Моро́за,
иногда́ — что она́ пришла́ из ска́зки о Снегу́рочке.
Прочита́йте э́ту ска́зку.

In Russian fairy tales, diminutive forms of nouns and adjectives
are commonly used. You'll come across some of them in the
tale about **Снегу́рочка**. Diminutive forms can easily be recog-
nized by the -к-/-шк- suffixes in nouns and the -еньк- suffix in adjectives:

де́ти — дети́шки          /kids

ребя́та — ребяти́шки

дочь — до́чка

глаза́ — гла́зки

но́ги — но́жки (legs)

о́блако — о́блачко

река́ — ре́чка

бе́лый — бе́ленький

све́тлый — све́тленький

голубо́й — голу́бенький

1. Жи́ли-бы́ли стари́к со стару́хой. Жи́ли хорошо́, всё у них бы́ло,
   то́лько дете́й не́ было.

/Once upon a time     old man and old woman

2. Вот пришла зима — снега мно́го, ребяти́шки на у́лице в снежки́ игра́ют, на са́нках ката́ются. Смо́трят на них стари́к со стару́хой, но невесело им.

3. — Пошли́ старики́ на у́лицу и ста́ли де́вочку из снега лепи́ть. Хоро́шая получи́лась де́вочка-Снегу́рочка, краси́вая. Смо́трят на неё стари́к со стару́хой и вдруг ви́дят: улыбну́лась Снегу́рочка, отряхну́ла снег и говори́т:

**лепи́ть** — to fashion, shape
**получи́лась** — turned out
**улыбну́лась** — smiled

**отряхну́ла снег** — shook the snow off
**ба́тюшка, ма́тушка** — old Russian forms of addressing parents

**4.** Рад стари́к, ра́да стару́ха. Пошли́ они́ все домо́й и ста́ли жить-пожива́ть.

Растёт де́вочка-Снегу́рочка не по дням, а по часа́м. И у́мная, и весёлая. Сама́ как снег бе́ленькая, <u>во́лосы</u> све́тленькие, гла́зки голу́бенькие.

растёт — grows
не по дням, а по часа́м — not by
        the day, but by the hour

**5.** Ко́нчилась зима́. Пришла́ весна́-красна́. Все ребя́та ра́ды, пе́сни пою́т, одна́ Снегу́рочка не ра́да, всё в до́ме сиди́т, да от со́лнца пря́чется.

пря́чется — hides

6. Раз реши́ли де́вушки в лес гуля́ть идти́. Зову́т Снегу́рочку:

7. Хо́дят де́вушки по́ лесу, песни пою́т. Одна́ Снегу́рочка в стороне́ сиди́т невесёлая, в холо́дную ре́чку но́жки опусти́ла.

опусти́ла — lowered

8. Ве́чером сде́лали де́вушки костёр и на́чали че́рез него́ пры́гать.

пры́гать — to jump, leap

---

9. Прыгнула Снегурочка... И нет её. Только <u>облачко</u> белое над кост-
   ром появилось...
   Растаяла Снегурочка.

появилось — appeared                    растаяла — melted (completely)

 **C2** In your own words, tell about the girl who accompanies Дед Мороз.

Here is a popular Russian song usually sung around the New Year's tree.

## Пе́сня о ёлочке

В лесу́ роди́лась ёлочка,
В лесу́ она́ росла́,
Зимо́й и ле́том стро́йная,
Зелёная была́.

Мете́ль ей пе́ла пе́сенку:
„Спи, ёлочка, бай-бай“.
Моро́з снежко́м уку́тывал —
Смотри́, не замерза́й.

Плути́шка за́йка се́ренький
Под ёлочкой скака́л.
Поро́ю волк, серди́тый волк
Тропо́ю пробега́л.

Но вот она́ наря́дная
На пра́здник к нам пришла́
И мно́го-мно́го ра́дости
Дети́шкам принесла́.

# D Grammar Summary

**D1** The preposition для + genitive case (A1, A5, A6, B3).

This construction usually means "for" or "intended for" when expressing use, interests, purpose, etc.

У меня́ есть для вас пода́рок.

Эти цветы́ — для учи́тельницы.

Это помидо́ры для сала́та.

Принеси́ кассе́ты для магнитофо́на.

Это шкату́лка для пи́сем.

**D2** Expressing permission or possibility: мочь (A1, B3, B4).

Depending on context, the verb мочь may express the possibility or impossibility of performing action for physical reasons, or the permission to perform certain actions.

Я не могу́ сфотографи́ровать тебя́ — у меня́ нет фотоаппара́та.

Я могу́ сфотографи́ровать тебя́? (Мо́жно я сфотографи́рую тебя́?)

Below are the forms of the verb мочь:

## Present Tense

| | | | |
|---|---|---|---|
| Я | (не) | могу́ | прийти́ на встре́чу. |
| Ты | | мо́жешь | принести́ цветы́. |
| Он/Она́ | | мо́жет | купи́ть пода́рок. |
| Мы | | мо́жем | съе́здить в центр. |
| Вы | | мо́жете | сходи́ть в магази́н. |
| Они́ | | мо́гут | заказа́ть биле́ты. |

In which persons does the stem end in г or ж?
Is the stress in the same place in all forms?
What other verbs have the same endings?

## Past Tense

| Я, ты, он | (не) | мог |
|---|---|---|
| Я, ты, она́ | | могла́ вас встре́тить. |
| Мы, вы, они́ | | могли́ |

**D3**  Plural adjective forms: prepositional and genitive cases (A5).

All adjectives and some pronouns (каки́е, таки́е, свои́, други́е) take identical endings in the prepositional and genitive plural:

*Gen.*  У нас нет таки́х маскара́дных нового́дних костю́мов.

*Prep.*  Ребя́та пришли́ в свои́х маскара́дных нового́дних костю́мах.

## E Phonetics

**E1**  Review the pronunciation of hard and soft л:

ёлка для старшекла́ссников
пригласи́тельные биле́ты на ёлку в Лужники́
пошёл на бал в Кремль
наде́л жиле́т и плащ
наде́ла пла́тье, ту́фли и пальто́

**E2**  Review the pronunciation of unstressed я and е after soft consonants:

де́ти — дети́шки
ребя́та — ребяти́шки
бе́лый — бе́ленький
све́тлый — све́тленький

**E3** Read the following examples aloud, paying attention to the pronunciation of hard р.

рубáшка    концéрт    скóро    морóз
маскарáд    март    кýртка

**E4** Practice pronouncing soft р. Remember that the tongue is pushed a little bit forward.

Крéмль    декабря́ — декáбрь
брю́ки    января́ — янвáрь

**E5** Review intonation in sentences with enumerations:

                                            1
Обы́чно дéлают маскарáдные костю́мы:

        1                    1          1              1                    1
Крáсной Шáпочки, Сéрого вóлка, Зóлушки, Снегýрочки, Буратúно.

        3                    3          3              3                    3
Крáсной Шáпочки, Сéрого вóлка, Зóлушки, Снегýрочки, Буратúно.

        4                    4          4              4                    4
Крáсной Шáпочки, Сéрого вóлка, Зóлушки, Снегýрочки, Буратúно.

**E6** Learn these tongue-twisters:

На дворé травá, на травé дровá,
не рубú дровá на травé дворá.

На горé Арарáт
Растёт кýпный виногрáд.

Match the pictures with the following list of actions. What do you think the people are saying?

Inquiring about something you do not quite understand

Confirming something with strong feeling

Expressing enthusiasm

Expressing a polite refusal

Expressing "I can" or "I may"

# Слова́рь

## Part A

Фо́рмы глаго́лов

| | | |
|---|---|---|
| бал | ball, dance | |
| бал-маскара́д | masquerade ball | |
| блу́зка | blouse | |
| брю́ки | pants, slacks | |
| буке́т | bouquet | |
| Бурати́но | Buratino (Pinocchio) | |
| вено́к (*pl.* венки́) | wreath, garland | |
| гирля́нда | garland | |
| да́же | even | |
| Дед Моро́з | Grandfather Frost | |
| для *кого́, чего́* + *gen.* | for | |
| ещё бы | you bet! and how! I'll say! wow! | |
| живо́тные (*adj. used as a noun*) | animals | |
| жиле́т | vest | |
| зна́чить | to mean | зна́ч-ит, -ат |
| Зо́лушка | Cinderella | |
| ку́ртка | (*man's*) jacket | |
| маскара́д | masquerade | |
| маскара́дный (*adj.*) | masquerade | |
| мочь | to be able (can) | мог-у́, мо́ж-ешь, мо́г-ут |
| надева́ть/ | | надева́-ю, -ешь, -ют |
| наде́ть | to put on | наде́н-у, -ешь, -ут |
| нового́дний | New Year's | |
| остроли́ст | holly | |
| пальто́ | overcoat | |
| пиджа́к | (*man's*) suit jacket, coat | |
| пла́тье | dress | |
| плащ | raincoat | |
| пригласи́тельный билéт | invitation | |
| руба́шка | shirt | |
| сапоги́ | boots | |
| свеча́ | candle | |

| | |
|---|---|
| свúтер | sweater |
| Снегýрочка | Snow Maiden |
| старшеклáссник | upperclass student, senior |
| тýфли | shoes |
| украшéние | decoration |
| фáртук | apron |
| чулóк (с подáрками) | |
| (*pl.* чулкú) | stocking *(with gifts)* |
| шампáнское | champagne |
| шарф | scarf |
| шлáпа | hat *(made of cloth)* |
| юбка | skirt |

## Part B

| | |
|---|---|
| блинú | pancakes |
| к сожалéнию | unfortunately |
| Мáсленица | Shrovetide |
| Пáсха | Easter |
| салют | salute *(fireworks)* |

# Урок 15 (Пятнадцатый урок)

## Review of lessons 11–14

This review lesson is intended to improve your communicative skills and increase your knowledge of spoken Russian. The letters and numbers provide a reference to the places where language functions and grammar were discussed or practiced in the preceding lessons. For example, the notation **11:A1** refers to lesson **11**, exercise **A1**, and the notation **D1** to grammar point **1** of that lesson.

## I. FUNCTIONS

**1. Expressing concern or worry (11:A1, A3, D1)**

УПРАЖНÉНИЕ 1. Think of situations that make people anxious. Express these ideas in Russian using the table below:

| | | |
|---|---|---|
| Я | всегда́ | волну́юсь, когда́... |
| Мои́ роди́тели | ча́сто | волну́ются, когда́... |
| | обы́чно | |
| | никогда́ не | |
| | ре́дко | |
| | иногда́ | |

УПРАЖНÉНИЕ 2. Say something to reassure a person who is worried.

1. Я так волнýюсь: сегóдня у нас экзáмен по рýс-
 скому языкý.

2. Мы так волнýемся: зáвтра бейсбóльный матч. Мы
болéем за нáшу шкóльную комáнду.

3. Я óчень волнýюсь. Сегóдня бýдут решáть, кто по-
éдет на Олимпиáду по-рýсскому языкý в Москвý.

4. Мы все волнýемся за своегó учúтеля. Он болéет
ужé две недéли:

## 2. Stressing a point (11:A1, B4)

УПРАЖНÉНИЕ 3. Your friend advises you to go somewhere. Say that you have
already been or are planning to go there.

— Обязáтельно сходú в Третьякóвскую галерéю.
— Я как раз вчерá там был.
— Я как раз зáвтра тудá пойдý.

1. — Обязáтельно съéзди в Санкт-Петербýрг. Это
óчень красúвый гóрод.

2. — Обязáтельно сходú на Арбáт. Там óчень интерéсно.

3. — Обязáтельно сходú на балéт в Большóй теáтр.
Там прекрáсные актёры.

4. — Обязáтельно посмотри́ спектáкль в теáтре на Тагáнке. Это óчень интерéсный теáтр.

5. — Обязáтельно сходи́ в музéи Кремля́. Ты узнáешь мнóго интерéсного об истóрии Росси́и.

6. — Обязáтельно послýшай совéтские рок-грýппы. Они́ здóрово игрáют.

## 3. Discussing dates and events (13:A1, A3, B2-4, B6, D2-4)

УПРАЖНÉНИЕ 4. Расскажи́те, когдá обы́чно отмечáют америкáнские прáздники. Посмотри́те календáрь и скажи́те, когдá э́ти прáздники бýдут/бы́ли в э́том годý.

—Когдá отмечáют День Пáмяти?
—День Пáмяти обы́чно отмечáют в послéдний понедéльник мáя. В э́том годý он бýдет 28-óго мáя.

1. Когдá отмечáют День Благодарéния?

2. Когдá отмечáют День мáтери?

3. Когдá отмечáют День пáмяти Мáртина Лю́тера Ки́нга?

4. Когдá отмечáют День Колýмба?

5. Когдá отмечáют Рождествó?

6. Когдá отмечáют Хэллоуи́н?

7. Когдá отмечáют День Президéнта?

*Björ ston...*

УПРАЖНЕ́НИЕ 5. Расскажи́те, каки́е пра́здники быва́-
ют в ва́шей шко́ле, в ва́шем го́роде, в ва́шей семье́.
Когда́ и как их отмеча́ют. Како́й пра́здник ваш са́мый
люби́мый?

(Be prepared to speak for at least three minutes.)

## 4. Talking about someone's recommendations (11:A1, B4, D1; 14:A1, A6)

УПРАЖНЕ́НИЕ 6. React to the following advice. Express a positive, negative, or enthusiastic reaction to the statements below.

— Мне посове́товали съе́здить в Су́здаль.

positive:      — Ну что ж... Это мо́жет тебе́ понра́виться.

negative:      — Ну что ты! Это так далеко́.

enthusiastic:  — Ещё бы!/Коне́чно! Туда́ обяза́тельно на́до съе́здить.

1. Моя́ подру́га посове́товала мне съе́здить в Дисней-
   лэ́нд.

2. Мои́ роди́тели посове́товали мне не ходи́ть одно́й
   по у́лицам ве́чером.

3. Врач посове́товал мне есть ме́ньше пи́ццы.

4. Я хоте́л бы зарабо́тать де́ньги и купи́ть магнито-
   фо́н. Друг посове́товал мне рабо́тать по́сле уро́ков
   в Макдо́нальдсе.

5. Учи́тель посове́товал мне учи́ть япо́нский язы́к.

## 5. Questions about unfamiliar things (14:A1, A4)

УПРАЖНЕ́НИЕ 7. Here are some advertisements and posters you might see in Russia before or during various holidays. Ask the teacher or a classmate about anything you do not understand.

Что зна́чит . . . ?

## 6. Expressing ability or permission (14:A1, B3, B4, D2)

УПРАЖНÉНИЕ 8. You are hosting Russian students in your school. Help them organize their time:

1. Что вы мóжете показáть им в своём гóроде?

2. Кудá вы мóжете с нúми сходúть/съéздить?

3. Кудá вы мóжете их приглáсить?

4. С кем вы мóжете их познакóмить?

                    ← introduce

## 7. Discussing forthcoming events (13:A1, B6, D3, D4)

УПРАЖНÉНИЕ 9. Think of some holidays and other special events (birthdays, for example). Give their dates. Talk about your plans for these holidays.

—Скóро Пáсха, 18-ого апрéля. Мы с родúтелями
    пойдём в цéрковь, а потóм бýдем дóма.

## 8. Explaining purpose, intention, use, or application (14:A1, A5, A6, B3, D1)

УПРАЖНЕ́НИЕ 10. Help familiarize your classmate with some Russian magazines.

«Рабо́тница» — э́то журна́л для же́нщин.

УПРАЖНЕ́НИЕ 11. Which gifts are appropriate for which people? Match the items in the right-hand and left-hand columns, as shown in the example.

Фона́рь — хоро́ший пода́рок для ма́льчика. Ему́ 8 лет.

| | |
|---|---|
| 1. альбо́м с ви́дами Вашингто́на для | твои́ роди́тели |
| 2. спорти́вная су́мка | учи́тель ру́сского языка́ |
| 3. фона́рь | тре́нер бейсбо́льной кома́нды |
| 4. конфе́ты | де́вушка |
| 5. цветы́ | ма́льчик |
| 6. самова́р | шко́льник из Москвы́ |
| 7. бу́сы | |

## 9. Discussing simultaneous actions (12:A1, A7, A8, D5)

УПРАЖНЕ́НИЕ 12. In each picture below, describe which actions are taking place at the same time.

use *Пока* = while

УПРАЖНЕ́НИЕ 13. Что э́то тако́е?

Ног нет, а хожу́,
Рта нет, а скажу́,
Когда́ спать,
Когда́ встава́ть,
Когда́ рабо́ту начина́ть.
(Часы)

*Clock*

Вверх и вниз
По этажа́м
Хо́дит до́мик,
Хо́дит сам.
(Лифт)

*elevator*

## II. GRAMMAR

### 1. Hard and soft adjectives

There are two declensions of adjectives and ordinal numbers:
hard and soft. The differences between them are not difficult
to learn. Remember the following vowel pairs:

| Hard vowels | | Soft vowels |
|:---:|:---:|:---:|
| а | — | я |
| о | — | ё |
| у | — | ю |
| ы | — | и |

There are relatively few soft adjectives in Russian: си́ний, дома́шний, после́дний, нового́дний, тре́тий, and a few others. Compare:

| Nom. | Како́й? кра́сный си́ний | Кака́я? кра́сная си́няя | Како́е? кра́сное си́нее | Каки́е? кра́сные си́ние |
|---|---|---|---|---|
| Gen. | Како́го? кра́сного си́него | Како́й? кра́сной си́ней | Како́го? кра́сного си́него | Каки́х? кра́сных си́них |
| Dat. | Како́му? кра́сному си́нему | Како́й? кра́сной си́ней | Како́му? кра́сному си́нему | Каки́м? кра́сным си́ним |
| Acc. | Како́й/-о́го? кра́сный, -ого си́ний, -его | Каку́ю? кра́сную си́нюю | Како́е? кра́сное си́нее | Каки́е/-и́х? кра́сные, -ых си́ние, -их |
| Instr. | Каки́м? кра́сным си́ним | Како́й? кра́сной си́ней | Каки́м? кра́сным си́ним | Каки́ми? кра́сными си́ними |
| Prep. | Како́м? кра́сном си́нем | Како́й? кра́сной си́ней | Како́м? кра́сном си́нем | Каки́х? кра́сных си́них |

The endings of soft adjectives correspond exactly to third-person personal pronouns in the masculine, neuter, and plural forms: его́ — си́него, ему́ — си́нему, им — си́ним, etc. For feminine forms, they are identical in the instrumental and prepositional cases: ей — си́ней; they are not identical in the genitive or the accusative. Genitive: её — си́ней. Accusative: её — си́нюю.

## 2. Time expressions: months, dates, and days of the week

The following table illustrates how the question **когда́ (э́то бы́ло, э́то бу́дет)** is answered.

| Како́й сейча́с ме́сяц? | Когда́ (э́то бы́ло)? |
|---|---|
| янва́рь | в январе́ |
| февра́ль | в феврале́ |
| март | в ма́рте |
| апре́ль | в апре́ле |
| май | в ма́е |
| ию́нь | в ию́не |
| ию́ль | в ию́ле |
| а́вгуст | в а́вгусте |
| сентя́брь | в сентябре́ |
| октя́брь | в октябре́ |
| ноя́брь | в ноябре́ |
| дека́брь | в декабре́ |
| **Како́е сего́дня число́?** | **Когда́ (э́то бы́ло)?** |
| пе́рвое января́ | пе́рвого января́ |
| два́дцать тре́тье ма́я | два́дцать тре́тьего ма́я |
| **Како́й сего́дня день неде́ли?** | **Когда́ (э́то бы́ло)?** |
| понеде́льник | в понеде́льник |
| вто́рник | во вто́рник |
| среда́ | в сре́ду |
| четве́рг | в четве́рг |
| пя́тница | в пя́тницу |
| суббо́та | в суббо́ту |
| воскресе́нье | в воскресе́нье |

Remember that no preposition is used when giving the date of an event in the past: **Мы бы́ли в Заго́рске два́дцать пе́рвого февраля́.**

# III. JOKES AND ANECDOTES

## Портре́т

Встре́тились два худо́жника.

— Скажи́, портре́т, кото́рый ты нарисова́л, понра́-
вился той же́нщине?

— Понра́вился, но она́ сказа́ла, что ей не нра́вит-
ся цвет глаз.

— А како́й цвет ей нра́вится?

— Ей нра́вится голубо́й цвет.

— Ну, и нарису́й ей голубы́е глаза́.

— Но я не по́мню, в како́м ме́сте я нарисова́л
её глаза́!


## Он зна́ет пять языко́в.

Ма́ленький Серёжа сказа́л:

— Я говорю́ по-ру́сски, по-францу́зски, по-англи́й-
ски и по-испа́нски.

— А как бу́дет по-францу́зски „До свида́ния“?

— Ауф Видерзе́ен.

— Но э́то же по-неме́цки!

— Зна́чит, я и неме́цкий зна́ю.

# IV. GUIDED CONVERSATIONS AND ROLE PLAYS

## 1. An American student (A) is talking with a teacher from Russia (B):

**A**

You are going to Russia soon. Tell the Russian teacher about your upcoming trip, and ask what you should see in Moscow. Ask for additional information about places recommended to you.

**B**

You are a Russian teacher in the U.S.A. and are talking with an American student. Answer his/her questions, and give advice. Find out the student's interests and preferences. Suggest some colorful streets—such as the Arbat—and a tour of the city.

## 2. A Russian student (A), who plans to visit the U.S.A., is talking with an American (B) in Russia:

**A**

Ask whether any American holidays will be celebrated while you are in the U.S.A. When the American student tells you about one, find out how it is celebrated. Describe a similar Russian holiday.

**B**

Talk about an American holiday that will be celebrated during your friend's visit. Ask if there is a similar Russian holiday.

## 3. Two Russians are talking on the telephone:

**A**

Tell your friend that you have received a letter from the U.S.A. and there is something in it you don't understand. Ask whether your friend can read it for you.

**B**

Tell your friend that you can read the letter for him/her, but you are busy at the moment. Say what you are doing and promise to come later. Suggest a time.

Agree to your friend's suggestion. Say what you will be doing in the meantime.

## 4. Make up your own stories based on these drawings:

1. New Year's celebration. Youngsters going to a New Year's show, a masquerade, a costume contest, Дед Мороз and Снегурочка, and gift giving.

# CULTURE IN FOCUS

# Culture in Focus

# The Natural Beauties of Russia

**The Volga River**

Beginning as a small stream in the forests near Lake Valdai, the Volga is the most "Russian" of all rivers and the longest in Europe. Celebrated as "dear Mother Volga" in traditional folk songs, this waterway uniting North and South is the oldest trade route from Russia to the Orient, by way of the Caspian Sea. Along the Volga's banks are both historical Russian towns and major industrial centers—Uglich, Yaroslavl, Tver, Nizhny Novgorod, Samara, and Volgograd, to name only a few.

И. И. Левитáн «Над вéчным покóем»

---

## The Other Russia

Beyond Moscow, St. Petersburg, the Volga river towns, and the Siberian Taiga, there is the other Russia, for the most part undiscovered by foreign visitors. Thousands of small towns across the country preserve the traditional look and charm of provincial Russia, many with a glorious past. Torzhok, for example, halfway between Moscow and St. Petersburg, has long been famous for its fine gold embroidery.

And the area around the Volga town of Ples is a mecca for landscape painters, lured by the beauty and tranquility of the Russian countryside.

## Kizhi

Kizhi, an island in Lake Onega in Northern Russia, is famous for its beautiful wooden churches built in the eighteenth century without a single nail. It is said that the master carpenter, after finishing the cathedral church, threw his ax into the lake and said, "There never was and never will be another like this one." There is an open-air museum on the island where visitors can admire wooden churches, view old peasant homes and mills, and learn about traditional peasant ways of life. "Kizhi" means "a place for plays" in the local dialect. In line with that theatrical name, a folk music festival is held there every year.

## Where Europe and Asia Meet

Border signs reading "Europe/Asia" are posted along the Ural Mountains, which, with the Ural River, form a natural frontier between the two continents. Since the border passes through towns and villages, some people can live in Europe and work in Asia, or vice versa, and end up traveling from one continent to the other several times a day.

Stretching from Russia's European border (the Ural Mountains) through Asia to the Pacific Ocean, **Siberia** presents such varied geographical features as tundra, taiga, steppes, and mountain ranges. The northernmost areas, extending to the Arctic Ocean, suffer the severe cold and permafrost with which the entire region is incorrectly associated. In Central and Southern Siberia, however, the climate is more variable, with blistering summers as well as frigid winters. Inhabited by Russians since the sixteenth century, Siberia is home to over fifty indigenous peoples, including the Buryats, the Yakuts, the Khakass, and the Evenks.

## Lake Baikal

Lake Baikal symbolizes Siberia, just as the Volga is a symbol of European Russia. Baikal is unique: the deepest lake in the world, it contains 20% of the world's supply of fresh water. Also, many animals living in its waters and along its shores are found nowhere else in the world. "Glorious sea, blessed Baikal," go the words of a popular Russian song. More a sea than a lake, Baikal has inspired numerous Siberian legends and folk tales.

# ЧАСТЬ ЧЕТВЁРТАЯ

# Урок 16 (Шестнадцатый урок)

# Который час?

| Part | Main Structures | Functions | Grammatical Concepts |
|---|---|---|---|
| **A** | — А сейча́с кото́рый час?<br>— Уже́ во́семь пятна́дцать.<br>— Мои́ часы́ отстаю́т на две мину́ты.<br><br>— Когда́ нача́ло уро́ков?<br><br>— Ско́ро коне́ц переме́ны. | Asking about time<br><br>The informal way of telling time<br><br><br><br>Asking and telling when something begins or ends | The use of **на** in time expressions |
| | **Language & Culture** | | Attending a movie in Russia |
| **B** | — Нача́ло в пятна́дцать, семна́дцать и в два́дцать оди́н час.<br><br>— Кото́рый час?<br>— Пять мину́т второ́го.<br>— Без че́тверти четы́ре. | Telling the time officially and conversationally | Telling time during the first half of the hour: the nominative of minutes + genitive of hours<br><br>Telling time during the second half of the hour: the preposition **без** + the genitive case |
| | **Language & Culture** | | Class schedules in schools |
| **C** | **Cultural Readings**<br>A Russian student's дневни́к | | «Ва́ся опя́ть опозда́л»<br>Стихотворе́ние «Прия́тная весть» |
| **D** | **Grammar Summary**<br>Review: noun + noun-word combinations | | Review: using nouns with numerals |
| **E** | **Phonetics**<br>Фоне́тика: к, г, х; soft consonants<br>Интона́ция: Suggestion ИК-3 | | Overview of the Lesson<br>Слова́рь<br>Subjects Studied in Schools |

## A  Asking about and Telling Time

| Когда́ начина́ется фильм? | When does the movie begin? |
|---|---|
| В пять три́дцать. | At five o'clock. |

**A1** (D4) Listen to the dialogues before reading them and answer:

**a.** Where do these dialogues take place:

- at school or at home?
- before or after class?

**b.** At what time does the first class start?

**c.** Who is likely to be late for school?

American students are talking with their Russian host students on the morning of their first day at school.

**a.** Эли́са: Когда́ начина́ются уро́ки?

Ня́стя: В во́семь три́дцать.

Эли́са: А сейча́с **кото́рый час?** Ой, уже́ во́семь
пятна́дцать. Мы не опозда́ем?

Ня́стя: Да, мо́жем опозда́ть. **Пора́** идти́.

**b.** Джек:  Когда́ **нача́ло** уро́ков?

Игорь:  В во́семь три́дцать.

Джек:  Мы не опозда́ем? Уже́ во́семь пятна́дцать.

Игорь:  Нет, не волну́йся. Шко́ла ря́дом.

**c.** Ла́ура:  Когда́ начина́ется пе́рвый уро́к?

Све́та:  В во́семь три́дцать.

Ла́ура:  А сейча́с кото́рый час?

Све́та:  Ещё то́лько семь со́рок пять. У нас есть
ещё **полчаса́**. Посмо́трим **по доро́ге** афи́ши.

**A2**  Examine the table below. Then review the dialogues in section A1, and add sentences from them to illustrate the functions listed in the table:

**How to**

ask and tell the time:
     — Кото́рый час?
     — Час со́рок.

ask and tell when
something starts:
     — Когда́ начина́ются заня́тия?
     — В де́вять три́дцать.

**A3**  Russians are not familiar with the way Americans tell time. So, they may ask questions like this one:

Га́ля:    Мели́сса, что зна́чит 10 a.m.?

Мели́сса:  Это де́сять часо́в утра́.

Now suppose your Russian friend is unsure what these times mean: 11 a.m., 3 p.m., 6 p.m., 9 a.m., 2 p.m., 10 a.m., 1 a.m., 4 p.m., noon, midnight.

Can you say them in Russian?

В Вашингто́не двена́дцать часо́в дня. А кото́рый час у вас?

Look at the clock faces, and give the time in various cities when it is noon in Washington, D.C.

| Чика́го | Москва́ | Сан-Франци́ско | Ло́ндон |

| Сент-Лу́ис | Оде́сса | Вашингто́н | Санкт-Петербу́рг |

| Де́нвер | Ирку́тск | Майа́ми | Владивосто́к |

**A5** (D1) Many people set their watches by the Spassky Tower clock in the Kremlin.

Когда́ ребя́та пришли́ на Кра́сную пло́щадь, часы́ на ба́шне пока́зывали 9.

Джек:     Мои́ часы́ иду́т **то́чно**.

Сет:     Мои́ часы́ **отстаю́т на** две мину́ты.

На́стя:    А мои́ **спеша́т на** пять мину́т. Но э́то хорошо́: я всегда́ опа́здываю.

Игорь:    А мои́ часы́ совсе́м **стоя́т**.

А что сказа́ли други́е ребя́та?

Эли́са:     (8.57)
Ка́тя:      (9.03)
Джаха́н:    (9.00)
Ге́на:      (7.15)

**A6**  По́сле уро́ков Ла́ура и Све́та реши́ли пойти́ в кино́.

Све́та:  Пора́ идти́, Ла́ура. Мы мо́жем опозда́ть в кино́.
Ла́ура:  Да, пра́вда, пора́. Ско́ро нача́ло.

Now create similar dialogues between the students indicated below.

1. Эли́са и На́стя иду́т ве́чером в теа́тр.

2. Джаха́н и Вита́лий реши́ли пойти́ на стадио́н
   на футбо́льный матч.

3. Ка́тя и Пэм хотя́т пое́хать на экску́рсию.

4. Джек и И́горь обеща́ли встре́тить на вокза́ле
   ба́бушку И́горя.

5. Га́ля и Мели́сса купи́ли биле́ты на конце́рт.

6. Андре́й и Сет пошли́ на переме́не в буфе́т.

**A7** Seeing a film in Russia is somewhat different from movie-going in the U.S. Russians select a movie and a сеа́нс (showing) from posters that list all the movie theaters and their schedules for the month. These posters are hung in public locations all over the city.

Movie schedules do not normally appear in Russian newspapers. There is one newspaper, however, Досу́г в Москве́, (Leisure in Moscow) that lists all movies showing in Moscow and their schedules. In addition, each movie theater has a telephone number that can be called to hear a recording giving starting times. Starting times are strictly adhered to in Russia, and movie-goers are expected to be on time. Late-comers are not seated after the first few minutes of the film.

Spectators must not only arrive on time, but must also sit in seats determined by the number on the ticket bought. Seating charts are displayed for seat selection, and ticket prices vary according to preferred and less desirable parts of the theater.

In winter, movie goers take their coats into the theater with them. This is unlike other public places, where the use of a гардеро́б (coat check) is automatic.

**A8** Guided conversation.

An American student (A) is talking to his/her Russian host (B).

| A | B |
|---|---|
| Ask at what time something you are planning to attend (a class, a movie, a play, etc.) starts. | Give the time it starts. |
| Ask what the time is now. | Give the time. |
| Say you are worried about being late. | React to your friend's remark: either calm him/her down or agree it is time to go. |

## B Telling the Time Officially and Conversationally

| | |
|---|---|
| Нача́ло фи́льма в семна́дцать и в два́дцать оди́н час. | The movie starts at 5:00 and at 9:00 o'clock. |
| Пять мину́т второ́го. | (The time is) five minutes past one. |

**B1** In Russia, the 24-hour clock is used as the official time for travel timetables and many other schedules:

| | |
|---|---|
| час дня | трина́дцать часо́в |
| два часа́ дня | четы́рнадцать часо́в |
| три часа́ дня | пятна́дцать часо́в |
| четы́ре часа́ дня | шестна́дцать часо́в |
| пять часо́в дня | семна́дцать часо́в |
| шесть часо́в ве́чера | восемна́дцать часо́в |

Continue giving the time until you reach midnight.

| Км | | | 47/48 | 51/52 | 55/56 | 61/62 | 77/78 | 79/80 | 83/84 | 93/94 | 119/120 | 121/122 | 131/132 | 181/182 | 191/192 |
|---|---|---|---|---|---|---|---|---|---|---|---|---|---|---|---|
| 0 | Москва-Пасс.-Кур. | От | 13.45 | 22.05 | 23.59 | 23.25 | 15.25 | 19.50 | 16.43 | 19.05 | 0.10 | 15.15 | 0.31 | 22.50 | 0.50 |
| 64 | Столбовая . . . | Пр | — | — | — | — | — | — | — | — | — | — | — | — | — |
| | | От | — | — | — | — | — | — | — | — | — | — | — | — | — |
| 194 | Тула I-Курская | Пр | 16.46 | 1.04 | 2.51 | 2.14 | 18.30 | 22.44 | 19.47 | 22.01 | 2.59 | 18.20 | 3.26 | 1.51 | 3.47 |
| | | От | 16.49 | 1.16 | 2.54 | 2.17 | 18.37 | 22.47 | 19.50 | 22.04 | 3.03 | 18.23 | 3.29 | 2.02 | 4.01 |
| 284 | Скуратово . . . | Пр | 18.08 | 2.34 | 4.13 | 3.39 | 20.00 | 0.05 | 21.08 | 23.23 | 4.22 | 19.42 | 4.48 | 3.21 | 5.19 |
| | | От | 18.16 | 2.42 | 4.22 | 3.47 | 20.10 | 0.13 | 21.16 | 23.31 | 4.31 | 19.50 | 4.56 | 3.29 | 5.27 |
| 383 | Орел . . . . | Пр | 19.31 | 3.50 | 5.34 | 4.55 | 21.22 | 1.24 | 22.37 | 0.42 | 5.48 | 21.06 | 6.08 | 4.37 | 6.45 |
| | | От | 19.35 | 3.54 | 5.44 | 4.59 | 21.32 | 1.28 | 22.42 | 0.46 | 5.53 | 21.18 | 6.18 | 4.44 | 6.55 |
| 537 | Курск . . . . | Пр | 21.32 | 5.51 | 7.38 | 7.06 | 23.23 | 3.18 | | 0.37 | 2.48 | 7.50 | 23.14 | 8.11 | 6.53 | 8.45 |
| | | От | 21.42 | 6.06 | 7.52 | 7.18 | 23.35 | 3.38 | 0.52 | 3.03 | 8.05 | 23.26 | 8.27 | 7.10 | 8.57 |
| 697 | Белгород . . . | Пр | 23.33 | 8.00 | 9.52 | 9.11 | 1.27 | 5.25 | 2.45 | 4.54 | 9.58 | 1.19 | 10.19 | 9.03 | 11.05 |
| | | От | 23.35 | 8.02 | 9.54 | 9.13 | 1.32 | 5.27 | 2.47 | 4.56 | 10.00 | 1.21 | 10.21 | 9.05 | 11.07 |
| 781 | Харьков-Пасс. . | Пр | 1.14 | 9.16 | 11.01 | 10.31 | 2.42 | 7.04 | 3.50 | 6.08 | 11.10 | 2.36 | 11.31 | 10.13 | 12.16 |
| | | От | 1.34 | 9.34 | 11.19 | 10.48 | 2.57 | 7.21 | 4.09 | 6.24 | 11.25 | 2.51 | 11.49 | 10.28 | 12.34 |
| 929 | Лозовая . . . | Пр | 16.50 | 11.35 | 13.16 | 12.56 | 4.58 | 9.29 | 6.18 | 8.30 | 13.26 | 4.46 | 13.47 | 16.50 | 16.50 |
| | | От | | 11.37 | 13.18 | 12.58 | 5.00 | 9.31 | 6.20 | 8.32 | 13.28 | 4.48 | 13.49 | | |
| 1034 | Славянск . . . | Пр | | 12.45 | 14.46 | 14.16 | 6.33 | 10.40 | 7.40 | 9.44 | 14.54 | 6.23 | 15.12 | | |
| | | От | | 12.47 | 14.48 | 14.18 | 6.36 | 10.43 | 7.45 | 9.46 | 14.56 | 6.26 | 15.14 | | |
| 1048 | Краматорск . . | Пр | | 12.59 | 15.00 | 14.35 | 6.54 | 10.57 | 7.58 | 10.03 | 15.08 | 6.46 | 15.30 | | |
| | | От | | 13.04 | 15.02 | 14.37 | 6.56 | 11.00 | 8.04 | 10.06 | 15.13 | 6.48 | 15.33 | | |
| 1078 | Константиновка . | Пр | | 13.30 | 15.33 | — | 7.24 | 11.25 | 8.39 | 10.31 | 15.41 | 7.13 | 16.00 | | |
| | | От | | 13.32 | 15.35 | — | 7.26 | 11.27 | 8.41 | 10.33 | 15.44 | 7.15 | 16.02 | | |
| 1107 | Никитовка . . | Пр | 6.20 | 14.03 | — | 15.27 | 7.54 | — | 9.19 | 11.06 | 16.18 | 7.46 | 16.36 | 15.44 | 17.18 |
| | | От | 6.22 | 14.05 | — | 15.29 | 7.56 | — | 9.22 | 11.10 | 16.20 | 7.48 | 16.38 | 15.49 | 17.22 |
| 1113 | Горловка . . . | Пр | 6.32 | 14.15 | — | | 8.06 | 12.10 | 9.32 | 11.20 | 16.30 | 7.58 | 16.48 | 15.59 | 17.32 |
| | | От | 6.34 | 14.17 | — | | 8.08 | 12.12 | 9.35 | 11.22 | 16.32 | 8.00 | 16.50 | 16.01 | 17.34 |

**B2** The American students want to watch the evening TV cartoon show. Look at this television schedule, and say when it starts.

**ТВ**

## СРЕДА, 25 августа

### ● I КАНАЛ ОСТАНКИНО

6.00, 9.00, 12.00, 15.00, 18.00, 21.00 и 0.00 Новости. 6.20 Утренняя гимнастика. 6.30 «Утро». 8.45 Фирма гарантирует. 9.20 Мультфильм. 9.40 «Просто Мария». 10.30 Торговый мост. 11.00 «Желтая река». 9-я серия. 12.20 С. Прокофьев.— Симфоническая сказка «Петя и Волк». Спектакль. 12.50 Мультфильм. 13.20 «Спрут-4». 2-я серия. 15.25 «Телемикст». 16.10 Блокнот. 16.15 «Приключения Тедди Ракспина». 16.40 «Между нами, девочками...» 17.00 «Клуб 700». 17.30 «Египет сегодня». 18.25 «Знакомьтесь: телекомпания «Мир». 18.50 Погода. 18.55 Концерт. 19.05 «Просто Мария». 19.55 «Общественное мнение». 20.40 «Спокойной ночи, малыши!» 21.40 «Общественное мнение». (Продолжение). 21.55 «Песня-93». 23.20 «Преображение». «По образу и подобию». Фильм 2-й. 0.20 «Мир на досуге». 1.00 МТВ. 2.00 «Спрут-4». 2-я серия.

### ● КАНАЛ «РОССИЯ»

8.00, 14.00, 20.00 и 23.00 Вести. 8.20 Телевизионная биржа труда. 8.30 Время деловых людей. 9.00 Параллели. 9.15 Бесшумные лидеры. 9.50 Азъ есмь. 10.35 Мульти-пульти. 10.55 Ретро-шлягер. 11.25 Белая ворона. 12.10 «Санта-Барбара». 209-я серия. 13.00 Всемирная ярмарка «Российский фермер». 14.25 Киноповести. «Странные люди». Фильм. 16.00 Театр одного художника. И. Вишняков. 16.20 Бизнес: новые имена. 16.35 Тамтам-новости. 16.50 Мульти-пульти. 17.00 Трансросэфир. 17.45 Христианская программа. 18.15 «Переезд». Фильм 2-й. 18.45 Парламентский час. 19.45 Праздник каждый день. 20.25 «Санта-Барбара». 210-я серия. 21.15 Наш сад. 21.45 «ЭКС». 21.55 — «60 минут». 23.20 Автомиг. 23.25 Звезды говорят. 23.30 Спортивная карусель. 23.35 «Диссиденты». 0.35 Экзотика.

### ● МОСКОВСКАЯ ПРОГРАММА

В телеканале «2×2»: 6.00, 7.00 и 17.35 Новости «Би-би-си». 7.35 и 10.35 Мультфильм. 8.00 Новости «Си-би-эс». 8.35 «Банко». 8.45, 10.10 и 16.35 «Афиша». 9.00 «Уорлднет». 9.45 «Радио-труба». 10.15 и 15.·'⁵ «Магазин «2×2». 11.05 «Экспресс-камера». 11.10 «Зеленый коридор». 11.35 «Шансы». 12.35 Новости «Ай-ти-эн». 13.05 «Праздник детства». Фильм. 14.40 Музыкальная программа. 16.00 «Седьмое небо». 18.00 и 22.00 Московский телетайп. 18.10 «Вместе». 18.50 «Московия». 20.30 Киноканал: Мультфильм; «Шансы». В перерыве — «Толкучка МТ». 22.30 «Золотой голос России». В телеканале «2×2». 23.00 «Европа плюс». 23.45 «Сладкий ручей». 21-я и 22-я серии. 0.50 «Телепарибега».

### ● «РОССИЙСКИЕ УНИВЕРСИТЕТЫ»

11.00 Мегаполис. 11.30 «Караван». 12.00, 12.30, 18.00 и 18.30 Немецкий язык. 13.00 Параллельные миры. 13.30 Фольклор. 14.00 В объективе — Германия. Путешествие по Дунаю. 15.00 «Amica veritas». 16.10 Пилигрим. 16.55 «Звук моих шагов...» Д. Краснопевцев.

---

**B3** По доро́ге в шко́лу Све́та и Ла́ура смо́трят афи́ши.

Све́та: Хо́чешь пойти́ в кино́ по́сле уро́ков?

Ла́ура: С удово́льствием, а на что?

Све́та: Мо́жно в «Брест» на «День а́нгела». Нача́ло в пятна́дцать, в семна́дцать и в два́дцать оди́н час. Мо́жет быть, пойдём на пятна́дцать?

Ла́ура: Дава́й.

Examine the poster below, and with a friend, decide which movie you would like to see, just as Sveta and Laura did. Say when it starts, and choose a time.

**B4** In Russian, official time is given by combining the hour and the minutes passed since midnight. In conversational speech, the words "hours" and "minutes" are omitted:

| | | |
|---|---|---|
| 0 час. 25 мин. | ноль часо́в два́дцать пять мину́т | ноль два́дцать пять |
| 1 час. 40 мин. | оди́н час со́рок мину́т | час со́рок |
| 3 час. 55 мин. | три часа́ пятьдеся́т пять мину́т | три пятьдеся́т пять |
| 5 час. 30 мин. | пять часо́в три́дцать мину́т | пять три́дцать |

Study the Russian school schedule on the right, and compare it with your own. Say when classes start and end. You may use options **A** or **B** in your answers.

| Уро́к | Нача́ло | Коне́ц |
|-------|---------|--------|
| I     | 8.30    | 9.15   |
| II    | 9.25    | 10.10  |
| III   | 10.30   | 11.15  |
| IV    | 11.25   | 12.20  |
| V     | 12.30   | 13.15  |
| VI    | 13.25   | 14.10  |
| VII   | 14.20   | 15.05  |

**A**

| | | |
|---|---|---|
| Пе́рвый | уро́к | начина́ется в... |
| Второ́й | | конча́ется в... |
| Тре́тий | | |
| Четвёртый | | |
| Пя́тый | | |
| Шесто́й | | |
| Седьмо́й | | |

**B**

| | | |
|---|---|---|
| Нача́ло | пе́рвого | уро́ка в... |
| Коне́ц | второ́го | |
| | тре́тьего | |
| | четвёртого | |
| | пя́того | |
| | шесто́го | |
| | седьмо́го | |

**B5** Russian students attend school for eleven years. In urban schools, all grades are housed in one building. They are not divided into primary, elementary, and middle schools or junior and senior high schools, as in the United States.

The first class begins around 8:30 in the morning and lasts forty-five minutes. There is usually a ten-minute break (переме́на) between classes. A longer twenty-minute break (больша́я переме́на) in the late morning allows students to visit the буфе́т or talk with friends. The lower to middle grades have four or five classes per day; the upper grades have five or six classes. Saturday also used to be a schoolday for Russian students, but many schools in the nineties have converted to a five-day school week.

**B6** If you dial 100 in Moscow, you can find out what time it is. We have done this for you. Listen to the answers, and match the official Russian times with their American equivalents:

12.15 23.47 6.12 3.59 0.25 18.20 1.30 9.19 15.59 17.45

1:30 a.m. 3:59 p.m. 6:20 p.m. 9:19 a.m. 5:45 p.m. 12:15 p.m. 11:47 p.m. 12:25 a.m. 6:12 a.m. 3:59 a.m.

**B7** (D1, D2) Compare these two ways of telling time:

## Official

## Colloquial

трина́дцать часо́в

час (дня)

трина́дцать ноль пять

пять мину́т второ́го

пятна́дцать пятна́дцать

пятна́дцать мину́т четвёртого
че́тверть четвёртого

шестна́дцать три́дцать

полови́на пя́того
полпя́того

час пятьдеся́т пять

без пяти́ два

The left-hand column gives time according to the twenty-four hour clock, and the right-hand side gives it informally. Between 1:00 and 2:00, Russians speak of "the second hour," between 2:00 and 3:00 "the third hour," and so forth. Telling time informally is done by dividing the hour into its first and second halves. When giving the time in the first half of the hour, Russians say:

пять минут пе́рвого (12:05)

that is, "five minutes of the first hour" (or "five past twelve" as we would say in English). Thus, the first half of the hour, the time is "x minutes of the next hour." Example: 2:20 is два́дцать мину́т тре́тьего. This means, literally, "twenty minutes of the third hour." As you can see, the ordinal number for the hour is in the genitive case (тре́тьего = third hour).

*After* the half-hour, Russians use a different approach. They refer to the number of minutes remaining until the next hour.

без пяти́ (мину́т) два (1:55)

that is, "five minutes to two." The preposition без (without) is used with the genitive case to express the number of minutes before the hour. Example: 2:40 is без двадцати́ мину́т три. Literally, this means "two o'clock minus (without) twenty minutes," and here the number for the hour is in the nominative case. Another example is:

без пятна́дцати пять (4:45)

although Russians could also say без че́тверти пять. Че́тверть in this context means a "quarter of an hour."

Give the time informally:

шестна́дцать де́сять

семна́дцать два́дцать

восемна́дцать два́дцать пять

двена́дцать пятьдеся́т пять

двена́дцать пятьдеся́т

двена́дцать со́рок пять

двена́дцать со́рок

двена́дцать три́дцать пять

**B8** Катя готовит обед, а Элиса в комнате готовит уроки.

Катя:   Элиса, у тебя часы на руке? Который час?
Элиса:  Три сорок пять.
Катя:   Сколько? Сколько?
Элиса:  Без четверти четыре.

What would Elisa's answer be if it were:

8:15 a.m.              9:30 a.m.              12:10 p.m.


12:50 p.m.             7:25 p.m.              7:45 p.m.



**B9** A correspondent from Ровесник magazine (Peer) wants to
write an article about the American students who have
come to Moscow. He calls the director of the school where the
students are attending classes. Listen to their conversation, and
choose the correct answer to the following questions.

**a.** The correspondent will meet with the students:

- on Wednesday
- on Thursday
- tomorrow

**b.** After lunch there will be a field trip:

- to Suzdal
- to MGU
- around town

**c.** The field trip begins:

- at one
- at two o'clock
- at three o'clock

**d.** The correspondent:

- will go on the trip with the students
- will meet the students at MGU
- will meet with them after the field trip

# C Cultural Readings

**А Б** **C1** Read the story on pages 353 and 354, and put the cartoons in the right order. Then suggest captions for each drawing to tell the story in comic-strip form.

### Вася опять опоздал

— Ты сегодня опять опоздал в школу, — сказал папа Васе. — Я больше не буду давать тебе **денег** на мороженое. Неужели так трудно встать в семь часов?

1.

И правда, Вася почти каждый день опаздывал в школу. Он так любил утром **поспать**... Но и мороженое Вася тоже очень любил. Поэтому вечером он взял в комнате родителей **будильник** и поставил его рядом со своей **кроватью**. — Теперь уж я не опоздаю, — подумал он.

2.

Утром буди́льник **зазвони́л** и Ва́ся встал. Па́па и ма́ма ещё спа́ли. Он **оде́лся** и **сел в кре́сло** чита́ть кни́гу...

3.

**Просну́лся** Ва́ся, когда́ в ко́мнату **вошёл** па́па.

— Так э́то ты взял буди́льник! Ну вот! Сего́дня мы все опозда́ем. Смотри́, уже́ 8.30.

4.

— Я не **винова́т**, — отве́тил Ва́ся. — Я встал сего́дня в семь часо́в.

5.

**C2** As you learned in Level One of *Russian Face to Face*, a **дневни́к** is a diary that gives the weekly schedule, assignments, and grades that a Russian student receives. On one of the last pages, all high school subjects are listed. At the end of each quarter (**че́тверть**) and at the end of the year, the average grade for each subject is recorded.

Usually, for every grade, there are required subjects, but there are also optional courses. Sometimes students have to choose between two subjects: for example, English technical translation or English literature.

Look at a typical 9th grader's classes in Russia, and compare them to the classes you take. Which courses are similar in both countries?

ДНЕВНИК

учени-*ка* 9 *Д"* класса

*средней* школы № *1130*

*г. Москвы*
(города, села)

*Кунцевского р-на*
(района) (края, обл., АССР)

*Зинченко Жени*
(фамилия и имя)

на 19 *92/93* учебный год

для III — XI классов

СВЕДЕНИЯ ОБ УСПЕВАЕМОСТИ, ПОВЕДЕНИИ И ПРИЛЕЖАНИИ УЧЕНИКА

за 19 *92* /19 *93* учебный год

| НАЗВАНИЕ ПРЕДМЕТОВ | по четвертям | | | | годо-вая | экза-менац. | ито-говая |
|---|---|---|---|---|---|---|---|
| | I | II | III | IV | | | |
| Русский язык | 4 | 4 | 3 | | | | |
| Литература | 5 | 5 | 4 | | | | |
| Родной язык | | | | | | | |
| Родная литература | | | | | | | |
| Математика | | | | | | | |
| Алгебра | 4 | 4 | 5 | 5 | | | |
| Геометрия | 3 | 4 | 5 | 5 | | | |
| Основы информатики и вычислительной техники | | | | | | | |
| История | 4 | 4 | 5 | 5 | 5 | | |
| Основы Советского государства и права | | | | | | | |
| Обществоведение | | | | | | | |
| Этика и психология семейной жизни | | | | | | | |
| Природоведение | | | | | | | |
| География | 5 | 5 | 5 | 5 | 5 | | |
| Биология | 4 | 4 | 5 | 5 | 5 | | |
| Физика | 3 | 4 | 3 | 3 | 3 | | |
| Астрономия | | | | | | | |
| Черчение | | | | | | | |
| Химия | | | | | | | |
| Иностранный язык *(английский)* | 3 | 4 | 4 | 4 | 4 | | |
| Изобразительное искусство | | | | | | | |
| Музыка | | | | | | | |
| Физическая культура | 4 | 5 | 5 | 5 | 5 | | |
| Трудовое и профессиональное обучение | | | | | | | |
| Начальная военная подготовка | | | | | | | |
| Поведение | | | | | | | |
| Прилежание | | | | | | | |
| Пропущено уроков | | | | | | | |
| Из них по болезни | | | | | | | |
| Количество опозданий на урок | | | | | | | |
| Классный руководитель (подпись) | | | | | | | |
| Родител. (подпись) | | | | | | | |

ИТОГИ ГОДА:

**C3** Read the poem «**Приятная весть**» and answer these questions.

a.  Кто говорит — мальчик или девочка?

b.  Как ты думаешь, сколько ему/ей лет?

c.  Почему он/она рад/рада?

It will help you to know these words:

весть — news          уметь — to be able to do (something)


## Приятная весть

— Без четверти шесть!
Без пятнадцати шесть!
Хотите услышать
Приятную весть?

— Так что же случилось
Без четверти шесть?
Какая такая
Приятная весть?

— А то, что я сам,
Понимаете, сам,
Умею часы
Узнавать по часам.

— Ты прав. Так и есть,
Без четверти шесть!
Спасибо тебе
За приятную весть!

*В. Берестов*

## D Grammar Summary

**D1**  The use of **на** in time expressions: **отстают на две минуты** (A6).

In addition to the use of **на** to indicate destinations (**Я иду на почту**) or locations (**Мы были на заводе**), this preposition is also used in time expressions to mean "by" or "for."

Мой часы спешат **на пять минут.**    My watch is fast by five minutes.

Мой часы отстают **на две минуты.**    My watch is slow by two minutes.

**D2**  The genitive case of numbers (B7, B8).

To tell time colloquially, you need to know the genitive case of certain numbers, as is explained below in **D3**. Specifically, you need to know the genitive forms of multiples of five (**пять**). **Пять, десять, пятнадцать, двадцать,** and **двадцать пять** become **пяти, десяти, пятнадцати, двадцати,** and **двадцати пяти.** The word for "quarter," **четверть,** changes to **четверти.** See the appendix for a more complete declension of numbers.

**D3**  The informal way of telling time: **пять минут второго — без пяти два** (B7, B8).

Here is a formula for telling time informally:

In the first half of the hour:

minutes past (nom. of the ordinal number) + hour (gen. of the cardinal number): **пять минут + второго (часа)**

In the second half of the hour:

**без** + minutes before the hour (gen. of the ordinal number) + hour (nom. of the ordinal number): **без + пяти (минут) + два (часа)**

**D4** Review using nouns with numerals: оди́н час, два часа́.

When telling time, follow these general rules:

1. the number 1 is followed by nominative singular: оди́н час, одна́ мину́та, одно́ сло́во.

2. the numbers 2, 3, and 4 (and other numbers ending in 2, 3, or 4, such as 22, 43, or 54—but not 12, 13, or 14) are followed by the genitive singular:

| | |
|---|---|
| два | часа́, сло́ва |
| две | мину́ты |
| три | часа́, сло́ва, мину́ты |
| четы́ре | часа́, сло́ва, мину́ты |

3. the numbers 5-20, 25-30, 35-40, and so forth, take the genitive plural:

пять часо́в, слов, мину́т

**D5** Review noun + noun-word combinations: нача́ло уро́ка.

The words нача́ло and коне́ц require that a noun used with them be in the genitive case: нача́ло уро́ка, коне́ц переме́ны.

The combination of the nominative and the genitive is often used in Russian when one thing is defined by another or is a part of it (when a relationship between two nouns is being expressed). (See also Lesson 1:D3.)

## E  Phonetics

**E1**  Practice saying these phrases smoothly. Review the pronunciation of hard and soft **p**.

пе́рвый уро́к че́рез со́рок мину́т

по́сле тре́тьего и четвёртого уро́ка

кото́рый час?

шко́ла ря́дом

пора́ идти́

трина́дцать часо́в

три три́дцать

четы́ре часа́ утра́

**E2**  Practice the pronunciation of the hard and soft consonants **к, г, х**.

| | | | |
|---|---|---|---|
| конце́рт | хо́чет | вокза́л | брю́ки |
| экску́рсия | е́хать | когда́ | кино́ |
| кото́рый | | сапоги́ | стихи́ |
| со́рок | | | |

**E3**  Contrast the pronunciation of hard and soft **к, г, х**.

уро́к — уро́ки
старшекла́ссник — старшекла́ссники
доро́га — по доро́ге
успе́х — успе́хи

Practice the intonation of sentences that offer suggestions.

Дава́й пойдём са́ми метро́ посмо́трим.
    <sup>3</sup>

Дава́й до сле́дующей пое́дем.
    <sup>3</sup>

Дава́й снача́ла по ста́нции похо́дим.
    <sup>3</sup>

Дава́й спро́сим, как до на́шей ста́нции дое́хать.
    <sup>3</sup>

**E5** Learn these tongue-twisters.

Карп Ка́рпыч
У Ка́рпа Ка́рпыча
Ка́рпа купи́л.

У Аграфе́ны,
У Ири́ны
Расту́т гера́нь
И георги́ны.

Ткач ткёт тка́ни на платки́ Та́не.

Хохота́ли хохоту́шки
хо́хотом:
    ха — ха — ха!

Compare the pictures with the list of functions. Tell what you think the people are saying. More than a single function may be appropriate for a picture.

Asking about time.

Telling time.

Asking and telling when something starts or ends.

# Слова́рь

## Part A

| | |
|---|---|
| кото́рый час | what time is it? (what's the hour?) |
| нача́ло | beginning |
| отстава́ть на | to lag behind, to be running slow *(a watch)* |
| по доро́ге | along the way |
| полчаса́ | half an hour |
| пора́ | (it is) time |
| спеши́ть на | to be ahead, to be running fast *(a watch)* |
| стоя́ть | to have stopped *(a watch)* |
| идти́ то́чно | to be right on time *(a watch)* |

## Part B

| | |
|---|---|
| коне́ц | end |
| прое́хать | to drive past |

Фо́рмы глаго́лов

| | | |
|---|---|---|
| буди́льник | alarm clock | |
| весть | news | |
| винова́т, -а, -ы | guilty | |
| входи́ть/ войти́ | to enter, go into, walk in | вхож-у́, вхо́д-ишь, -ят/ войд-у́, -ёшь, -у́т |
| де́ньги | money | |
| звони́ть/ зазвони́ть | to ring, begin to ring | звон-ю́, -и́шь, -я́т зазвон-ю́, -и́шь, -я́т |
| кре́сло | armchair, easy chair | |
| крова́ть (f.) | bed | |
| одева́ться одéться | to dress, get dressed | одева́-юсь, -ешься, -ются/ одéн-усь, -ешься, -утся |
| просыпа́ться/ проснýться | to wake up | просыпа́-юсь, -ешься, -ются/ просн-ýсь, -ёшься, -ýтся |
| сади́ться/ сесть | to sit down, be seated | саж-ýсь, сад-и́шься, -я́тся/ ся́д-у, -ешь, -ут |
| спать/ поспа́ть | to sleep | сп-лю́, -и́шь, -я́т/ посп-лю́, -и́шь, -я́т |
| умéть | to be able to (do something) | умé-ю, -ешь, -ют |

# Subjects studied in Russian Schools

| | |
|---|---|
| астроно́мия | astronomy |
| биоло́гия | biology |
| иностра́нный язы́к | foreign language |
| обществове́дение | social science |
| осно́вы информа́тики и вычисли́-тельной те́хники | fundamentals of informational and computational technology |
| осно́вы госуда́рства и пра́ва | fundamentals of government and law |
| природове́дение | study of nature, ecology |
| родна́я литерату́ра | native literature |
| родно́й язы́к | native language |
| трудово́е и профессиона́льное обуче́ние | vocational and professional training |
| физи́ческая культу́ра | physical education |
| э́тика и психоло́гия семе́йной жи́зни | ethics and psychology of family life |
| черче́ние | drawing |

# Урок 17 (Семнадцатый урок)

## Звонок на урок

| Part | Main Structures | Functions | Grammatical Concepts |
|------|-----------------|-----------|----------------------|
| A | — Ребя́та, ти́ше, внима́ние! | Calling for silence and attention | |
| | — Сле́дующий уро́к начина́ется че́рез два́дцать мину́т. | Discussing time available | The preposition че́рез + the accusative case |
| | — Я успе́ю сходи́ть в библиоте́ку? | | The verb успева́ть/ успе́ть |
| | — Вряд ли. | Expressing doubt | |
| | **Language & Culture** | | Lunch at school |
| B | — Сего́дня бу́дет ша́хматный матч в за́ле на пе́рвом этаже́. | Talking about where things are located | |
| | — По́сле того́, как мы посмо́трим фильм, мы пойдём гуля́ть. | | The use of по́сле того́, как |
| | **Language & Culture** The floor plan of a typical Russian school Extra-curricular activities in Russian schools | | |
| C | **Cultural Readings** «Здра́вствуйте, америка́нские друзья́!» | | |
| D | **Grammar Summary** | | |
| E | **Phonetics** Фоне́тика: о, у, ы, е, я, ё, ю; devoicing, prepositional phrases Интона́ция: ИК-3 | **Overview of the Lesson** Слова́рь | |

*Corrections!!!*

## A   Discussing Time Available

| | |
|---|---|
| Я успе́ю купи́ть ма́рки в кио́ске? | Do I have time to buy stamps at the kiosk? |
| Вряд ли. Че́рез пять мину́т звоно́к. | I doubt it. The bell is in five minutes. |

**A1**  (D1, D2) Listen to the dialogues before reading them, and answer the following questions:

**a.** Do the dialogues take place in class or during a break?

**b.** What would you call the first remark of each dialogue?

- • an announcement
- • an inquiry

**a.** Elisa wants to borrow some textbooks from the school library.

Элиса: Скоро **звонок**?

Настя: **Через** двадцать минут. Это большая **перемена**. А что?

Элиса: Я **успею** сходить в библиотеку?

Настя: Конечно, **успеешь**.

**b.** A teacher is making an announcement to students during a break.

Учитель: Ребята, **тише, внимание!** Сейчас у вас будет второй **завтрак**. Все идите в буфет. Он находится на первом **этаже**.

Джек: А мы **успеем**? Когда начало следующего урока?

Учитель: Следующий урок начинается через двадцать минут — в полодиннадцатого. Это большая перемена. Вы всё **успеете**.

**c.** Jahan wants to go to the kiosk near the school.

Джахан: Я успею сейчас купить марки в киоске?

Виталий: **Вряд ли**. Через пять минут звонок. Это маленькая перемена. Купишь после уроков.

Джахан: Ладно. Тогда покажи мне, где **кабинет** русского языка.

Виталий: Идём. Это на третьем этаже.

**A2**  Examine the table below. Then review the dialogues in section **A1**, and add sentences from them to illustrate the functions listed in the table:

| How to | |
|---|---|
| call for attention: | Внима́ние! _aweres_ |
| demand quiet: | Ма́льчики, ти́ше: па́па рабо́тает. |
| express doubt: | Я вряд ли успе́ю всё сде́лать. |

**A3**  На переме́не Эли́са и На́стя пошли́ в буфе́т.

Эли́са:  Ско́ро нача́ло уро́ка?

На́стя:  Да, ско́ро. Че́рез пять мину́т. Пора́ идти́ в класс.

Read some other replies. What questions were asked?

1. — Скоро начало третие урока?

   — Нет, ещё не ско́ро. Тре́тий уро́к начина́ется в полоди́ннадцатого.

2. — Скоро будет звонок?

   — Да, ско́ро. Звоно́к бу́дет че́рез три мину́ты.

3. — Скоро начала фильм

   — Ещё не ско́ро. Фильм начина́ется че́рез полчаса́.

4. — скоро начала каникулы.

   — Да, уже́ ско́ро. Кани́кулы начина́ются че́рез неде́лю.

5. — Скоро кончаются уроке

   — Да, уже́ ско́ро. Уро́ки конча́ются в пять мину́т четвёртого.

**A4** На переме́не Мели́сса спроси́ла Га́лю:

Мели́сса: Звоно́к че́рез пять мину́т. Я успе́ю сходи́ть
в буфе́т?

*You can be late*

Га́ля: Вряд ли. Ты мо́жешь опозда́ть на уро́к.

Complete the following dialogues. Answer each speaker's question with an expression of doubt, and say that he/she might be late for an appointment.

**1. Ро́берт:** Уро́к начина́ется че́рез два́дцать мину́т. Я успе́ю сходи́ть в библиоте́ку?

**2. Сет:** Конце́рт начина́ется че́рез полчаса́. Твои́ роди́тели успе́ют прие́хать?

**3. Тре́нер:** Матч начина́ется че́рез час. Вы успе́ете съе́здить домо́й?

**4. Вита́лий:** Джаха́н придёт че́рез полчаса́. Он успе́ет на экску́рсию?

**5. Ла́ура:** Фильм начина́ется че́рез пятна́дцать мину́т. Мы успе́ем купи́ть биле́ты?

**A5** Most Russian schools have a **буфе́т** (lunchroom), but these facilities vary in size and appearance. In some schools, it may simply be a small room with five or six small tables where a few students at a time can eat a snack during their **больша́я переме́на** (long break). In other schools, the **буфе́т** is larger, and the students have a scheduled **второ́й за́втрак** at long tables. In the larger lunchrooms, students either buy rolls, cookies, apples, and open-faced sandwiches, or bring them from home. Compote is sometimes available. The most popular drinks are hot chocolate, coffee with milk, or tea. Russian students usually do not walk through a cafeteria line. Instead, students take turns carrying food for their entire table, and older students are assigned as **дежу́рные** to set and serve tables for the younger students.

Only students with an extended schedule of classes **(продлёнка)** eat a complete meal **(обе́д)** at school after the other students have left. Обе́д always begins with soup and continues with meat or fish and then dessert, accompanied by coffee, tea, or juice.

за́втрак - breakfast 8
второ́й (ланч) 11
  light lunch
обе́д - 2,3:00 soup + main
по́лдник - milk w/cookies 5,6
у́жин - 8,9:00 → Big

| Кабинéт хи́мии здесь, на пéрвом этажé? | Is the chemistry classroom here on the first floor? |
| Нет, на вторóм, рáдом с кабинéтом истóрии. | No, it's on the second floor, next to the history classroom. |

**B1** (D3) Кáтя покáзывает Пэм свою́ шкóлу и рассказывает, где что нахóдится.

Кáтя:  На пéрвом этажé у нас зал, буфéт, спорти́вный зал, **гардерóб**.

Пэм:  А кто занимáется в спорти́вном зáле пóсле тогó, как кончáются урóки?

Кáтя:  Ну, у нас тут занимáются баскетбóльная и волейбóльная комáнды и гимнасти́ческая сéкция. Нáша баскетбóльная комáнда — чемпиóн гóрода.

On pages 371 and 372, you will find the floor plan of a typical two-story Russian school. Most schools in Russia look like this. Look at the plan, and say what is located on each floor.

| | | |
|---|---|---|
| 1. | гардеро́б | cloakroom |
| 2. | коридо́р | hallway |
| 3. | кабине́т дире́ктора | director's office |
| 4. | учи́тельская | faculty room |
| 5. | буфе́т | cafeteria |
| 6. | спорти́вный зал | gymnasium |
| 7. | кабине́т матема́тики | Mathematics classroom |
| 8. | кабине́т ру́сского языка́ | Russian classroom |
| 9. | кабине́т англи́йского языка́ | English classroom |
| 10. | кабине́т исто́рии | History classroom |
| 11. | кабине́т биоло́гии | Biology classroom |
| 12. | кабине́т черче́ния | Drawing classroom |
| 13. | туале́т (мужско́й, же́нский) | toilet (men's, women's) |
| 14. | библиоте́ка | library |
| 15. | лингафо́нный кабине́т | language laboratory |
| 16. | компью́терный класс | computer class |
| 17. | мастерска́я | studio — work shop |
| 18. | кабине́т врача́ | doctor's office |
| 19. | зубно́й кабине́т | dentist's office |
| 20. | канцеля́рия | school office |

**B2** During the break, Jack is talking with Igor. Listen to their conversation, look back at the floor plan of their school, and answer the following questions:

a. On what floor are the boys talking?

b. On what floor will they have classes?

c. What classes are they going to have now: Russian, chemistry, physics, history, or literature?

**B3** Role play.

American students (A) in Russia are telling Russian students (B) about their school in the U.S.

**A**

You are an American high school student. Draw a picture of your school with its floor plan, and tell the Russian students about: buildings, classrooms, and other facilities.
    You may need to use some of the following words, if your school has classes of several levels:

| | |
|---|---|
| kindergarten | детский сад |
| elementary school | начáльные клáссы |
| middle school | срéдние клáссы |
| upper school | стáршие клáссы |
| high school | стáршие клáссы |

**B**

You are a Russian student. Your American friend is showing you pictures of his/her school. Ask questions. Learn how an American school is similar to a Russian school (look back at the floor plan) and how it differs.

**B4** Read the following passage about extracurricular activities in a Russian school. You may not know every word in the text, but you should be able to figure out most of the words by picking out adjectives that are formed from nouns. After you have read the text, talk about clubs and activities in your own school.

В ка́ждой ру́сской шко́ле есть ра́зные **кружки́** и се́кции, в кото́рых ученики́ получа́ют дополни́тельные зна́ния в интересу́ющих их областя́х. Обы́чно это хими́ческий кружо́к, физи́ческий кружо́к, математи́ческий кружо́к, биологи́ческий кружо́к, литерату́рный кружо́к, кружо́к ру́сского и́ли **иностра́нного** языка́, полити́ческий клуб и т.д.

Как пра́вило, в ка́ждой шко́ле есть клуб интернациона́льной дру́жбы (КИД), чле́ны кото́рого перепи́сываются с ребя́тами из ра́зных стран, приглаша́ют к себе́ в клуб **зарубе́жных** госте́й и́ли люде́й, рабо́тавших за рубежо́м, кото́рые расска́зывают о ра́зных стра́нах. Кро́ме того́, в ка́ждой шко́ле есть спорти́вные се́кции и кома́нды, а в не́которых шко́лах есть и шко́льные теа́тры. Ребя́та занима́ются в э́тих се́кциях и кружка́х по́сле того́, как конча́ются уро́ки.

*Клуб охраны окружающей среды*

**B5** Gena is chairman of the school chess club. He addresses the students during a break:

Ге́на:   Ребя́та, внима́ние! Ти́ше, пожа́луйста. Сего́дня по́сле уро́ков бу́дет ша́хматный матч. В за́ле на пе́рвом этаже́. Нача́ло в три часа́. Кто хо́чет, мо́жет прийти́.

*охрана – defense*
*окружающей среды – environment*

Read the following announcements from a school bulletin board. Suppose you have to make these announcements in class. What would you say?

**B6** Pam and Katya are looking at the bulletin board.

Ка́тя: Смотри́, Пэм, каки́е у нас в шко́ле есть кружки́. Ви́дишь, сего́дня бу́дет кружо́к англи́йского языка́. За́втра — литерату́рный кружо́к. Куда́ ты хоте́ла бы пойти́?

Пэм: Наве́рное, на литерату́рный кружо́к.

Ка́тя: Хорошо́, приходи́ за́втра в пятна́дцать мину́т второ́го в кабине́т литерату́ры. Это на пе́рвом этаже́.

You are a Russian student who is explaining various clubs and activities to an American guest. Use the announcements given above for the information you will provide. Find out which meeting the American student would like to attend, and say when and where the meeting will be held.

Agree with each of the statements below, as Igor did.

Ира: После того, как мы посмо́трим фильм, мы пойдём гуля́ть.

Игорь: Да, мы посмо́трим фильм и пойдём гуля́ть.

1. Оля: После того, как мы ку́пим цветы́, мы пойдём к Ната́ше.

   Ри́та:

2. Ка́тя: После того, как мы сде́лаем уро́ки, мы реши́м, что де́лать с биле́тами в теа́тр.

   Та́ня:

3. Ви́ктор: После того, как мы получи́ли э́то письмо́, мы реши́ли пое́хать в го́сти.

   Аня:

4. На́дя: После того, как на́ша кома́нда вы́играла после́дний матч, все по́няли, что они́ уже́ чемпио́ны.

   Ва́ня:

5. Ма́ша: После того, как Элла получи́ла пятёрку по англи́йскому языку́, она́ поняла́, что то́же мо́жет хорошо́ учи́ться.

   Мари́на:

**B8** Role play.

American (A) and Russian (B) students are talking in an American high school.

**A**

You are an American student. Tell your friend about various activities which he/she might take part in. Say when and where they will be held.

**B**

You are a Russian student who is studying at an American school on an exchange program. Decide which extracurricular activities you would like to participate in. Make sure you understand when and where you should go.

## C Cultural Readings

**АБ** **C1** Here is a letter that Russian students—members of **КИД**—sent to an American high school. What are the Russian students suggesting to the American students?

Здравствуйте, ребята.

Вам пишут ученики школы №15 из Москвы. У нас в школе есть клуб интернациональной дружбы, или просто КИД. Мы члены этого клуба. И мы решили написать письмо школьникам из США. Мы хотели бы с вами переписываться.

Учительница из нашей школы работала в США. Она рассказала нам, что у вас учат русский язык. Вот мы и попросили напечатать наше письмо в вашем учебнике русского языка. Тот, кто захочет переписываться, может написать нам письмо.

Расскажите, с кем вы хотели бы переписываться, с мальчиком или с девочкой, из какого класса, чем вы интересуетесь. И члены нашего клуба обязательно вам ответят.

С приветом- ученики школы №15.

На конверте надо написать адрес нашей школы. Вот так:

109280 Москва
ул. Кожуховская, д. 17
школа № 15

**C2** Write an answer to this letter, telling about yourself, the school you attend, and the courses you take. Ask questions about School No. 11 and the activities of its students.

# D Grammar Summary

**D1** The preposition **чéрез** + accusative (A1, A3, A4).

This construction is used to indicate the period of time that separates an action from the moment of speech:

Я приéду к вам **чéрез** мéсяц. Он придёт **чéрез** час.

**D2** Успéть *(pf.)* "to have time," "succeed," "manage (to do something)" (A1, A4).

This verb is usually followed either by a perfective verb:

Я не **успéю сдéлать** упражнéние. Мы **успéем прочитáть** газéту?

or by a noun preceded by the preposition в or на:

Ты ещё **успéешь на** урóк. Они не **успéют** в шкóлу.

**D3** The use of пóсле тогó, как (B1, B4, B7).

The preposition пóсле + genitive noun are used to indicate an event *after* which another event occurs.

Пóсле урóка мы пошли в кинó.
Пóсле шкóлы я хочý поступить в университéт.

    Just as in English we say, for example, *after you left*, пóсле can also be used with a verb. Before the verb, you simply add тогó, как: пóсле тогó, как + verb = after + verb. Compare:

Пóсле фильма мы пошли в парк.
Пóсле тогó, как мы посмотрéли фильм, мы пошли в парк.

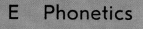

# E Phonetics

**E1** Review the pronunciation of stressed **о**, **у**, **ы** after hard consonants.

| | | |
|---|---|---|
| ско́ро | клуб | вы́шел |
| кружо́к | дру́жба | язы́к |
| звоно́к | мину́та | покажи́ |
| второ́й | литерату́ра | перепиши́ |

**E2** Listen to the cassette, and then read the phrases below aloud, following the examples you hear as closely as possible. Practice the pronunciation of the final consonants.

| | |
|---|---|
| Вот клуб. | Идёт* друг. |
| Тот* буфе́т. | Звоно́к на уро́к. |

**E3** Review the pronunciation of the stressed vowels **е**, **я**, **ё**, **ю**.

| | | | |
|---|---|---|---|
| ме́сяц | пять | тёплый | люблю́ |
| неде́ля | тебя́ | всё | всю |
| биле́т | вряд ли | райо́н | |
| кабине́т | себя́ | о чём | |

---

\* This **т** is pronounced **д**.

---

**E4** Read the following phrases aloud. Pronounce each prepositional phrase as a single unit.

в буфе́т с ма́льчиком

в библиоте́ку с кем

в класс с де́вочкой

че́рез день че́рез полчаса́

че́рез ме́сяц че́рез пятна́дцать мину́т

**E5** Practice the sentences with ИК-3 in the first part.

$$\overset{3}{\text{Ря́дом со шко́лой/есть лес.}}$$

Ря́дом со шко́лой/есть лес.

Мы расска́жем вам,/как мы живём.

В шко́ле/у́чат англи́йский/и неме́цкий языки́.

**E6** Read this poem:

У меня́ зазвони́л телефо́н.

—Кто говори́т?

—Слон.

—Отку́да?

—От верблю́да.

—Что вам на́до?

—Шокола́да.

—Для кого́?

—Для сы́на моего́.

—А мно́го ли присла́ть?

—Да пудо́в э́так пять и́ли шесть,

Бо́льше ему́ не съесть:

Он у меня́ ещё ма́ленький.

*К. Чуко́вский*

# Overview of the Lesson

Match the pictures with the list of functions below. What do you think the people are saying? You may suggest more than one function for each picture.

Calling for attention

Asking people to be quiet

Expressing doubt

1.

2.

3.

# Слова́рь

## Part A

Фо́рмы глаго́лов

| | | |
|---|---|---|
| внима́ние | attention | |
| вряд ли | (it is) unlikely, not likely, I doubt it | |
| за́втрак | breakfast | |
| звоно́к | bell, ring | |
| кабине́т | classroom, office | |
| переме́на | recess, break | |
| ти́ше | quieter, more quietly | |
| успева́ть успе́ть | to have time, manage, succeed | успева́-ю, -ешь, -ют/ успе́-ю, -ешь, -ют |
| че́рез (+ *acc.*) | in (a period of time) | |
| эта́ж | floor, story | |

## Part B

| | |
|---|---|
| гардеро́б | cloakroom |
| зал | auditorium |
| зарубе́жный | foreign |
| зубно́й кабине́т | dentist's office |
| интернациона́льный | international |
| кабине́т | classroom |
|    матема́тики | (of) mathematics |
|    исто́рии | (of) history |
|    биоло́гии | (of) biology |
|    черче́ния | (of) drawing |
| кабине́т врача́ | doctor's office |
| канцеля́рия | school office |
| КИД (Клуб интернациона́льной дру́жбы) | International Friendship Club |
| кружо́к | club, circle |

*Part B* *(continued)*

Фо́рмы глаго́лов

| компью́терный класс | computer class | |
| лингафо́нный кабине́т | language laboratory | |
| литерату́рный | literary | |
| мастерска́я | studio | |
| перепи́сываться (impf.) | to correspond, write letters | перепи́сыва-юсь, -ешься, -ются |
| учи́тельская | faculty room | |
| физкульту́рный зал | gymnasium | |
| член | member | |

*Part C*

| Герма́ния | Germany | |
| печа́тать/ напеча́тать | to print | печа́та-ю, -ешь, -ют/ напеча́та-ю, -ешь, -ют |
| проси́ть/ попроси́ть | to ask (a favor) | прош-у́, про́с-ишь, -ят/ попрош-у́, попро́с-ишь, -ят |
| ходи́ть на лы́жах | to go skiing | |

# Урок 18 (Восемнадцатый урок)

## Подарки друзьям

| Part | Main Structures | Functions | Grammatical Concepts |
|------|-----------------|-----------|----------------------|
| A | — Я хотéла бы купи́ть подáрки мои́м роди́телям и друзья́м.<br><br>— Я хотéла бы купи́ть платóк моéй подру́ге, о котóрой я тебé расскáзывала. | Naming the recipient of a gift | The dative plural of nouns and possessive pronouns<br><br>The conjunction котóрый in the singular |
| | Language & Culture | Izmailovsky Park | |
| B | — Тогдá поéдем лу́чше в Дом кни́ги.<br><br>— Там тóже мнóго худóжников. Дáже бóльше, чем на Арбáте. | Making comparisons | Comparatives of adjectives and adverbs<br><br>Comparisons using чем |
| | Language & Culture | Stores in Russia | |
| C | Cultural Readings | Стихотворéние «В магази́не» | |
| D | Grammar Summary | | |
| E | Phonetics<br>Фонéтика: ж, ш, ц, щ, ч;<br>unstressed syllables<br>Интонáция: various | Overview of the Lesson<br>Словáрь<br>Adjectival and Adverbial Comparatives | |

## A  Naming the Recipient of a Gift

Кому́ э́тот сувени́р?     Who is that souvenir for?
Мое́й подру́ге.          For my girlfriend.

**A1**  (D1, D2, D3) Listen to the dialogues before reading them, and answer:

**a.** What is the topic of the dialogues?

- plans to go shopping
- shopping
- talking about one's purchases

**b.** Which of the following stores and shopping areas are mentioned in the dialogues?

ГУМ, Арба́т, магази́ны в це́нтре го́рода, Тверска́я у́лица, Изма́йлово, «Де́тский мир», «Дом кни́ги»

Америка́нские шко́льники разгова́ривают с ру́сскими друзья́ми.

**a.** Мели́сса: Я хоте́ла бы купи́ть пода́рки мои́м ро-
            ди́телям и друзья́м.

  Га́ля:   А что бы ты хоте́ла купи́ть?

  Мели́сса: Я не зна́ю... Мо́жет быть, сувени́ры,
            хохлому́, янта́рь.

  Га́ля:   Хорошо́, пое́дем за́втра в центр. Там
            мно́го магази́нов.

**b.** Ро́берт: Мой брат собира́ет ма́рки. Где я могу́
             купи́ть ему́ ру́сские ма́рки?

  Ге́на:   Есть специа́льные магази́ны. Но в «До́-
            ме кни́ги» то́же есть отде́л ма́рок.

  Ро́берт: Тогда́ пое́дем лу́чше в «Дом кни́ги».
            Я там посмотрю́ ещё набо́ры откры́ток.

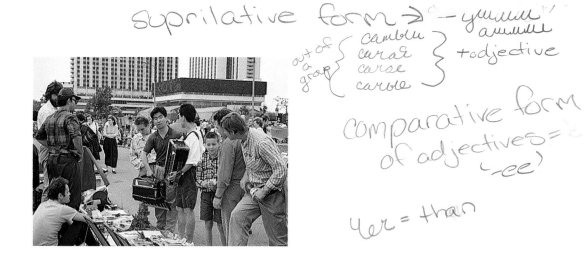

*(handwritten annotations):*
*suprilative form ⟹ "-уший / аший"*
*out of a group { самый / сачая / сачае / сачые } + adjective*
*comparative form of adjectives = "-ее"*
*чеч = than*

**c. Сет:** Я хотéл бы съéздить ещё раз на Арбáт.
Мне нáдо купи́ть сувени́ры свои́м друзья́м.

**Андрéй:** Давáй лýчше поéдем в Изма́йлово. Там
тóже мнóго худóжников. Дáже бóльше,
чем на Арбáте.

*(handwritten: Изма́йлово — place in Moscow; бóльше — more then)*

**Сет:** В Изма́йлово? Давáй. Я там ещё нé был.
Это далекó?

**Андрéй:** От цéнтра э́то далекó, но тудá идёт метрó.
И там всё дешéвле, чем на Арбáте. На Ар-
бáте всё óчень дóрого.

*(handwritten: дешéвле — cheaper then; дóрого — expensive; дорожа чеч = more expensive)*

---

**A2** Examine the table below. Then review the dialogues in section **A1**, and add
sentences from them to illustrate the functions:

| How to | |
|---|---|
| **name the recipient of a gift:** | Америка́нским шкóльникам при- шлó письмó из Москвы́. |
| **express a comparison:** | У меня́ мéньше мáрок, чем у моегó брáта. |

*(handwritten: мéньше — less)*

*(handwritten at bottom: Плохой — хуже — худший / bad — worse — worst)*

*(handwritten at bottom: хороший — лучше — лучший / good — better — best)*

**A3** If you were staying in Moscow, you would probably want to buy gifts for your friends and relatives. Say what gifts you would buy for each person.

| | | | родителям. |
|---|---|---|---|
| Я хотéл бы | | мóим | друзья́м. |
| Я хотéла бы | купи́ть подáрки | | подрýгам. |
| Мне нáдо | | свои́м | учителя́м. |
| | | | брáтьям. |
| | | | сёстрам. |
| | | | . . . |

*subjunctive → verb + бы*

*Ex.) Я хотел бы купить дом, но у меня денег.*

*Ex.) Если бы она знала тебя, она поздоровалась бы.*

**A4** Изма́йлово is a large neighborhood in northeast Moscow, adjacent to a park of the same name (Изма́йловский парк). Izmailovo was originally set aside for the open-air display and sale of paintings, handicrafts, and other folk art. It was one of the first places where artists could legally sell their works privately. Over the years, the park has become a market where almost anything can be found. Open only on the weekends, Izmailovsky Park attracts large crowds of both tourists and native Muscovites. Despite inflation, Izmailovo is still cheaper than the Arbat.

*to whom = dative case*

**A5** (D4) In a store, Melissa points to a shawl and tells Galya:

Мелисса: Я хотела бы купить вот такой платок.

Галя: Кому? Маме?

Мелисса: Нет, моей подруге, о которой я тебе рас-
сказывала.

*[handwritten: whom]*

*[handwritten: к которой → to who]*

Galya is also looking for some souvenirs. In America, she met a lot of young Americans. Galya and Melissa spent Thanksgiving at John's house. On another occasion, they went to a party at George's. They also visited the Baltimore Aquarium with Robert and photographed him there. They went to the theater with Ben. They were discussing their experiences yesterday, and Galya told Melissa that she thought Dan was the most interesting American boy she had met. Now she wants to send gifts to all her American friends. Based on the information in this paragraph, complete each part of this conversation.

**a.** Мелисса: Кому этот сувенир?

Галя: Джону.

Мелисса: Какому?

Галя: . . . *[handwritten: Джону о котором]*

**b.** Мелисса: Ещё кому? *[handwritten: who else is it for]*

Галя: Джорджу.

Мелисса: Какому?

Галя: . . .

**c.** Мелисса: А кому этот сувенир?

Галя: Роберту.

Мелисса: Какому?

Галя: . . . *[handwritten: о котором]*

**d.** Мелисса: Кому ещё?

Галя: Ещё Бену.

Мелисса: Какому?

Галя: . . .

**e.** Мелисса: Всё?

Галя: Нет, ещё Дэну.

Мелисса: Какому?

Галя: . . .

*[handwritten: to whom = dative]*

**A6** Seth and Andrei also are discussing souvenirs for their friends. Complete their questions appropriately with

У кото́рой? К кото́рой? Кото́рую? С кото́рой? *or* О кото́рой?

**a.** Сет: Этот сувени́р кому́?

Андре́й: Эли́се.

Сет: Како́й? . . . мы ходи́ли в музе́й?

Андре́й: Да.

**b.** Сет: А ещё кому́?

Андре́й: Но́ре.

Сет: Но́ре? . . . мы ходи́ли в го́сти?

Андре́й: Да.

**c.** Андре́й: Ещё Диа́не.

Сет: . . . мы с тобо́й неда́вно говори́ли?

Андре́й: Да.

**d.** Андре́й: И ещё Ла́уре.

Сет: Како́й?

Андре́й: . . . мы ви́дели у тебя́ на дне рожде́ния.

**e.** Сет: А э́тот сувени́р, наве́рное, Ба́рбаре?

Андре́й: Како́й?

Сет: . . . мы бы́ли в День благода́рения?

Андре́й: Да.

**A7**  Pam is asking Katya for advice:

Пэм:  Как ты ду́маешь, что мне купи́ть моему́ бра́ту?

Ка́тя:  А ско́лько ему́ лет?

Пэм:  Семь. Ско́ро во́семь.

Ка́тя:  А что он лю́бит?

Пэм:  Игра́ть, коне́чно.

Ка́тя:  Тогда́ купи́ ему́ самолёт.

Пэм:  Самолёт у него́ уже́ есть.

Ка́тя:  Ну, **грузови́к**.

Use the dialogue above as a model for the role play that follows.

**A8**  Role play.

An American student (A) in Russia is asking a Russian student (B) for advice.

**A**

You are the American student. Ask your friend what you should buy for your friends and relatives. Answer his questions.

*Как ты думаешь, что мне купить моя брат?*
*Какой брат?*
*джен. скопарои мы годили в музеи.*

**B**
*Это Марка*

You are the Russian student. Your American friend is asking your advice about gifts for his friends and relatives. Ask about their ages, preferences, and hobbies. Make suggestions.

*Кому ещё?*
*двенадцати.*

Смотри, кра́сная ска́терть
    доро́же, чем зелёная.
Коне́чно, она́ же бо́льше.

Look, the red tablecloth's more
    expensive than the green one.
Of course, it's bigger.

**B1** Ро́берт и Ге́на пришли́ в «Дом кни́ги».

Ро́берт: Ещё я хоте́л бы купи́ть пласти́нки с ру́с-
    ской поп-му́зыкой. Здесь есть отде́л плас-
    ти́нок?

Ге́на: Нет. Тебе́ на́до в магази́н «Мело́дия».
    Это ря́дом.

Suggest stores the students should visit to buy the things they want. (For
ideas, see descriptions on page 393 of what various Moscow stores sell.)

Пэм: Я хоте́ла бы купи́ть игру́шку своему́ бра́ту.

Джек: Я хоте́л бы купи́ть ка́рту Росси́и на ру́сском
    языке́ на́шему учи́телю ру́сского языка́.

Мели́сса: Я хоте́ла бы купи́ть сестре́ краси́вую
**ска́терть с салфе́тками.**

*table cloth w/ napking*

Ла́ура: Я хоте́ла бы купи́ть себе́ карти́ну на па́-
мять о Москве́.

*На паме́mle = to remember*

Сет: Я хоте́л бы купи́ть роди́телям набо́р от-
кры́ток с ви́дами Москвы́.

---

**«Пода́рки»**
(сувени́ры, пода́рки для всех)

**«Де́тский мир»**
(всё для дете́й)

**«Дом кни́ги»**
(кни́ги, плака́ты, ма́рки,
откры́тки, ка́рты)

*House of toys*

**«Дом игру́шки»**
(и́гры и игру́шки для дете́й)

*Art salon*

**«Худо́жественный сало́н»**
(рабо́ты худо́жников и масте-
ро́в: карти́ны, сувени́ры, укра-
ше́ния)

**«Весна́»**
(всё для же́нщин)

*Я думаю Тебе Надо идти...*
*I think you need to go...*

---

**B2** Typically, stores in Russia are state-owned and include
grocery stores as well as shops selling manufactured goods.
They can be large department stores: **Универма́г** or **Универса́м**
or **Гастроно́м** (a supermarket or grocery store). In the **Универса́м** stores, as in American supermarkets, consumers choose products for themselves. In contrast, **Гастроно́м** stores generally
have many small sections where the customers are served by
salespeople. In addition, there are also many small specialized
stores and cooperative, or private stores **(Кооперати́вы)**. Their
choice of goods is significantly better than that of the state
stores. The prices are also much higher. Many large stores
accept payments in foreign currency, as well as in rubles.

**B3** Ла́ура покупа́ет в кио́ске откры́тки с ви́дами Москвы́.

Ла́ура:   Каки́е откры́тки тебе́ бо́льше нра́вятся?
Све́та:   Мне ка́жется, вот э́ти откры́тки о́чень краси́вые.
Ла́ура:   А вот э́та?
Све́та:   Эта ещё **краси́вее**.

Here are several Moscow street scenes. Express your opinion:

Кака́я откры́тка краси́вее? Кака́я **интере́снее**? Кака́я лу́чше? Кака́я **ху́же**?

1.  2.  3.

**B4**   Laura and Sveta are window-shopping:

Ла́ура:  Смотри́, кра́сная ска́терть **доро́же**, чем зелёная.

Све́та:  Коне́чно, она́ же бо́льше.

Look at the store window yourself and tell:
Что бо́льше? Что лу́чше? Что деше́вле? Что
доро́же?

**B5** Role play.

A Russian student (A) who is staying in the United States is talking with an American friend (B).

**A**

Tell your American friend what you would like to buy for your friends and relatives. Use catalogues to show what you have in mind. Ask his/her opinion. Ask which stores you should visit.

**B**

Your Russian friend is asking you about gifts to buy for friends and relatives. Give your opinion. Tell your friend which stores are expensive, less expensive, and inexpensive. Suggest the ones he/she should visit.

**B6** You are walking down a street in Moscow and pass by
a variety of stores. Which of them would you visit to buy
the items below? Give the name of the store.

| | | |
|---|---|---|
| Скатерть | я могу́ купи́ть в магази́не | «Пода́рки» |
| Янта́рь | | «Самоцве́ты» *presious stones* |
| Альбо́м | | «Весна́» |
| **Духи́** | | «Кни́ги» |
| Хохлому́ | | «Цветы́» |
| **Поднос** — *tray* | | «Дом игру́шки» |
| **Ча́йник** | | «Худо́жественный сало́н» |
| Цветы́ | | |
| Игру́шки | | |

**B7** Laura is asking Katya's advice about a gift. Listen to
their conversation. Whose gift does she still need to buy?
Point to the items they mention. What do they decide on?

| | | | |
|---|---|---|---|
| БУСЫ | СЕРЬГИ | КОЛЬЦО | СКАТЕРТЬ |
| САЛФЕТКИ | ЧАСЫ | ДУХИ | ФОТОАППАРАТ |

*My watch is slow. Мои часы отстают*

*fast = спешить*

**C1** Read this poem, and answer the questions it poses.

### В магазине

В магазине встретил я
Осла, козу и кошку.
Они купили красный мяч
И жёлтую гармошку.

Пришёл в другой, увидел я
Осла, козу и белку.
Они купили красный шар
И белую тарелку.

Пришёл я в третий, встретил там
Опять осла и кошку.
Они купили в этот раз
Здесь жёлтую матрёшку.

Мне очень нужен твой совет,
Подумай-ка немножко:
Скажи, какой любимый цвет
У белки и у кошки?

И кто не смог совсем купить
Подарок в магазинах?
Искал, но так и не нашёл
Костюм, как море, синий.

Вы ответите на эти вопросы, если будете помнить, что каждый покупал в магазине вещи только одного, любимого, цвета.

# D Grammar Summary

**D1** Naming destinations: dative plural (A1).

As you know, the dative case is used to name destinations and/or tell for whom something is intended. In this lesson, it is used to name people for whom gifts are being bought. The plural forms of the dative are the same for all genders: -ым/-им for adjectives and some pronouns, and -ам/-ям for nouns.

### Dative

Я покупáю подáрки     своúм родúтелям.

школьным друзьям и подрýгам.

**D2** Comparative forms of adjectives and adverbs (A1, A8, B3).

The comparative degree of adjectives and adverbs is used whenever qualities, traits, amounts, or actions are compared, either within the same sentence or in a broader context. The forms of comparative adjectives and their corresponding adverbs are the same. Below you will find the most frequently used comparatives:

| Adjective | Adverb | Comparative |
| --- | --- | --- |
| большóй | мнóго | бóльше |
| мáленький | мáло | мéньше |
| хорóший | хорошó | лýчше |
| плохóй | плóхо | хýже |
| дорогóй | дóрого | дорóже |
| дешёвый | дёшево | дешéвле |
| красúвый | красúво | красúвее |
| интерéсный | интерéсно | интерéснее |

**D3** Expressing comparison: чем... (A1, B3).

When a comparison is made within a sentence, the comparative
adjective or adverb appears in the first part of the sentence.
The second part is introduced by the conjunction чем ("than"
in English):

В Измáйлово **бóльше** худóжников, **чем** на Арбáте.

У худóжников сувенúры **красúвее, чем** в магазúнах.

Крáсная матрёшка **мéньше, чем** зелёная. В ней **мéньше** матрёшек,
**чем** в зелёной.

Note that a comma is always written before **чем**.


**D4** The conjunction который (A5, A6).

Constructions with the conjunction **который** either define a subject or direct object, or further clarify information about the
subject or direct object.

   **Который** is declined like a regular adjective and agrees
with the noun in the main clause to which it refers.

A. When **который** refers to a masculine noun, its forms are:

| Simple Sentence | Case | Complex Sentence |
|---|---|---|
| Вúктор был в «Шкóле друзéй». | *Nom.* | Это Вúктор, который был в «Шкóле друзéй». |
| У Вúктора мы бúли на дне рождéния. | *Gen.* | Это Вúктор, у котóрого мы бúли на дне рождéния. |
| Мы написáли письмó Вúктору. | *Dat.* | Это Вúктор, котóрому мы напи-сáли письмó. |
| Мы вúдели Вúктора в теáтре. | *Acc.* | Это Вúктор, котóрого мы вúдели в теáтре. |
| С Вúктором мы познакóмились в Москвé. | *Instr.* | Это Вúктор, с котóрым мы по-знакóмились в Москвé. |
| Мы говорúли с тобóй о Вúкторе. | *Prep.* | Это Вúктор, о котóром мы с тобóй говорúли. |

**B.** When **кото́рый** refers to a neuter noun, its nominative and accusative forms are:

| Simple Sentence | Case | Complex Sentence |
|---|---|---|
| Письмо́ бы́ло в столе́. | *Nom.* | Э́то письмо́, **кото́рое** бы́ло в столе́. |
| Мы написа́ли письмо́. | *Acc.* | Э́то письмо́, **кото́рое** мы написа́ли. |

**C.** When **кото́рый** refers to a feminine noun, its forms are:

| Simple Sentence | Case | Complex Sentence |
|---|---|---|
| Гали́на у́чится в шко́ле № 15. | *Nom.* | Э́то Гали́на, **кото́рая** у́чится в шко́ле № 15. |
| У Гали́ны мы бы́ли на дне рожде́ния. | *Gen.* | Э́то Гали́на, у **кото́рой** мы бы́ли на дне рожде́ния. |
| К Гали́не мы пойдём на Но́вый год. | *Dat.* | Э́то Гали́на, к **кото́рой** мы пойдём на Но́вый год. |
| Мы фотографи́ровали Гали́ну для газе́ты. | *Acc.* | Э́то Гали́на, **кото́рую** мы фотографи́ровали для газе́ты. |
| С Гали́ной мы познако́мились в Москве́. | *Instr.* | Э́то Гали́на, с **кото́рой** мы познако́мились в Москве́. |
| О Гали́не мы с тобо́й мно́го говори́ли. | *Prep.* | Э́то Гали́на, о **кото́рой** мы с тобо́й мно́го говори́ли. |

## E  Phonetics

**E1**  Contrast the pronunciation of the hard consonants ж, ш, ц, and the soft consonants ч and щ.

| | | | | |
|---|---|---|---|---|
| тóже | лýчше | центр | чем | ещё |
| дорóже | дёшево | дéтский | значóк | вещь |
| жёлтый | дешёвый | совéтский | учúтель | вéщи |
| жéнщина | игрýшка | специáльный | учúтельница | считáть |

**E2**  Review the pronunciation of unstressed syllables.

| | | | | |
|---|---|---|---|---|
| магазúн | открýтки | дóрого | сувенúры | родúтели |
| хорошó | пластúнки | шкóльники | магазúны | худóжники |
| далекó | подрýги | мýзыка | интерéсный | мелóдия |

**E3**  Practice this dialogue. Pay close attention to intonational patterns.

— Мой брат собирáет мáрки.[1]

   Где я могý купúть набóр мáрок?[2]

— Есть специáльные магазúны.[1]

   Но в «Дóме кнúги» тóже есть отдéл мáрок.[1]

— Тогдá поéдем лýчше в «Дом кнúги».[3]

   Я там посмотрю́ ещё набóры открýток.[1]

Learn this proverb.

Лу́чше ме́ньше, да лу́чше.

**E5** Read this poem.

Ску́чная карти́на!
Ту́чи без конца́,
До́ждик так и льётся,
Лу́жи у крыльца́.

Что так ра́но в го́сти,
Осень, к нам пришла́?
Ещё про́сит се́рдце
Све́та и тепла́.

А. Плеще́ев

Compare the pictures with the list of functions below. What do you think the people are saying? More than one function may be appropriate for a picture.

Naming the recipient of a gift

Making comparisons

1.

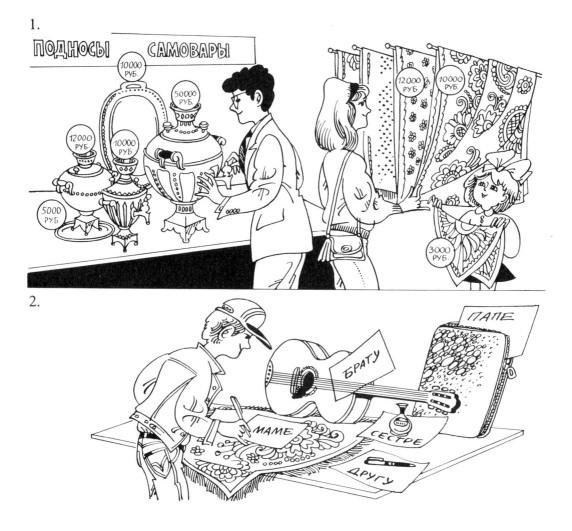

2.

# Слова́рь

## Part A

| | |
|---|---|
| бо́льше, чем... | more than... |
| грузови́к | truck |
| деше́вле | less expensive |
| до́рого | expensively |
| Изма́йлово | Izmailovo |
| кото́рый | that, which |
| набо́р | set, collection |
| отде́л | department, section |
| хохлома́ | khokhloma—decorative, painted wooden crafts |
| янта́рь *(m.)* | amber |

## Part B

| | |
|---|---|
| «Весна́» | Spring *(store)* |
| «Де́тский мир» | Children's World *(store)* |
| «Дом игру́шки» | House of Toys *(store)* |
| доро́же | more expensive |
| духи́ *(pl.)* | perfume |
| игру́шка | toy |
| интере́снее | more interesting |
| краси́вее | more beautiful, prettier |
| «Мело́дия» | Melodia *(record store and company)* |
| подно́с | tray |
| поп-му́зыка | pop music |
| салфе́тка | napkin |
| ска́терть *(f.)* | tablecloth |
| ча́йник | teapot |

*Part C*

| | |
|---|---|
| гармо́шка | accordion |
| коза́ | goat |
| осёл | donkey |

## List of Adjectival and Adverbial Comparatives

| | | | |
|---|---|---|---|
| большо́й | мно́го | бо́льше | bigger, more |
| дешёвый | дёшево | деше́вле | less expensive |
| дорого́й | до́рого | доро́же | more expensive |
| интере́сный | интере́сно | интере́снее | more interesting |
| краси́вый | краси́во | краси́вее | more beautiful, prettier |
| ма́ленький | ма́ло | ме́ньше | smaller, less, fewer |
| плохо́й | пло́хо | ху́же | worse |
| хоро́ший | хорошо́ | лу́чше | better |

# Урок 19 (Девятнадцатый урок)

## Сколько стоит...?

| Part | Main Structures | Functions | Grammatical Concepts |
|------|-----------------|-----------|----------------------|
| A | — Сколько стоит такой значок?<br><br>— Покажите мне, пожалуйста, вот этот платок.<br><br>— Я хочу купить себе такой значок.<br>— Себе я возьму другого цвета — вот такой. | Finding out how much something costs<br><br>Asking to see something | The reflexive pronoun **себя**<br><br>The verb **взять** |
| | **Language & Culture** | Russian money; «Дом книги» | |
| B | — Я возьму набор за пять рублей.<br><br>— Это подарок для ребят, у которых мы были на дне рождения. | Identifying something by its price | The use of **который** in the plural |
| | **Language & Culture** | Russian shawls | |
| C | **Cultural Readings**<br>Стихотворение К. И. Чуковского «Путаница» | | |
| D | **Grammar Summary** | Review: Case forms after numbers | |
| E | **Phonetics**<br>Фонетика: р, л, н; phrases | **Overview of the Lesson**<br>Словарь<br>Numbers 100–1,000<br>Names of Animals | |

## A Asking to See Something

| | |
|---|---|
| Мо́жно посмотре́ть вот э́ти подно́сы? | May I look at these trays? |
| Я хоте́ла бы посмотре́ть вот э́ту кни́гу. | I'd like to look at that book. |

**A1** (D1, D2, D3, D4) Listen to the dialogues before reading them, and answer the following questions:

**a.** What is the topic of the dialogues?

- planning to go shopping
- shopping
- discussing one's purchases

**b.** Which of the following items are mentioned in the dialogues?

матрёшки, значки́, платки́, пласти́нки, ма́йки, ма́рки, кни́ги, самова́р

**a.** Мели́сса и Га́ля в магази́не «Весна́».

| | |
|---|---|
| Мели́сса: | Покажи́те мне, пожа́луйста, вот э́тот плато́к. |
| Продавщи́ца: | Вот э́тот? |
| Мели́сса: | Нет, кото́рый ря́дом. Спаси́бо. Он тебе́ нра́вится, Га́ля? |
| Га́ля: | Да, э́то ты себе́ хо́чешь взять? |
| Мели́сса: | Нет, ма́ме. А себе́ я возьму́ друго́го цве́та — вот тако́й. |

**b.** Сет и Андрей приехали в Измайлово.

| | |
|---|---|
| Сет: | Смотри, какие интересные значки! Я хочу купить себе такой значок. |
| Андрей: | Какой тебе больше нравится? |
| Сет: | Вот этот: «Я был в России». **Сколько стоит** такой значок? |
| Продавец: | **Пять рублей.** |
| Сет: | А эта майка? |
| Продавец: | Которая? Эта? Девяносто рублей. |
| Сет: | Это дорого. А дешевле нет? |
| Продавец: | Вот эта **за** восемьдесят. Но она меньше. |
| Сет: | Ничего. Мне она **как раз.** Я её **возьму.** |

**с.** Ро́берт и Ге́на покупа́ют ма́рки.

| | |
|---|---|
| Ро́берт: | Смотри́, каки́е краси́вые ма́рки. Инте-ре́сно, ско́лько они́ **стоя́т?** |
| Ге́на: | Сейча́с узна́ем. Скажи́те, ско́лько стоя́т таки́е ма́рки? |
| Продавщи́ца: | Каки́е? |
| Ге́на: | Вот э́ти, на кото́рых ста́рые ру́сские города́. |
| Продавщи́ца: | Два́дцать пять. |
| Ро́берт: | Я их **возьму́.** А каки́е ещё набо́ры у вас есть? |
| Продавщи́ца: | Все вот здесь, на **витри́не.** |

**A2** Examine the table below. Then review the dialogues in section **A1**, and add sentences from them to illustrate the functions listed in the table:

| **How to** | |
|---|---|
| **ask to see something:** | Покажи́те, пожа́луйста, э́тот мяч. |
| **find out how much something costs:** | Ско́лько сто́ит э́тот набо́р? |
| **identify something by its price:** | Я возьму́ набо́р за пятна́дцать рубле́й. |

**A3** Мели́сса хо́чет посмотре́ть подно́сы, кото́рые ей понра́вились.

| | |
|---|---|
| Мели́сса: | Мо́жно посмотре́ть вот э́ти подно́сы — большо́й и ма́ленький? |
| Продавщи́ца: | Кото́рые? Вот э́ти? Пожа́луйста. |

You are looking for souvenirs in a Russian store. Ask the salesperson to show you some items. The following patterns may be useful:

| | | |
|---|---|---|
| Мо́жно посмотре́ть | вот э́тот . . . | (m. inanimate) |
| Я хоте́л бы посмотре́ть | вот э́того . . . | (m. animate) |
| Покажи́те мне, пожа́луйста, | вот э́ту . . . | (f.) |
| | вот э́то . . . | (n.) |
| | вот э́ти . . . | (pl. inanimate) |
| | вот э́тих . . . | (pl. animate) |

**A4** Ру́сские де́ньги:

1 рубль (оди́н)                    1 копе́йка (одна́)

2, 3, 4 рубля́ (два, три, четы́ре)    2, 3, 4 копе́йки (две, три, четы́ре)

5-20 рубле́й (пять)                5-20 копе́ек (пять)

Америка́нские де́ньги:

1 до́ллар (оди́н)                    1 цент (оди́н)

2, 3, 4 до́ллара (два, три, четы́ре)    2, 3, 4 це́нта (два, три, четы́ре)

5-20 до́лларов (пять)              5-20 це́нтов (пять)

Вот ру́сские де́ньги. Скажи́те, ско́лько э́то рубле́й и ско́лько э́то копе́ек.

**A5** Since the early eighteenth century, the Russian monetary system has been based upon the **рубль**, which is divided into 100 parts, or **копейки**. These words have interesting roots: **рубль** comes from the verb **рубить** (to chop, cut), and **копейка** from the word **копьё** (spear or lance). In the thirteenth century, rubles were made by cutting slivers off a piece of silver: money was literally "chopped."

The word **копейка** originated in the fifteenth century, when coins were minted with a picture of the tsar holding a spear in his hand. These coins thus became known as "spears." The Russian word for a "piggy bank" is **копилка**, derived from **копить** (to accumulate). Russian piggy banks, like American ones, are usually shaped like pigs or cats, and to get the money you have to break the bank!

**A6** Джахан и Виталий в «Доме книги».

Джахан: Смотри, какой хороший словарь. Сколько он стоит?

Виталий: Сто рублей.

Джахан: Это совсем недорого. Я его возьму.

You are in a bookstore. Make up a dialogue with a classmate. Discuss books and their prices. Decide what to buy for yourself or to give to someone else.

**A7**  «Дом кни́ги» is a major bookstore in both Moscow and St. Petersburg. It has traditionally been considered the best bookstore in Russia for its selection of textbooks, dictionaries, literature, stamps, postcards, maps, posters, and prints.

The building in which Moscow «Дом кни́ги» is located was built in 1967. Much older, the Saint Petersburg «Дом кни́ги» was built in 1907 and was the headquarters of Singer, the sewing machine company, until the 1917 Revolution.

«Дом книги» в Москве

«Дом книги» в Санкт-Петербурге

| Я себе́ возьму́ футбо́лку ме́ньше и друго́го цве́та. | I'll take a smaller tee shirt of a different color for myself. |
| Э́то пода́рок для Ви́ти и Ми́ти, у кото́рых мы бы́ли на дне рожде́ния. | This is a present for Vitya and Mitya, whose birthday party we went to. |

**B1**   Ро́берт хо́чет посмотре́ть набо́ры ма́рок.

Ро́берт: Покажи́те мне, пожа́луйста, ещё вот э́ти
ма́рки: за 32.25 (три́дцать два два́дцать
пять) и за 41.15 (со́рок оди́н пятна́дцать).

Sometimes you may need to specify an item by stating its price. Say which of these
items you prefer. Ask a salesperson to show it to you by specifying its price.

**B2** Роберт и Гена пришли в магазин «Дом книги».

Роберт: Я возьму вот эту книгу: «Чудо-дерево» Корнея Чуковского.

Гена: Но это же детские стихи. Это ты себе хочешь купить?

Роберт: Нет, это моей сестре. Она тоже учит русский язык в начальной школе.

Гена: Тогда возьми ещё вот эту пластинку: «Корней Чуковский читает свои стихи». Можно слушать пластинку и смотреть в книгу.

Роберт: _wonderfull!_ Прекрасно! Это и для меня хорошее упражнение будет.


**B3** Что говорит Роберт?

These conversations are incomplete. Supply an appropriate phrase to complete each one. (Possible phrases are provided below.)

Витя и Митя близнецы _twins_. Они учатся с Геной в одном классе. Сегодня они придут к нему в гости. Гена говорит об этом Роберту.

**a.** Гена: Знаешь, Боб, сегодня ко мне придут близнецы Витя и Митя.

Роберт: _С которыми вчесте учится_

Гена: Да.

**b.** Гена много рассказывал Роберту о Мите и Вите.

Гена: Сейчас к нам придут Витя и Митя.

Роберт: _о которых мы росказывал_

Гена: Да.

**c.** Гена и Роберт пойдут к ним на день рождения.

Гена: Это подарок для Вити и Мити.

Роберт: . . .

Гена: Да.

**d.** На дне рождéния Мúти и Вúти Гéна фотографúровал ребя́т.

    Гéна:      А вот эти фотографúи нáдо дать ребя́там.

    Рóберт:   . . .

    Гéна:      Да.

**e.** Гéна и Рóберт бы́ли на дне рождéния Вúти и Мúти.

    Гéна:      Ты пóмнишь Вúтю и Мúтю?

    Рóберт:   . . .

    Гéна:      Да.

О котóрых ты мне расскáзывал?

У котóрых мы бы́ли на дне рождéния?

Котóрых ты фотографúровал у Вúти и Мúти?

С котóрыми ты вмéсте ýчишься?

К котóрым мы пойдём на день рождéния?

**B4**  Look at these record jackets. Indicate which ones you might buy for yourself or as a present for someone else.

1.                          2.

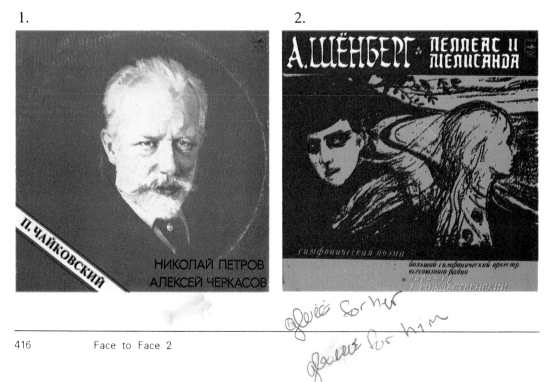

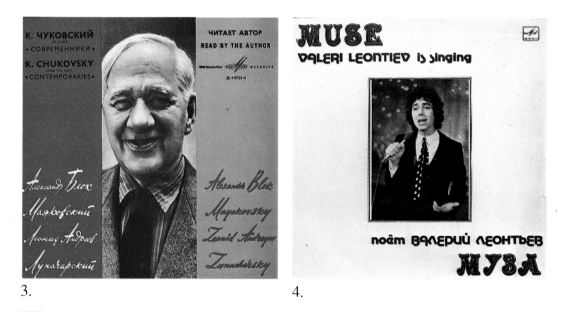

3.

4.

**B5**  Listen, then answer the questions.

**a.** How many stores did Robert and Gena visit to buy souvenirs?

**b.** Who did Robert buy presents for?

- for his teacher
- for his sister
- for his friend
- for his girlfriend
- for his mother
- for his brother
- for his father

**c.** Did he buy stamps for his friend, or did he think that the stamps were too expensive?

**d.** Which shawl did Robert buy for his mother?

- large
- expensive
- not very large
- inexpensive

**e.** What color was the tee shirt Robert bought for his brother?

- white
- blue
- red

---

**B6** Shawls are among the most popular souvenirs bought by visitors to Russia. The most famous, the woolen Pavlovsk shawls, have traditional hand-sewn bouquet or rose designs on a black, brown, maroon, or green background and are fringed with long tassels. Recently, more modern-looking silk shawls decorated with tulips, daisies, and lilies have become almost as widespread as the more traditional ones.

Shawls are both colorful and warm. Some of the most popular winter shawls are so large that they can be worn over the head and shoulders and tied at the waist!

**B7** Пэм хóчет купить хорóшую футбóлку.

Пэм:     Как тебé нрáвится эта футбóлка, Кáтя?

Кáтя:    Ничегó, но, по-мóему, онá слишком большáя для тебя.

Пэм:     Знáчит, моéй сестрé онá бýдет как раз. А себé я возьмý мéньше и другóго цвéта.

Use the above dialogue to act out these roles with a classmate.

Use the dialogue on page 418 to act out these roles with a classmate:

A Russian student (A) who is visiting the United States is shopping with an American friend (B):

**A**

You are the student from Russia. Show your friend some clothing you would like to buy, and ask if he/she likes it.

*Я хочу купить это футболку? Тебе нравится?*

Name someone you might give this article of clothing to. Say that you will buy something similar for yourself.

**B**

You are the American. Express your opinion of the clothing you are shown. Ask whether some of it is suitable for your friend.

*Прекрасно! Ты думаешь Иван нравится?*

*Мне / Тебе идет*

*This is good*

*к лицу = suits me*

**B8** Role play.

Play the parts of an American, a Russian student, and a salesperson in an American or Russian store.

Name some things you might buy for yourself or as gifts. Ask your friend's opinion about which store you should visit. After arriving at a store, consult with your friend as you choose from among the items you see for sale. Then, talk with the salesperson, and buy the things you have chosen.

*футболку = T-shirt*

**B9** You are in a Russian department store. Look at the list of items sold on each floor. Then, tell your friend what floor you will go to and what you will look for there. Follow this pattern.

Я хочу́ посмотре́ть...

Я пойду́ на . . . эта́ж.

| 7 | Мужска́я оде́жда |
| 6 | Же́нская оде́жда |
| 5 | Това́ры для мужчи́н |
| 4 | Това́ры для же́нщин |
| 3 | Галантере́я Сувени́ры |
| 2 | О́бувь |
| 1 | Парфюме́рия Игру́шки |

# C Cultural Readings

**АБ C1** The author of the book Robert bought for his sister is **Корне́й Ива́нович Чуко́вский** (1882–1969). He is a famous Russian literary scholar, a well-known translator of English poetry, and a gifted poet in his own right. A collection of his poems for children **«Чу́до-де́рево»** *(The Miracle Tree)* has been a favorite children's book for several generations.

This is the beginning of a Chukovsky poem called **«Пу́таница»** (A Muddle). On the tape, you can hear the poet himself reciting his poem. Here are some words which will help you understand the poem:

**надое́сть** *(pf.) + dat. + verb* — to be tired of (doing something)

 **надое́ло нам мя́укать** — we are tired of meowing

**за** + *instr.* — following (someone)

**прискака́ть** — to hop up

**реве́ть** — to roar

## Пу́таница

Замя́укали **котя́та**:
— **Надое́ло** нам мя́укать!
Мы хоти́м, как **порося́та**,
 Хрю́кать!
А **за** ни́ми и **утя́та**:
— Не жела́ем бо́льше кря́кать!
Мы хоти́м, как **лягуша́та**,
 Ква́кать!
**Сви́нки** замя́укали:
— Мя́у! Мя́у!
**Ко́шечки** захрю́кали:
— Хрю, хрю, хрю!
**Уто́чки** заква́кали:
— Ква, ква, ква́!

Ку́рочки закря́кали: *(handwritten: chickens)*

— Кря, кря, кря!

Воро́бышек прискака́л *(handwritten: sparrow, arrive by jumping)*

И коро́вой замыча́л: *(handwritten: the cow)*

— Му-у-у!

Прибежа́л медве́дь *(handwritten: Bear)*

И дава́й реве́ть: *(handwritten: roar!)*

— Ку-ка-ре-ку́!

At the end of this poem, the animals stop fooling around, and each begins to speak in its own voice. Guess which voice belongs to which animal. If you listen to how Chukovsky himself reads this section, this will be easy for you.

Гу́си на́чали опя́ть *(handwritten: geese)*

По-гуси́ному крича́ть:

. . ! га га га *(handwritten: Cats)*

Ко́шки замурлы́кали:

. . !

Пти́цы зачири́кали: *(handwritten: Birds)*

. . !

Ло́шади заржа́ли: *(handwritten: horses)*

. . ! и-и-и

Му́хи зажужжа́ли: *(handwritten: flies)*

. . . ! ж-ж-ж

Лягуша́та ква́кают:

. . . !

А утя́та кря́кают:

. . . !

## D Grammar Summary

**D1** The pronoun **себя** (A1, B2, B6).

This reflexive pronoun indicates that the subject is performing an action on or for itself. The pronoun is used for both genders and for both the singular and the plural, so it corresponds to all of the English reflexive pronouns: *oneself, myself, ourselves*, etc. Себя has no nominative form; otherwise, it is declined like the personal pronouns:

| | |
|---|---|
| *Gen.* | Этот словарь я купил **для себя**. |
| *Dat.* | Этот словарь я купил **себе**. |
| *Acc.* | Ты узнал **себя** на фотографии? |
| *Instr.* | Что можно взять **с собой** в самолёт? |
| *Prep.* | Расскажите нам **о себе**. |

**D2** The verb **взять** *(pf.)*—to take (A1, A5, B2, B6).

Взять is conjugated as follows:
**Present tense:**

| | | |
|---|---|---|
| Я | возьму́ | |
| Ты | возьмёшь | |
| Он/Она́ | возьмёт | с собо́й на экску́рсию фотоаппара́т. |
| Мы | возьмём | |
| Вы | возьмёте | |
| Они́ | возьму́т | |

## Past tense:

| | | |
|---|---|---|
| Я, ты, он | взял | |
| Я, ты, она́ | взяла́ | кни́ги в библиоте́ке. |
| Мы, вы, они́ | взя́ли | |

## Imperative:

Возьми́ мой но́мер телефо́на.

Возьми́те ва́ши конфе́ты.

**D3**   Review: case forms of numbers—talking about a sum of money (A1, A4, A5, B1).

When used with numbers, words referring to money, both American and Russian, follow this general rule (see Lesson **9**, **D2**):

**1** + *nom. sing.* (the words оди́н/одна́ are usually omitted):
    рубль, копе́йка (до́ллар, цент)

**2, 3, 4** + *gen. sing.*: два/три/четы́ре рубля́; две/три/четы́ре
    копе́йки (до́ллара, це́нта)

**5...** + *gen. pl.*: пять/де́сять рубле́й, копе́ек (до́лларов, це́нтов)

## D4 Using кото́рый in the plural (A1, A3, B4).

The rules for using кото́рый in the plural are the same as for
the singular. This relative pronoun/adjective agrees in number
and gender with its noun antecedent. The case that it takes
depends upon its use in the sentence.

Notice how the following nouns form the plural:

*(m.)* брасле́т — брасле́ты

*(f.)* серьга́ — се́рьги

*(n.)* кольцо́ — ко́льца

Now study the use of кото́рый with these nouns:

*Nominative*    Брасле́ты, **кото́рые**...

Се́рьги, **кото́рые**...

Ко́льца, **кото́рые** лежа́т здесь, сто́ят де́сять рубле́й.

*Genitive*    Брасле́ты, **кото́рых**...

Се́рьги, **кото́рых**...

Ко́льца, **кото́рых** сейча́с нет, бу́дут че́рез не́сколько дней.

*Dative*    Брасле́ты, **кото́рым**...

Се́рьги, **кото́рым**...

Ко́льца, **кото́рым** мно́го лет, сто́ят о́чень до́рого.

*Accusative*    Брасле́ты, **кото́рые**...

Се́рьги, **кото́рые**...

Ко́льца, **кото́рые** вы хоти́те купи́ть, есть в Изма́йлово.

*Instrumental* Брасле́ты, **кото́рыми**...

Се́рьги, **кото́рыми**...

Ко́льца, **кото́рыми** мы любу́емся (we admire), о́чень дороги́е.

*Prepositional* У нас нет брасле́тов, **о кото́рых**..

У нас нет серёг, **о кото́рых**...

У нас нет коле́ц, **о кото́рых** вы спра́шиваете.

## E Phonetics

**E1** Practice the pronunciation of these words:

| | | | | | |
|---|---|---|---|---|---|
| ру́бль | три | плато́к | сли́шком | набо́р | нет |
| как ра́з | витри́на | слова́рь | бале́т | наза́д | ничего́ |
| продаве́ц | пришёл | ла́мпа | ру́бль | наро́дный | день |
| продавщи́ца | Го́рький | плащ | ско́лько | узна́л | ме́ньше |

**E2** Read each phrase as a single unit:

два́дцать оди́н рубль        три́дцать одна́ копе́йка
со́рок два рубля́        пять копе́ек
шестьдеся́т шесть рубле́й        се́мьдесят во́семь копе́ек

**E3** Learn these tongue-twisters:

Орёл на горе́,
Перо́ на орле́.
Орёл под перо́м,
Гора́ под орло́м.

Взял Вале́рка таре́лку,
Взял Вале́рка подно́с.
Мне таре́лку Вале́рка
На подно́се принёс.

## Overview of the Lesson

Match the pictures with the list of functions below. What do you think the people are saying? More than one function may be appropriate for a picture.

Asking to see something

Finding out how much something costs

Identifying something by its price

1.

2.

3.

# Слова́рь

## Part A

| | | Фо́рмы глаго́лов |
|---|---|---|
| взять *(pf.)* | to take | возьм-у́, -ёшь, -у́т |
| витри́на | store window, showcase | |
| две́сти | two hundred | |
| как раз | just right, perfect | |
| копе́йка | kopeck | |
| продаве́ц | sales clerk, salesman | |
| *(pl.* продавцы́) | | |
| продавщи́ца | sales clerk, saleswoman | |
| пятьсо́т | five hundred | |
| рубль *(m.)* | ruble | |
| себе́ *(dat.)* | to or for oneself | |
| сто | hundred | |
| сто́ить *(impf.)* | to cost, be worth | сто́-ит, -ят |
| ско́лько сто́ит/ сто́ят? | how much does/do it/they cost? | |
| цвет | color | |
| како́го цве́та? | (of) what color? | |
| цент | cent | |
| ты́сяча | thousand | |

## Part B

| | |
|---|---|
| близнецы́ | twins |

| | |
|---|---|
| воро́бышек | little sparrow |
| гусь | goose |
| коро́ва | cow |
| котёнок (*pl.* котя́та) | kitten |
| ко́шечка (*dim.* of ко́шка) | cat |
| ку́рочка (*dim.* of ку́рица) | chicken |
| ло́шадь *(f.)* | horse |
| лягу́шка | frog |
| лягушо́нок (*pl.* лягуша́та) | baby frog |
| медве́дь *(m.)* | bear |
| му́ха | fly |
| поросёнок (*pl.* порося́та) | baby pig |
| сви́нка (*dim.* of свинья́) | pig |
| у́точка (*dim.* of у́тка) | duck |

## Numbers 100 to 1,000

| | | | |
|---|---|---|---|
| сто | hundred | шестьсо́т | six hundred |
| две́сти | two hundred | семьсо́т | seven hundred |
| три́ста | three hundred | восемьсо́т | eight hundred |
| четы́реста | four hundred | девятьсо́т | nine hundred |
| пятьсо́т | five hundred | ты́сяча | thousand |

# Words for Animals That Appear in Chukovsky's Poem

| **Adult Animals** | | **Young Animals** | |
|---|---|---|---|
| *sing.* | *pl.* | *sing.* | *pl.* |
| кот, ко́шка | коты́, ко́шки | котёнок | котя́та |
| свинья́ | сви́ньи | поросёнок | порося́та |
| у́тка | у́тки | утёнок | утя́та |
| лягу́шка | лягу́шки | лягушо́нок | лягуша́та |
| ку́рица | ку́ры | цыплёнок | цыпля́та |
| воробе́й | воробьи́ | | |
| коро́ва | коро́вы | телёнок | теля́та |
| медве́дь | медве́ди | медвежо́нок | медвежа́та |
| гусь | гу́си | гусёнок | гуся́та |
| пти́ца | пти́цы | птене́ц | птенцы́ |
| ло́шадь | ло́шади | жеребёнок | жеребя́та |
| му́ха | му́хи | | |

Diminutives:

| | | | |
|---|---|---|---|
| ку́рица | ку́ры | ку́рочка | ку́рочки |
| воробе́й | воробьи́ | воро́бышек | воро́бышки |

# Урок 20 (Двадцатый урок)

## Review of lessons 16-19

This review lesson is designed to improve your communicative skills and increase your knowledge of spoken Russian. The letters and numbers provide a reference to the places where language functions and grammar were discussed or practiced in the preceding lessons. For example, the notation **16:A1** refers to lesson **16**, Section A, exercise **1**, and the notation **D1** to grammar point **1** of that lesson.

## I. FUNCTIONS

**1. Asking and telling time** (16: A1, A3, A4, A5, A7, B1, B2, B3, B6, B7)

УПРАЖНЕ́НИЕ 1. Anna lives in Moscow. She is talking on the phone with a friend in New York.

Анна:     Кото́рый у вас час?

Се́йра:    Час дня, а у вас?

Анна:     У нас де́вять часо́в ве́чера.

Look at the pictures and determine who is talking to whom. Create dialogues similar to the one above for each picture.

УПРАЖНЕ́НИЕ 2. Scan these TV listings, and answer the questions following the model:

—Когда́ начина́ется фильм «Ю́ность Петра́»?
—В четы́рнадцать два́дцать пять.

---

## Телевидение

### Вторник, 31 августа

**1-й канал «Останкино».** 6.00, 9.00, 12.00, 15.00, 18.00, 21.00, 0.00 Новости. 6.30 «Утро». 9.20, 16.15 Мультфильмы. 9.40, 19.10 «Просто Мария». 10.25 Док. телефильмы. 10.45 «Уик-энд на широте Сурин Ма». 11.05 «Человек и закон». 11.30 Поет И. Кобзон. 12.20 «Эчи звезда». Телефильм. 13.10, 1.25 «Спрут-4». 4-я серия. 15.25 Деловой вестник. 15.40 Мир денег Адама Смита. 16.10 Блокнот. 16.50, 18.25 Программа Кыргызстана. 17.50 Технодром. 18.55 «Азбука собственника». 19.55 «Тема». 20.40 «Спокойной ночи, малыши!». **21.40, 0.20 «У меня еще есть адреса...» Авторская программа В. Молчанова. 23.10 «Музыка в стиле пепси. Джексоны: американская мечта». 5-я серия.**

**Канал «Россия».** 8.00, 14.00, 20.00, 23.00 Вести. 8.20 Телебиржа труда. 8.30 Время деловых людей. 9.00 Без ретуши. 12.05 «Утро без отметок». Худ. фильм. 13.10 «Цены называем мы». 13.40 Крестьянский вопрос. 14.25 «Юность Петра». 2-я серия. 15.30 Открытый чемпионат США по теннису. 16.30 Там-там-новости. 16.45 Студия «Рост». 17.15 Трансросэфир. 18.00 Золотая ветвь. 18.30 Хроника национальной политики. 18.45 Парламентский час. 19.45 «Праздник каждый день». 20.25 «Санта-Барбара». 21.15 Елена Образцова. 22.00 Отечество мое. 23.20 Автомиг. 23.35 Звезды говорят. 23.30 Спортивная карусель. 23.35, 0.05 «Музыкальный экзамен». 23.50 «Остров Коневец».

**Московская программа.** «2x2»: 6.00, 7.00, 17.35 Би-би-си. 7.35, 10.35 Мультфильм. 8.00 Си-би-эс. 8.40 «Бизнес-Кард». 9.00 «Уорлднет». 9.45 «Видео: последние новости». 10.00 «Экстро-НЛО». 11.05 «Экспресс-камера». 11.10, 17.10, 23.00 «Зеленый коридор». **11.35 «Раб божий Владимир». 1-я серия.** 12.35 Ай-ти-эн. 13.05 Худ. фильм. 15.10 Радио «Труба». 15.45 Автошоу. 16.35 Огород — круглый год. 18.00, 22.00 Московский телетайп. 18.10 Частный сектор. 18.50 «Подмосковье». 19.30 ДВМ. 20.30 Киноканал. 22.30 Приглашает Б. Ноткин. «2x2»:23.45 «Сладкий ручей». 0.50 «Телепари-бега».

**Телеканал «Российские университеты.** 8.30 Студия «Рост». 9.00 Фр. яз. для детей. 9.20 Служба «01». 9.50 Юношеские ассамблеи искусств. 10.50 «Наука-видео». 11.15 «Сигнал». 11.30, 17.45 Дела семейные. 12.00 Фр. яз. 13.00 Высшая школа. 13.15 Франс ТВ-магазин. 14.10 Звезды на «78». 14.40 «Киммерийские сумерки». 14.55 «Красное и черное». 4-я серия. 16.00 Досуг. 16.15 «03».16.45 К началу учебного года. 17.00 Бизнес: новые имена. 17.15 АР-ТВ.

18.45 Беседы под абажуром. 19.15 Музыка сквозь века. 20.10 «Только для Вас». 20.40 Новости о деньгах. 20.55 «Морская душа». Часть 2-я. 21.40 «Мир авиации».

**4-й канал «Останкино».** 22.00 Норма. 22.10 «Курс». 22.20 «Времечко». 22.45 Программа «Х». 23.00 «Западня для женихов». Худ. фильм.

**Санкт-петербургская программа.** 7.30, 15.30, 20.20, 23.45 Факт. 7.45 Фильм-концерт. 8.10, 14.45, 17.05 Док. фильмы. 8.55 Худ. телефильм. 9.15 «Привидение из города Ойленберга». 11.25 Мызыка детям. 11.55 «Кинопробы». Худ. фильм. 13.40 «Музыкальный диалог». 15.05 Фильм-концерт. 15.40 Телефильм-балет. 16.10 «Преображение». 17.15 Мультфильм. 18.30 «Здравствуй, школа». 19.00 «Большой фестиваль». 19.15 «Реформа и власть». 19.45 «Профессия — режиссер». 20.45 Спорт, спорт, спорт. 21.00, 0.30 «Ля Сет». 21.35 600 секунд. 21.45 Ваш стиль. 21.50 «Завтра ожидается...». 22.00 «Моя вторая мама». 22.50 «Лифт-транзит». 23.10 «Адам и Ева плюс». 0.00 Телебиржа.

**Шестой канал.** 10.00, 19.30 Мультфильмы. 10.30 Детский сеанс: «Фотографии на стене». 2-я серия. 12.00, 23.15 Новости Си-эн-эн. 19.45 Кинотеатр ТВ-6: «Служебный роман» 2-я серия. 21.15 Золотая фильмотека: «Без любви». 0.00 Программа МТВ.

---

1. Когда́ начина́ется «Те́ма»?

2. Когда́ начина́ется програ́мма «Ве́сти»?

3. Когда́ начина́ется фильм «Кра́сное и чёрное»?

УПРАЖНЕНИЕ 3. Following the model dialogue below, tell a classmate when a movie or performance starts; then decide whether it is time to go. Choose an event from among those shown below.

—Фильм начинается в пятнадцать минут пятого.
 Мы не опоздаем?
—Да, уже пора идти.

УПРАЖНЕНИЕ 4. Act out this scenario with a classmate. You need to buy bus tickets for a trip from Moscow to Suzdal. Check the bus schedule; then call your friend and discuss which bus to take.

—До Суздаля есть автобус в . . .
—А когда следующий автобус?
—В . . .
—Давай поедем в . . .

## 2. Calling for silence and attention (17:A1, B5)

УПРАЖНÉНИЕ 5. The teacher has asked you to make some announcements. Using abbreviations below, call for attention, and tell your classmates what they need to know:

**Экскурс. в Ист. муз. — суб. утро.**

—Ребя́та, внима́ние! Экску́рсия в Истори́ческий музе́й бу́дет в суббо́ту у́тром.

1. Лит-ра – каб. рус. яз.
2. Хим. круж. – после ур.
3. 2ой завтрак – больш. перем.
4. Встреча с амер. учит-ми — завтра.
5. Коформ. – воскр.

## 3. Expressing doubt or possibility (17:A1, A4, D1, D2)

УПРАЖНÉНИЕ 6. Read these statements, and express your reaction:

—Ско́ро лю́ди совсе́м не бу́дут есть мя́со.
—Мо́жет быть./Вряд ли.

1. Ско́ро в ка́ждой шко́ле бу́дет свой бассе́йн.

2. Ско́ро в Росси́и бу́дут игра́ть в америка́нский футбо́л.

3. Ско́ро бу́дут экску́рсии в ко́смос.

4. Ско́ро в США бу́дет телепрогра́мма на ру́сском языке́.

5. Ско́ро я бу́ду чита́ть ру́сские газе́ты.

УПРАЖНЕНИЕ 7. Как ты думаешь...?

**1.** Что ты будешь делать через час? через неделю? через месяц? через год? через пять лет?

**2.** Кем будут твои друзья через десять лет? Какими они будут?

**3.** Что будет в мире через год? через десять лет?

Read your predictions aloud. Comment on each other's predictions. Use **может быть/вряд ли** as part of your comments.

## 4. Comparing things, quantities and actions (18:A1, B3, B4, D2, D3)

УПРАЖНЕНИЕ 8. Your Russian friend has the choice of visiting either Washington D.C. or New York. Say which city you would advise him/her to visit. Compare these cities with your friend, and agree or disagree with his/her choices. Start the discussion by answering the following questions:

**1.** Какой город красивее? интереснее?

**2.** Где больше музеев? памятников?

**3.** Где лучше погода?

**4.** Где бывает больше туристов?

## 5. Asking/stating prices (19:A1, A4, A5, B5, D3)

УПРАЖНЕ́НИЕ 9. Make up dialogues in pairs. **A:** Ask the price of the following items. **B:** Find the price tag for the item you are asked about, and state its price.

НАБО́Р ОТКРЫ́ТОК
30 РУБ.

БУ́СЫ
7000 РУБ.

МАТРЁШКА
5000 РУБ.

СУ́МКА СПОРТИ́ВНАЯ
17000 РУБ.

ПЛАСТИ́НКА
500 РУБ.

ЗНАЧКИ́
100 РУБ.

АЛЬБО́М
1500 РУБ.

## 6. Identifying something by its price (19:A1, B1, D3)

УПРАЖНЕ́НИЕ 10. How would you ask a salesperson to show you the items in the pictures above? Identify them by price:

— Покажи́те мне матрёшку за 130 рубле́й.

## II. GRAMMAR

### 1. Accusative singular and plural

The accusative case is usually used to express the direct object, that is, the object or person receiving the action. In this usage, the accusative does not take a preposition: встре́тить дру́га, купи́ть пода́рок, смотре́ть телеви́зор, etc.

In addition, certain prepositions require the accusative case: идти́ в шко́лу/на уро́к, смотре́ть в окно́/в кни́гу, прие́хать в воскресе́нье, в два часа́, etc.

The accusative is also used to say how much something costs. In the sentence „Су́мка сто́ит со́рок одну́ копе́йку" the price is in the accusative case. As direct objects, numbers always appear in the accusative, though only numbers ending in "one" have a distinct accusative form.

Study the feminine singular accusative forms, and compare them with the nominative forms:

| *Nominative* | *Accusative* |
|---|---|
| Это моя́ хоро́шая подру́га. | Я встре́тил мою́ хоро́шую подру́гу. |
| Это но́вая пе́сня. | Ты слы́шал уже́ э́ту пе́сню? |

Compare the other forms of the nominative and accusative:

**a.** *Nominative* | *Accusative*
---|---
Это хоро́ший слова́рь. | Я купи́л хоро́ший слова́рь.
Это моё пе́рвое письмо́. | Ты получи́л моё пе́рвое письмо́?
Это моя́ но́вая тетра́дь. | Ты взял мою́ ста́рую тетра́дь?

Masculine nouns referring to inanimate objects, neuter nouns, and feminine nouns ending in -ь have the same form in the nominative and accusative singular.

**b.** *Nominative*        *Accusative*        *Genitive*

Это мой но́вый        Я встре́тил моего́        Я купи́л пода́рок для
друг.        но́вого дру́га.        моего́ но́вого дру́га.

Masculine nouns for animate beings have the same endings in the genitive and accusative.


**c.** *Nominative*        *Accusative*

Это хоро́шие словари́.        Я купи́л хоро́шие словари́.

Это мои́ но́вые пи́сьма.        Ты получи́л мои́ но́вые пи́сьма?

Это мои́ ста́рые тетра́ди.        Ты взял мои́ ста́рые тетра́ди?

Masculine, neuter, and feminine nouns that name inanimate objects have the same endings in the nominative and accusative plural.


**d.** Plural endings for animate nouns:

*Nominative*        Это мои́ хоро́шие друзья́.

Это мои́ но́вые подру́ги.

*Accusative*        Я встре́тил мои́х хоро́ших друзе́й.

Я встре́тил мои́х но́вых подру́г.

*Genitive*        Я купи́л пода́рки для мои́х хоро́ших
друзе́й и для мои́х но́вых подру́г.

Masculine and feminine nouns that name animate beings have the same endings in the accusative and genitive plural.

## 2. Declension of the possessive adjectives/pronouns

The declension of possessive adjectives/pronouns мой, моя, моё, мои, твой, твоя, etc. is very similar to the declension of soft adjectives. The majority of these endings coincide with those of the third-person personal pronouns он, она, оно, они. Compare: Я дал книгу ему. Я дал книгу моему другу. Я долго не видел их. Я давно не видел моих русских друзей.

| Nom. | мой<br>наш | моя<br>наша | моё<br>наше | мои<br>наши |
|---|---|---|---|---|
| Gen. | моего<br>нашего | моей<br>нашей | моего<br>нашего | моих<br>наших |
| Dat. | моему<br>нашему | моей<br>нашей | моему<br>нашему | моим<br>нашим |
| Acc. | animate—gen.<br>inanimate—nom. | мою<br>нашу | nom. | animate—gen.<br>inanimate—nom. |
| Instr. | моим<br>нашим | моей<br>нашей | моим<br>нашим | моими<br>нашими |
| Prep. | (о) моём<br>(о) нашем | (о) моей<br>(о) нашей | (о) моём<br>(о) нашем | (о) моих<br>(о) наших |

## 3. Expressing quantity

Numerals are used with nouns in different ways:

**1 +**     nominative singular:
      оди́н дом, одна́ у́лица, одно́ зда́ние

**2-4 +** genitive singular:
      два до́ма, две у́лицы, два зда́ния

**5-20, мно́го, ма́ло, не́сколько, ско́лько +** genitive plural:
      пять домо́в, не́сколько у́лиц, мно́го зда́ний

Review the formation of genitive plural endings:

| Masculine | Feminine |
|---|---|
| оди́н дом — 5 домо́в | одна́ у́лица — мно́го у́лиц |
| оди́н рубль — 5 рубле́й | одна́ пло́щадь — мно́го площаде́й |
| оди́н каранда́ш — 5 карандаше́й | одна́ копе́йка — 5 копе́ек |
| оди́н музе́й — 5 музе́ев | |

## Neuter

одно́ о́зеро — 5 озёр

одно́ письмо́ — ско́лько пи́сем

одно́ зда́ние — мно́го зда́ний

## III. JOKES & ANECDOTES

### Подумай и скажи:

1. Какие часы показывают время правильно только два раза в сутки?

2. В 12 часов две стрелки на часах находятся в одном месте. Когда они встретятся в следующий раз?

### Подарок

Маленький Витя просил маму и папу купить ему собаку. Утром в день рождения он проснулся и увидел в комнате очень большого сенбернара. Витя долго смотрел на него, а потом спросил:
— Скажите, это вы его мне подарили или меня ему?

### Лучше или хуже?

В больнице.

— Как дела у Виктора?
— О, ему лучше. Сегодня он первый раз открыл глаза и сказал, что ему плохо.

### Почему бы и нет?

Один богатый человек попросил художника нарисовать рисунок для коллекции. Художник сел и тут же нарисовал рисунок и попросил за работу пять тысяч рублей.
— Как! Вы рисовали только пять минут и просите пять тысяч рублей?
— А почему бы и нет? Я рисовал пять минут, но до этого я учился двадцать пять лет.

# IV. GUIDED CONVERSATIONS AND ROLE PLAYS

## 1. An American student (A) is talking with a Russian student (B) who is staying in the U.S.A.:

| A | B |
|---|---|
| Suggest going to a movie together. | Agree to the suggestion. Ask which movie your friend wants to see. |
| Look at a movie listing in a newspaper. Say what is showing. Suggest a movie. | Agree with the suggestion. Ask when the movie starts. |
| Say when it starts. | Ask where the movie theater is located and how to get there. |
| Give directions. Ask what time it is. | Tell the time. Ask whether you can get to the theater in time. |
| Say it is time to leave; otherwise you may be late. | |

**2. An American student (A) is buying souvenirs in a Russian department store. He/she is talking with a salesperson (B):**

**A**

Say what you would like to buy.

Ask to see some other items—of a different color or a different size.

Choose an item and ask its price.

You think the price is too high. Ask for a less expensive item.

Express your feelings about it, and decide whether you will take it.

**B**

Suggest a few items.

Show what you have, and indicate what you do not have.

Tell the price.

Suggest something less expensive. Explain how it differs from the more expensive item.

## 3. Act out this situation with a classmate. Two friends are talking on the telephone:

**A**

Look at a movie/theater listing, and suggest what you would like to see. Decide on which movie/play you will see and when and where you will meet.

**B**

Your friend suggests some films/performances he/she would like to see. Find out what time they start. Decide where to go and agree on when and where you will meet your friend.

## 4. An American (A) and a Russian student (B) are talking:

**A**

You want to buy gifts for your friends and relatives. Ask your Russian friend for advice. Mention what you think they may like. Ask your friend to shop with you. Decide where and when you will meet and where you will go.

**B**

Your American friend wants to buy some souvenirs. Ask who he wants to buy gifts for, and suggest what to buy and where you might go. Agree to go with your friend. Decide when and where you will meet and where you will go.

A.

B.

# Culture in Focus

# The Golden Ring of Russia

**"The Golden Ring of Russia"** is an area that runs through ancient Russian towns, many older than Moscow. These towns are renowned for their architecture, art museums, and folk handicrafts. The "Golden Ring" route begins and ends in Moscow.

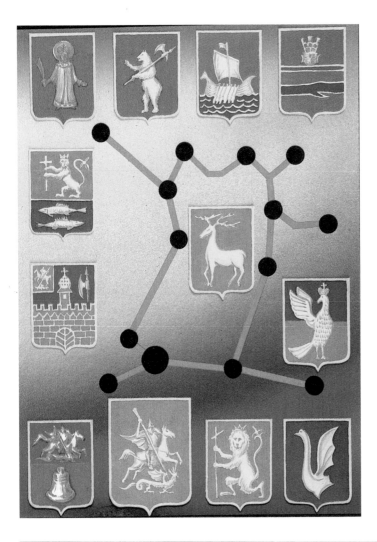

## Pereslavl-Zalessky

Once one of Russia's largest cities, Pereslavl-Zalessky was founded by Prince Yuri Dolgoruky, who had already founded Moscow. A twelfth-century cathedral and several monasteries are among the town's historic buildings. Pereslavl stands on the shores of the lake where, in the seventeenth century, Peter the Great began construction of the Russian fleet.

## Sergiev Posad

Our first stop on the Golden Ring is Sergiev Posad, which houses the Trinity-St. Sergius Monastery, a complex of sixteenth-century church buildings, a seminary, and the country home of the Russian Orthodox Patriarch.

## Vladimir

The twelfth-century city of Vladimir was named in honor of its founder, Prince Vladimir. The town boasts twelfth-century churches with ancient frescoes and icons, including work by Andrei Rublyov, one of the greatest and best known Russian icon-painters.

## Suzdal

Suzdal is a museum town of Russian architecture dating from the thirteenth through the eighteenth centuries. The town proudly displays buildings from that time, including the Suzdal Kremlin, five monasteries, and a museum of wooden architecture.

## Yaroslavl

Almost every historical Russian town has a kremlin (a walled fortress) at its core. In old Russia, a kremlin was originally an entire town, to which surrounding settlements later came to be added. The kremlin in this picture is in Yaroslavl and was built in the thirteenth century.

## Rostov

Situated on the shores of Lake Nero, Rostov is one of the oldest of all Russian cities. From the tenth through the twelfth centuries, Rostov was the center of the Rostov-Suzdal principality and was called Rostov-the-Great. Yuri Dolgoruky, Rostov's prince, is also said to have founded Moscow, which in the 15th century became the capital of the Russian state with Ivan III's unification of the Russian principalities.

# APPENDIX

# Declensions

## Use of Cases

| Case | Usage | Verbs | Prepositions | | m. | n. | f. |
|------|-------|-------|--------------|---|-----|-----|-----|
| *nom.*<br><br>кто<br>что | Subject, doer (predicate noun/adj.) | | | S | -0<br>-й<br>-ь | -о<br>-е<br>-ие | -а<br>-я<br>-ь<br>-ия |
| | | | | P | -ы<br>-и | -а<br>-я<br>-ия | -ы<br>-и<br>-и<br>-ии |
| *gen.*<br><br>кого́<br>чего́ | Possession<br>Negation: нет,<br>  не́ было,<br>  не бу́дет<br>Numbers:<br>  2-4 (sing.)<br>  5+ (plural)<br>Quantity<br>words:<br>мно́го, ма́ло<br>  (plural) | жела́ть<br>боя́ться | у<br>о́коло<br>по́сле<br>для<br>из<br>до<br>от<br>с — from<br>без | S | -а<br>-я<br>-я | -а<br>-я<br>-ия | -ы<br>-и<br>-и<br>-ии |
| | | | | P | -ов<br>-ев<br>-ей | -0<br>-ей<br>-ий | -0<br>-ей<br>-ий |
| *dat.*<br><br>кому́<br>чему́ | Indirect<br>Object, to or<br>  for whom<br>Impersonal<br>Expressions:<br>  мо́жно,<br>  нельзя́,<br>  на́до | показа́ть<br>жела́ть<br>подари́ть<br>сове́товать<br><br>нра́виться<br>каза́ться<br>  (ка́жется) | к<br>по | S | -у<br>-ю | -у<br>-ю | -е<br>-и |
| | | | | P | -ам | -ям | |

| Case | Usage | Verbs | Prepositions | | m. | n. | f. |
|------|-------|-------|--------------|---|-----|-----|-----|
| *acc.*<br><br>кого́<br>что | Direct Object<br>Destination<br>after Motion<br>Verbs:<br>  куда́<br>Some Time<br>Expressions | Action Verbs:<br>  ви́деть<br>  люби́ть<br>  чита́ть<br>  писа́ть<br>  учи́ть<br>  знать | в, на — to<br>after:<br>идти́/ходи́ть<br>éхать/éздить<br>лета́ть/летéть<br>поступа́ть/<br>  поступи́ть<br><br>похóж(а) на<br>  когó<br>чéрез | S<br><br><br><br><br><br>P | *anim.*<br>see<br>*gen.*<br>*inanim*<br>see<br>*nom.*<br><br>*anim.*<br>see<br>*gen.* | -о<br>-е<br><br><br><br><br><br>*inan.*<br>see<br>*nom.* | -у<br>-ю<br><br><br><br><br><br>+ |
| *instr.*<br><br>кем<br>чем | Agent of<br>Action, "by<br>means of"<br>Change of<br>State<br>(future, past)<br>Some Time<br>Expressions | быть:<br>  был<br>  бýдет<br>  быть<br>  бýдь(те)<br>занима́ться<br>познакó-<br>  миться | с — with<br>над<br>под<br>пéред<br>за<br>мéжду<br>ря́дом с | S<br><br>P | -ом<br>-ем<br><br>-ами | -ом<br>-ем<br><br>-ями | -ой<br>-ей<br><br>+ |
| *prep.*<br><br>о ком<br>о чём | Prepostitional<br>Phrases:<br>  где | | в — in<br>на — at, on<br>о (об) | S<br><br>P | -е<br>-и<br><br>-ах | -е<br>-и<br><br>-ях | -е<br>-и |

# Masculine Nouns

| Number | Case | Inanimate | Animate | -ь | -й |
|--------|------|-----------|---------|-----|-----|
| Singular | Nominative | стол | учени́к | слова́рь | музе́й |
| | Genitive | стола́ | ученика́ | словаря́ | музе́я |
| | Dative | столу́ | ученику́ | словарю́ | музе́ю |
| | Accusative | стол | ученика́ | слова́рь | музе́й |
| | Instrumental | столо́м | ученико́м | словарём | музе́ем |
| | Prepositional | о столе́ | об ученике́ | о словаре́ | о музе́е |
| Plural | Nominative | столы́ | ученики́ | словари́ | музе́и |
| | Genitive | столо́в | ученико́в | словаре́й | музе́ев |
| | Dative | стола́м | ученика́м | словаря́м | музе́ям |
| | Accusative | столы́ | ученико́в | словари́ | музе́и |
| | Instrumental | стола́ми | ученика́ми | словаря́ми | музе́ями |
| | Prepositional | о стола́х | об ученика́х | о словаря́х | о музе́ях |

Most masculine nouns have what is known as a "0" ("zero" or "null") ending in the nominative singular.

# Feminine Nouns

| Number | Case | -a | -я | -ия | -ь |
|--------|------|-----|-----|-----|-----|
| Singular | Nominative | па́рта | дере́вня | лаборато́рия | пло́щадь |
| | Genitive | па́рты | дере́вни | лаборато́рии | пло́щади |
| | Dative | па́рте | дере́вне | лаборато́рии | пло́щади |
| | Accusative | па́рту | дере́вню | лаборато́рию | пло́щадь |
| | Instrumental | па́ртой | дере́вней | лаборато́рией | пло́щадью |
| | Prepositional | о па́рте | о дере́вне | о лаборато́рии | о пло́щади |
| Plural | Nominative | па́рты | дере́вни | лаборато́рии | пло́щади |
| | Genitive | парт | дереве́нь | лаборато́рий | площаде́й |
| | Dative | па́ртам | деревня́м | лаборато́риям | площадя́м |
| | Accusative | па́рты | дере́вни | лаборато́рии | пло́щади |
| | Instrumental | па́ртами | деревня́ми | лаборато́риями | площадя́ми |
| | Prepositional | о па́ртах | о деревня́х | о лаборато́риях | о площадя́х |

Most feminine nouns have what is known as a "0" ("zero" or "null") ending in the genitive plural.

# Neuter Nouns

| Number | Case | -o | -e | -ие |
|--------|------|-----|-----|-----|
| Singular | Nominative | письмо́ | мо́ре | зда́ние |
| | Genitive | письма́ | мо́ря | зда́ния |
| | Dative | письму́ | мо́рю | зда́нию |
| | Accusative | письмо́ | мо́ре | зда́ние |
| | Instrumental | письмо́м | мо́рем | зда́нием |
| | Prepositional | о письме́ | о мо́ре | о зда́нии |
| Plural | Nominative | пи́сьма | моря́ | зда́ния |
| | Genitive | пи́сем | море́й | зда́ний |
| | Dative | пи́сьмам | моря́м | зда́ниям |
| | Accusative | пи́сьма | моря́ | зда́ния |
| | Instrumental | пи́сьмами | моря́ми | зда́ниями |
| | Prepositional | о пи́сьмах | о моря́х | о зда́ниях |

Most neuter nouns have what is known as a "0" ("zero" or "null") ending in the genitive plural.

# Hard-Stem Adjectives

| Case | Singular | | | Plural |
|------|----------|---|---|--------|
| | Masculine | Feminine | Neuter | |
| Nominative | но́вый | но́вая | но́вое | но́вые |
| Genitive | но́вого | но́вой | но́вого | но́вых |
| Dative | но́вому | но́вой | но́вому | но́вым |
| Accusative | | | | |
| (inanimate) | но́вый | но́вую | но́вое | но́вые |
| (animate) | но́вого | но́вую | — | но́вых |
| Instrumental | но́вым | но́вой | но́вым | но́выми |
| Prepositional | о но́вом | о но́вой | о но́вом | о но́вых |

Hard-stem adjectives with accented endings end in -ой in the masculine nominative singular and inanimate accusative singular: большо́й, плохо́й.

# Soft-Stem Adjectives

| Case | Singular | | | Plural |
| | Masculine | Feminine | Neuter | |
|---|---|---|---|---|
| Nominative | синий | синяя | синее | синие |
| Genitive | синего | синей | синего | синих |
| Dative | синему | синей | синему | синим |
| Accusative | | | | |
| (inanimate) | синий | синюю | синее | синие |
| (animate) | синего | синюю | — | синих |
| Instrumental | синим | синей | синим | синими |
| Prepositional | о синем | о синей | о синем | о синих |

# Personal Pronouns

| Case | | | | | | | |
|---|---|---|---|---|---|---|---|
| Nominative | я | ты | он | она́ | мы | вы | они́ |
| Genitive | меня́ | тебя́ | (н)его́ | (н)её | нас | вас | (н)их |
| Dative | мне | тебе́ | (н)ему́ | (н)ей | нам | вам | (н)им |
| Accusative | меня́ | тебя́ | (н)его́ | (н)её | нас | вас | (н)их |
| Instrumental | мной | тобо́й | (н)им | (н)ей | на́ми | ва́ми | (н)и́ми |
| Prepositional | обо мне́ | о тебе́ | о нём | о ней | о нас | о вас | о них |

The third person pronoun forms add an н when they are objects of prepositions.

# Interrogative Pronouns

| Nominative | кто | что |
|---|---|---|
| Genitive | когó | чегó |
| Dative | комý | чемý |
| Accusative | когó | что |
| Instrumental | кем | чем |
| Prepositional | ком | чём |

# Possessive Pronouns

The Possessive Pronouns мой and наш (мой, твой and наш, ваш have the same endings in all cases)

| Case | Singular | | | Plural |
|---|---|---|---|---|
| | Masculine | Feminine | Neuter | |
| Nominative | мой | моя́ | моё | мой |
| | наш | на́ша | на́ше | на́ши |
| Genitive | моегó | моéй | моегó | мойх |
| | на́шего | на́шей | на́шего | на́ших |
| Dative | моемý | моéй | моемý | мойм |
| | на́шему | на́шей | на́шему | на́шим |
| Accusative | | | | |
| (inanimate) | мой | мою́ | моё | мой |
| | наш | на́шу | на́ше | на́ши |
| (animate) | моегó | мою́ | — | мойх |
| | на́шего | на́шу | — | на́ших |
| Instrumental | мойм | моéй | мойм | мойми |
| | на́шим | на́шей | на́шим | на́шими |
| Prepositional | о моём | о моéй | о моём | мойх |
| | о на́шем | о на́шей | о на́шем | на́ших |

# The Demonstrative Pronouns э́тот, э́та, э́то and тот, та, то

| Case | Singular Masculine | | Singular Feminine | | Singular Neuter | | Plural | |
|---|---|---|---|---|---|---|---|---|
| Nominative | э́тот | тот | э́та | та | э́то | то | э́ти | те |
| Genitive | э́того | того́ | э́той | той | э́того | того́ | э́тих | тех |
| Dative | э́тому | тому́ | э́той | той | э́тому | тому́ | э́тим | тем |
| Accusative | | | | | | | | |
|   (inanimate) | э́тот | тот | э́ту | ту | э́то | то | э́ти | те |
|   (animate) | э́того | того́ | э́ту | ту | — | — | э́тих | тех |
| Instrumental | э́тим | тем | э́той | той | э́тим | тем | э́тими | те́ми |
| Prepositional | об э́том | о том | об э́той | о той | об э́том | о том | об э́тих | о тех |

# The Pronouns весь, вся, всё and чей, чья, чьё

| Case | Singular Masculine | | Singular Feminine | | Singular Neuter | | Plural | |
|---|---|---|---|---|---|---|---|---|
| Nominative | весь | чей | вся | чья | всё | чьё | все | чьи |
| Genitive | всего́ | чьего́ | всей | чьей | всего́ | чьего́ | всех | чьих |
| Dative | всему́ | чьему́ | всей | чьей | всему́ | чьему́ | всем | чьим |
| Accusative | | | | | | | | |
|   (inanimate) | весь | чей | всю | чью | всё | чьё | все | чьи |
|   (animate) | всего́ | чьего́ | всю | чью | — | — | всех | чьих |
| Instrumental | всем | чьим | всей | чьей | всем | чьим | все́ми | чьи́ми |
| Prepositional | всём | чьём | всей | чьей | всём | чьём | всех | чьих |

# Declension of Russian and Non-Russian Proper Names

## Russian Male Names

| | | | |
|---|---|---|---|
| *nom.* | Андрéй Буя́нов | Игорь Бу́нин | Вита́лий Ту́льский |
| *gen.* | (у) Андрéя Буя́нова | Игоря Бу́нина | Вита́лия Ту́льского |
| *dat.* | (к) Андрéю Буя́нову | Игорю Бу́нину | Вита́лию Ту́льскому |
| *acc.* | Андрéя Буя́нова | Игоря Бу́нина | Вита́лия Ту́льского |
| *instr.* | (с) Андрéем Буя́новым | Игорем Бу́ниным | Вита́лием Ту́льским |
| *prep.* | (об) Андрéе Буя́нове | Игоре Бу́нине | Вита́лии Ту́льском |

## Russian Female Names

| | | | |
|---|---|---|---|
| *nom.* | Ка́тя Бога́това | Свéта Раéвская | Ната́лья Во́лгина |
| *gen.* | (у) Ка́ти Бога́товой | Свéты Раéвской | Ната́льи Во́лгиной |
| *dat.* | (к) Ка́те Бога́товой | Свéте Раéвской | Ната́лье Во́лгиной |
| *acc.* | Ка́тю Бога́тову | Свéту Раéвскую | Ната́лью Во́лгину |
| *instr.* | (с) Ка́тей Бога́товой | Свéтой Раéвской | Ната́льей Во́лгиной |
| *prep.* | (о) Ка́те Бога́товой | Свéте Раéвской | Ната́лье Во́лгиной |

## Non-Russian Male Names

| | | |
|---|---|---|
| *nom.* | Джон Смит | Сью Ба́рли |
| *gen.* | (у) Джо́на Сми́та | (у) Сью Ба́рли |
| *dat.* | (к) Джо́ну Сми́ту | (к) Сью Ба́рли |
| *acc.* | Джо́на Сми́та | Сью Ба́рли |
| *instr.* | (с) Джо́ном Сми́том | (с) Сью Ба́рли |
| *prep.* | (о) Джо́не Сми́те | (о) Сью Ба́рли |

## Non-Russian Female Names

| | | |
|---|---|---|
| *nom.* | Джейн Смит | Са́ра Фо́нда |
| *gen.* | (у) Джейн Смит | (у) Са́ры Фо́нды |
| *dat.* | (к) Джейн Смит | (к) Са́ре Фо́нде |
| *acc.* | Джейн Смит | Са́ру Фо́нду |
| *instr.* | (с) Джейн Смит | (с) Са́рой Фо́ндой |
| *prep.* | (о) Джейн Смит | (о) Са́ре Фо́нде |

# Declension of Cardinal Numbers

| | *m.* | *f.* | *n.* | *m., f., n. (pl.)* |
|---|---|---|---|---|
| *Nom.* | оди́н | одна́ | одно́ | одни́ |
| *Gen.* | одного́ | одно́й | одного́ | одни́х |
| *Dat.* | одному́ | одно́й | одному́ | одни́м |
| *Acc.* | оди́н | одну́ | одно́ | одни́ |
| | одного́ | | | одни́х |
| *Instr.* | одни́м | одно́й | одни́м | одни́ми |
| *Prep.* | (об) одно́м | (об) одно́й | (об) одно́м | (об) одни́х |

| | *m., n.* | *f.* | *All Genders* | | |
|---|---|---|---|---|---|
| *Nom.* | два | две | три | четы́ре | пять |
| *Gen.* | двух | двух | трёх | четырёх | пяти́ |
| *Dat.* | двум | двум | *трём* | *четырём* | *пяти́* |
| *Acc.* | два | две | три | четы́ре | пять |
| | двух | двух | трёх | четырёх | пятеры́х |
| *Instr.* | двумя́ | двумя́ | тремя́ | четырьмя́ | пятью́ |
| *Prep.* | (о) двух | (о) двух | (о) трёх | (о) четырёх | (о) пяти́ |

| | *All Genders* | | |
|---|---|---|---|
| *Nom.* | со́рок | пятьдеся́т | девяно́сто |
| *Gen.* | сорока́ | пяти́десяти | девяно́ста |
| *Dat.* | сорока́ | пяти́десяти | девяно́ста |
| *Acc.* | со́рок | пятьдеся́т | девяно́сто |
| *Instr.* | сорока́ | пятью́десятью | девяно́ста |
| *Prep.* | сорока́ | пяти́десяти | девяно́ста |

| | *All Genders* | | |
|---|---|---|---|
| *Nom.* | сто | две́сти | ты́сяча |
| *Gen.* | ста | двухсо́т | ты́сячи |
| *Dat.* | ста | двумста́м | ты́сяче |
| *Acc.* | сто | две́сти | ты́сячу |
| *Instr.* | ста | двумяста́ми | ты́сячей |
| *Prep.* | ста | двухста́х | ты́сяче |

# Verbs

## Present Imperfective

| Inf. | читáть | занимáться | говорúть | учúться |
|------|--------|------------|----------|---------|
| Я | читáю | занимáюсь | говорю́ | учýсь |
| Ты | читáешь | занимáешься | говорúшь | ýчишься |
| Он/Онá/Онó | читáет | занимáется | говорúт | ýчится |
| Мы | читáем | занимáемся | говорúм | ýчимся |
| Вы | читáете | занимáетесь | говорúте | ýчитесь |
| Онú | читáют | занимáются | говоря́т | ýчатся |

## Past Imperfective

| | | | | |
|------|--------|------------|----------|---------|
| Я, ты, он | читáл | занимáлся | говорúл | учúлся |
| Я, ты, онá | читáла | занимáлась | говорúла | учúлась |
| Онó | читáло | занимáлось | говорúло | учúлось |
| Мы, вы, онú | читáли | занимáлись | говорúли | учúлись |

## Future Imperfective

| | | | | |
|------|--------|------------|----------|---------|
| Я | бýду читáть | бýду занимáться | бýду говорúть | бýду учúться |
| Ты | бýдешь читáть | бýдешь занимáться | бýдешь говорúть | бýдешь учúться |
| Он/Онá | бýдет читáть | бýдет занимáться | бýдет говорúть | бýдет учúться |
| Мы | бýдем читáть | бýдем занимáться | бýдем говорúть | бýдем учúться |
| Вы | бýдете читáть | бýдете занимáться | бýдете говорúть | бýдете учúться |
| Онú | бýдут читáть | бýдут занимáться | бýдут говорúть | бýдут учúться |

## Future Perfective

| | | | | |
|------|--------|------------|----------|---------|
| Я | прочитáю | позанимáюсь | скажý | вы́учусь |
| Ты | прочитáешь | позанимáешься | скáжешь | вы́учишься |
| Он/Онá | прочитáет | позанимáется | скáжет | вы́учится |
| Мы | прочитáем | позанимáемся | скáжем | вы́учимся |
| Вы | прочитáете | позанимáетесь | скáжете | вы́учитесь |
| Онú | прочитáют | позанимáются | скáжут | вы́учатся |

# Past Perfective

| Inf. | прочита́ть | позанима́ться | сказа́ть | вы́учиться |
|------|-----------|---------------|---------|-----------|
| Я, ты, он | прочита́л | позанима́лся | сказа́л | вы́учил ся |
| Я, ты, она́ | прочита́ла | позанима́лась | сказа́ла | вы́училась |
| Оно́ | прочита́ло | позанима́лось | сказа́ло | вы́училось |
| Мы, вы, они́ | прочита́ли | позанима́лись | сказа́ли | вы́учились |

# Irregular Verbs

## Present

| | хоте́ть (imp.) | есть (imp.) | дать (pf.)* | мочь (imp.) |
|------|---------------|-------------|-------------|-------------|
| Я | хочу́ | ем | дам | могу́ |
| Ты | хо́чешь | ешь | дашь | мо́жешь |
| Он/Она́/Оно́ | хо́чет | ест | даст | мо́жет |
| Мы | хоти́м | еди́м | дади́м | мо́жем |
| Вы | хоти́те | еди́те | дади́те | мо́жете |
| Они́ | хотя́т | едя́т | даду́т | мо́гут |

## Past

| | | | | |
|------|--------|-----|------|-------|
| Я, ты, он | хоте́л | ел | дал | мог |
| Я, ты, она́ | хоте́ла | е́ла | дала́ | могла́ |
| Оно́ | хоте́ло | е́ло | да́ло | могло́ |
| Мы, вы, они́ | хоте́ли | е́ли | да́ли | могли́ |

---

* Дать is perfective and therefore has no present tense. The imperfective of this verb is дава́ть.

# Verbal Aspect Pairs

In each pair, the first verb is imperfective, and the second—the indented verb—is perfective. The verbs that are bolded appear in the lessons.

| | |
|---|---|
| **брать** — бер-у́, -ёшь, -у́т<br>  **взять** — возьм-у́, -ёшь, -у́т | to take |
| **ви́деть** — ви́ж-у, ви́д-ишь, -ят<br>  **уви́деть** — уви́ж-у, уви́д-ишь, -ят | to see<br>to catch sight of |
| **встава́ть** — вста-ю́, -ёшь, -ю́т<br>  **встать** — вста́н-у, -ешь, -ут | to get up |
| **встреча́ть** — встреча́-ю, -ешь, -ют<br>  **встре́тить** — встре́ч-у, встре́т-ишь, -ят | to meet |
| **встреча́ться** — встреча́-юсь, -ешься, -ются<br>  **встре́титься** — встре́ч-усь, встре́т-ишься, -ятся | to meet |
| **входи́ть** — вхож-у́, вхо́д-ишь, -ят<br>  **войти́** — войд-у́, -ёшь, -у́т | to walk in |
| **говори́ть** — говор-ю́, -и́шь, -я́т<br>  **сказа́ть** — скаж-у́, ска́ж-ешь, -ут | to speak, talk, say<br>to say |
| **гото́вить** — гото́в-лю, -ишь, -ят<br>  **приготовить** — пригото́в-лю, -ишь, -ят | to make, prepare |
| **дава́ть** — да-ю́, -ёшь, -ю́т<br>  **дать** — дам, дашь, дади́м, дади́те, даду́т | to give |
| **дари́ть** — дар-ю́, да́р-ишь, -ят<br>  **подари́ть** — подар-ю́, пода́р-ишь, -ят | to give (as a present) |
| **де́лать** — де́ла-ю, -ешь, -ют<br>  **сде́лать** — сде́ла-ю, -ешь, -ют | to do, make |
| **есть** — ем, ешь, ест, еди́м, еди́те, едя́т<br>  **съесть** — съем, съешь, съест, съеди́м, съеди́те, съедя́т<br>or<br>  **пое́сть** — пое́м, пое́шь, пое́ст, поеди́м, поеди́те, поедя́т | to eat |
| **е́хать** — е́д-у, -ешь, -ут<br>  **пое́хать** — пое́д-у, -ешь, -ут | to go (by vehicle)<br>to set out |
| **зака́зывать** — зака́зыва-ю, -ешь, -ют<br>  **заказа́ть** — закаж-у́, зака́ж-ешь, -ут | to order |

| | |
|---|---|
| зараба́тывать — зараба́тыва-ю, -ешь, -ют<br>зарабо́тать — зарабо́та-ю, -ешь, -ют | to earn |
| знако́мить — знако́м-лю, -ишь, -ят<br>познако́мить — познако́м-лю, -ишь, -ят | to meet, become<br>  acquainted |
| знако́миться — знако́м-люсь, -ишься, -ятся<br>познако́миться — познако́м-люсь, -ишься, -ятся | to meet |
| знать — зна́-ю, -ешь, -ют<br>узна́ть — узна́-ю, -ешь, -ют | to know<br>to find out, recognize |
| игра́ть — игра́-ю, -ешь, -ют<br>сыгра́ть — сыгра́-ю, -ешь, -ют<br>or<br>поигра́ть— поигра́-ю, -ешь, -ют | to play |
| идти́ — ид-у́, -ёшь, -у́т<br>пойти́ — пойд-у́, -ёшь, -у́т | to go (on foot)<br>(to set out) |
| иска́ть — ищ-у́, и́щ-ешь, -ут<br>найти́ — найд-у́, -ёшь, -у́т | to look for<br>to find |
| ката́ться — ката́-юсь, -ешься, -ются<br>поката́ться — поката́-юсь, -ешься, -ются | to ride |
| конча́ться — конча́-юсь, -ешься, -ются<br>ко́нчиться — ко́нч-усь, -ишься, -атся | to end |
| мочь — мог-у́, мо́ж-ешь, мо́г-ут<br>смочь — смог-у́, смо́ж-ешь, смо́г-ут | to be able to |
| надева́ть — надева́-ю, -ешь, -ют<br>наде́ть — наде́н-у, -ешь, -ут | to wear |
| находи́ть — нахож-у́, нахо́д-ишь, -ят<br>найти́ — найд-у́, -ёшь, -у́т | to find, locate |
| начина́ть — начина́-ю, -ешь, -ют<br>нача́ть — начн-у́, -ёшь, -у́т | to begin |
| нра́виться — нра́в-люсь, -ишься, -ятся<br>понра́виться — понра́в-люсь, -ишься, -ятся | to like |
| опа́здывать — опа́здыва-ю, -ешь, -ют<br>опозда́ть — опозда́-ю, -ешь, -ют | to be late |
| остана́вливать — остана́влива-ю, -ешь, -ют<br>останови́ть — останов-лю́, остано́в-ишь, -ят | to stop |

| | |
|---|---|
| отвеча́ть — отвеча́-ю, -ешь, -ют<br>  отве́тить — отве́ч-у, отве́т-ишь, -ят | to answer |
| отдыха́ть — отдыха́-ю, -ешь, -ют<br>  отдохну́ть — отдохн-у́, -ёшь, -у́т | to vacation<br>to get rested |
| писа́ть — пиш-у́, пи́ш-ешь, -ут<br>  написа́ть — напиш-у́, напи́ш-ешь, -ут | to write |
| пить — пь-ю, -ёшь, -ют<br>  вы́пить — вы́пь-ю, -ешь, -ют | to drink |
| поздравля́ть — поздравля́-ю, -ешь, -ют<br>  поздра́вить — поздра́в-лю, -ишь, -ят | to congratulate |
| пока́зывать — пока́зыва-ю, -ешь, -ют<br>  показа́ть — покаж-у́, пока́ж-ешь, -ут | to show |
| покупа́ть — покупа́-ю, -ешь, -ют<br>  купи́ть — куп-лю́, ку́п-ишь, -ят | to buy |
| получа́ть — получа́-ю, -ешь, -ют<br>  получи́ть — получ-у́, полу́ч-ишь, -ат | to receive |
| помога́ть — помога́-ю, -ешь, -ют<br>  помо́чь — помог-у́, помо́ж-ешь, помо́г-ут | to help |
| понима́ть — понима́-ю, -ешь, -ют<br>  поня́ть — пойм-у́, -ёшь, -у́т | to understand |
| посыла́ть — посыла́-ю, -ешь, -ют<br>  посла́ть — пошл-ю́, -ёшь, -ю́т | to send |
| приглаша́ть — приглаша́-ю, -ешь, -ют<br>  пригласи́ть — приглаш-у́, приглас-и́шь, -я́т | to invite |
| приезжа́ть — приезжа́-ю, -ешь, -ют<br>  прие́хать — прие́д-у, -ешь, -ут | to arrive (by vehicle) |
| приходи́ть — прихож-у́, прихо́д-ишь, -ят<br>  прийти́ — прид-у́, -ёшь, -у́т | to arrive (on foot) |
| прилета́ть — прилета́-ю, -ешь, -ют<br>  прилете́ть — прилеч-у́, прилет-и́шь, -я́т | to fly in |
| про́бовать — про́бу-ю, -ешь, -ют<br>  попро́бовать — попро́бу-ю, -ешь, -ют | to try |

| | |
|---|---|
| проси́ть — прош-у́, про́с-ишь, -ят<br>   попроси́ть — попрош-у́, попро́с-ишь, -ят | to ask |
| расска́зывать — расска́зыва-ю, -ешь, -ют<br>   рассказа́ть — расскаж-у́, расска́ж-ешь, -ут | to tell |
| реша́ть — реша́-ю, -ешь, -ют<br>   реши́ть — реш-у́, -и́шь, -а́т | to decide |
| рисова́ть — рису́-ю, -ешь, -ют<br>   нарисова́ть — нарису́-ю, -ешь, -ют | to draw |
| слу́шать — слу́ша-ю, -ешь, -ют<br>   послу́шать — послу́ша-ю, -ешь, -ют | to listen (to) |
| слы́шать — слы́ш-у, -ишь, -ат<br>   услы́шать — услы́ш-у, -ишь, -ат | to hear |
| смотре́ть — смотр-ю́, смо́тр-ишь, -ят<br>   посмотре́ть — посмотр-ю́, посмо́тр-ишь, -ят | to look at<br>to have a look at |
| сове́товать — сове́ту-ю, -ешь, -ют<br>   посове́товать — посове́ту-ю, -ешь, -ют | to advise, suggest |
| спать — сп-лю, -ишь, -ят<br>   поспа́ть — посп-лю, -и́шь, -я́т | to sleep<br>to sleep a little |
| спра́шивать — спра́шива-ю, -ешь, -ют<br>   спроси́ть — спрош-у́, спро́с-ишь, -ят | to ask |
| узнава́ть — узна-ю́, -ёшь, -ю́т<br>   узна́ть — узна́-ю, -ешь, -ют | to find out, recognize |
| учи́ть — уч-у́, у́ч-ишь, -ат<br>   вы́учить — вы́уч-у, -ишь, -ат | to learn, study |
| фотографи́ровать — фотографи́ру-ю, -ешь, -ют<br>   сфотографи́ровать — сфотографи́ру-ю, -ешь, -ют | to photograph |
| хоте́ть — хочу́, хо́чешь, хо́чет, хоти́м, хоти́те, хотя́т<br>   захоте́ть — захочу́, захо́чешь, захо́чет, захоти́м, захотя́т | to want |
| чита́ть — чита́-ю, -ешь, -ют<br>   прочита́ть — прочита́-ю, -ешь, -ют<br>or<br>   почита́ть — почита́-ю, -ешь, -ют | to read<br><br><br>to read a little |

# Intonation and Stress Patterns

## Russian Intonation

Intonation is an important element of communication and requires careful attention. In virtually any declarative sentence in English, meaning changes drastically with different intonations.

Intonation may be described as the musical element in language, since it primarily concerns the pitch of the voice. Here are some basic Russian intonation constructions you know from Level One:

1. ИК-1 (Intonation Construction 1). This is the basic intonation pattern used for declarative sentences. The voice pitch drops to the intonation center of the sentence—the part of any sentence where voice pitch rises or falls most sharply—and then continues to fall.

2. ИК-2 (Intonation Construction 2). This pattern is used in questions with a question word. The intonation center of the sentence is strongly stressed and followed by an abrupt drop of the voice. The intonation center may move to express different shades of meaning without changing the basic content of the question.

3. ИК-3 (Intonation Construction 3). This intonation is typical of questions without a question word. The voice rises sharply in the intonation center and then falls. Moving the intonation center changes the meaning of the question and the way it must be answered. In a declarative sentence, this construction expresses an uncompleted thought and is typical of conversational style.

4. ИК-4 (Intonation Construction 4). The pitch of the voice drops at the intonation center lower than mid-range, followed by a smooth rise. In a question, this intonation is used to express a comparison or surprise, while in a statement it expresses incompleteness (in official style).

5. ИК-5 (Intonation Construction 5). There are two intonation centers. In the first, the voice rises, and in the second, it descends with a stronger stress. This is used to express exclamations.

Although there are other intonation patterns, the five given above are the most useful and will be encountered most frequently in everyday communicative situations.

The explanations given above are not intended to be complete explanations of the Russian sound system. Rather, we hope that we have been able to anticipate and answer many of the questions that may arise at this level of Russian study.

---

# Stress Patterns of Russian Nouns

Russian nouns have a number of different stress patterns. Some nouns always have stress on the ending in every case, and others always have stress on the stem. Still others may have stress on the stem in the singular and on the ending in the plural, or vice versa.

In addition, there are many nouns that have shifting stress. In other words, stress may be on the ending in the nominative, for example, and on the stem in the accusative.

There is a way to learn these stress patterns. You must know 1. whether the stress falls on the stem or on the ending in the nominative singular and plural, and 2. whether the stress shifts in either the singular or the plural. With this information, you can find the stress for the entire declension of any given noun by referring to the table below.

## Rules for stress shift:

Stress shift in the singular:
stress shifts to the stem for the accusative case only in *feminine* words.

Stress shift in the plural:
stress shifts *either* 1. to the stem for the nominative case
(and for the accusative if it is identical to the nominative) *or* 2. from the stem to the ending in the genitive case.

## There are nine basic stress patterns:

|            | Singular  | Plural     |
|------------|-----------|------------|
| 1. кни́га  | on stem   | on stem    |
| *nom.*     | кни́га     | кни́ги      |
| *gen.*     | кни́ги     | книг       |
| *dat.*     | кни́ге     | кни́гам     |
| *acc.*     | кни́гу     | кни́ги      |
| *instr.*   | кни́гой    | *кни́гами*  |
| *prep.*    | кни́ге     | кни́гах     |
| 2. го́род  | on stem   | on ending  |
| *nom.*     | го́род     | города́     |
| *gen.*     | го́рода    | городо́в    |
| *dat.*     | го́роду    | города́м    |
| *acc.*     | го́род     | города́     |
| *instr.*   | го́родом   | города́ми   |
| *prep.*    | го́роде    | города́х    |

### 3. волос      on stem      stress shifts

| | | |
|---|---|---|
| *nom.* | во́лос | во́лосы |
| *gen.* | во́лоса | воло́с |
| *dat.* | во́лосу | волоса́м |
| *acc.* | во́лос | во́лосы |
| *instr.* | во́лосом | волоса́ми |
| *prep.* | во́лосе | волоса́х |

### 4. оте́ц      on ending      on ending

| | | |
|---|---|---|
| *nom.* | оте́ц | отцы́ |
| *gen.* | отца́ | отцо́в |
| *dat.* | отцу́ | отца́м |
| *acc.* | отца́ | отцо́в |
| *instr.* | отцо́м | отца́ми |
| *prep.* | отце́ | отцо́в |

### 5. окно́      on ending      on stem

| | | |
|---|---|---|
| *nom.* | окно́ | о́кна |
| *gen.* | окна́ | о́кон |
| *dat.* | окну́ | о́кнам |
| *acc.* | окно́ | о́кна |
| *instr.* | окно́м | о́кнами |
| *prep.* | окне́ | о́кнах |

### 6. губа́      on ending      stress shifts

| | | |
|---|---|---|
| *nom.* | губа́ | гу́бы |
| *gen.* | губы́ | губ |
| *dat.* | губе́ | губа́м |
| *acc.* | губу́ | гу́бы |
| *instr.* | губо́й | губа́ми |
| *prep.* | губе́ | губа́х |

### 7. вода́      stress shifts      on stem

| | | |
|---|---|---|
| *nom.* | вода́ | во́ды |
| *gen.* | воды́ | вод |
| *dat.* | воде́ | во́дам |
| *acc.* | во́ду | во́ды |
| *instr.* | водо́й | во́дами |
| *prep.* | воде́ | во́дах |

8. рука́            stress shifts        stress shifts

    *nom.*      рука́             ру́ки
    *gen.*       руки́            рук
    *dat.*       руке́            рука́м
    *acc.*       ру́ку            ру́ки
    *instr.*     руко́й           рука́ми
    *prep.*      руке́            рука́х

9. семья́           on ending            stress shifts

    *nom.*      семья́          се́мьи
    *gen.*       семьи́          семе́й
    *dat.*       семье́          се́мьям
    *acc.*       семью́          се́мьи
    *instr.*     семьёй         се́мьями
    *prep.*      семье́          се́мьях

Note: Де́ньги and де́ти have irregular stress patterns, which are given below.

    *nom.*      де́ньги       де́ти
    *gen.*       де́нег        детей
    *dat.*       де́ньгам     де́тям
    *acc.*       де́ньги       детей
    *instr.*     де́ньгами    детьми́
    *prep.*      де́ньгах     де́тях

# Cardinal and Ordinal Numbers

| 0 | ноль | нолево́й, -а́я, -о́е, -ы́е |
|---|------|------|
| 1 | оди́н, одна́, одно́ | пе́рвый, -ая, -ое, -ые |
| 2 | два, две | второ́й, -а́я, -о́е, -ы́е |
| 3 | три | тре́тий, тре́тья, тре́тье, тре́тьи* |
| 4 | четы́ре | четвёртый, -ая, -ое, -ые |
| 5 | пять | пя́тый, -ая, -ое, -ые |
| 6 | шесть | шесто́й, -а́я, -о́е, -ы́е |
| 7 | семь | седьмо́й, -а́я, -о́е, -ы́е |
| 8 | во́семь | восьмо́й, -а́я, -о́е, -ы́е |
| 9 | де́вять | девя́тый, -ая, -ое, -ые |
| 10 | де́сять | деся́тый, -ая, -ое, -ые |
| 11 | оди́ннадцать | оди́ннадцатый, -ая, -ое, -ые |
| 12 | двена́дцать | двена́дцатый, -ая, -ое, -ые |
| 13 | трина́дцать | трина́дцатый, -ая, -ое, -ые |
| 14 | четы́рнадцать | четы́рнадцатый, -ая, -ое, -ые |
| 15 | пятна́дцать | пятна́дцатый, -ая, -ое, -ые |
| 16 | шестна́дцать | шестна́дцатый, -ая, -ое, -ые |
| 17 | семна́дцать | семна́дцатый, -ая, -ое, -ые |
| 18 | восемна́дцать | восемна́дцатый, -ая, -ое, -ые |
| 19 | девятна́дцать | девятна́дцатый, -ая, -ое, -ые |
| 20 | два́дцать | двадца́тый, -ая, -ое, -ые |
| 21 | два́дцать оди́н | два́дцать пе́рвый, -ая, -ое, -ые |
| 22 | два́дцать два | два́дцать второ́й, -а́я, -о́е, -ы́е |
| 23 | два́дцать три | два́дцать тре́тий, тре́тья, тре́тье, тре́тьи |
| 24 | два́дцать четы́ре | два́дцать четвёртый, -ая, -ое, -ые |
| 25 | два́дцать пять | два́дцать пя́тый, -ая, -ое, -ые |
| 26 | два́дцать шесть | два́дцать шесто́й, -а́я, -о́е, -ы́е |
| 27 | два́дцать семь | два́дцать седьмо́й, -а́я, -о́е, -ы́е |
| 28 | два́дцать во́семь | два́дцать восьмо́й, -а́я, -о́е, -ы́е |
| 29 | два́дцать де́вять | два́дцать девя́тый, -ая, -ое, -ые |
| 30 | три́дцать | тридца́тый, -ая, -ое, -ые |

---

\*     Note that тре́тий is irregular.

---

| 40 | со́рок | сороково́й, -а́я, -о́е, -ы́е |
|---|---|---|
| 50 | пятьдеся́т | пятидеся́тый, -ая, -ое, -ые |
| 60 | шестьдеся́т | шестидеся́тый, -ая, -ое, -ые |
| 70 | се́мьдесят | семидеся́тый, -ая, -ое, -ые |
| 80 | во́семьдесят | восьмидеся́тый, -ая, -ое, -ые |
| 90 | девяно́сто | девяно́стый, -ая, -ое, -ые |
| 100 | сто | со́тый, -ая, -ое, -ые |
| 101 | сто оди́н | сто пе́рвый, -ая, -ое, -ые |
| 200 | две́сти | двухсо́тый, -ая, -ое, -ые |
| 300 | три́ста | трёхсо́тый, -ая, -ое, -ые |
| 400 | четы́реста | четырёхсо́тый, -ая, -ое, -ые |
| 500 | пятьсо́т | пятисо́тый, -ая, -ое, -ые |
| 600 | шестьсо́т | шестисо́тый, -ая, -ое, -ые |
| 700 | семьсо́т | семисо́тый, -ая, -ое, -ые |
| 800 | восемьсо́т | восьмисо́тый, -ая, -ое, -ые |
| 900 | девятьсо́т | девятисо́тый, -ая, -ое, -ые |
| 1000 | ты́сяча | ты́сячный, -ая, -ое, -ые |

# Nouns that take „на"

The preposition на, rather than в, is used to indicate direction or location with the following nouns:

| | | |
|---|---|---|
| бале́т | на́бережная | соревнова́ние |
| бульва́р | олимпиа́да | спекта́кль |
| ве́чер | о́пера | стадио́н |
| война́ | перехо́д | стоя́нка |
| вокза́л | пикни́к | террито́рия |
| восто́к | платфо́рма | трениро́вка |
| встре́ча | пло́щадь | у́лица |
| дискоте́ка | по́чта | уро́к |
| заво́д | проспе́кт | фа́брика |
| за́пад | рабо́та | факульте́т |
| имени́ны | рок-конце́рт | о́стров |
| кани́кулы | ры́нок | фи́рма |
| кокте́йль | сва́дьба | эква́тор |
| конце́рт | се́вер | экску́рсия |
| ле́кция | собра́ние | эта́ж |
| матч | со́лнце | юг |

# Place names that take „на":

Аля́ска       Байка́л         Чуко́тка
Арба́т        Украйна

# Rules for Spelling Change

Rule No. 1: After г, к, х, ж, ш, щ, and ч, the letter ы becomes и.

Rule No. 2: After г, к, х, ж, ш, щ, ч, and ц, the letters ю and я become у and а.

Rule No. 3: After х, ш, щ, ч, and ц an unstressed о becomes е.

# Consonant Alteration in Verbs

| | | | | |
|---|---|---|---|---|
| б - бл: | люби́ть — люблю́ | | к - ч: | пла́кать — пла́чу |
| в - вл: | гото́вить— гото́влю | | с - ш: | писа́ть — пишу́ |
| п - пл: | купи́ть — куплю́ | | ск - щ: | иска́ть — ищу́ |
| г - ж: | могу́ — мо́жешь | | ст - щ: | прости́ть— прощу́ |
| д - ж: | сиде́ть — сижу́ | | т - ч: | отве́тить— отве́чу |
| з - ж: | вози́ть — вожу́ | | т - щ: | освети́ть— освещу́ |

# Russian-English Vocabulary

This vocabulary contains all of the words encountered in *Russian Face to Face I* and *II* with the exception of first names, patronymics, and last names. Some proper nouns (primarily names of countries, states and cities) are capitalized in both English and Russian. In other cases, capitalization follows the rules of the language in which words are given. The book (I or II) and lesson number where each word first appeared is shown. "I.PL" refers to the Pre-Lesson in Level I.

Nouns are listed according to their nominative singular forms, unless they do not normally use singular forms. The last consonant that is retained in spelling the various case forms of the word is followed by the symbol "/". Fleeting vowels are enclosed in parentheses "( )". The nominative and genitive singular and the nominative and genitive plural forms are given. The singular and plural forms are separated by a semi-colon (;). When the genitive plural is identical to the stem, this is shown by the symbol "0". The genitive plural of feminine and neuter nouns that require the addition of a fleeting vowel is provided, since the spelling cannot always be deduced. Accents are marked throughout, except when they occur on upper case letters or on monosyllabic forms.

Adjectives, ordinal numbers, and possessive adjectives are listed in their masculine nominative singular forms and the final stem element, which is retained in spelling their forms, is followed by the symbol "/". The spelling of the endings for feminine, neuter, and plural forms in the nominative case are given.

For verbs, the final non-past tense stem consonant of the infinitive is followed by the symbol "/" and the correct spelling of the first and second person singular and third person plural endings of the non-past is given. Stems which differ from the infinitive are given, followed by a "+". Forms which are not consistent with these principles are spelled out in their entirety.

The following abbreviations are used in this Russian-English vocabulary.

| | | | | | |
|---|---|---|---|---|---|
| *abbrev.* | abbreviation | *gen.* | genitive case | *paren.* | parenthesis |
| *acc.* | accusative case | *imper.* | imperative | *part.* | particle |
| *adj.* | adjective | *impf.* | imperfective verb | *pers.* | personal |
| *adv.* | adverb | *indecl.* | indeclinable | *pf.* | perfective verb |
| *affirm.* | affirmative | *indef.* | indefinite | *phr.* | phrase |
| *card.* | cardinal | *indet.* | indeterminate | *pl.* | plural noun |
| *coll.* | collective | *instr.* | instrumental case | *poss.* | possessive |
| *comp.* | comparative | *interj.* | interjection | *pred.* | predicate |
| | adjective/adverb | *interrog.* | interrogative | *prep.* | preposition |
| *conj.* | conjunction | *m.* | masculine noun | *prepos.* | prepositional case |
| *conv.* | conversational or | *n.* | neuter noun | *pron.* | pronoun |
| | slang form | *neg.* | negative | *reflex.* | reflexive |
| *dat.* | dative case | *no.* | number | *rel.* | relative |
| *det.* | determinate | *nom.* | nominative case | *s. f.* | short form |
| *dim.* | diminutive | *ord.* | ordinal | *subst.* | substantive |
| *f.* | feminine noun | *p. t.* | past tense | *v.* | verb |

## A

а *(conj.)* I.1 and, but

абсолю́т, -а; -ы, -ов *(m.)* I.PL absolute

абсолю́тно *(adv.)* I.18 absolutely

а́вгуст, -а *(m.)* II.13 August

авто́бус, -а; -ы, -ов *(m.)* I.PL bus

автомобили́ст, -а; -ы, -ов *(m.)* I.12 motorist

автомоби́л/ь, -я; -и, -ей *(m.)* I.11 automobile

автомоби́льн/ый, -ая, -ое, -ые *(adj.)* I.11 automobile

а́втор, -а; -ы, -ов *(m.)* II.3 author

ага́ *(interj.)* I.12 ahah

агроно́м, -а; -ы, -ов *(m.)* I.PL agronomist

адвока́т, -а; -ы, -ов *(m.)* I.PL lawyer

администра́ци/я, -и; -и, -й *(f.)* I.PL administration

а́дрес, -а; -а́, -о́в *(m.)* I.4 address

Азербайджа́н, -а *(m.)* I.PL Azerbaidjan

Ази/я, -и *(f.)* I.PL Asia

акаде́мик, -а; -и, -ов *(m.)* I.PL academician

акаде́ми/я, -и; -и, -й *(f.)* I.PL academy

А как же...? *(phr.)* I.14 And how about...?

акроба́т, -а; -ы, -ов *(m.)* I.14 acrobat

акт, -а; -ы, -ов *(m.)* I.PL act

актёр, -а; -ы, -ов *(m.)* I.PL actor

акти́вн/ый, -ая, -ое, -ые *(adj.)* II.4 active

а́лгебр/а, -ы *(f.)* I.7 algebra

алле́/я, -и; -и, -й *(f.)* II.6 lane, avenue, path

алло́ *(interj.)* I.3 hello

Алма-Ат/а́, -ы́ *(f.)* I.PL Alma-Ata

альбо́м, -а; -ы, -ов *(m.)* II.9 album

альпини́зм, -а *(m.)* I.17 mountain climbing

Аля́ск/а, -и *(f.)* I.PL Alaska

Аме́рик/а, -и *(f.)* I.PL America

америка́н(е)ц, -а; -ы, -ев *(m.)* I.PL American male

америка́нк/а, -и; -и, америка́нок *(f.)* I.PL American female

америка́нск/ий, -ая, -ое, -ие *(adj.)* I.8 American

анато́ми/я, -и *(f.)* I.7 anatomy

а́нгел, -а; -ы, -ов *(m.)* II.9 angel

англи́йск/ий, -ая, -ое, -ие *(adj.)* I.6 English

англича́нин, -а; англича́н/е, -0 *(m.)* I.PL Englishman

англича́нк/а, -и; -и, англича́нок *(f.)* I.PL Englishwoman

Англи/я, -и *(f.)* I.PL England

а́нгло-ру́сск/ий, -ая, -ое, -ие *(adj.)* I.9 English-Russian

анса́мбл/ь, -я; -и, -ей *(m.)* II.6 ensemble

анте́нн/а, -ы; -ы, -0 *(f.)* I.PL antenna

антраци́т, -а; -ы, -ов *(m.)* I.11 anthracite

апельси́н, -а; -ы, -ов *(m.)* II.8 orange

аппара́т, -а; -ы, -ов *(m.)* I.PL apparatus

апре́л/ь, -я *(m.)* II.13 April

апте́к/а, -и; -и, -0 *(f.)* I.3 drugstore, pharmacy

ара́бск/ий, -ая, -ое, -ие *(adj.)* I.7 Arab, Arabic

Арба́т, -а *(m.)* II.6 Arbat Street

арба́тск/ий, -ая, -ое, -ие *(adj.)* II.6 of Arbat Street

аре́н/а, -ы; -ы, -0 *(f.)* I.PL arena

Арме́ни/я, -и *(f.)* I.PL Armenia

армяни́н, -а; армя́н/е, -0 *(m.)* I.15 Armenian

арти́ст, -а; -ы, -ов *(m.)* I.PL actor

арти́стк/а, -и; -и, арти́сток *(f.)* I.18 actress

архите́ктор, -а; -ы, -ов *(m.)* I.9 architect

архитекту́р/а, -ы *(f.)* I.18 architecture

архитекту́рн/ый, -ая, -ое, -ые *(adj.)* II.6 architectural

ассамбле́/я, -и *(f.)* I.PL assembly

ассоциа́ци/я, -и; -и, -й *(f.)* I.PL association

ата́к/а, -и; -и, -0 *(f.)* I.PL attack

Атла́нт/а, -ы *(f.)* II.1 Atlanta

атле́тик/а, -и *(f.)* I.PL athletics

атмосфе́р/а, -ы *(f.)* I.PL atmosphere

а́том, -а; -ы, -ов *(m.)* I.PL atom

аттракцио́н, -а; -ы, -ов *(m.)* I.PL attraction, act

афи́ш/а, -и; -и, -0 *(f.)* I.6 playbill, poster

ах *(interj.)* II.10 ah, oh

Ашхаба́д, -а *(m.)* I.PL Ashkhabad

аэро́бик/а, -и *(f.)* I.18 aerobics

аэропо́рт, -а; -ы, -ов [в аэропорту́] *(m.)* II.1 airport

Аэрофло́т, -а *(m.)* II.1 Aeroflot (airline)

## Б

ба́бочк/а, -и; -и, ба́бочек *(f.)* I.16 butterfly

ба́бушк/а, -и; -и, ба́бушек *(f.)* I.3 grandmother

ба́бье ле́то *(n. phr.)* I.16 Indian summer

бага́ж, -а́ *(m.)* I.PL luggage, baggage

бадминто́н, -а *(m.)* I.PL badminton

ба́з/а, -ы; -ы, -0 *(f.)* I.PL base

бай-бай *(interj.)* II.14 bye-bye

Байка́л, -а *(m.)* I.PL Lake Baikal

бакте́ри/я, -и; -и, -й *(f.)* I.PL bacteria

Баку́ *(indecl. n.)* I.PL Baku

бал, -а; -ы́, -о́в *(m.)* II.14 ball: dance

бал-маскара́д, -а; -ы, -ов *(m.)* II.14 masquerade ball

балала́йк/а, -и; -и, балала́ек *(f.)* I.19 balalaika

бале́т, -а; -ы, -ов *(m.)* I.PL ballet

Ба́лтика, -и *(f.)* I.PL Baltic

Балтимо́р, -а *(m.)* I.4 Baltimore

бана́н, -а; -ы, -ов *(m.)* II.8 banana

баскетбо́л, -а *(m.)* I.PL basketball

баскетбо́льн/ый, -ая, -ое, -ые *(adj.)* II.17 basketball

бассе́йн, -а; -ы, -ов *(m.)* I.10 swimming pool

ба́тюшка, -и; -и, ба́тюшек *(m.)* II.14 father (old Russian)

ба́шн/я, -и; -и, ба́шен (f.) II.6
tower
бег, -а (m.) I.17 run, running
бед/а́, -ы́; -ы, -0 (f.) II.11
misfortune, trouble
бе́жев/ый, -ая, -ое, -ые (adj.)
I.11 beige
без (+ gen.) (prep.) II.16
without, minus
бейсбо́л, -а (m.) I.PL baseball
бейсбо́льн/ый, -ая, -ое, -ые
(adj.) I.20 baseball
Белару́с/ь, -и (f.) I.PL Belarus
бе́леньк/ий, -ая, -ое, -ие (dim.
adj.) II.12 white
бе́лк/а, -и; -и, бе́лок (f.) II.18
squirrel
бе́л/ый, -ая, -ое, -ые (adj.)
I.11 white
берёз/а, -ы; -ы, -0 (f.) II.18
birch
берёзк/а, -и; -и, берёзок (f.)
II.18 (little) birch tree
библиоте́к/а, -и; -и, -0 (f.) I.4
library
бизнесме́н, -а; -ы, -ов (m.) I.7
businessman
биле́т, -а; -ы, -ов (m.) I.12
ticket, pass
биологи́ческ/ий, -ая, -ое, -ие
(adj.) I.9 biological
биоло́ги/я, -и (f.) I.18 biology
благодаре́ни/е, -я (n.) II.13
thanking, giving thanks
блаже́нн/ый, -ая, -ое, -ые
(adj.) II.7 blessed
блест/е́ть (блещу́, -и́т, -я́т)
(impf.) II.13 to shine, glitter,
sparkle
близне́ц, -а́; -ы́, -о́в (m.) II.19
twin
блин, -а́; -ы́, -о́в (m.) I.16
pancake
блу́зк/а, -и; -и, блу́зок (f.)
II.14 blouse
блю́д/о, -а; -а, -0 (n.) II.6
(culinary) dish
бога́т/ый, -ая, -ое, -ые (adj.)
II.6 rich, wealthy
бокс, -а (m.) I.PL boxing
боксёр, -а; -ы, -ов (m.) I.PL
boxer
бо́лее (adv.) II.6 more
боле́/ть (-ю, -ешь, -ют) за (+
acc.) (impf.) I.13 to cheer for
болта́/ть (-ю, -ешь, -ют) (impf.)
II.3 to chatter, babble

больни́ц/а, -ы; -ы, -0 (f.) I.3
hospital
бо́льше (compar.) I.9 more,
larger
больш/о́й, -а́я, -о́е, -и́е (adj.)
I.9 big, large
бо́мб/а, -ы; -ы, -0 (f.) I.PL
bomb
бород/а́, -ы́; бо́роды, боро́д (f.)
II.3 beard
борщ, -а́ (m.) I.PL borshch
(soup)
Бо́стон, -а (m.) I.8 Boston
бо/я́ться (-ю́сь, -и́шься, -я́тся)
(impf.) II.16 to fear, be afraid
of, dread
Бра́йтон, -а (m.) I.15 Brighton
брасле́т, -а; -ы, -ов (m.) I.19
bracelet
брат, -а; бра́ть/я, -ев (m.) I.3
brother
бре́йкер, -а; -ы, -ов (m.) II.12
break dancer
Брест, -а (m.) II.16 Brest (city)
брысь (interj.) I.2 scat
брю́ки, брюк (pl.) II.14 pants,
trousers
брюне́т, -а; -ы, -ов (m.) I.PL
dark (-haired) man, brunet
буди́льник, -а; -и, -ов (m.)
II.16 alarm clock
бу́ду, бу́дешь, бу́дет, бу́дем,
бу́дете, бу́дут see быть
бу́кв/а, -ы; -ы, -0 (f.) I.6
letter (of alphabet)
буке́т, -а; -ы, -ов (m.) I.PL
bouquet
бульва́р, -а; -ы, -ов (m.) II.6
boulevard
бума́г/а, -и (f.) I.18 paper
Бурати́но (n.) II.14 Buratino,
Pinocchio (cartoon character)
бу́сы, бус (pl.) II.8 beads
бутербро́д, -а; -ы, -ов (m.) II.9
sandwich
буты́лк/а, -и; -и, буты́лок (f.)
II.9 bottle
буфе́т, -а; -ы, -ов (m.) I.2
buffet, snack bar
бы (conditional part.)
быва́/ть (-ю, -ешь, -ют) (impf.)
I.16 to be sometimes, visit
бы́вш/ий, -ая, -ее, -ие (adj.)
II.6 former, late
бы́стро (adv.) I.11 quickly
быть (бу́д+ -у, -ешь, -ут)
(impf.) I.6 to be

Бью́ик, -а; -и, -ов (m.) I.11
Buick
бюро́ (indecl. n.) II.1 bureau,

---

## В

в (+ prep. or + acc.) (prep.)
I.2 in, into
ва́з/а, -ы; -ы, -0 (f.) I.PL vase
Вайо́минг, -а (m.) II.1 Wyoming
вам (pers. pron.) I.9 dat. of вы
ва́ми (pers. pron.) II.2 instr. of
вы
вас (pers. pron.) I.1 acc./gen./
prep. of вы
ватерпо́ло (indecl. n.) I.17
waterpolo
ваш, -а, -е, -и (poss. pron.)
I.3 your
Вашингто́н, -а (m.) I.4
Washington
вверх (adv.) II.15 upwards, up
ВДНХ (indecl. acronym) II.6
Exhibition of Economic
Achievements
вдруг (adv.) I.20 suddenly
век, -а; -а́, -о́в (m.) I.10
century
вели́к/ий, -ая, -ое, -ие (adj.)
II.6 great
велосипе́д, -а; -ы, -ов (m.)
I.12 bicycle
вен(о́)к, -а́; -и́, -о́в (m.) II.14
wreath
верблю́д, -а; -ы, -ов (m.) II.17
camel
ве́село (adv./pred.) II.11
cheerfully, (it's) cheerful
весёл/ый, -ая, -ое, -ые (adj.)
II.4 cheerful, merry
весн/а́, -ы́; вёсны, вёсен (f.)
I.9 spring
весно́й (adv.) I.16 in spring
вест/ь, -и; -и, -е́й (f.) II.16
news
весь, вся, всё, все (demonstr.
pron.) II.11 all
ве́т(е)р, -а; -ы, -ов (m.) I.16
wind, breeze
ветчин/а́, -ы́ (f.) II.6 ham
ве́чер, -а; -а́, -о́в (m.) I.5 evening
вече́рн/ий, -яя, -ее, -ие (adj.)
I.13 evening
ве́чером (adv.) I.19 in the evening
вещ/ь, -и; -и, -е́й (f.) II.6 thing

взять (возьм+ -у́, -ёшь, -у́т)
(pf.) I.18 to take

взя́ться (возьм+ -у́сь, -ёшься,
-у́тся) (pf.) II.1 to undertake,
begin, start

вид, -а; -ы, -ов (m.) I.13 kind

вида́к, -а́; -и́, -о́в (m. conv.)
II.12 videorecorder

ви́део (indecl. n.) II.11 video

видеоза́пис/ь, -и; -и, -ей (f.)
II.3 video recording

видеока́мер/а, -ы; -ы, -0 (f.)
I.8 video camera

видеомагнитофо́н, -а; -ы, -ов
(m.) I.10 videorecorder

видеоплёнк/а, -и; -и, видеоплё-
нок (f.) II.11 video cassete

видеосало́н, -а; -ы, -ов (m.)
II.12 video salon, video rental
store

видеофи́льм, -а; -ы, -ов (m.)
II.5 video film

ви́д/еть (ви́жу, -ишь, -ят)
(impf.) I.11 to see

ви́з/а, -ы; -ы, -0 (f.) I.PL visa

визж/а́ть (-у́, -и́шь, -а́т)
(impf.) II.9 to squeal,
screech, whine

визи́т, -а; -ы, -ов (m.) I.PL
visit, call

Ви́лков/о, -а (n.) I.12 Vilkovo

винова́т, -а, -о, -ы (pred.)
II.16 guilty

виногра́д, -а (m.) II.8 grapes

виногра́дн/ый, -ая, -ое, -ые
(adj.) II.9 of grapes, grape

Вирджи́ни/я, -и (f.) II.1
Virginia

вис(о́)к, -а́; -и́, -о́в (m.) II.3
temple (part of face)

витри́н/а, -ы; -ы, -0 (f.) II.19
shop window, showcase

вку́сно (pred.) II.9 (it's)
delicious, tasty

вку́сн/ый, -ая, -ое, -ые (adj.)
II.9 delicious, tasty

Владивосто́к, -а (m.) II.16
Vladivostok

Влади́мир, -а (m.) I.19
Vladimir

вме́сте (adv.) I.8 together

вниз (adv.) II.15 downwards,
down

внима́ни/е, -я (n.) II.17
attention

внук, -а; -и, -ов (m.) I.3
grandson

вну́чка, -и; -и, вну́чек (f.) I.3
granddaughter

во́все (adv.) II.11 quite

вод/а́, -ы́; во́д/ы, -0 (f.) II.9
water

води́тел/ь, -я; -и, -ей (m.)
I.11 driver

води́чк/а, -и (f. dim.) II.13
water

войн/а́, -ы́; во́йн/ы, -0 (f.)
I.19 war

вокза́л, -а; -ы, -ов (m.) II.7
train station

Во́лг/а, -и (f.) I.PL Volga

Волгогра́д, -а (m.) I.20
Volgograd

волейбо́л, -а (m.) I.PL volleyball

волк, -а; -и, -о́в (m.) I.2 wolf

волнова́ться (волну́+ -ю́сь,
-ешься, -ются) (impf.) II.11
to worry

во́лосы, воло́с (pl.) II.3 hair

Во́льво (n.) I.11 Volvo

вон (adv.) I.4 over there

вообще́ (adv.) II.5 generally, in
general, on the whole

вопро́с, -а; -ы, -ов (m.) I.6
question

вороб/е́й, -ья́; -ьи́, -ьёв (m.)
II.19 sparrow

воро́быш(е)к, -а; -и, -ов (m.)
II.19 little sparrow

восемна́дцат/ый, -ая, -ое, -ые
(ord. no.) I.13 eighteenth

восемна́дцат/ь, -и (card. no.)
I.13 eighteen

во́семь, восьми́ (card. no.) I.13
eight

во́семьдесят, восьми́десяти
(card. no.) I.13 eighty

воскресе́нь/е, -я (n.) I.14
Sunday

восто́чн/ый, -ая, -ое, -ые
(adj.) I.16 Eastern

восьм/о́й, -а́я, -о́е, -ы́е (ord.
no.) I.8 eighth

вот (adv.) I.2 here (is)

врач, -а́; -и́, -е́й (m.) I.3 doctor

времена́ го́да (pl. phr.) I.16
seasons

времена́ми (adv.) I.16 from
time to time

вре́мя, вре́мени; времена́, вре-
мён (n.) I.7 time

вря́д ли (adv.) II.17 (it's)
unlikely, not likely

все (pron.) II.2 everyone,
everybody

всё (pron.) I.11 all, everything

всё вре́мя (adv. phr.) I.7 all
the time

всегда́ (adv.) I.18 always

всего́ хоро́шего (phr.) II.9
(wishing you) all the best

вста/ва́ть (-ю́, -ёшь, -ю́т)
(impf.) II.15 to get up

встать (вста́н+ -у, -ешь, -ут)
(pf.) I.18 to stand up, get up

встре́т/ить (встре́чу, -ишь, -ят)
(pf.) II.2 to meet, encounter

встре́т/иться (встре́чусь, -ишься,
-ятся) (pf.) II.2 to meet,
encounter

встре́ч/а, -и; -и, -0 (f.) II.2
meeting, encounter

встреча́/ть (-ю, -ешь, -ют)
(impf.) II.1 to meet, encounter

встреча́/ться (-юсь, -ешься,
-ются) (impf.) II.6 to meet
(with), encounter (each other)

вто́рник, -а (m.) I.7 Tuesday

втор/о́й, -а́я, -о́е, -ы́е (ord.
no.) I.2 second

вход, -а; -ы, -ов (m.) II.7
entrance

вчера́ (adv.) I.13 yesterday

вчера́шн/ий, -яя, -ее, -ие (adj.)
I.14 yesterday's

вы (pers. pron.) I.1 you
(plural/polite)

вы́брать (вы́бер+ -у, -ешь, -ут)
(pf.) I.18 to select, choose

вы́веск/а, -и; -и, вы́весок (f.)
II.2 sign, signboard

вы́гляд/еть (вы́гляжу, -ишь,
-ят) (impf.) II.3 to look,
appear

вы́дач/а -и (f.) II.1 distribution

вы́игра/ть (-ю, -ешь, -ют) (pf.)
I.15 to win

вы́йти (вы́йд+ -у, -ешь, -ут)
(pf.) II.3 to exit, go out,
turn out

высо́к/ий, -ая, -ое, -ие (adj.)
II.3 tall, high

выступа́/ть (-ю, -ешь, -ют)
(impf.) I.14 to perform, speak

вы́сш/ий, -ая, -ее, -ие (adj.)
II.4 higher, superior

вы́уч/ить (-у, -ишь, -ат) (pf.)
I.19 to learn

вы́ход, -а; -ы, -ов (m.) II.1 exit

## Г

газ, -а *(m.)* I.PL gas

газе́т/а, -ы; -ы, -0 *(f.)* I.2 newspaper

Га́зик, -а; -и, -ов *(m.)* I.11 Gazik (automobile)

ГАИ *(indecl. acronym)* I.11 GAI, traffic police

галере́/я, -и; -и, -й *(f.)* II.6 art gallery

га́лстук, -а; -и, -ов *(m.)* I.20 tie, necktie

га́мбургер, -а; -ы, -ов *(m.)* II.7 hamburger

гандбо́л, -а *(m.)* I.PL handball

гара́ж, -а́; -и, -е́й *(m.)* I.PL garage

гардеро́б, -а; -ы, -ов *(m.)* II.17 cloak room

гармо́шк/а, -и; -и, гармо́шек *(f.)* II.18 accordian

гастроно́м, -а; -ы, -ов *(m.)* I.4 delicatessen

гвозди́к/а, -и; -и, -0 *(f.)* II.8 carnation, pink

где *(adv.)* I.2 where, in what place

где́-то *(adv.)* II.8 somewhere, in some place

генера́л, -а; -ы, -ов *(m.)* I.PL general

геогра́фи/я, -и *(f.)* I.7 geography

геоме́три/я, -и *(f.)* I.7 geometry

геро́/й, -я; -и, -ев *(m.)* II.14 hero

Ге́ршвин, -а *(m.)* II.19 George Gershwin (composer)

гимна́стик/а, -и *(f.)* I.13 gymnastics

гимна́стк/а, -и; -и, гимна́сток *(f.)* I.17 gymnast

гирля́нд/а, -ы; -ы, -0 *(f.)* II.14 garland

гита́р/а, -ы; -ы, -0 *(f.)* I.8 guitar

главне́йш/ий, -ая, -ее, -ие *(adj.)* II.9 more or most important

гла́вн/ый, -ая, -ое, -ые *(adj.)* II.2 chief, important

глаго́лиц/а, -ы *(f.)* I.PL Glagolytic alphabet

гладио́лус, -а; -ы, -ов *(m.)* II.8 gladiolus

глаз, -а; -а́, -0 *(m.)* II.3 eye

глаз(о́)к, -а́; -и, -о́в *(dim. conv. m.)* II.14 eyes

глу́п/ый, -ая, -ое, -ые *(adj.)* II.4 silly, dumb, stupid

говор/и́ть, -ю́, -и́шь, -я́т *(impf.)* I.7 to speak, say, tell

год, -а; -ы, -о́в (лет) *(m.)* I.9 year

годовщи́н/а, -ы; -ы, -0 *(f.)* II.13 anniversary

годовщи́на Октя́брьской рево-лю́ции 1917 го́да *(f. phr.)* II.13 Anniversary of the October Revolution

гол, -а; -ы́, -о́в *(m.)* I.PL goal

голов/а́, -ы́; го́ловы, голо́в *(f.)* I.20 head

го́лос, -а; -а́, -о́в *(m.)* II.11 voice

голубеньк/ий, -ая, -ое, -ие *(dim. conv. adj.)* II.14 light blue

голуб/о́й, -а́я, -о́е, -ы́е *(adj.)* I.11 light blue

гольф, -а *(m.)* I.PL golf

гор/а́, -ы́; -ы, -0 *(f.)* II.6 mountain

го́рн/ый, -ая, -ое, -ые *(adj.)* I.17 mountain

го́род, -а; -а́, -о́в *(m.)* I.2 city

город(о́)к, -а́; -и, -о́в *(m.)* II.2 town, small town

господи́н, -а; господа́, госпо́д *(m.)* I.4 Mister, Mr.

госпож/а́, -и́; -и, -е́й *(f.)* I.4 Miss, Mrs.

гости́ниц/а, -ы; -ы, -0 *(f.)* I.4 hotel

гост/ь, -я; -и, -е́й *(m.)* II.2 guest; [в го́сти] for a visit; [в гостя́х] on a visit

госуда́рственн/ый, -ая, -ое, -ые *(adj.)* II.9 governmental, of the government

гото́в/ить, -лю, -ишь, -ят *(impf.)* I.14 to prepare

гра́дус, -а; -ы, -ов *(m.)* I.16 degree (of temperature)

грамм, -а; -ы, -ов (грамм) *(m.)* I.PL gram

грамма́тик/а, -и *(f.)* I.7 grammar

гра́фик/а, -и *(f.)* II.6 drawing

грек, -а; -и, -ов *(m.)* I.13 Greek

гриб, -а́; -ы́, -о́в *(m.)* I.14 mushroom

гро́зн/ый, -ая, -ое, -ые *(adj.)* II.6 threatening, formidable, terrible

гру́б/ый, -ая, -ое, -ые *(adj.)* II.4 rude, coarse

Гру́зи/я, -и *(f.)* I.PL Georgia (republic of the former USSR)

грузови́к, -а́; -и, -о́в *(m.)* II.18 truck

гру́пп/а, -ы; -ы, -0 *(f.)* I.11 group

гуля́/ть, -ю, -ешь, -ют *(impf.)* I.12 to stroll, walk

ГУМ, -а *(m.)* I.4 State Department Store

## Д

да *(adv.)* I.1 yes

дава́й (-те) *(imper. of* дава́ть) II.2 give, let

да/ва́ть (-ю́, -ёшь, -ю́т) *(impf.)* I.12 to give

да/ва́ться (-ю́сь, -ёшься, -ю́тся) *(impf.)* II.9 to come

да́же *(part.)* II.6 even

дай *(imper. of* дать) I.11 give

да́йте *(imper. of* дава́ть) I.9 give

далеко́ *(adv.)* II.6 far, distant

да́льн/ий, -яя, -ее, -ие *(adj.)* II.9 distant, remote

да́льше *(comp. adv.)* II.3 farther, more distant

дар, -а; -ы́, -о́в *(m.)* II.8 gift

дар/и́ть (-ю́, -ишь, -ят) *(impf.)* II.9 to give, present

дать (дам, дашь, даст, дади́м, дади́те, даду́т) *(pf.)* I.2 to give

два, двух *(card. no.)* I.4 two (with masc. & neut. nouns)

двадца́т/ый, -ая, -ое, -ые *(ord. no.)* I.20 twentieth

два́дцат/ь, -и́ *(card. no.)* I.13 twenty

две, двух *(card. no.)* I.4 two (with feminine nouns)

двена́дцат/ый, -ая, -ое, -ые *(ord. no.)* I.12 twelfth

двена́дцат/ь, -и *(card. no.)* I.13 twelve

двер/ь, -и; -и, -е́й *(f.)* I.12 door

дво́е, двои́х *(coll. no.)* II.14 two, group of two

дво́ечник, -а; -и, -ов *(m.)* I.9 D-student

двойк/а, -и; -и, двоек (f.) I.9
D, grade of two

двор, -á; -ы, -óв (m.) II.14
court, year; outside

двор(é)ц, -á; -ы, -óв (m.) I.19
palace

двух (card. no.) II.2 gen./prep.
of два

дéвочк/а, -и; -и, дéвочек (f.)
I.13 girl, young girl

дéвушк/а, -и; -и, дéвушек (f.)
I.9 girl, young lady

девянóст/о, -а (card. no.) I.13
ninety

девятнáдцат/ый, -ая, -ое, -ые
(ord. no.) I.19 nineteenth

девятнáдцат/ь, -и (card. no.)
I.13 nineteen

девя́т/ый, -ая, -ое, -ые (ord.
no.) I.9 ninth

дéвят/ь, -й (card. no.) I.13 nine

дед, -а; -ы, -ов (m.) II.14
grandfather

Дед Морóз (name) II.14
Grandfather Frost

дéдушк/а, -и; -и, дéдушек
(m.) I.3 grandfather

дежу́рн/ый, -ая, -ое, -ые (m.
subst.) II.17 on-duty person,
monitor

декáбр/ь, -я́ (m.) II.13
December

декорáци/я, -и; -и, -й (f.) II.6
scenery, set, decoration

дéла/ть, -ю, -ешь, -ют (impf.)
I.6 to do or make

делегáци/я, -и; -и, -й (f.) I.2
delegation

дéл/о, -а; -á, -0 (n.) I.1 affair,
pursuit

дельфи́н, -а; -ы, -ов (m.) I.PL
dolphin

Дéнвер, -а (m.) II.16 Denver

д(е)нь, -я; -и, -ей (m.) I.5 day

День Благодарéния (m. phr.)
II.13 Thanksgiving Day

дéньги, дéнег (pl.) I.18 money

День Конститу́ции (m. phr.)
II.13 Constitution Day

День Независимости (m. phr.)
II.13 Independence Day

День Побéды (m. phr.) II.13
Victory Day

день рождéния (m. phr.) I.20
birthday

День Трудá (m. phr.) II.13
Labor Day

деревн/я, -и; -и, деревéнь (f.)
I.2 village

дéрев/о, -а; дерéвь/я, -ев (n.)
I.4 tree

деревя́нн/ый, -ая, -ое, -ые
(adj.) II.6 wooden, of wood

деся́т/ый, -ая, -ое, -ые (ord.
no.) I.10 tenth

дéсят/ь, -й (card. no.) I.13 ten

дéт/и, -éй (pl.) I.3 children

дети́шки (dial. pl. n.) II.14
children

дéтк/а, -и; -и, дéток (dim.
conv. f.) II.9 child

дéтск/ий, -ая, -ое, -ие (adj.)
I.1 childrens

дéтский сад (m. phr.) I.3
kinder-garten

дéтств/о, -а (n.) I.16 childhood

дешéвле (comp. adj./adv.) II.18
less expensive, more cheaply

дёшево (adv.) II.18 cheaply,
inexpensively

дешёв/ый, -ая, -ое, -ые (adj.)
II.18 inexpensive, cheap

джаз, -а (m.) I.7 jazz

джем, -а; -ы, -ов (m.) II.10
jam, preserves

дивáн, -а; -ы, -ов (m.) I.18
divan, couch, sofa, settee

дизáйнер, -а; -ы, -ов (m.) I.7
designer

диктáнт, -а; -ы, -ов (m.) I.6
dictation

Динáмо (indecl. n.) I.13 Dynamo

дипломáт, -а; -ы, -ов (m.) I.18
diplomat

дипломáти/я, -и (f.) I.3
diplomacy

дирéктор, -а; -á, -óв (m.) II.16
director, manager, head,
principal

дискотéк/а, -и (f.) I.15
discotheque

Диснейлэ́нд, -а (m.) II.15
Disneyland

дли́нн/ый, -ая, -ое, -ые (adj.)
II.3 long

для (+ gen.) (prep.) I.19 for

дневни́к, -á; -и, -óв (m.) I.2
diary, daybook

днём (adv.) II.2 in the
afternoon, in the daytime

Днепр, -á (m.) I.19 Dnieper
River

до (+ gen.) (prep.) II.2 up to,
as far as, until

добáв/ить, -лю, -ишь, -ят (pf.)
II.3 to add

добровóльческ/ий, -ая, -ое,
-ие (adj.) II.13 volunteer

дóбрый, -ая, -ое, -ые (adj.)
I.5 good, kind

добы́ть (добу́д+ -у, -ешь, -ут)
(pf.) II.9 to obtain, manage
to get

довóльн/ый, -ая, -ое, -ые (adj.)
II.9 contented, satisfied,
gratified, pleased with

Додж, -а; -и, -ей (m.) I.11
Dodge

доéхать (доéд+ -у, -ешь, -ут)
(pf.) II.6 to reach by vehicle

дóждик, -а (dim. m.) II.18 rain
shower

дожд/ь, -я́; -й, -éй (m.) I.16
rain

дойти́ (дойд+ -у́, -ёшь, -у́т)
(pf.) II.6 to reach on foot

дóктор, -а; -á, -óв (m.) I.PL
doctor

докумéнт, -а; -ы, -ов (m.) II.6
document

дóлго (adv.) II.12 for a long
time

дóллар, -а; -ы, -ов (m.) I.PL
dollar

дом, -а; -á, -óв (m.) I.3 house,
building

дóма (adv.) I.3 at home

домáшн/ий, -яя, -ее, -ие (adj.)
I.15 home

дóмик, -а; -и, -ов (dim. m.)
II.15 little house

домóй (adv.) I.12 homeward

дополни́тельн/ый, -ая, -ое,
-ые (adj.) II.17
supplementary, additional

дореволюциóнн/ый, -ая, -ое,
-ые (adj.) II.6 pre-
revolutionary

дорóг/а, -и; -и, -0 (f.) I.15
road

дóрого (adv./pred.) II.18
expensively; (it's) expensive

дорог/óй, -áя, -óе, -и́е (adj.)
I.6 dear, expensive

дорóже (comp. adj./adv.) II.18
more expensive, dearer; more
expensively

дорóжн/ый, -ая, -ое, -ые
(adj.) II.9 of the road

до свидáния (phr.) I.1 goodbye

доск/а́, -и́; до́ски, досо́к (f.)
I.2 board, chalkboard

досу́г, -а (m.) II.16 leisure,
spare time

до́чк/а, -и; -и, до́чек (dim. f.)
II.14 daughter

доч/ь, -ери, -ери, -ере́й (f.)
I.3 daughter

дошёл (p.t. verb form) see
дойти́

дра́м/а, -ы; -ы, -0 (f.) I.PL
drama

древнеру́сск/ий, -ая, -ое, -ие
(adj.) II.6 ancient Russian

дре́вн/ий, -яя, -ее, -ие (adj.)
II.6 ancient, old

дров/а́, -0 (pl.) II.14 firewood

друг, -а; друзья́, друзе́й (m.)
I.7 friend

друг/о́й, -а́я, -о́е, -и́е (adj.)
I.13 other, another

дру́жб/а, -ы; -ы, -0 (f.) I.5
friendship

друзья́ (pl.) see друг

ду́ма/ть (-ю, -ешь, -ют)
(impf.) II.1 to think

душ/а́, -и́; -и, -0 (f.) II.9
soul

дуэ́т, -а; -ы, -ов (m.) I.PL
duet

дя́д/я, -и; -и, -ей (m.) II.11
uncle

## Е

евре́/й, -я; -и, -ев (m.) I.15
Jew

Евро́п/а, -ы (f.) I.PL Europe

его́ (pers. pron.) I.2 acc./gen.
of он

его́ (poss. adj.) I.7 his

едини́ц/а, -ы; -ы, -0 (f.) I.2
one, grade of one (F)

еди́н/ый, -ая, -ое, -ые (adj.)
I.12 united, common; ticket
good on any form of mass
transit

едя́т see есть

её (pers. pron.) acc./gen. of она́

её (poss. adj.) I.11 her

ёж, еж/а́; -и́, -е́й (m.) I.2
hedgehog

е́зд/ить (е́зжу, -ишь, -ят)
(indet. impf.) I.11 to go,
ride, drive

ей (pers. pron.) I.9 dat./instr.
of она́

ел, е́ла, е́ли see есть

ёлк/а, -и; -и, ёлок (f.) II.8 fir
tree, New Year's tree

ёлочк/а, -и; -и, ёлочек (dim.
f.) II.14 fir tree, New Year's
tree

ёлочн/ый, -ая, -ое, -ые (adj.)
II.14 of the fir tree or New
Year's tree

ему́ (pers. pron.) II.2 dat. of
он/оно́

Ерева́н, -а (m.) I.PL Yerevan
(city)

е́сли (conj.) II.2 if

есть (ем, ешь, ест, еди́м,
еди́те, едя́т) (impf.) II.9 to
eat

есть (impf.) I.4 is, are (fixed
form)

е́хать (е́д+ -у, -ешь, -ут) (det.
impf.) I.12 to go by vehicle,
ride

ещё (adv.) I.7 still, furthermore

## Ж

жа́дн/ый, -ая, -ое, -ые (adj.)
II.4 greedy

жа́рко (pred.) I.16 (it's) hot

же (emphatic part.) I.12

жела́/ть (-ю, -ешь, -ют) (impf.)
I.15 to wish

желе́зная доро́га (f. phr.) I.15
railroad

желе́зн/ый, -ая, -ое, -ые
(adj.) I.15 iron

жёлт/ый, -ая, -ое, -ые (adj.)
I.11 yellow

жен/а́, -ы́; жёны/ы, -0 (f.) I.3
wife

же́нск/ий, -ая, -ое, -ие (adj.)
I.13 womanly, female

же́нщин/а, -ы; -ы, -0 (f.) I.3
woman

живёт see жить

жи́вопис/ь, -и (f.) II.6
painting

живо́т, -а́; -ы, -о́в (m.) II.11
stomach, belly, abdomen

живо́тн/ое, -ого; -ые, -ых
(subst. n.) II.4 animal

Жигули́ (indecl. n.) I.11
Zhiguli (automobile)

жи́зненн/ый, -ая, -ое, -ые
(adj.) II.4 of life

жизн/ь, -и; -и, -ей (f.) I.7
life

жиле́т, -а; -ы, -ов (m.) II.14
waistcoat

жи́ли-бы́ли (v. phr.) II.6 once
upon a time

жи́тел/ь, -я; -и, -ей (m.) II.13
inhabitant, dweller

жить (жив+ -у́, -ёшь, -у́т)
(impf.) I.4 to live

жонглёр, -а; -ы, -ов (m.) I.14
juggler

журна́л, -а; -ы, -ов (m.) I.PL
journal, magazine

журнали́ст, -а; -ы, -ов (m.)
II.5 journalist

журнали́стик/а, -и (f.) I.9
journalism

## З

за (+ acc.) (prep.) I.13 for

забу́дьте imper. of забы́ть

забы́ть (забу́д+ -у, -ешь, -ут)
(pf.) I.14 to forget

зави́симост/ь, -и (f.) II.2 dependence

заво́д, -а; -ы, -ов (m.) I.3
plant, factory, mill

за́втра (adv.) I.13 tomorrow

за́втрак, -а; -и, -ов (m.) II.17
breakfast

зада́ни/е, -я; -я, -й (n.) I.15
task, job

зада́ч/а, -и; -и, -0 (f.) I.18
problem, task, aim

зажужж/а́ть (-у́, -и́шь, -а́т)
(pf.) II.19 to begin to buzz,
to begin to drone

зазвон/и́ть (-ю́, -и́шь, -я́т)
(pf.) II.16 to begin ringing

за́йк/а, -и; -и, за́ек (m.) II.14
hare

заказа́ть (закажу́, зака́ж/ешь,
-ут) (pf.) II.12 to order

зака́нчива/ться (-ется, -ются)
(impf.) II.16 to end, come to
a conclusion

заква́ка/ть (-ю, -ешь, -ют)
(pf.) II.19 to begin to croak

закрыва́/ться (-ется, -ются)
(impf.) I.12 close

закря́ка/ть (-ю, -ешь, -ют)
(pf.) II.19 to being quacking

заку́ск/а, -и; -и, заку́сок (f.)
II.9 appetizer, hors d'oeuvre,
snack, refreshment

зал, -а; -ы, -ов (m.) I.10 hall,
auditorium

замерза́/ть (-ю, -ешь, -ют) *(impf.)* II.14 to freeze, be frozen

замурлы́ка/ть (-ю, -ешь, -ют) *(pf.)* II.19 to begin purring

замыч/а́ть (-у́ -и́шь, -а́т) *(pf.)* II.19 to begin to moo, low, or bellow

замяу́ка/ть (-ю, -ешь, -ют) *(pf.)* II.19 to begin to mew

занима́/ться (-юсь, -ешься, -ются) *(impf.)* I.17 to be occupied with

заня́ти/я, -й *(pl.)* I.17 occupation, activity, class

за́падн/ый, -ая, -ое, -ые *(adj.)* I.16 west, western

записа́ть (запишу́, запи́ш/ешь, -ут) *(pf.)* II.12 to jot down, make a note

Запоро́ж(е)ц, -а; -ы, -ев *(m.)* I.11 Zaporozhets (automobile)

зараба́тыва/ть (-ю, -ешь, -ют) *(impf.)* I.18 to earn

зарабо́та/ть (-ю, -ешь, -ют) *(pf.)* II.12 to earn

зарж/а́ть (-у́, -ёшь, -у́т) *(pf.)* II.19 to begin to neigh

заседа́ни/е, -я; -я, -й *(n.)* II.17 sitting, session, meeting, conference

зато́ *(conj.)* II.3 in return

захоте́ть (захочу́, захо́ч/ешь, -ет, захот/и́м, -и́те, -я́т) *(pf.)* II.17 to want

захрю́ка/ть (-ю, -ешь, -ют) *(pf.)* II.19 to begin to grunt

зачири́ка/ть (-ю, -ешь, -ют) *(pf.)* II.19 to begin to chirp or twitter

за́(я)ц, за́йц/а; -ы, -ев *(m.)* I.2 hare

звать (зов+ -у́, -ёшь, -у́т) *(impf.)* I.1 to call, name

звезд/а́, -ы́; звёзд/ы, -0 *(f.)* I.9 star

звёздн/ый, -ая, -ое, -ые *(adj.)* II.2 star

звер/ь, -я; -и, -е́й *(m.)* II.8 (wild) animal

звон(о́)к, -а́; -й, -о́в *(m.)* II.17 call, telephone call

звукоза́пис/ь, -и; -и, -ей *(f.)* II.6 sound recording

звуч/а́ть, -у́, -и́шь, -а́т *(impf.)* I.1 to sound, ring, resound

зда́ни/е, -я; -я, -й *(n.)* I.9 building, edifice

здесь *(adv.)* I.4 here, in this place

здо́рово *(pred.)* II.2 great, well done, fine (slang)

здоро́в/ый, -ая, -ое, -ые *(adj.)* II.4 healthy

здоро́вь/е, -я *(n.)* II.9 health

здра́вствуй(те) *(greeting)* I.1 hello

зелён/ый, -ая, -ое, -ые *(adj.)* I.11 green

Зени́т, -а *(m.)* I.13 Zenith

зим/а́, -ы́; зи́м/ы, -0 *(f.)* I.16 winter

зимо́й *(adv.)* I.16 in winter

зл/ой, -а́я, -о́е, -ы́е *(adj.)* II.4 wicked, malicious, bad-tempered

знак, -а; -и, -ов *(m.)* I.11 sign

знако́м, -а, -о, -ы *(pred.)* II.1 acquainted

знако́м/ить (-лю, -ишь, -ят) *(impf.)* II.6 to acquaint, introduce

знако́м/иться (-люсь, -ишься, -ятся) *(impf.)* II.6 to meet, make the acquaintance of, get to know

зна́ни/е, -я; -я, -й *(n.)* II.17 knowledge, erudition

зна/ть (-ю, -ешь, -ют) *(impf.)* I.3 to know

зна́ч/ить (-ит, -ат) *(impf.)* II.2 to mean, signify

знач(о́)к, -а́; -й, -о́в *(m.)* I.7 badge, pin

зову́т *see* звать

золот/о́й, -а́я, -о́е, -ы́е *(adj.)* I.15 gold(en)

Зо́лушк/а, -и *(f. name)* II.14 Cinderella

зоомагази́н, -а; -ы, -ов *(m.)* II.9 pet store

зубн/о́й, -а́я, -о́е, -ы́е *(adj.)* II.17 dental, tooth

---

# И

и *(conj.)* I.1 and

игр/а́, -ы́; и́гр/ы, -0 *(f.)* I.10 game

игра́/ть (-ю, -ешь, -ют) *(impf.)* I.8 to play

игру́шечн/ый, -ая, -ое, -ые *(adj.)* II.1 toy, for playing

игру́шк/а, -и; -и, игру́шек *(f.)* II.14 toy, plaything

иде́/я, -и; -и, -й *(f.)* I.PL idea, notion, concept

ид/ти́ (-у́, -ёшь, -у́т) *(det. impf.)* I.12 to go on foot

иду́щ/ий, -ая, -ее, -ие *(v. adj.)* I.18 the one who is going

из *(+ gen.)* *(prep.)* II.2 from, out of

избало́ванн/ый, -ая, -ое, -ые *(adj.)* II.4 spoiled

изве́сти/е, -я; -я, -й *(n.)* II.10 news

изве́стн/ый, -ая, -ое, -ые *(adj.)* I.6 known, famous, well-known

извини́те *(imper.)* I.4 excuse me

изде́ли/е, -я; -я, -й *(n.)* I.4 wares, manufactured goods

излеч/и́ться (-у́сь, излéч/ишься, -атся) *(pf.)* II.11 to be cured or recovered

Изма́йлово *(indecl. n.)* II.18 Izmailovo (part of Moscow)

изумру́д, -а; -ы, -ов *(m.)* II.12 emerald

ИК (интонацио́нная констру́кция) II.1 intonation construction

ико́н/а, -ы; -ы, -0 *(f.)* II.6 icon, religious painting

иконопи́с(е)ц, -а; -ы, -ев *(m.)* II.6 icon painter

икр/а́, -ы́ *(f.)* I.16 caviar

и́ли *(conj.)* I.7 or

Иллино́йс, -а *(m.)* II.1 Illinois

им *(pers. pron.)* I.9 dat. of они́; instr. of он

имена́ *see* и́мя

имени́ны *(pl.)* II.9 name day

име́/ть (-ю, -ешь, -ют) *(impf.)* II.4 to possess, own, have

и́ми *(pers. pron.)* instr. of они́

и́мя, и́мени; имена́, имён *(n.)* I.1 name

инвали́д, -а; -ы, -ов *(m.)* II.1 invalid

инде́йк/а, -и; -и, индéек *(f.)* II.13 turkey

и́ндекс, -а *(m.)* I.19 index, postal code

индиа́нк/а, -и; -и, индиа́нок *(f.)* I.PL Indian

инди́ец, инди́йц/а; -ы, -ев *(m.)* I.PL Indian

482    Face to Face 2

Инди/я, -и (f.) I.PL India

инжене́р, -а; -ы, -ов (m.) I.3 engineer

иногда́ (adv.) II.12 sometimes

иностра́нн/ый, -ая, -ое, -ые (adj.) II.17 foreign

институ́т, -а; -ы, -ов (m.) I.1 institute

интеллиге́нтн/ый, -ая, -ое, -ые (adj.) II.4 cultured

интервью́ (indecl. n.) I.18 interview

интере́с, -а; -ы, -ов (m.) II.4 interest

интере́снее (comp. adj./adv.) II.18 of greater interest, more interestingly

интере́сно (adv./pred.) II.2 interestingly; (it's) interesting, I wonder

интере́сн/ый, -ая, -ое, -ые (adj.) I.18 interesting

интересова́ться (интересу́+ -юсь, -ешься, -ются) (impf.) II.17 to be interested in

интернациона́льн/ый, -ая, -ое, -ые (adj.) II.17 international

Интури́ст, -а (m.) I.5 Intourist (tour agency)

инъе́кци/я, -и; -и, -й (f.) I.PL injection

иска́ть (ищ+ -у́, -ешь, -ут) (impf.) I.12 to seek, look for

иску́сств/о, -а (n.) II.6 art

испа́нск/ий, -ая, -ое, -ие (adj.) I.19 Spanish

исто́рик, -а; -и, -ов (m.) I.18 historian

истори́ческ/ий, -ая, -ое, -ие (adj.) I.10 historical

исто́ри/я, -и (f.) I.7 history

италья́нск/ий, -ая, -ое, -ие (adj.) I.11 Italian

и т. д. (abbrev.) I.18 and so forth

их (poss. pron.) I.11 their

ию́л/ь, -я (m.) II.13 July

ию́н/ь, -я (m.) II.13 June

## К

к, ко (+ dat.) (prep.) II.3 to, toward, towards

кабине́т, -а; -ы, -ов (m.) II.16 classroom, office

Кавка́з, -а (m.) I.PL Caucasus

ка́жд/ый, -ая, -ое, -ые (adj.) I.14 each, every

ка́жется (verb form + dat.) II.4 it seems

Казахста́н, -а (m.) I.PL Kazakhstan

как (adv.) I.1 how

как/о́й, -а́я, -о́е, -и́е (interrog. pron.) I.7 what, what kind of

календа́р/ь, -я́; -й, -е́й (m.) II.13 calendar

Калифо́рни/я, -и (f.) II.1 California

Кана́д/а, -ы (f.) I.PL Canada

кана́д(е)ц, -а; -ы, -ев (m.) I.PL Canadian male

кана́дк/а, -и; -и, кана́док (f.) I.PL Canadian female

кани́кул/ы, -0 (pl.) I.16 vacation

канцеля́ри/я, -и; -и, -й (f.) II.17 school office

капита́н, -а; -ы, -ов (m.) I.17 captain

капу́ст/а, -ы (f.) II.10 cabbage

каранда́ш, -а́; -й, -е́й (m.) I.2 pencil

карата́ (indecl. n.) I.13 karate

карп, -а; -ы, -ов (m.) II.16 carp

ка́рт/а, -ы; -ы, -0 (f.) I.4 map

карти́н/а, -ы; -ы, -0 (f.) I.4 painting, picture

карто́фел/ь, -я (m.) II.7 potatoes

карто́фель-фри (m.) II.7 French fries

карто́шк/а, -и; -и, карто́шек (conv. f.) II.13 potato

ка́рт/ы, -0 (pl.) I.19 playing cards

ка́сс/а, -ы; -ы, -0 (f.) II.2 cashier's stand or booth

кассе́т/а, -ы; -ы, -0 (f.) II.8 cassette

ката́ни/е, -я; -я, -й (n.) I.17 skating, rolling

ката́/ться (-юсь, -ешься, -ются) (impf.) II.14 to ride, roll

кафе́ (indecl. n.) I.4 cafe

ква́ка/ть (-ю, -ешь, -ют) (impf.) II.19 to croak

кварти́р/а, -ы; -ы, -0 (f.) I.4 apartment

кед, -а; -ы, -ов (m.) I.18 sports shoe

кем (interrog. pron.) I.18 instr. of кто

КИД (клуб интернаци- она́льной дру́жбы), -а (m. acronym) II.17 International Friendship Club

Ки́ев, -а (m.) I.PL Kiev

ки́евск/ий, -ая, -ое, -ие (adj.) II.6 of Kiev

кило́метр, -а; -ы, -ов (m.) I.15 kilometer

кино́ (indecl. n.) I.7 movie, movie theater

киноафи́ш/а, -и; -и, -0 (f.) II.2 movie advertisement

киноматериа́л, -а; -ы, -ов (m.) II.6 movie material

кинотеа́тр, -а; -ы, -ов (m.) I.4 movie theater

кио́ск -а; -и, -ов (m.) I.18 kiosk, booth

кири́ллиц/а, -ы (f.) I.PL Cyrillic (alphabet)

кита́йск/ий, -ая, -ое, -ие (adj.) I.7 Chinese

класс, -а; -ы, -ов (m.) I.PL class-room, class group

классифика́ци/я, -и; -и, -й (f.) I.17 classification

кли́мат, -а (m.) I.16 climate

кло́ун, -а; -ы, -ов (m.) I.14 clown

клуб, -а; -ы, -ов (m.) I.3 club

клюв, -а; -ы, -ов (m.) II.3 beak

ключ, -а́; -й, -е́й (m.) I.10 key

кни́г/а, -и; -и, -0 (f.) I.2 book

княз/ь, -я; -ья́, -е́й (m.) II.6 prince

ко see к

когда́ (adv.) I.8 when, at what time

когда́ ка́к (phr.) I.16 it depends

кого́ (pron.) I.7 acc./gen. of кто

коз/а́; -ы́, -ы, -0 (f.) II.18 she-goat

кокте́йл/ь, -я; -и, -ей (m.) II.7 cocktail

колбас/а́, -ы́; колба́с/ы, -0 (f.) II.9 sausage

колес/о́, -а́; колёс/а, -0 (n.) I.11 wheel

ко́лледж, -а; -и, -ей (m.) I.5 college

колле́кци/я, -и; -и, -й (f.) II.6 collection

Коло́менск/ое, -ого (n.) II.6 Kolomenskoye

Колора́до (indecl. n.) II.1 Colorado

Колу́мб, -а *(m.)* II.16 (Christopher) Columbus

кольц/о́, -а́; ко́льца, коле́ц *(n.)* I.2 ring

кома́нд/а, -ы; -ы, -0 *(f.)* I.13 team, command, order

ко́микс, -а; -ы, -ов *(m.)* I.9 comic strip

комме́рци/я, -и *(f.)* II.12 commerce

коммуника́ци/я, -и *(f.)* I.PL communication

ко́мнат/а, -ы; -ы, -0 *(f.)* I.2 room

компози́тор, -а; -ы, -ов *(m.)* II.2 composer

компью́тер, -а; -ы, -ов *(m.)* I.20 computer

компью́терн/ый, -ая, -ое, -ые *(adj.)* II.17 of computers

комсомо́л(е)ц, комсомо́льц/а; -ы, -ев *(m.)* I.2 member of Komsomol

кому́ *(interrog. pron.)* II.6 dat. of кто

конве́рт, -а; -ы, -ов *(m.)* I.4 envelope

кон(е́)ц, -а́; -ы́, -о́в *(m.)* I.12 end

коне́чно *(adv.)* I.8 of course

ко́нкурс, -а; -ы, -ов *(m.)* I.18 competition

конститу́ци/я, -и; -и, -й *(f.)* II.13 constitution

контро́ль, -я *(m.)* I.PL control

контро́льн/ый, -ая, -ое, -ые *(adj.)* I.19 control, planned, scheduled

конфе́т/а, -ы; -ы, -0 *(f.)* I.7 candy

конце́рт, -а; -ы, -ов *(m.)* I.12 concert

конце́ртн/ый, -ая, -ое, -ые *(adj.)* I.14 concert

конча́/ться (-ется, -ются) *(impf.)* I.16 to end, be ended

конько́й/и, -о́в *(pl.)* I.17 skates

кооперати́в, -а; -ы, -ов *(m.)* II.18 cooperative, private store

копе́йк/а, -и; -и, копе́ек *(f.)* II.19 kopeck

копи́лк/а, -и; -и, копи́лок *(f.)* II.19 piggy bank

коп/и́ть (-лю́, -ишь, -ят) *(impf.)* II.9 to save up, accumulate

ко́пи/я, -и; -и, -й *(f.)* II.6 copy, replica

копчён/ый, -ая, -ое, -ые *(adj.)* II.9 smoked

копь/ё, -я́; -я, ко́пий *(n.)* II.19 spear or lance

коре́йск/ий, -ая, -ое, -ие *(adj.)* I.11 Korean

кори́чнев/ый, -ая, -ое, -ые *(adj.)* I.11 brown

короле́в/а, -ы; -ы, -0 *(f.)* I.18 queen

коро́тк/ий, -ая, -ое, -ие *(adj.)* II.3 short

корреспонде́нт, -а; -ы, -ов *(m.)* II.16 correspondent

корт, -а; -ы, -ов *(m.)* I.PL court (for sports)

косми́ческ/ий, -ая, -ое, -ие *(adj.)* II.6 of space, cosmic

космона́вт, -а; -ы, -ов *(m.)* I.4 cosmonaut

космона́втик/а, -и *(f.)* II.6 cosmonautics

ко́смос, -а *(m.)* I.PL space, cosmos

кост(ё)р, -а́; -ы́, -о́в *(m.)* II.14 bonfire, campfire

костю́м, -а; -ы, -ов *(m.)* I.2 suit, costume

кот, -а́; -ы́, -о́в *(m.)* I.PL cat, tomcat

Кот в сапога́х *(name)* II.14 Puss'n Boots

котён(о)к, -а; котя́т/а, -0 *(m.)* II.19 kitten

кото́р/ый, -ая, -ое, -ые *(rel. pron.)* II.18 which, who

котте́дж, -а; -и, -ей *(m.)* I.4 cottage

котя́та *see* котёнок

ко́фе *(indecl. m.)* II.9 coffee

ко́шечк/а, -и; -и, ко́шечек *(conv. dim. f.)* II.19 little kitten, cat

ко́шк/а, -и; -и, ко́шек *(f.)* I.2 cat

краб, -а; -ы, -ов *(m.)* II.9 crab

кра́йн/ий, -яя, -ее, -ие *(adj.)* II.6 extreme

краси́вее *(comp. adj./adv.)* II.18 more attractive, more beautifully

краси́во *(adv./pred.)* II.18 beautifully; (it's) beautiful

краси́в/ый, -ая, -ое, -ые *(adj.)* I.9 beautiful, handsome

красне́/ть (-ю, -ешь, -ют) *(impf.)* II.13 to redden, to blush

кра́сн/ый, -ая, -ое, -ые *(adj.)* I.2 red

красот/а́, -ы́ *(f.)* I.18 beauty

кратковре́менн/ый, -ая, -ое, -ые *(adj.)* I.16 momentary, transitory, short-time

Кремл/ь, -я́ *(m.)* I.4 Kremlin

креп/и́ть (-лю́, -и́шь, -я́т) *(impf.)* II.9 to strengthen, reinforce

кре́сл/о, -а; -а, кре́сел *(n.)* II.16 armchair, easy chair

крич/а́ть (-у́, -и́шь, -а́т) *(impf.)* II.19 to shout

кришнаи́т, -а; -ы, -ов *(m.)* II.12 Hare Krishna

крова́т/ь, -и; -и, -ей *(f.)* II.16 bed

крокоди́л, -а; -ы, -ов *(m.)* I.2 crocodile

кро́ме *(+ gen.) (prep.)* II.17 besides, except

круж(о́)к, -а́; -и́, -о́в *(m.)* II.16 circle, club

кру́пн/ый, -ая, -ое, -ые *(adj.)* II.14 large, big, large-scale; major prominent, outstanding

крыльц/о́, -а́; кры́льца, крыле́ц *(n.)* II.18 porch

кры́ш/а, -и; -и, -0 *(f.)* I.4 roof, housetop

кря *(interj.)* II.19 an exclamation

кря́ка/ть (-ю, -ешь, -ют) *(impf.)* II.19 to quack

к сожале́нию *(phr.)* II.14 unfortunately

кто *(interrog. pron.)* I.2 who

куда́ *(adv.)* I.12 which way, to where

кудря́в/ый, -ая, -ое, -ые *(adj.)* II.3 curly

кузне́чик, -а; -и, -ов *(m.)* II.8 grasshopper

кукареку́ *(interj.)* II.19 cock-a-doodle-doo

культу́р/а, -ы *(f.)* I.PL culture

культури́зм, -а *(m.)* I.PL body building

куп/и́ть (-лю́, -ишь, -ят) *(pf.)* I.19 to buy, purchase

ку́пол, -а; -а́, -о́в *(m.)* II.7 cupola, dome

ку́рочк/а, -и; -и, ку́рочек *(conv. dim. f.)* II.19 hens, chickens

Ку́рск/ий, -ая, -ое, -ие *(adj.)* II.6 of Kursk

ку́ртк/а, -и; -и, ку́рток (f.)
II.14 jacket

куса́/ться (-ю́сь, -ешься, -ю́тся)
(impf.) II.13 to bite, to bite
each other

Куту́зовск/ий, -ого (adj.) I.4
Kutuzov

ку́хн/я, -и; -и, ку́хонь (f.)
II.19 kitchen

# Л

лаборато́ри/я, -и; -и, -й (f.)
I.2 laboratory

ла́гер/ь, -я; -я́, -е́й (m.) I.2
camp

ла́дно (affirm. part.) I.14 all
right, very well

ла́мп/а, -ы; -ы, -0 (f.) I.2
lamp

Ла́тви/я, -и (f.) I.PL Latvia

лати́нск/ий, -ая, -ое, -ие
(adj.) I.15 Latin

лебеди́н/ый, -ая, -ое, -ые
(adj.) I.20 swan

лёгк/ий, -ая, -ое, -ие (adj.)
I.17 light

леж/а́ть (-у́, -и́шь, -а́т) (impf.)
I.18 to lie, be lying

ле́кци/я, -и; -и, -й (f.) II.6
lecture

лени́в/ый, -ая, -ое, -ые (adj.)
II.4 lazy

Ленингра́д, -а (m.) I.13
Leningrad

ле́нинск/ий, -ая, -ое, -ие
(adj.) II.11 of Lenin

леп/и́ть (-лю́, -ишь, -ят)
(impf.) II.14 to model, sculpt

Ле́рмонтов, -а (m.) II.11 M.
Lermontov, Russian poet and
writer

лес, -а; -а́, -о́в (m.) I.16
woods, forest

лет see год

ле́т/о, -а (n.) I.16 summer

ле́том (adv.) I.16 in summer

ле́топис/ь, -и; -и, -ей (f.) II.6
chronicle

ли (interrog. part.) II.17
whether, if

ли́бо (conj.) II.2 either, or

ли́ли/я, -и; -и, -й (f.) I.16 lily

лило́в/ый, -ая, -ое, -ые (adj.)
I.11 violet

лимо́н, -а; -ы, -ов (m.) II.8
lemon

лимона́д, -а (m.) II.9
lemonade, soft drink

лингафо́нный кабине́т (m.
noun phr.) II.17 language
laboratory

лист(о́)к, -а́; -и́, -о́в (m.) II.8
sheet, leaflet

Литв/а́, -ы́ (f.) I.PL Lithuania

литерату́р/а, -ы (f.) I.7
literature

литерату́рн/ый, -ая, -ое, -ые
(adj.) II.17 literary

ли́ться (ль/ётся, -ю́тся) (impf.)
II.18 to pour, be poured

лиц/о́, -а́; ли́ц/а, -0 (n.) II.3
face; person

ли́чик/о, -а; -и, -ов (dim. n.)
II.13 dim. of face

Ло́ндон, -а (m.) II.16 London

ло́шад/ь, -и; -и, -е́й (f.) I.14
horse

Лубя́нк/а, -и (f.) II.6 Lubyanka
St.

Лужник/и́, -о́в (pl.) II.11
Luzhniki (a section of Moscow)

лу́чше (comp. adv.) II.6 better

лу́чш/ий, -ая, -ее, -ие (adj.)
II.6 better

лы́ж/и, -0 (pl.) I.16 skis

люби́м/ый, -ая, -ое, -ые (adj.)
II.13 beloved, favorite

люб/и́ть (-лю́, -ишь, -ят)
(impf.) I.7 to love, like

люб/ова́ться (-у́юсь, -у́ешься,
-у́ются) (impf.) II.19 to
admire, feast one's eyes on

люб(о́)в/ь, -й (f.) II.8 love

лю́ди see челове́к

лягуша́та, лягуша́т (pl. of ля-
гушо́нок) II.19 little frogs

# М

мавзоле́/й, -я; -и, -ев (m.) I.4
mausoleum

магази́н, -а; -ы, -ов (m.) I.3
store

магнитофо́н, -а; -ы, -ов (m.)
I.8 tape recorder

ма/й, -я (m.) I.PL May

Майа́ми (indecl. n.) II.16 Miami

ма́йк/а, -и; -и, ма́ек (f.) II.9
athletic shirt, tee-shirt

майо́р, -а; -ы, -ов (m.) I.PL
major

маке́т, -а; -ы, -ов (m.) II.6
model, mock-up

ма́леньк/ий, -ая, -ое, -ие
(adj.) I.9 little, small

ма́ло (adv.) I.7 few, little

ма́льчик, -а; -и, -ов (m.) I.2
boy

ма́м/а, -ы; -ы, -0 (f.) I.3 mama

мане́жн/ый, -ая, -ое, -ые
(adj.) II.7 of the riding school

ма́рк/а, -и; -и, ма́рок (f.) I.4
stamp

Маркс, -а (m.) II.6 Marx

Марс, -а (m.) I.PL Mars

март, -а (m.) I.16 March

Марша́к, -а́ (m.) II.9 S.
Marshak, children's poet

ма́ск/а, -и; -и, ма́сок (f.) II.14
mask

маскара́д, -а; -ы, -ов (m.)
II.14 masquerade

маскара́дн/ый, -ая, -ое, -ые
(adj.) II.14 masquerade

Ма́слениц/а, -ы (f.) I.16
Shrovetide

ма́сл/о, -а (n.) I.16 butter, oil

ма́стер, -а; -а́, -о́в (m.) I.17
foreman, master

ма́стер спо́рта (m. phr.) I.17
master of sports

мастерск/а́я, -о́й; -и́е, -и́х (f.
subst.) II.17 studio

матема́тик/а, -и (f.) I.7
mathematics

математи́ческ/ий, -ая, -ое, -ие
(adj.) II.17 mathematical

материа́л, -а; -ы, -ов (m.) II.3
material

матрёшк/а, -и; -и, матрёшек
(f.) I.10 nested Russian doll,
matryoshka

ма́тушк/а, -и; -и, ма́тушек (f.)
II.14 mother (old Russian)

матч, -а; -и, -ей (m.) I.13
match, contest

мать, ма́тер/и; -и, -е́й (f.) I.3
mother

маши́н/а, -ы; -ы, -0 (f.) I.4
car, machine, automobile

машини́ст, -а; -ы, -ов (m.)
I.18 machinist

Маяко́вск/ий, -ого (m.) II.6 V.
Mayakovsky, poet

МГУ (indecl. acronym) I.6
MGU (Moscow State
University)

мёд, -а (m.) I.16 honey

медве́д/ь, -я; -и, -ей (m.)
II.12 bear

медвежа́та *see* медвежо́нок

медвежо́н(о)к, -а; медвежа́т/а, -0 *(m.)* II.8 bear cub

медици́нск/ий, -ая, -ое, -ие *(adj.)* I.18 medical

медсестр/а́, -ы́; медсёстры, медсестёр *(f.)* I.18 nurse

междунаро́дник, -а; -и, -ов *(m.)* II.17 internationalist

междунаро́дник-журнали́ст *(m.)* II.17 journalist, specializing in international affairs

междунаро́дн/ый, -ая, -ое, -ые *(adj.)* I.7 international

Мело́ди/я, -и *(f.)* II.18 Melodia (record store & company)

мемориа́льн/ый, -ая, -ое, -ые *(adj.)* II.6 memorial

ме́неджер, -а; -ы, -ов *(m.)* I.3 manager

ме́ньше *(comp. adj.)* II.4 less smaller, fewer

меня́ *(pers. pron.)* I.1 *acc./gen. of* я

ме́ст/о, -а; -а́, -0 *(n.)* I.19 place, spot, site

ме́сяц, -а; -ы, -ев *(m.)* II.11 month

мета́лл, -а; -ы, -ов *(m.)* I.PL metal

металли́ст, -а; -ы, -ов *(m.)* II.12 hard metal musicians; metal worker

металлу́рг, -а; -и, -ов *(m.)* I.4 metallurgist

мете́л/ь, -и; -и, -ей *(f.)* II.14 snowstorm

метро́ *(indecl. n.)* I.PL subway

Метропо́л/ь, -я *(m.)* I.10 Metropol (hotel)

меха́ник, -а; -и, -ов *(m.)* I.10 mechanic

мехов/о́й, -а́я, -о́е, -ы́е *(adj.)* I.19 fur

милиционе́р, -а; -ы, -ов *(m.)* I.4 policeman, militiaman

миллио́н, -а; -ы, -ов *(m.)* I.11 million

минера́льная вода́ *(f. phr.)* II.9 mineral water

минера́льн/ый, -ая, -ое, -ые *(adj.)* II.9 of mineral

Минск, -а *(m.)* I.13 Minsk

ми́нус, -а; -ы, -ов *(m.)* I.15 minus

мину́т/а, -ы; -ы, -0 *(f.)* I.11 minute

мир, -а *(m.)* I.1 peace; world

мира́ж, -а́; -и, -е́й *(m.)* I.PL mirage, optical illusion

миров/о́й, -а́я, -о́е, -ы́е *(adj.)* II.6 world-wide, of the world

мисс *(indecl. f.)* II.3 Miss

ми́ссис *(indecl. f.)* II.1 Mrs.

Миссу́ри *(indecl. n.)* II.1 Missouri

ми́стер, -а *(m.)* II.1 Mr., Mister

ми́тинг, -а; -и, -ов *(m.)* II.13 rally, gathering

Мичига́н, -а *(m.)* II.1 Michigan

мне *(pers. pron.)* II.2 dat. of я

мно́го *(indef. no.)* I.2 many, much, a lot

многонациона́льн/ый, -ая, -ое, -ые *(adj.)* II.6 multinational

мной *(pers. pron.)* II.3 instr. of я

мог, могла́, могло́, могли́ *p.t. forms of* мочь

мо́д/а, -ы; -ы, -0 *(f.)* I.1 mode, fashion, style

мо́жет быть *(verb phr.)* I.11 maybe, it could be, possibly

мо́жно *(pred.)* I.11 one may, one can

мо/й, -я, -ё, -й *(poss. pron.)* I.3 my

Молдо́в/а, -ы *(f.)* I.PL Moldova

молодёж/ь, -и *(m. singular only)* II.14 youth, young people

молод(е́)ц, -а́; -ы, -о́в *(m.)* I.7 fine fellow, fine girl

молод/о́й, -а́я, -о́е, -ы́е *(adj.)* II.4 young

молоко́/о́, -а́ *(n.)* II.9 milk

моло́чн/ый, -ая, -ое, -ые *(adj.)* II.7 milk, of milk

моло́чный кокте́йль *(m. phr.)* II.7 milkshake

молча́ть (-у́, -и́шь, -а́т) *(impf.)* II.8 to keep silent, to be silent

монасты́р/ь, -я́; -и́, -е́й *(m.)* I.9 monastery

монго́ло-тата́рский *(adj.)* I.PL Mongol-Tatar

монта́жник, -а; -и, -ов *(m.)* I.18 assembler

мо́р/е, -я; -я́, -е́й *(n.)* I.PL sea

морж, -а́; -и́, -е́й *(m.)* I.16 walrus

моро́жен/ое, -ого *(n.)* II.13 ice cream

моро́з, -а; -ы, -ов *(m.)* I.16 frost, freeze

Москв/а́, -ы́ *(f.)* I.PL Moscow

москви́ч, -а́; -и́, -е́й *(m.)* I.4 male Muscovite; car name

москви́чк/а, -и; -и, москви́чек *(f.)* I.4 female Muscovite; store name

моско́вск/ий, -ая, -ое, -ие *(adj.)* I.2 of Moscow

мото́р, -а; -ы, -ов *(m.)* I.PL motor

мотоци́кл, -а; -ы, -ов *(m.)* I.8 motorcycle

мочь (могу́, мо́жешь, мо́гут) *(impf.)* I.13 to be able

муж, -а; мужья́, муже́й *(m.)* I.3 husband

мужск/о́й, -а́я, -о́е, -и́е *(adj.)* I.13 masculine, male

мужчи́н/а, -ы; -ы, -0 *(m.)* I.13 man, male

музе́/й, -я; -и, -ев *(m.)* I.4 museum

музей-уса́дьба, музе́я-уса́дьбы; музе́и-уса́дьбы, музе́ев-уса́деб *(m.)* II.6 Estate Museum (such as Kolomenskoye)

му́зык/а, -и *(f.)* I.7 music

музыка́льн/ый, -ая, -ое, -ые *(adj.)* I.17 musical

музыка́нт, -а; -ы, -ов *(m.)* I.PL musician

мук/а́, -и́ *(f.)* II.1 flour

му́х/а, -и; -и, -0 *(f.)* II.19 fly

мы *(pers. pron.)* I.3 we

мысл/ь, -и; -и, -ей *(f.)* II.12 idea, thought

мыть (мо́+ -ю, -ешь, -ют) *(impf.)* II.2 to wash

мя́гк/ий, -ая, -ое, -ие *(adj.)* I.PL soft

мя́с/о, -а *(n. singular only)* I.2 meat

мя́у *(interj.)* II.19 mew

мя́ука/ть (-ю, -ешь, -ют) *(impf.)* II.19 to meow

мяч, -а́; -и́, -е́й *(m.)* I.4 ball

---

# Н

на *(+ prepos. or acc.) (prep.)* I.12 on, in; onto, to, into

на́бережн/ая, -ой; -ые, -ых *(f.)* II.11 embankment

набо́р, -а; -ы, -ов *(m.)* II.18 set, collection

наве́рное *(adv.)* II.4 probably, most likely

над *(+ instr.)* *(prep.)* II.14 above, over

надева́/ть (-ю, -ешь, -ют) *(impf.)* II.13 to put on, wear

наде́ть (наде́н/у, -ешь, -ут) *(pf.)* II.14 to put on, dress in

надзе́мн/ый, -ая, -ое, -ые *(adj.)* I.15 elevated, above ground

на́до *(pred.)* I.19 necessary, needed

надо/е́сть (-е́м, -е́шь, -еда́т) *(pf.)* II.19 to pester, be bother, worry, plague

наза́д *(adv.)* I.11 back, ago

назва́ни/е, -я; -я, -й *(n.)* I.16 name, title

называ́/ться (-ется, -ются) *(impf.)* I.9 to be called

найти́ (найд+ -у́, -ёшь, -у́т) *(pf.)* I.18 to find

нале́во *(adv.)* I.9 on or to the left

нали́ть (наль+ -ю́, -ёшь, -ю́т) *(pf.)* II.9 to pour out, fill

нам *(pers. pron.)* II.2 *dat. of* мы

на́ми *(pers. pron.)* II.5 *instr. of* мы

наоборо́т *(adv.)* I.19 on the contrary

напеча́та/ть (-ю, -ешь, -ют) *(pf.)* II.17 to print

написа́ть (напишу́, напи́ш/ешь, -ут) *(pf.)* I.16 to write

напра́во *(adv.)* I.9 to or on the right

наприме́р *(paren.)* I.17 for example

нарис/ова́ть (-у́ю, -у́ешь, -у́ют) *(pf.)* I.20 to draw, paint

наро́д, -а; -ы, -ов *(m.)* II.11 people

наро́дн/ый, -ая, -ое, -ые *(adj.)* II.19 of the people, peoples

наря́дн/ый, -ая, -ое, -ые *(adj.)* II.14 well-dressed

нас *(pers. pron.)* acc./gen./prep. *of* мы

насте́нн/ый, -ая, -ое, -ые *(adj.)* I.19 wall

насто́льн/ый, -ая, -ое, -ые *(adj.)* I.17 table, desk

настоя́щ/ий, -ая, -ее, -ие *(adj.)* I.13 real

нау́к/а, -и; -и, -0 *(f.)* II.6 science

находи́ться (нахожу́сь, нахо́д/ишься, -ятся) *(impf.)* I.2 is located

Национа́л/ь, -я *(m.)* I.10 National Hotel

национа́льн/ый, -ая, -ое, -ые *(adj.)* II.14 national

нача́л/о, -а; -а, -0 *(n.)* II.16 beginning, start

нача́льн/ый, -ая, -ое, -ые *(adj.)* II.17 elementary, initial

нача́ть (начн+ -у́, -ёшь, -у́т) *(pf.)* II.3 to begin

начина́/ть (-ю, -ешь, -ют) *(impf.)* I.18 to begin

начина́/ться (-ется, -ются) *(impf.)* I.16 to begin, be begun

наш, -а, -е, -и *(poss. pron.)* I.1 our

нашёл *see* найти́

не *(part.)* I.2 not

не́б/о, -а; небеса́, небе́с *(n.)* II.2 heaven, sky

небольш/о́й, -а́я, -о́е, -и́е *(adj.)* I.9 not large, small

невели́к/ий, -ая, -ое, -ие *(adj.)* II.11 not great

неве́село *(adv.)* II.14 without cheer

невесёл/ый, -ая, -ое, -ые *(adj.)* II.14 unhappy, not cheerful

невысо́к/ий, -ая, -ое, -ие *(adj.)* II.3 not very tall, short

него́ *(pers. pron.)* acc./gen. *of* он

неда́вно *(adv.)* II.18 not long ago, recently

недалеко́ *(adv.)* 20/10 not far away

неде́л/я, -и; -и, -ь *(f.)* I.18 week

недо́рого *(adv./pred.)* II.19 inexpensively, inexpensive

неё *(pers. pron.)* acc./gen. *of* она́

незави́симост/ь, -и *(f.)* I.18 independence

ней *(pers. pron.)* II.2 dat./prep./instr. *of* она́

не́котор/ый, -ая, -ое, -ые *(pron.)* II.12 some

нелени́в/ый, -ая, -ое, -ые *(adj.)* II.4 not lazy

нельзя́ *(pred.)* I.11 (it is) impossible, not permitted

нём *(pers. pron.)* II.3 prep. *of* он

нема́ло *(adv.)* II.7 not a little

неме́цк/ий, -ая, -ое, -ие *(adj.)* I.11 German

немно́го *(adv.)* I.7 a bit, some

немно́жко *(conv. adv.)* II.18 a little bit, some

непло́хо *(adv.)* I.12 not badly, pretty well

неплох/о́й, -а́я, -о́е, -и́е *(adj.)* II.8 pretty good, not bad

непра́вд/а, -ы *(f.)* I.11 untruth, falsehood

непра́вильно *(adv./pred.)* I.13 incorrect(ly); (it is) incorrect

не́сколько *(indef. no.)* I.18 several, some

неско́ро *(adv.)* II.16 not soon, not quickly

несоверше́нн/ый, -ая, -ое, -ые *(adj.)* II.5 imperfective; incomplete

нес/ти́ (-у́, -ёшь, -у́т) *(impf.)* II.8 to carry

нет *(neg.)* I.1 no, (there is) no

нетру́дн/ый, -ая, -ое, -ые *(adj.)* I.9 not difficult, easy

неудовлетвори́тельно *(adv.)* I.2 unsatisfactory, grade of 2 (D)

неуже́ли *(adv.)* II.2 indeed, really

нехорошо́ *(adv./pred.)* I.18 (it's) notgood, not well

нечётн/ый, -ая, -ое, -ые *(adj.)* II.8 uneven (numbers)

ни *(part.)* II.8 neither, nor, not

никак/о́й, -а́я, -о́е, -и́е *(adj.)* I.18 no, not any

никогда́ *(adv.)* I.8 never

ним *(pers. pron.)* II.8 *instr. of* он; *dat. of* они́

ни́ми *(pers. pron.)* II.3 *instr. of* они́

них *(pers. pron.)* II.6 gen./acc./prep. *of* они́

ничего́ *(adv./pred.)* I.3 (it's) nothing, all right, not bad

ничья́ *(pron.)* I.13 tied score, draw

но *(conj.)* I.7 but

нового́дн/ий, -яя, -ее, -ие *(adj.)* II.14 New Year's

Новоде́вичий монасты́рь *(m. name)* I.9 Novodevichy Monastery

но́вост/ь, -и; -и, -е́й *(f.)* II.2
news

но́в/ый, -ая, -ое, -ые *(adj.)* I.4
new

ног/а́, -й; -и, -0 *(f.)* II.14 leg,
foot

но́жк/а, -и; -и, но́жек *(dim.
f.)* II.14 stem, leg, foot

нол/ь, -я́; -й, -е́й *(m.)* I.16
none, zero

но́мер, -а; -а́, -о́в *(m.)* I.12
number, issue

нос, -а; -ы́, -о́в *(m.)* II.3 nose

носоро́г, -а; -и, -ов *(m.)* II.4
rhinoceros, rhino

но́т/ы, -0 *(pl.)* I.4 sheet music,
notes; store name

ноч/ь, -и; -и, -е́й *(f.)* I.14 night

но́чью *(adv.)* II.8 at night

ноя́бр/ь, -я́ *(m.)* I.16 November

нра́в/иться (-люсь, -ишься, -ят-
ся) *(impf.)* I.9 to be pleasing

ну *(part.)* I.8 well

ну́жен, нужна́, ну́жно, нужны́
*(pred.)* II.18 needed, necessary

Нью-Дже́рси *(indecl. n.)* II.1
New Jersey

Нью-Йо́рк, -а *(m.)* II.1 New
York

Нью-Йо́рк Та́ймс *(m.)* I.6 New
York Times

---

# О

о *(+ prepos.)* *(prep.)* I.8 about

об *see* о

обе́д, -а; -ы, -ов *(m.)* II.13
dinner

обеща́/ть (-ю, -ешь, -ют)
*(impf.)* II.9 to promise

о́блак/о, -а; -а́, -о́в *(n.)* II.14
cloud

о́бласт/ь, -и; -и, -е́й *(f.)* II.17
province, region, district

о́блачк/о, -а; -а́, -о́в *(n. dim.)*
II.14 cloud

о́блачност/ь, -и *(f.)* I.16
cloudiness

обме́н, -а; -ы, -ов *(m.)* II.1
exchange

обо *see* о

о́браз, -а; -ы, -ов *(m.)* II.12
form, shape

образ(е́)ц, -а́; -ы́, -о́в *(m.)* II.6
example, model

образова́ни/е, -я *(n.)* II.4
education

образо́ванн/ый, -ая, -ое, -ые
*(adj.)* II.4 educated

обра́тн/ый, -ая, -ое, -ые *(adj.)*
II.9 reverse, opposite

о́бщ/ий, -ая, -ее, -ие *(adj.)*
II.9 common, general

общи́тельн/ый, -ая, -ое, -ые
*(adj.)* II.4 sociable, convivial,
jovial

объе́кт, -а; -ы, -ов *(m.)* I.PL
object

объявле́ни/е, -я; -я, -й *(n.)*
I.18 announcement

обы́чно *(adv.)* II.8 usually

обяза́тельно *(adv.)* II.8 without
fail, for certain

Ога́йо *(indecl. n.)* II.1 Ohio

огон(ё)к, огоньк/а́; -й, -о́в
*(m.)* I.6 (small) light

огур(е́)ц, -а́; -ы́, -о́в *(m.)* II.8
cucumber

оде́жд/а, -ы *(f. singular only)*
I.4 clothes, garments

Оде́сс/а, -ы *(f.)* I.PL Odessa

оде́ться (оде́н/усь, -ешься,
-утся) *(pf.)* II.16 to dress
(oneself), put on

оди́н, одна́, одно́, одни́ *(card.
no.)* I.11 one (some)

оди́ннадцат/ый, -ая, -ое, -ые
*(ord. no.)* I.11 eleventh

оди́ннадцат/ь, -и *(card. no.)*
I.13 eleven

одна́ *see* оди́н

одна́жды *(adv.)* II.2 once

ожида́ни/е, -я *(n.)* II.1 waiting

о́зер/о, -а; озёр/а, -0 *(n.)* I.4
lake

Ой! *(interj.)* II.2 Oh!

Ок/а́, -й *(f.)* I.11 Oka

океа́н, -а; -ы, -ов *(m.)* I.4
ocean

Оклахо́м/а, -ы *(f.)* II.1
Oklahoma

окн/о́, -а́; о́кна, о́кон *(n.)* I.2
window

о́коло *(+ gen.)* *(prep.)* I.19 near

октя́бр/ь, -я́ *(m.)* I.15 October

Окуджа́в/а, -ы *(m.)* I.8 В.
Okudzhava, singer/poet

оли́вков/ый, -ая, -ое, -ые
*(adj.)* I.11 olive-colored

Олимпиа́д/а, -ы; -ы, -0 *(f.)*
II.15 Olimpiad, Olympics

он *(m. pers. pron.)* I.2 he, it

она́ *(f. pers. pron.)* I.2 she, it

они́ *(pl. pers. pron.)* I.3 they

оно́ *(n. pers. pron.)* I.2 it

опа́здыва/ть (-ю, -ешь, -ют)
*(impf.)* II.8 to be late

о́пер/а, -ы; -ы, -0 *(f.)* I.19
opera

опозда́/ть (-ю, -ешь, -ют)
*(pf.)* II.8 to be late

опусти́ть (опущу́, опу́ст/ишь,
-ят) *(pf.)* II.14 to lower, put
down

опя́ть *(adv.)* II.18 again

ора́нжев/ый, -ая, -ое, -ые
*(adj.)* I.11 orange-colored

организа́ци/я, -и; -и, -й *(f.)*
II.13 organization

Ор(ё)л, Орла́ *(m.)* I.19 Oryol
(city)

оре́х, -а; -и, -ов *(m.)* II.8 nut

орке́стр, -а; -ы, -ов *(m.)* I.PL
orchestra

оса́дк/и, -ов *(pl.)* I.16
precipitation

освое́ни/е, -я *(n.)* II.6
mastering, coping, assimilation

ос(ё)л, -а́; -ы́, -о́в *(m.)* II.18
donkey, ass

о́сен/ь, -и *(f.)* I.16 fall, autumn

о́сенью *(adv.)* I.16 in fall, in
autumn

основа́ни/е, -я *(n.)* II.6
founding, foundation

основа́тел/ь, -я; -и, -ей *(m.)*
II.6 founder

Оста́нкино *(indecl. n. place
name)* II.6 Ostankino (a
museum in Moscow)

останов/и́ть (-лю́, остано́в/ишь,
-ят) *(pf.)* I.11 to stop

остано́вк/а, -и; -и, остано́вок
*(f.)* II.7 stop

оста́ться (оста́н/усь, -ешься,
-утся) *(pf.)* II.17 to remain

осторо́жно *(adv.)* I.12 careful,
carefully

о́стров, -а; -а́, -о́в *(m.)* I.4
island

от *(+ gen.)* *(prep.)* II.2 from

отве́т, -а; -ы, -ов *(m.)* I.8
answer

отве́т/ить (отве́чу, -ишь, -ят)
*(pf.)* II.2 to answer, respond

отвеча́/ть (-ю, -ешь, -ют)
*(impf.)* I.4 to answer

отде́л, -а; -ы, -ов *(m.)* II.18
department, section

отдохн/у́ть (-у́, -ёшь, -у́т)
*(pf.)* II.12 to rest

отдыха́/ть (-ю, -ешь, -ют) *(impf.)* II.2 to rest

от(é)ц, -á; -ы́, -óв *(m.)* I.3 father

отéчеств/о, -а; -а, -0 *(n.)* II.11 fatherland

откры́т, -а, -о, -ы *(pred.)* II.7 open(ed); discover(ed)

откры́тк/а, -и; -и, откры́ток *(f.)* I.4 postcard, greeting card

откры́ться (откро́/юсь, -ешься, -ются) *(pf.)* II.1 to open, come to light

отку́да *(interrog. adv.)* II.1 from where

отли́чник, -а; -и, -ов *(m.)* I.9 male A-student

отли́чниц/а, -ы; -ы, -0 *(f.)* I.9 female A-student

отли́чно *(adv.)* I.2 excellent(ly); grade of 5 (A)

отли́чн/ый, -ая, -ое, -ые *(adj.)* II.4 excellent

отмéт/ить (отмéчу, -ишь, -ят) *(pf.)* II.14 to observe, celebrate

отмеча́/ть (-ю, -ешь, -ют) *(impf.)* II.15 to celebrate

отню́дь *(adv.)* II.6 not at all, by no means

отряхн/у́ть (-у́, -ёшь, -у́т) *(pf.)* II.14 to shake off

отста/ва́ть (-ю, -ёшь, -ю́т) *(impf.)* II.16 to fall behind, to be behind, to drop back

отстаю́щ/ий, -ая, -ее, -ие *(adj.)* I.9 slow, backwards

отсю́да *(adv.)* II.7 from here

о́тчеств/о, -а; -а, -0 *(n.)* I.1 patronymic

о́фис, -а; -ы, -ов *(m.)* I.3 office

оформлéни/е, -я *(n.)* II.1 registration

ох *(interj.)* I.19 oh

охо́тник, -а; -и, -ов *(m.)* I.14 hunter

Охо́тный ряд *(m. place name)* II.6 Okhotny Ryad, a major street of Moscow's center

о́чень *(adv.)* I.2 very

очк/и́, -óв *(pl.)* II.3 glasses

очк/ó, -á; -и́, -óв *(n.)* I.13 point

# П

пальто́ *(indecl. n.)* II.14 overcoat

па́мятник, -а; -и -ов *(m.)* II.5 monument, statue

па́мят/ь, -и *(f.)* II.12 memory

па́нк/и, -ов *(pl.)* II.11 punks

панора́м/а, -ы; -ы, -0 *(f.)* II.5 panorama

па́п/а, -ы; -ы, -0 *(m.)* I.3 papa

па́р(е)н/ь, -я; -и, -éй *(m.)* II.3 lad, fellow, guy

Пари́ж, -а *(m.)* I.8 Paris

парикма́хер, -а; -ы, -ов *(m.)* I.18 barber, hairdresser

парк, -а; -и, -ов *(m.)* I.4 park

па́рт/а, -ы; -ы, -0 *(f.)* I.2 desk (for two)

па́рти/я, -и; -и, -й *(f.)* I.15 game, set; party

партнёр, -а; -ы, -ов *(m.)* I.PL partner

парфюмéрн/ый, -ая, -ое, -ые *(adj.)* I.4 perfume

пассажи́р, -а; -ы, -ов *(m.)* II.1 passenger

Па́сх/а, -и *(f.)* II.14 Easter

пев(é)ц, -á; -ы́, -óв *(m.)* II.3 singer

певи́ц/а, -ы; -ы, -0 *(f.)* II.3 female singer

педагоги́ческ/ий, -ая, -ое, -ие *(adj.)* I.18 pedagogical, teachers

Пéпси-ко́л/а, -ы *(f.)* II.9 Pepsi Cola

пéрв/ый, -ая, -ое, -ые *(ord. no.)* I.PL first

перевести́ (перевед/у́, -ёшь, -у́т) *(pf.)* II.9 to translate

перево́д, -а; -ы, -ов *(m.)* II.7 translation

пéред *(+ instr.) (prep.)* II.7 before, in front of

перемéн/а, -ы; -ы, -0 *(f.)* II.16 interval, recess, break

перемéнн/ый, -ая, -ое, -ые *(adj.)* I.16 periodic

перепи́сыва/ться (-юсь, -ешься, -ются) *(impf.)* II.17 to correspond

переу́л(о)к, -а; -и, -ов *(m.)* II.11 side street, lane

перехо́д, -а; -ы, -ов *(m.)* II.7 crosswalk

пер/о́, -á; пéрь/я, -ев *(n.)* II.19 feather, quill; pen

пéсенк/а, -и; -и, пéсенок *(dim. f.)* II.14 song

пéсн/я, -и; -и, пéсен *(f.)* I.7 song

петь (по/ю́, -ёшь, -ю́т) *(impf.)* I.7 to sing

пешехо́д, -а; -ы, -ов *(m.)* II.11 pedestrian

пешко́м *(adv.)* II.6 on foot

пиани́но *(indecl. n.)* I.8 piano, spinet

пиджа́к, -á; -и́, -óв *(m.)* II.14 coat, jacket

пик, -а; -и, -ов *(m.)* I.12 rush hour, peak

пикни́к, -á; -и́, -óв *(m.)* I.14 picnic

пинг-по́нг, -а *(m.)* I.PL ping pong

пионéр, -а; -ы, -ов *(m.)* I.19 pioneer club member

пионéрск/ий, -ая, -ое, -ие *(adj.)* II.17 pioneer (children's organization)

пиро́г, -á; -и́, -óв *(m.)* I.4 pie, pastry

пиро́жн/ое, -ого; -ые, -ых *(n.)* II.9 fancy cake

пирож/(ó)к, -á; -и́, -óв *(m.)* II.9 filled pastry

писа́тел/ь, -я; -и, -ей *(m.)* I.16 writer

писа́ть (пиш+ -у́, -ешь, -ут) *(impf.)* I.6 to write

письм/ó, -á; пи́сьма, пи́сем *(n.)* I.2 letter

пить (пь+ -ю, -ёшь, -ют) *(impf.)* II.9 to drink

пи́цц/а, -ы *(f.)* II.6 pizza

пла́вани/е, -я *(n.)* I.17 swimming

плака́т, -а; -ы, -ов *(m.)* I.4 placard, poster

план, -а; -ы, -ов *(m.)* I.18 plan

пласти́нк/а, -и; -и, пласти́нок *(f.)* I.19 record

плат(ó)к, -á; -и́, -óв *(m.)* I.19 shawl, kerchief

платфо́рм/а, -ы; -ы, -0 *(f.)* II.1 platform

пла́ть/е, -я; -я, -ев *(n.)* II.14 dress

плащ, -á; -и́, -éй *(m.)* II.14 raincoat

плéер, -а; -ы, -ов *(m.)* I.8 walkman

пли́тк/а, -и; -и, пли́ток (f.)
II.11 stove

пло́хо (adv.) I.2 poor(ly),
badly, grade of 2 (D)

плох/о́й, -а́я, -о́е, -и́е (adj.)
I.7 poor

пло́щад/ь, -и; -и, -е́й (f.) I.2
square

плути́шк/а, -и; -и, плути́шек
(dim. f.) II.14 little rogue,
mischievous imp

плюс, -а; -ы, -ов (m.) I.15 plus

пляса́ть (пляш+ -у́, -ешь, -ут)
(impf.) II.13 to do folk
dancing

по (+ dat.) (prep.) I.13 on,
along, by

по-англи́йски (adv.) I.6 in
English

побе́д/а, -ы; -ы, -0 (f.) II.13
victory

победи́тельниц/а, -ы; -ы, -0
(f.) I.18 winner, victor

побед/и́ть (-и́шь, -я́т) (pf.)
I.13 to conquer, win (first
singular not used)

по́вар, -а; -а́, -о́в (m.) I.18 cook

поверн/у́ть (-у́, -ёшь, -у́т)
(pf.) II.7 to turn

пово́зк/а, -и; -и, пово́зок (f.)
I.11 vehicle, carriage, cart

повторе́ни/е, -я (n.) I.5
repetition

повтор/и́ть (-ю́, -и́шь, -я́т)
(pf.) I.17 to repeat

поговор/и́ть (-ю́, -и́шь, -я́т)
(pf.) II.16 to talk a bit

пого́д/а, -ы (f.) I.16 weather

погуля́/ть (-ю, -ешь, -ют)
(pf.) II.12 to take a stroll,
walk a bit

под (+ instr.) (prep.) II.14
under, beneath

подар/и́ть (-ю́, пода́р/ишь, -ят)
(pf.) II.9 to present, give

пода́р(о)к, -а; -и, -ов (m.) I.4
gift, present

подно́с, -а; -ы, -ов (m.) II.18
tray

подпи́счик, -а; -и, -ов (m.)
I.19 subscriber

подру́г/а, -и; -и, -0 (f.) I.8
(girl)friend

подстака́нник, -а; -и, -ов (m.)
I.19 glass holder

поду́ма/ть (-ю, -ешь, -ют)
(pf.) II.3 to think, think a bit

по́езд, -а; -а́, -о́в (m.) II.11
train

пое́здк/а, -и; -и, пое́здок (f.)
I.11 trip

пое́сть (пое́м, пое́шь, пое́ст, по-
еди́м, поеди́те, поедя́т) (pf.)
II.17 to eat (a bit)

пое́хать (пое́д+ -у, -ешь, -ут)
(pf.) II.2 to go (by vehicle),
drive, ride

пожа́луйста (part.) I.3 please;
you're welcome

пожела́ни/е, -я; -я, -й (n.) II.9
wish

пожива́ть (Как вы пожива́ете?)
(impf.) II.14 How are you?

позвон/и́ть (-ю́, -и́шь, -я́т)
(pf.) II.11 to call

по́здно (adv./pred.) II.11 lately;
(it's) late

поздра́в/ить (-лю, -ишь, -ят)
(pf.) II.9 to congratulate

поздравле́ни/е, -я; -я, -й (n.)
II.9 congratulations

поздравля́/ть (-ю, -ешь, -ют)
(impf.) I.13 to congratulate

пози́ци/я, -и; -и, -й (f.) II.4
position

познако́м/ить (-лю, -ишь, -ят)
(pf.) II.12 to introduce

познако́м/иться (-люсь, -ишься,
-ятся) (pf.) II.1 to be
introduced, get acquainted

познако́мься, познако́мьтесь
imper. of познако́миться

поигра́/ть (-ю, -ешь, -ют)
(pf.) II.12 to play (a bit)

пойти́ (пойд+ -у́, -ёшь, -у́т)
(pf.) I.18 to go, set off on
foot

пока́ (adv.) I.1 for the present

показа́ть (покажу́, пока́ж/ешь,
-ут) (pf.) I.19 to show

пока́зыва/ть (-ю, -ешь, -ют)
(impf.) II.3 to show

поката́/ться (-юсь, -ешься,
-ются) (pf.) II.16 to take a
ride (for pleasure), rid a bit

покори́тел/ь, -я; -и, -ей (m.)
II.6 conquerer, subjugator

Покро́вский собо́р (m. place
name) II.6 Pokrovsky
Cathedral

покупа́/ть (-ю, -ешь, -ют)
(impf.) I.3 to buy, shop for

поку́пк/а, -и; -и, поку́пок (f.)
II.18 purchase

пол- (prefix) II.16 half, semi-

по́лд(е)н/ь, -я; -и, -ей (m.)
II.16 noon

поликли́ник/а, -и; -и, -0 (f.)
I.3 clinic

политехни́ческ/ий, -ая, -ое, -ие
(adj.) II.6 polytechnical

поли́тик/а, -и (f.) I.PL politics

полити́ческ/ий, -ая, -ое, -ие
(adj.) II.17 political

полице́йск/ий, -ая, -ое, -ие
(adj.) I.11 police

по́лноч/ь, -и; -и, -ей (f.) II.16
midnight

по́лн/ый, -ая, -ое, -ые (adj.)
II.3 stout, plump; full

полови́н/а, -ы (f.) II.16 half

полож/и́ть (-у́, поло́ж/ишь, -ат)
(pf.) II.9 to lay down, place

полоте́нц/е, -а; -а, полоте́нец
(n.) I.10 towel

получа́/ть (-ю, -ешь, -ют)
(impf.) II.3 to get, receive

получа́/ться (-ется, -ются)
(impf.) II.3 to come out,
work out

получ/и́ть (-у́, полу́ч/ишь, -ат)
(pf.) II.8 to receive, get

получ/и́ться (-усь, полу́ч/ишься,
-атся) (pf.) II.8 to turn out

получаса́ (adv.) II.16 half an
hour

помидо́р, -а; -ы, -ов (m.) II.8
tomato

по́мн/ить (-ю, -ишь, -ят)
(impf.) II.18 to remember

помога́/ть (-ю, -ешь, -ют)
past: помо́г, (-ла́, -ло́, -ли́)
(impf.) II.7 to help, assist,
give aid

по-мо́ему (adv.) II.4 in my
opinion, I think

помо́чь (помогу́, помо́жешь,
помо́гут) (pf.) I.11 to help

понеде́льник, -а; -и, -ов (m.)
I.7 Monday

понима́/ть (-ю, -ешь, -ют)
(impf.) I.5 to understand

понра́виться (понра́вится,
понра́вятся) (pf.) II.12 to
be pleasing

поня́тно (pred.) I.6 (it's)
understood

поня́ть (пойм+ -у́, -ёшь, -у́т)
(pf.) I.18 to understand

попе́ть (попо́+ -ю́, -ёшь, -ю́т)
(pf.) II.12 to sing a bit

попро́бовать (попро́бу/ю, -ешь, -ют) *(pf.)* II.9 to try

попроси́ть (попрошу́, попро́с/ишь, -ят) *(pf.)* II.17 to request, ask for

попуга́/й, -я; -и, -ев *(m.)* I.7 parrot

популя́рн/ый, -ая, -ое, -ые *(adj.)* I.11 popular

пора́ *(pred.)* II.16 it's time

порабо́та/ть (-ю, -ешь, -ют) *(pf.)* II.12 to work a while

поросён(о)к, -а; порося́т/а, -0 *(m.)* I.9 piglet

поро́ю (поро́й) *(adv.)* II.14 from time to time

портре́т, -а; -ы, -ов *(m.)* I.PL portrait

по-ру́сски *(adv.)* I.6 in Russian

поря́д(о)к, -а; -и, -ов *(m.)* I.19 order

поса́дк/а, -и; -и, поса́док *(f.)* II.1 landing; (here) boarding

посети́тел/ь, -я; -и, -ей *(m.)* II.6 visitor

посид/е́ть (посижу́, -и́шь, -я́т) *(pf.)* II.14 to sit for a while

посла́ть (пошл+ -ю, -ёшь, -ю́т) *(pf.)* II.8 to send

по́сле (+ *gen.*) *(prep.)* I.18 after

после́дн/ий, -яя, -ее, -ие *(adj.)* II.6 last

послереволюцио́нн/ый, -ая, -ое, -ые *(adj.)* II.6 post-revolutionary

послу́ша/ть (-ю, -ешь, -ют) *(pf.)* II.12 to listen for a while

посмотр/е́ть (-ю, посмо́тр/ишь, -ят) *(pf.)* I.9 to look

посове́товать (посове́ту/ю, -ешь, -ют) *(pf.)* II.11 to invite

посо́льств/о, -а; -а, -0 *(n.)* II.6 embassy

поспа́ть (посплю́, поспи́шь, поспя́т) *(pf.)* II.16 to sleep a bit

поспо́р/ить (-ю, -ишь, -ят) *(pf.)* II.12 to argue a bit

пост, -а́; -ы́, -о́в *(m.)* I.PL post, job

поста́в/ить (-лю, -ишь, -ят) *(pf.)* II.16 to put, place (standing), stand

постро́/ить (-ю, -ишь, -ят) *(pf.)* I.9 to build

поступи́ть (поступлю́, посту́п/ишь, -ят) *(pf.)* I.18 to enroll

посу́д/а, -ы *(f. singular only)* II.18 dishes

посыла́/ть (-ю, -ешь, -ют) *(impf.)* II.12 to send

по-тво́ему *(adv.)* II.4 in your opinion, you think

пото́м *(adv.)* I.11 then, afterwards

потому́ (что) *(conj.)* I.17 because

по-францу́зски *(adv.)* I.7 in French

походи́ть (похожу́, похо́д/ишь, -ят) *(pf.)* II.12 to walk a while

похо́ж, -а, -е, -и *(pred.)* II.3 like, similar, resembling

похоро́нен, -а, -о, -ы *(pred.)* II.6 buried

по́хороны, похоро́н *(pl.)* II.8 burial, funeral

почему́ *(adv.)* I.11 why

почита́/ть (-ю, -ешь, -ют) *(pf.)* II.12 to read a while

по́чт/а, -ы; -ы, -0 *(f.)* I.3 post office

почти́ *(adv.)* I.11 almost, nearly

почто́в/ый, -ая, -ое, -ые *(adj.)* I.4 postage, postal

пошёл, пошла́, пошло́, пошли́ *see* пойти́

пошлём *see* посла́ть

Пошли́! *(verb form)* II.14 Let's go! Were off!

поэ́зи/я, -и *(f.)* I.3 poetry

поэ́т, -а; -ы, -ов *(m.)* I.15 poet

поэ́тому *(adv.)* I.18 therefore

появи́ться (usually past tense) *(pf.)* II.14 to appear, emerge

пра́вд/а, -ы *(f.)* I.6 truth, it's true; newspaper name

пра́вил/о, -а; -а, -0 *(n.)* I.16 rule

пра́вильно *(adv.)* I.9 correct(ly)

пра́здник, -а; -и, -ов *(m.)* I.16 holiday

пра́здничн/ый, -ая, -ое, -ые *(adj.)* II.13 of a holiday, festive

пра́ктик/а, -и *(f.)* I.7 practice

предложе́ни/е, -я; -я, -й *(n.)* I.6 sentence

предста́влен, -а, -о, -ы *(pred.)* II.6 presented, introduced

президе́нт, -а; -ы, -ов *(m.)* I.11 president

прекра́сно *(adv./pred.)* II.8 excellently; that's excellent, fine

прекра́сн/ый, -ая, -ое, -ые *(adj.)* II.8 excellent, fine

пресс-це́нтр, -а; -ы, -ов *(m.)* I.3 press center

прибежа́ть (прибегу́, прибежи́шь, прибегу́т) *(pf.)* II.19 to run up

привез/ти́ (-у́, -ёшь, -у́т) *(pf.)* II.6 to bring by vehicle

приве́т, -а *(m.)* I.1 hi, greetings

пригласи́тельн/ый, -ая, -ое, -ые *(adj.)* II.14 of an invitation

приглас/и́ть (приглашу́, -и́шь, -я́т) *(pf.)* II.9 to invite

приглаша́/ть (-ю, -ешь, -ют) *(impf.)* II.13 to invite

приго́тов/ить (-лю, -ишь, -ят) *(pf.)* II.9 to prepare, cook

приезжа́/ть (-ю, -ешь, -ют) *(impf.)* II.13 to arrive by vehicle

прие́хать (прие́д+ -у, -ешь, -ут) *(pf.)* I.16 to arrive (by vehicle)

прийти́ (прид+ у́, -ёшь, -у́т) *(pf.)* II.9 to arrive on foot

прикладн/о́й, -а́я, -о́е, -ы́е *(adj.)* II.6 applied

прилет/е́ть (прилечу́, -и́шь, -я́т) *(pf.)* II.1 to arrive by air, fly in

принес/ти́ (-у́, -ёшь, -у́т) *(pf.)* II.8 to bring, carry in

приноше́ни/е, -я; -я, -й *(n.)* II.8 offering, gift, present

при́нцип, -а; -ы, -ов *(m.)* I.18 principle

приро́д/а, -ы *(f.)* I.16 nature

прискака́ть (прискачу́, приска́ч/ешь, -ут) *(pf.)* II.19 to hop up; gallop up

приходи́ть (прихожу́, прихо́д/ишь, -ят) *(impf.)* II.9 to arrive on foot

пришёл, пришла́, пришли́ *p. t. forms of* прийти́

прия́тно *(pred.)* I.2 (it's) pleasant

прия́тн/ый, -ая, -ое, -ые *(adj.)* II.3 pleasant, agreeable

про (+ *acc.*) *(prep.)* II.14 about

пробега́/ть (-ю, -ешь, -ют)
(impf.) II.14 to cover by
running, run past

пробле́м/а, -ы; -ы, -0 (f.) I.18
problem

про́б/овать (-ую, -ешь, -уют)
(impf.) II.9 to try

провести́ (провед+ -у́, -ёшь,
-у́т) (pf.) II.6 to conduct;
spend, pass (time)

проводи́ть (провожу́, прово́д/
ишь, -ят) (impf.) I.14 to
pass, spend

проводи́ть/провести́ вре́мя
(phr.) I.14 to pass or spend
time

про́вод/ы, -ов (pl.) I.16
sending off, seeing off

програ́мм/а, -ы; -ы, -0 (f.)
I.14 program

прода/ва́ть (-ю́, -ёшь, -ю́т)
(impf.) II.19 to sell

продав(е́)ц, -а́, -ы́, -о́в (m.)
I.18 salesclerk, salesperson

продавщи́ц/а, -ы; -ы, -0 (f.)
II.19 salesclerk, saleslady

продлёнк/а, -и; -и, продлёнок
(conv. f.) II.17 extended
schedule of classes

продолжа́/ться (-ется, -ются)
(impf.) I.16 to continue

проду́кт/ы, -ов (pl.) I.PL
produce, groceries

проду́кци/я, -и (f.) I.PL
production, output

продю́сер, -а; -ы, -ов (m.) I.7
producer

прое́кт, -а; -ы, -ов (m.) I.3
project, design

прое́хать (прое́д+ -у, -ешь,
-ут) (pf.) II.6 to pass, to go
past by vehicle

прозра́ч(е)н, -а, -о, -ы (pred.)
II.11 transparent

произведе́ни/е, -я; -я, -й (n.)
II.6 work, product

пройти́ (пройд+ -у́, -ёшь, -у́т)
(pf.) I.6 to walk, pass, go

проси́ть (прошу́, про́с/ишь,
-ят) (impf.) II.2 to request,
ask for

просн/у́ться (-у́сь, -ёшься,
-у́тся) (pf.) I.14 to awaken

проспе́кт, -а; -ы, -ов (m.) I.1
boulevard, avenue

прости́(те) (imper.) II.10 forgive
me, excuse me

про́сто (adv./pred.) II.1 simply,
easily, it's easy

про́сьб/а, -ы; -ы, -0 (f.) II.9
request

проте́ст, -а; -ы, -ов (m.) I.PL
protest, remonstrance

профессиона́льно-техни́ческ/ий,
-ая, -ое, -ие (adj.) I.18
professional-technical

профессиона́льн/ый, -ая, -ое,
-ые (adj.) II.13 professional

профе́сси/я, -и; -и, -й (f.) I.18
profession

прохо́ж/ий, -его; -ие, -их (m.)
II.6 passerby

прочита́/ть (-ю, -ешь, -ют)
(pf.) I.8 to read

про́ш/лый, -ая, -ое, -ые (adj.)
II.2 past

пры́га/ть (-ю, -ешь, -ют)
(impf.) II.14 to jump, leap

пры́гн/уть (-у, -ешь, -ут) (pf.)
II.14 to jump, leap

пря́мо (adv.) I.9 ahead, directly

прям/о́й, -а́я, -о́е, ы́е (adj.)
II.3 straight

пря́таться (пря́ч+ -усь, -ешься,
-утся) (impf.) II.14 to hide

пря́чется see пря́таться

пти́ц/а, -ы; -ы, -0 (f.) II.3
bird

ПТУ (indecl. acronym) I.18
PTU, Professional Technical
School

пу́блик/а, -и (f.) I.PL public

Пугачёв/а, -ой (f.) II.19 Alla
Pugachova (singer)

пусть (auxiliary verb form) II.2
let

пу́таниц/а, -ы (f.) II.19
confusion

пут/ь, -и́; -и́, -е́й (m.) I.12
path, way

Пу́шкин, -а (m.) II.6 A. S.
Pushkin

пу́шкинск/ий, -ая, -ое, -ие
(adj.) II.6 of Pushkin

пью, пьёшь, пьют see пить

пятёрк/а, -и (f.) I.9 five, grade
of five

пятна́дцат/ый, -ая, -ое, -ые
(ord. no.) I.15 fifteenth

пятна́дцат/ь, -и (card. no.) I.13
fifteen

пя́тниц/а, -ы (f.) I.7 Friday

пя́т/ый, -ая, -ое, -ые (ord.
no.) I.5 fifth

пят/ь, -и́ (card. no.) I.9 five

пятьдеся́т, пяти́десяти (card.
no.) I.13 fifty

---

## Р

рабо́т/а, -ы; -ы, -0 (f.) I.3
work, job

рабо́тавш/ий, -ая, -ее, -ие
(adj.) II.17 who worked

рабо́та/ть (-ю, -ешь, -ют)
(impf.) I.5 to work

рабо́ч/ий, -ая, -ее, -ие (m.
subst./adj.) I.18 worker,
factory worker

рад, -а, -ы (pred.) II.1 glad

ра́дио (indecl. n.) I.6 radio

радиопрогра́мм/а, -ы; -ы, -0
(f.) II.13 radio program

ра́дост/ь, -и (f.) II.14 joy,
gladness

ра́дуг/а, -и; -и, -0 (f.) I.16
rainbow

раз (adv.) I.14 once

ра́зве (part.) I.13 really,
actually

разгова́рива/ть (-ю, -ешь, -ют)
(impf.) I.11 to converse

разгово́р, -а; -ы, -ов (m.) I.15
conversation

разда/ва́ть (-ю́, -ёшь, -ю́т)
(impf.) II.13 to hand out,
give out

разде́ть (разде́н+ -у, -ешь, -ут)
(pf.) II.7 to undress

разнообра́зн/ый, -ая, -ое, -ые
(adj.) II.4 various, diverse

ра́зн/ый, -ая, -ое, -ые (adj.)
II.6 different, diverse, various

разря́д, -а; -ы, -ов (m.) I.17
rank, category

райо́н, -а; -ы, -ов (m.) II.6
region, area

рак, -а; -и, -ов (m.) II.9
crayfish; cancer

раке́тк/а, -и; -и, раке́ток (f.)
I.15 racquet

ра́ньше (comp. adv.) II.12
earlier, before

раскрыва́/ть (-ю, -ешь, -ют)
(impf.) II.3 to open wide

распева́/ть (-ю, -ешь, -ют)
(impf.) II.3 to sing out

расписа́ни/е, -я; -я, -й (n.)
I.7 schedule

расска́з, -а; -ы, -ов (m.) II.2
narration, tale, story

рассказа́ть (расскажу́, расска́ж/ешь, -ут) *(pf.)* I.20 to narrate, tell

расска́зыва/ть (-ю, -ешь, -ют) *(impf.)* I.18 to narrate

раста́/ять (-ю, -ешь, -ют) *(pf.)* II.14 to melt away

раст/и́ (-у́, -ёшь, -у́т) *(impf.)* II.9 to grow

ребён(о)к, -а; де́т/и, -ей *(m.)* II.4 child

ребя́т/а, -0 *(pl.)* I.1 kids, fellows

ребяти́шки, ребяти́шек *(dial. pl.)* II.14 children

рев/е́ть (-у́, -ёшь, -у́т) *(impf.)* II.19 to roar

револю́ци/я, -и; -и, -й *(f.)* I.4 revolution

ре́гби *(indecl. n.)* I.PL rugby

регистра́ци/я, -и *(f.)* II.1 registration

регуля́рно *(adv.)* II.6 regularly

реда́ктор, -а; -ы, -ов *(m.)* II.2 editor

реда́кци/я, -и; -и, -й *(f.)* II.2 editorial office

ре́дко *(adv.)* II.12 seldom, rarely

режиссёр, -а; -ы, -ов *(m.)* II.6 producer

резиде́нци/я, -и; -и, -й *(f.)* II.6 residence

результа́т, -а; -ы, -ов *(m.)* I.18 result

рейс, -а; -ы, -ов *(m.)* II.1 flight

рек/а́, -и́; ре́к/и, -0 *(f.)* I.9 river

рекла́м/а, -ы *(f.)* I.6 advertising, advertisement

реко́рд, -а; -ы, -ов *(m.)* I.18 record

Рекс, -а *(m.)* I.2 Rex (dog's name)

репети́ци/я, -и; -и, -й *(f.)* II.3 rehearsal

респу́блик/а, -и; -и, -0 *(f.)* I.PL republic

рестора́н, -а; -ы, -ов *(m.)* I.4 restaurant

ре́чк/а, -и; -и, ре́чек *(dial. f.)* II.14 stream, small river

реша́/ть (-ю, -ешь, -ют) *(impf.)* I.19 to decide, solve

реши́тельно *(adv.)* I.18 resolutely, decisively

реши́тельн/ый, -ая, -ое, -ые *(adj.)* II.4 decisive

реш/и́ть (-у́, -и́шь, -а́т) *(pf.)* I.18 to decide, solve

рисова́ни/е, -я *(n.)* I.17 drawing, sketching

рисова́ть (рису́+ -ю, -ешь, -ют) *(impf.)* I.7 to draw

рису́н(о)к, -а; -и, -ов *(m.)* I.20 drawing, sketch

ро́бот, -а; -ы, -ов *(m.)* I.4 robot

Рове́сник *(m.)* II.16 Peer (magazine)

рог, -а; -а́, -о́в *(m.)* II.4 horn

роди́тел/ь, -я; -и, -ей *(m.)* II.4 parent

роди́ться (usually past tense) *(pf.)* II.14 to be born

родн/о́й, -а́я, -о́е, -ы́е *(adj.)* I.7 native

рожде́ни/е, -я *(n.)* 20/13 birth

Рождеств/о́, -а́ *(n.)* II.9 Christmas

ро́з/а, -ы; -ы, -0 *(f.)* II.8 rose

ро́зов/ый, -ая, -ое, -ые *(adj.)* I.11 pink

рок-гру́пп/а, -ы; -ы, -0 *(f.)* II.2 rock group

ро́кер, -а; -ы, -ов *(m.)* I.3 motorcycle club member

рок-конце́рт, -а; -ы, -ов *(m.)* I.15 rock concert

рок-н-ро́лл, -а *(m.)* I.6 rock and roll

рома́шк/а, -и; -и, рома́шек *(f.)* II.8 daisy

рос, росла́, росли́ *see* расти́

Росси́/я, -и *(f.)* I.PL Russia

рост, -а *(m.)* II.3 height, stature

р(о)т, -а; -ы, -ов *(m.)* II.15 mouth

руба́шк/а, -и; -и, руба́шек *(f.)* I.19 shirt

руб/и́ть (-лю́, -ишь, -ят) *(impf.)* II.19 to chop, cut

Рублёв, -а *(m.)* II.6 A. Rublyov, icon painter

рубл/ь, -я́; -и́, -е́й *(m.)* II.19 ruble

рук/а́, -и́; ру́к/и, -0 *(f.)* I.13 hand

руковод/и́ть (руковожу́, -и́шь, -я́т) *(impf.)* I.19 to direct, lead

ру́сск/ая, -ой; -ие, -их *(f.)* I.PL female Russian

ру́сск/ий, -ого; -ие, -их *(m.)* I.PL male Russian

ру́сск/ий, -ая, -ое, -ие *(adj.)* I.PL Russian, Russian language

ру́сско-англи́йск/ий, -ая, -ое, -ие *(adj.)* I.10 Russian-English

Рус/ь, -й *(f.)* II.6 Rus, ancient Russia

ру́чк/а, -и; -и, ру́чек *(f.)* I.2 pen

ры́б/а, -ы *(f.)* I.16 fish

ры́н(о)к, -а; -и, -ов *(m.)* I.4 market

ря́дом *(adv.)* II.6 beside, next to, alongside

---

## С

с *(+ instr.)* *(prep.)* I.14 with, along with

сад, -а; -ы́, -о́в *(m.)* II.5 garden

сади́сь *(imper.)* I.12 sit down, be seated

садо́в/ый, -ая, -ое, -ые *(adj.)* II.7 garden

сала́т, -а; -ы, -ов *(m.)* I.PL salad; lettuce

сала́тн/ый, -ая, -ое, -ые *(adj.)* I.11 light green, lettuce-colored

сало́н, -а; -ы, -ов *(m.)* II.18 salon

салфе́тк/а, -и; -и, салфе́ток *(f.)* II.18 napkin

салю́т, -а; -ы, -ов *(m.)* I.PL salute, fireworks

сам, сама́, само́, са́ми *(pron.)* II.9 oneself

самова́р, -а; -ы, -ов *(m.)* II.9 samovar

самолёт, -а; -ы, -ов *(m.)* I.2 airplane

самостоя́тельн/ый, -ая, -ое, -ые *(adj.)* II.4 independent

са́м/ый, -ая, -ое, -ые *(adj.)* I.11 the most, the very

са́нки, са́нок *(pl.)* II.14 ice skates

Санкт-Петербу́рг, -а *(m.)* II.5 St. Petersburg

Са́нта-Кла́ус, -а; -ы, -ов *(m.)* II.13 Santa Claus

Сан-Франци́ско *(indecl. n.)* II.17 San Francisco

сапо́г, -а́; -и́, -0 *(m.)* II.14 boot

сва́дьб/а, -ы; -ы, сва́деб *(f.)* II.11 wedding, marriage

свет, -а *(m.)* I.12 world; light

све́тленьк/ий, -ая, -ое, -ие
(conv. dim. adj.) II.14 light-
colored

све́тл/ый, -ая, -ое, -ые (adj.)
II.3 light-colored

свеч/а́, -и́; -и, -е́й (f.) II.14
candle

свида́ни/е, -я; -я, -й (n.) II.16
meeting, appointment,
rendezvous

сви́тер, -а; -ы, -ов (m.) II.14
sweater

свобо́д/а, -ы (f.) I.4 freedom

свобо́дн/ый, -ая, -ое, -ые
(adj.) I.17 free

сво/й, -я́, -ё, -й (poss. adj.)
I.19 one's own

свят/о́й, -а́я, -о́е, -ы́е (adj.)
II.13 sacred, holy

сде́лан, -а, -о, -ы (pred.) II.11
made, done

сде́ла/ть (-ю, -ешь, -ют) (pf.)
I.11 to do or make

себе́ (refl. pron.) II.11
dat./prep. of себя́

себя́ (refl. pron.) II.9 oneself

се́вер, -а (m.) II.6 north

се́верн/ый, -ая, -ое, -ые (adj.)
I.13 northern

сего́дня (adv.) I.12 today

седьм/о́й, -а́я, -о́е, -ы́е (ord.
no.) I.7 seventh

сейча́с (adv.) I.2 now, right
away

секре́т, -а; -ы, -ов (m.) I.PL
secret

секрета́р/ь, -я́; -и́, -е́й (m.)
I.18 secretary

се́кци/я, -и; -и, -й (f.) II.17
section

сел, -а, -о, -и p. t. of сесть

селёдк/а, -и (f.) II.9 herring

семе́йн/ый, -ая, -ое, -ые (adj.)
II.13 of the family, familial

семна́дцат/ый, -ая, -ое, -ые
(ord. no.) I.17 seventeenth

семна́дцат/ь, -и (card. no.)
I.13 seventeen

сем/ь, -и́ (card. no.) I.13 seven

се́мьдесят, семи́десяти (card.
no.) I.13 seventy

сем/ья́, -и́; се́мьи, семе́й (f.)
I.3 family

Сент-Лу́ис, -а (m.) I.20 St.
Louis

сентя́бр/ь, -я́ (m.) II.13
September

серви́з, -а; -ы, -ов (m.) I.11
service, set

серди́т/ый, -ая, -ое, -ые (adj.)
II.14 angry

се́рдц/е, -а; -а́, серде́ц (n.)
II.9 heart

се́реньк/ий, -ая, -ое, -ие
(conv. dim. adj.) II.14 greyish

се́р/ый, -ая, -ое, -ые (adj.)
II.3 gray

серьг/а́, -и́; -и, серёг (f.) II.8
earring

серьёзн/ый, -ая, -ое, -ые
(adj.) II.4 serious

сестр/а́, -ы́; сёстры, сестёр (f.)
I.PL sister

сесть (ся́д+ -у, -ешь, -ут) (pf.)
II.19 to sit down, take a seat

сза́ди (adv.) I.9 behind

Сиби́р/ь, -и (f.) I.PL Siberia

сигаре́т/а, -ы; -ы, -0 (f.) I.12
cigarette

сигна́л, -а; -ы, -ов (m.) I.15
signal

сид/е́ть (сижу́, -и́шь, -я́т)
(impf.) I.13 to sit, be sitting

си́льн/ый, -ая, -ое, -ые (adj.)
I.13 strong

си́мвол, -а; -ы, -ов (m.) II.12
symbol

симпати́чн/ый, -ая, -ое, -ые
(adj.) II.4 nice, likable

симфони́ческ/ий, -ая, -ое, -ие
(adj.) I.7 symphony,
symphonic

си́н/ий, -яя, -ее, -ие (adj.)
I.11 blue, dark blue

Си́этл, -а (m.) I.13 Seattle (city)

скажи́, скажи́те (imper.) I.3
say, tell me

сказа́ть (скаж+ -у́, -ешь, -ут)
(pf.) I.3 to say, tell

ска́зк/а, -и; -и, ска́зок (f.)
II.14 tale, fairy tale

скака́ть (скач+ -у́, -ешь, -ут)
(impf.) II.14 to hop, jump

ска́терт/ь, -и; -и, -ей (f.) I.19
table cloth

ско́лько (interrog. adv.) I.4 how
much, how many

ско́ро (adv.) II.13 soon, quickly

скри́пк/а, -и; -и, скри́пок (f.)
I.8 violin

скро́мн/ый, -ая, -ое, -ые (adj.)
II.4 modest

скульпту́р/а, -ы; -ы, -0 (f.)
I.PL sculpture

ску́чно (adv./pred.) II.11
boringly, (it's) boring

ску́чн/ый, -ая, -ое, -ые (adj.)
II.4 boring

сла́б/ый, -ая, -ое, -ые (adj.)
I.16 weak

сла́дк/ий, -ая, -ое, -ие (adj.)
II.9 sweet

сле́ва (adv.) II.7 on the left,
from the left

сле́дующ/ий, -ая, -ее, -ие
(adj.) I.12 next, following

сле́сар/ь, -я; -и, -ей (m.) I.18
metal craftsman, locksmith

сли́шком (adv.) II.4 too

слова́р/ь, -я́; -и́, -е́й (m.) I.2
dictionary

сло́в/о, -а; -а́, -0 (n.) I.6 word

случ/и́ться (-и́тся) (pf.) I.12
to happen, occur (usually 3rd
sing.)

слу́ша/ть (-ю, -ешь, -ют)
(impf.) I.6 to listen to

слы́ш/ать (-у, -ишь, -ат)
(impf.) II.2 to hear

сме́л/ый, -ая, -ое, -ые (adj.)
II.4 bold, courageous, daring

смета́н/а, -ы (f.) I.16 sour
cream

сме/я́ться (-ю́сь, -ёшься, -ю́тся)
(impf.) II.13 to laugh

смотр/е́ть (-ю́, -ишь, -ят)
(impf.) I.7 to look, look at

смочь (смогу́, смо́жешь,
смо́гут) (pf.) II.18 to be
able

снача́ла (adv.) I.14 first, at
first

снег, -а (m.) I.16 snow

Снегу́рочк/а, -и (f.) II.14
Snow Maiden

снеж(о́)к, -а́; -и́, -о́в (m.)
II.14 snowball

со see с

соба́к/а, -и; -и, -0 (f.) I.2 dog

собира́/ть (-ю, -ешь, -ют)
(impf.) I.7 to collect, to
gather

собира́/ться (-юсь, -ешься, -ют-
ся) (impf.) II.7 to collect, to
gather

собо́р, -а; -ы, -ов (m.) I.4
cathedral

собра́ни/е, -я; -я, -й (n.) II.6
meeting

собра́ть (собер+ -у́, -ёшь, -у́т)
(pf.) II.9 to collect, gather

совершённ/ый, -ая, -ое, -ые
(adj.) II.5 perfective;
completed

сове́т, -а; -ы, -ов (m.) II.18
advice

сове́товать (сове́ту+ -ю, -ешь,
-ют) (impf.) II.11 to advise

сове́тск/ий, -ая, -ое, -ие (adj.)
I.PL Soviet

совсе́м (adv.) I.13 completely

со́д/а, -ы (f.) I.PL baking soda

сожале́ние see к сожале́нию

сок, -а; -и, -ов (m.) II.9 juice

солида́рност/ь, -и (f.) II.13
solidarity

со́лнц/е, -а; -а, -0 (n.) I.16 sun

с(о)н, -а; -ы, -ов (m.) II.7
sleep, slumber; dream

соревнова́ни/е, -я; -я, -й (n.)
II.17 competition

со́рок, -а́ (card. no.) I.13 forty

сорт, -а; -а́, -о́в (m.) I.PL
kind, sort

сос/а́ть (-у́, -ёшь, -у́т) (impf.)
II.2 to suck

сосе́д, -а; сосе́д/и, -ей (m.)
II.6 neighbor

социалисти́ческ/ий, -ая, -ое
-ие (adj.) I.PL socialist(ic)

сою́з, -а; -ы, -ов (m.) I.PL
union

Спарта́к, -а́ (m.) I.10 Spartacus

спаси́бо (part.) I.1 thanks

сп/ать (-лю, -ишь, -ят) (impf.)
II.15 to sleep

спекта́кл/ь, -я; -и, -ей (m.)
I.PL play, performance

спеть (спо+ -ю́, -ёшь, -ю́т)
(pf.) II.14 to sing

специа́льно (adv.) I.19
especially, specially

специа́льн/ый, -ая, -ое, -ые
(adj.) I.14 special

спеш/и́ть (-у́, -и́шь, -а́т) (на)
(impf.) II.16 to be ahead, to
be running fast

споко́йн/ый, -ая, -ое, -ые
(adj.) II.4 calm, quiet

спо́нсор, -а; -ы, -ов (m.) I.3
sponsor

спо́р/ить (-ю, -ишь, -ят)
(impf.) I.18 to argue

спорт, -а (m.) I.PL sport(s)

спортза́л, -а; -ы, -ов (m.) I.2
gym, gymnasium

спорти́вн/ый, -ая, -ое, -ые
(adj.) I.4 sporting, athletic

спортлото́ (indecl. n.) I.17
sports lotto

спортсме́н, -а; -ы, -ов (m.) I.3
athlete, sportsman

спорттова́р/ы, -ов (pl.) I.4
sporting goods

спра́ва (adv.) II.7 on/to/from
the right

спра́вк/а, -и; -и, спра́вок (f.)
II.7 information

спра́шива/ть (-ю, -ешь, -ют)
(impf.) I.4 to ask, question

спрос/и́ть (спрошу́, -ишь, -ят)
(pf.) I.20 to ask, question

спу́тник, -а; -и, -ов (m.) I.PL
companion, sattelite

сред/а́, -ы́ (f.) I.7 Wednesday

сре́дн/ий, -яя, -ее, -ие (adj.)
II.3 middle, average

СССР (indecl. acronym) I.PL
U.S.S.R.

ста́в/ить (ста́влю, -ишь, -ят)
(impf.) I.19 to stage or
produce

стадио́н, -а; -ы, -ов (m.) I.PL
stadium

стака́н, -а; -ы, -ов (m.) I.19
drinking glass

стальн/о́й, -а́я, -о́е, -ы́е (adj.)
I.11 steel, steel-colored

ста́нци/я, -и; -и, -й (f.) I.12
station

стари́к, -а́; -и́, -о́в (m.) II.12
old man, old person

стартова́ть (старту́+ -ю, -ешь,
-ют) (impf.) I.15 to start

стару́х/а, -и; -и, -0 (f.) II.14
old woman

старшекла́ссник, -а; -и, -ов
(m.) II.14 student in grades
9-11

ста́рш/ий, -ая, -ее, -ие (adj.)
II.17 elder, older

ста́р/ый, -ая, -ое, -ые (adj.)
I.9 old

стать (ста́н+ -у, -ешь, -ут)
(pf.) II.16 to become; to begin

стен/а́, -ы́; -ы, -0 (f.) II.11
wall

стих/и́, -о́в (pl.) I.18 verses,
poetry

стихотворе́ни/е, -я; -я, -й (n.)
I.16 poem, verse

сто (card. no.) I.13 hundred

сто́ить (сто́ит, сто́ят) (impf.)
II.19 to cost

стол, -а́; -ы́, -о́в (m.) I.2 table

столи́ц/а, -ы; -ы, -0 (f.) I.4
capital

столо́в/ая, -ой, -ые, -ых (f.
subst.) II.9 dining room,
cafeteria

сторон/а́, -ы́; сто́роны, сторо́н
(f.) II.7 side, direction

стоя́нк/а, -и; -и, стоя́нок (f.)
II.7 stand

сто/я́ть (-ю́, -и́шь, -я́т) (impf.)
I.11 to stand, be standing

стран/а́, -ы́; стра́н/ы, -0 (f.)
I.1 country

стра́нн/ый, -ая, -ое, -ые (adj.)
II.11 strange

строи́тел/ь, -я; -и, -ей (m.) I.4
builder

строи́тельн/ый, -ая, -ое, -ые
(adj.) I.11 building

строи́тельств/о, -а (n.) II.6
construction, building

стро́/ить (-ю, -ишь, -ят)
(impf.) I.18 to build

стро́йн/ый, -ая, -ое, -ые (adj.)
II.3 slender, slim

студе́нт, -а; -ы, -ов (m.) I.PL
male college student

студе́нтк/а, -и; -и, студе́нток
(f.) I.3 female college student

стуч/а́ть (-у́, -и́шь, -а́т)
(impf.) II.11 to tap, knock

суббо́т/а, -ы (f.) I.7 Saturday

субъе́кт, -а (m.) I.PL subject

сувени́р, -а; -ы, -ов (m.) I.PL
souvenir

Су́здал/ь, -я (m.) II.11 Suzdal
(ancient town)

су́мк/а, -и; -и, су́мок (f.) I.2
bag

су́шк/а, -и; -и, су́шек (f.) I.2
bread stick

сфотографи́ровать (сфотогра-
фи́ру+ -ю, -ешь, -ют) (pf.)
II.3 to photograph

сфотографи́р/оваться (-уюсь,
-уешься, -уются) (pf.) II.3
to be photographed

схе́м/а, -ы; -ы, -0 (f.) I.19
diagram, sketch

сходи́ть (схожу́, схо́д/ишь, -ят)
(pf.) II.11 to make a round-
trip on foot

счастли́в/ый, -ая, -ое, -ые
(adj.) I.12 happy, fortunate,
lucky

сча́сть/е, -я (n.) II.9 happiness,
good fortune

счёт, -а; -а́, -о́в *(m.)* I.13 score

счита́/ть (-ю -ешь, -ют) *(impf.)* II.18 to count, compute; to consider

США *(indecl. acronym)* I.PL U.S.A.

съе́зд/ить (съе́зжу, -ишь, -ят) *(pf.)* II.11 to make a trip by vehicle

съесть (съем, съешь, съест, съеди́м, съеди́те, съедя́т) *(pf.)* II.11 to eat

сын, -а; сыновья́, сынове́й *(m.)* I.3 son

сыр, -а *(m.)* II.9 cheese

сюда́ *(adv.)* I.12 to here

---

# Т

таба́к, -а́ *(m.)* I.4 tobacco

табли́ц/а, -ы; -ы, -0 *(f.)* I.17 table, chart

Тага́нк/а, -и *(f.)* II.16 Taganka

так *(adv.)* I.11 so

та́кже *(adv.)* II.6 also, too

так/о́й, -а́я, -о́е, -и́е *(adj.)* I.16 such

такси́ *(indecl. n.)* I.12 taxi

тала́нтлив/ый, -ая, -ое, -ые *(adj.)* II.4 talented

там *(adv.)* I.4 there, in that place

та́н(е)ц, -а; -ы, -ев *(m.)* II.4 dance

танцева́ть (танцу́+ -ю, -ешь, -ют) *(impf.)* I.7 to dance

таре́лк/а, -и; -и, таре́лок *(f.)* I.19 plate

тата́рин, -а; тата́р/ы, -0 *(m.)* I.15 Tatar

Татья́нин день *(m. phr.)* II.9 Tatyana's Day

тверд/ый, -ая, -ое, -ые *(adj.)* I.PL hard

Тверска́я у́лица *(f. phr.)* (place name) II.6 Tverskaya Street

твой, твоя́, твоё, твои́ *(poss. pron.)* I.1 your

теа́тр, -а; -ы, -ов *(m.)* II.6 theater

театра́льн/ый, -ая, -ое, -ые *(adj.)* I.20 theater, theatrical

тебе́ *(pers. pron.)* II.3 dat./prep. of ты

тебя́ *(pers. pron.)* I.1 acc./gen. of ты

текст, -а; -ы, -ов *(m.)* I.PL text, written selection

телеви́дени/е, -я *(n.)* II.3 television

телеви́зор, -а; -ы, -ов *(m.)* I.PL television set

телегра́мм/а, -ы; -ы, -0 *(f.)* II.9 telegram

телегра́ф, -а; -ы, -ов *(m.)* II.7 telegraph

телегра́фн/ый, -ая, -ое, -ые *(adj.)* II.6 telegraph, of telegraph

телефо́н, -а; -ы, -ов *(m.)* I.4 telephone

телефо́нн/ый, -ая, -ое, -ые *(adj.)* II.6 telephone, of telephone

телеце́нтр, -а; -ы, -ов *(m.)* II.2 television center

тёмноволо́с/ый, -ая, -ое, -ые *(adj.)* II.4 dark-haired

тёмн/ый, -ая, -ое, -ые *(adj.)* II.3 dark

температу́р/а, -ы *(f.)* I.16 temperature

те́ннис, -а *(m.)* I.PL tennis

те́ннисн/ый, -ая, -ое, -ые *(adj.)* II.8 tennis

тепе́рь *(adv.)* I.16 now

тепло́ *(pred.)* I.16 (it's) warm

тёпл/ый, -ая, -ое, -ые *(adj.)* II.7 warm

терпели́в/ый, -ая, -ое, -ые *(adj.)* II.4 patient

террито́ри/я, -и; -и, -й *(f.)* I.16 territory

тетра́д/ь, -и; -и, -ей *(f.)* I.2 notebook

те́хник/а, -и *(f.)* I.18 technics, technology

те́хникум, -а; -ы, -ов *(m.)* I.8 technical school

техни́ческ/ий, -ая, -ое, -ие *(adj.)* I.20 technical

течь (теку́, течёшь, теку́т) *(impf.)* II.11 to flow; leak

тигр, -а; -ы, -ов *(m.)* I.14 tiger

ти́ше *(comp. adj./adv.)* II.17 quieter; more quietly

ткан/ь, -и; -и, -ей *(f.)* II.16 cloth, fabric, material, textile

тк/ать (-у, -ёшь, -ут) *(impf.)* II.16 to weave

ткач, -а́; -и́, -е́й *(m.)* II.16 weaver

тобо́й *(pers. pron.)* II.1 instr. of ты

това́р, -а; -ы, -ов *(m.)* II.2 wares goods

това́рищ, -а; -и, -ей *(m.)* I.1 comrade

тогда́ *(adv.)* II.9 then, at that time

то́же *(adv.)* I.3 also

то́кар/ь, -я; -и, -ей *(m.)* I.18 turner, lathe operator

то́лько *(adv.)* I.10 only, just

Тольятти *(indecl. noun)* I.11 Tolyatti (city)

том, -а; -а́, -о́в *(m.)* I.PL tome, volume

тома́т, -а; -ы, -ов *(m.)* I.PL tomato

тома́тн/ый, -ая, -ое, -ые *(adj.)* II.9 of tomato

Торпе́до *(indecl. noun)* I.13 Torpedo

торт, -а; -ы, -ов *(m.)* I.6 torte, pastry cake

тост, -а; -ы, -ов *(m.)* I.PL a toast

тот, та, то, те *(demonstr. pron.)* II.3 that, that one

то́чно *(adv.)* I.13 exact(ly)

трамва́й, -я; -и, -ев *(m.)* I.12 streetcar

тре́нер, -а; -ы, -ов *(m.)* I.17 trainer, coach

трениро́вк/а, -и *(f.)* I.17 training, practice

тре́т/ий, -ья, -ье, -ьи *(ord. no.)* I.3 third

Третьяко́вская галере́я *(f. phr.)* II.6 Tretyakov Gallery

три, трёх *(card. no.)* I.9 three

три́дцат/ь, -й *(card. no.)* I.13 thirty

трина́дцат/ый, -ая, -ое, -ые *(ord. no.)* I.13 thirteenth

трина́дцат/ь, -и *(card. no.)* I.13 thirteen

тролле́йбус, -а; -ы, -ов *(m.)* I.12 trolleybus

троп/а́, -ы́; -ы, -0 *(f.)* II.14 path

труд, -а́ *(m.)* II.13 labor

тру́дно *(adv./pred.)* I.8 with difficulty; it's difficult

тру́дн/ый, -ая, -ое, -ые *(adj.)* I.18 difficult

трудолюби́в/ый, -ая, -ое, -ые *(adj.)* II.4 hard-working

трудя́щ/ийся, -егося; -иеся,
-ихся *(m. subst.)* II.13 laborer

туале́т, -а; -ы, -ов *(m.)* I.4
toilet

туда́ *(adv.)* II.6 there, to that
place

тури́ст, -а; -ы, -ов *(m.)* I.4
tourist, hiker

тут *(adv.)* II.16 here

ту́фл/я, -и; -и, ту́фель *(f.)*
II.14 shoe, slipper

ты *(pers. pron.)* I.2 you
(singular/familiar)

ты́сяч/а, -и; -и, -0 *(f.)* II.7
thousand

тяжёл/ый, -ая, -ое, -ые *(adj.)*
I.17 heavy

# У

у *(+ gen.)* *(prep.)* I.8 by, near

уве́ренн/ый, -ая, -ое, -ые
*(adj.)* I.18 confident, sure

уви́д/еть (уви́жу, -ишь, -ят)
*(pf.)* I.20 to see, catch sight
of

у́г(о)л, -а́; -ы́, -о́в *(m.)* II.7
corner

удовлетвори́тельно *(adv.)* I.2
satisfactorily, grade of 3 (C)

удово́льствие (с удово́льстви-
ем) *(n.)* II.2 pleasure,
satisfaction (with pleasure)

уже́ *(adv.)* I.8 already

у́жин, -а; -ы, -ов *(m.)* II.13
supper

Узбекиста́н, -а *(m.)* I.20
Uzbekistan

узна/ва́ть (-ю́, -ёшь, -ю́т)
*(impf.)* II.16 to know,
recognize, find out, learn

узна́/ть (-ю, -ешь, -ют) *(pf.)*
I.18 to know, recognize, find
out, learn

Украи́н/а, -ы *(f.)* I.PL Ukraine

украи́н(е)ц, -а; -ы, -ев *(m.)*
I.15 Ukrainian male

украше́ни/е, -я; -я, -й *(n.)*
II.14 decoration, adornment

уку́тыва/ть (-ю, -ешь, -ют)
*(impf.)* II.14 to wrap up
warmly

у́лиц/а, -ы; -ы, -0 *(f.)* I.3 street

улы́бк/а, -и; -и, улы́бок *(f.)*
II.3 smile

улыбну́/ться *(past:* -лся, -лась,
-лись) *(pf.)* II.14 to smile

ум, -а́ *(m.)* II.9 mind

уме́/ть (-ю, -ешь, -ют) *(impf.)*
II.16 to know how to

у́мн/ый, -ая, -ое, -ые *(adj.)*
I.13 intelligent

универма́г, -а; -и, -ов *(m.)* I.4
department store

универса́льн/ый, -ая, -ое, -ые
*(adj.)* II.7 universal

универса́м, -а; -ы, -ов *(m.)* I.4
self-service grocery

университе́т, -а; -ы, -ов *(m.)*
I.5 university

уника́льн/ый, -ая, -ое, -ые
*(adj.)* I.19 unique

упражне́ни/е, -я; -я, -й *(n.)*
I.2 exercise

ура́ *(interj.)* I.7 hurrah

уро́к, -а; -и, -ов *(m.)* I.1 lesson

уса́дьб/а, -ы; -ы, уса́деб *(f.)*
II.6 farmstead

уси́лива/ть (-ю, -ешь, -ют)
*(impf.)* I.18 to strengthen

усло́ви/е, -я; -я, -й *(n.)* II.9
condition

усло́вье bookish form of усло́вие

услы́ш/ать (-у, -ишь, -ат)
*(pf.)* II.16 to hear

успе́/ть (-ю, -ешь, -ют) *(pf.)*
II.17 to have time for, be in
time for

успе́х, -а; -и, -ов *(m.)* II.9
success

уста́ть (уста́н+ -у, -ешь, -ут)
*(pf.)* II.16 to tire; to get tired

ус/ы́, -о́в *(pl.)* II.3 mustache,
whiskers

у́тк/а, -и; -и, у́ток *(f.)* II.19
duck

у́точк/а, -и; -и, у́точек *(conv.
dim. f.)* II.19 little duck,
duckling

уточни́/ть (-ю́, -и́шь, -я́т) *(pf.)*
II.3 to define more accurately
or precisely

у́тр/о, -а; -а, -0 *(n.)* I.5
morning

у́тром *(adv.)* II.2 in the morning

утя́та *(pl. of* уте́нок) II.19
ducklings

уф *(interj.)* I.16 ugh

у́х/о, -а; у́ш/и, -е́й *(n.)* II.19
ear

уче́бник, -а; -и, -ов *(m.)* I.2
textbook

учени́к, -а́; -и́, -о́в *(m.)* I.5
pupil, school student

учени́ц/а, -ы; -ы, -0 *(f.)* I.7
female school student

учи́лищ/е, -а; -а, -0 *(n.)* I.13
school (for professional
training)

учи́тел/ь, -я; -я́, -е́й *(m.)* I.6
teacher

учи́тельниц/а, -ы; -ы, -0 *(f.)*
I.3 teacher

учи́тельск/ий, -ая, -ое, -ие
*(adj.)* I.18 teachers; of
teachers

уч/и́ть (-у́, -ишь, -ат) *(impf.)*
I.7 to study, learn

уч/и́ться (-у́сь, -ишься, -атся)
*(impf.)* I.8 to study, learn

у́ши *see* у́хо

# Ф

фа́брик/а, -и; -и, -0 *(f.)* I.3
factory

фаза́н, -а; -ы, -ов *(m.)* I.15
pheasant

факульте́т, -а; -ы, -ов *(m.)* I.9
department

фами́ли/я, -и; -и, -й *(f.)* I.1
family name, last name

фана́т, -а; -ы, -ов *(m.)* I.13
fanatic, strong fan

Фа́нт/а, -ы *(f.)* II.9 Fanta (an
orange soda)

Фаренге́йт, -а *(m.)* I.16
Fahrenheit

фа́ртук, -а; -и, -ов *(m.)* I.19
apron

февра́л/ь, -я́ *(m.)* II.13
February

фе́рмер, -а; -ы, -ов *(m.)* I.18
farmer

фигу́р/а, -ы; -ы, -0 *(f.)* II.4
figure

фигу́рн/ый, -ая, -ое, -ые
*(adj.)* I.17 figure

фи́зик, -а; -и, -ов *(m.)* I.18
physicist

фи́зик/а, -и *(f.)* I.7 physics

физи́ческ/ий, -ая, -ое, -ие
*(adj.)* I.18 physical

физкульту́р/а, -ы *(f.)* I.18
physical education

Филаде́льфи/я, -и *(f.)* II.1
Philadelphia

филологи́ческ/ий, -ая, -ое -ие
*(adj.)* I.9 philological

филоло́ги/я, -и *(f.)* I.18
philology, study of language

филосо́фи/я, -и *(f.)* I.5
philosophy

фильм, -а; -ы, -ов *(m.)* I.10
film

финиши́ровать (финиши́ру+ -ю,
-ешь, -ют) *(impf.)* I.15 to
finish

фиоле́тов/ый, -ая, -ое, -ые
*(adj.)* I.11 violet

фи́рм/а, -ы; -ы, -0 *(f.)* I.3 firm

флаж(о́)к, -а́; -и́, -о́в *(m.)* II.8
(small) flag

Флори́д/а, -ы *(f.)* II.1 Florida

фо́кус, -а; -ы, -ов *(m.)* I.15
magic trick

фо́кусник, -а; -и, -ов *(m.)* I.14
magician

фона́р/ь, -я́; -и́, -е́й *(m.)* II.8
flashlight

фонд, -а; -ы, -ов *(m.)* II.8
fund

фоне́тик/а, -и *(f.)* II.1 phonetics

фонта́н, -а; -ы, -ов *(m.)* I.PL
fountain

Форд, -а; -ы, -ов *(m.)* I.11
Ford

фо́рм/а, -ы; -ы, -0 *(f.)* I.PL
form, shape, uniform

фотоаппара́т, -а; -ы, -ов *(m.)*
I.8 camera

фото́граф, -а; -ы, -ов *(m.)*
I.PL photographer

фотографи́ровать (фотогра-
фи́ру+ -ю, -ешь, -ют)
*(impf.)* II.7 to photograph

фотогра́фи/я, -и; -и, -й *(f.)*
I.PL photography

фрагме́нт, -а; -ы, -ов *(m.)* II.6
fragment

фра́з/а, -ы; -ы, -0 *(f.)* I.PL
phrase

францу́зск/ий, -ая, -ое, -ие
*(adj.)* I.7 French

фре́ск/а, -и; -и, фре́сок *(f.)*
II.6 fresco

фрукт, -а; -ы, -ов *(m.)* I.PL
fruit

фу *(interj.)* I.2 scat (to a
dog)

футбо́л, -а *(m.)* I.PL soccer

футболи́ст, -а; -ы, -ов *(m.)*
I.20 soccer player

футбо́лк/а, -и; -и, футбо́лок
*(f.)* II.8 sweatshirt

футбо́льн/ый, -ая, -ое, -ые
*(adj.)* I.15 soccer

# Х

ха́ки *(indecl. adj.)* I.11 khaki
colored

хара́ктер, -а; -ы, -ов *(m.)* I.1
character

Хеллоуи́н, -а *(m.)* II.13
Halloween

хи́мик, -а; -и, -ов *(m.)* I.18
chemist

хими́ческ/ий, -ая, -ое, -ие
*(adj.)* I.9 chemical

хи́ми/я, -и *(f.)* I.PL chemistry

хи́ппи *(indecl. n.)* II.12 hippy

хлеб, -а *(m.)* I.8 bread

ход/и́ть (хожу́, -ишь, -ят)
*(indet. impf.)* II.9 to go on
foot

хокке́/й, -я *(m.)* I.PL hockey

хокке́йн/ый, -ая, -ое, -ые
*(adj.)* II.2 hockey, of hockey

хо́лод, -а *(m.)* I.16 cold

хо́лодно *(pred.)* I.16 (it's) cold

холо́дн/ый, -ая, -ое, -ые *(adj.)*
I.13 cold

хор, -а; -ы́, -о́в *(m.)* I.PL
choir, chorus

хоро́ш/ий, -ая, -ее, -ие *(adj.)*
I.2 good

хорошо́ *(adv./pred.)* I.1 good,
well; grade of 4 (B)

хоте́ть (хоч+ -у́, -ешь, -ет;
хот+ -и́м, -и́те, -я́т) *(impf.)*
I.16 to want

хо́хот, -а *(m.)* II.16 (loud)
laughter

хохота́ть (хохочу́, хохо́ч/ешь,
-ет, -им, -ите, -ут) *(impf.)*
II.16 to laugh loudly

хохоту́шк/а, -и; -и, хохоту́шек
*(f.)* II.16 merry woman,
merry girl

храм, -а; -ы, -ов *(m.)* I.10
temple

Храм Васи́лия Блаже́нного
*(m. phr.)* II.6 Temple of St.
Vasily the Blessed

храни́тся *(verb form)* II.7 is
preserved, is kept

хризанте́м/а, -ы; -ы, -0 *(f.)*
II.9 chrysanthemum

хрю́ка/ть (-ю, -ешь, -ют)
*(impf.)* II.19 to grunt

ху́до *(archaic adv.)* II.6 ill,
badly

худо́жественн/ый, -ая, -ое, -ые
*(adj.)* I.17 artistic

худо́жник, -а; -и, -ов *(m.)* II.2
artist, painter

худо́жниц/а, -ы; -ы, -0 *(f.)*
II.11 painter, artist

ху́же *(comp. adj./adv.)* II.18
worse; more badly

хулига́н, -а; -ы, -ов *(m.)* I.PL
hooligan, ruffian

# Ц

ца́пл/я, -и; -и, ца́пель *(f.)*
II.12 heron

цар/ь, -я́; -и́, -е́й *(m.)* I.PL
tsar, czar

цвести́ (цвет+ -ёт, -у́т) *(impf.)*
II.9 to bloom, blossom

цвет, -а; -а́, -о́в *(m.)* II.18
color

Цвета́ев/а, -ой *(f.)* II.11 M.
Tsvetaeva, poet

цвет(о́)к, -а́; цвет/ы́, -о́в *(m.)*
I.16 flower, blossom

цветы́ *see* цвето́к

Це́льси/й, -я *(m.)* I.16 Celsius

цеме́нт, -а *(m.)* I.PL cement

цент, -а; -ы, -ов *(m.)* II.19
cent

центр, -а; -ы, -ов *(m.)* I.PL
center, downtown

центра́льн/ый, -ая, -ое, -ые
*(adj.)* I.1 central

церко́вн/ый, -ая, -ое, -ые
*(adj.)* II.13 of the church

це́рк(о)в/ь, -и; -и, -е́й *(f.)*
II.14 church

цивилиза́ци/я, -и; -и, -й *(f.)*
I.PL civilization

цикламе́нн/ый, -ая, -ое, -ые
*(adj.)* I.11 cyclamen-colored

цирк, -а; -и, -ов *(m.)* I.PL
circus

ЦСКА *(indecl. acronym)* I.13
Central Army Sports Club

# Ч

ча/й, -я *(m.)* II.9 tea

Чайко́вск/ий, -ого *(m.)* II.19
P. Tchaikovsky, composer

ча́йник, -а; -и, -ов *(m.)* II.18
teapot

час, -а; -ы́, -о́в *(m.)* I.11 hour

ча́сто *(adv.)* I.7 often, frequently

час/ы́, -о́в *(pl.)* I.4 watch,
clock

Чебура́шк/а, -и *(m.)* I.2 a
cartoon character

чей, чья, чьё, чьи *(demonstr. pron.)* I.11 whose

чек, -а; -и, -ов *(m.)* I.PL check

челове́к, -а; лю́д/и, -е́й *(m.)* I.20 person, man

чем *(conj.)* II.5 than

чём *(interrog. pron.)* II.5 prep. *of* что

чемпио́н, -а; -ы, -ов *(m.)* I.PL champion

чемпиона́т, -а; -ы, -ов *(m.)* I.15 championship

чемпио́нк/а, -и; -и, чемпио́нок *(f.)* I.17 female champion

чему́ *(interrog. pron.)* II.5 dat. *of* что

че́рез *(+ acc.)* *(prep.)* II.14 through; across; past

черепа́х/а, -и; -и, -0 *(f.)* II.12 turtle

черепашён(о)к, -а; -и, -ов *(m.)* II.12 baby turtle

чёрненьк/ий, -ая, -ое, -ие *(conv. dim. adj.)* II.12 blackish, black

черни́л/а, -0 *(pl.)* II.12 ink

чёрн/ый, -ая, -ое, -ые *(adj.)* I.PL black

чертёж, чертеж/а́; -й, -е́й *(m.)* II.12 draft, sketch

чертён(о)к, -а; чертеня́т/а, -0 *(dim. m.)* II.12 imp

черт/и́ть (черчу́, -ишь, -ят) *(impf.)* II.12 to draw, make a map, draw a plan

черче́ни/е, -я *(n.)* I.7 drawing

че́стн/ый, -ая, -ое, -ые *(adj.)* II.4 honest

четве́рг, -а́ *(m.)* I.7 Thursday

четвёрк/а, -и; -и, четвёрок *(f.)* I.9 four, grade of four (B)

че́тверт/ь, -и; -и, четверте́й *(f.)* II.16 a quarter, a fourth

четвёрт/ый, -ая, -ое, -ые *(ord. no.)* I.4 fourth

чётн/ый, -ая, -ое, -ые *(adj.)* II.8 even (numbers)

четы́р/е, -ёх *(card. no.)* I.9 four

четы́рнадцат/ый, -ая, -ое, -ые *(ord. no.)* I.14 fourteenth

четы́рнадцат/ь, -и *(card. no.)* I.13 fourteen

Че́хов, -а *(m.)* II.11 A. Chekhov, writer

Чика́го *(indecl. n.)* II.1 Chicago

чи́пс/ы, -ов *(pl.)* II.7 French fries, chips

числ/о́, -а́; -а, чи́сел *(n.)* II.8 date; number

чи́сто *(adv./pred.)* II.12 clean, neat, tidy

чита́/ть (-ю, -ешь, -ют) *(impf.)* I.6 to read

член, -а; -ы, -ов *(m.)* II.13 member

чрезвыча́йно *(adv.)* II.12 extraordinarily, utterly

чте́ни/е, -я; -я, чте́ний *(n.)* II.1 reading

что *(conj./interrog. pron.)* I.7 that, what

чу́вств/о, -а; -а, -0 *(n.)* II.4 feeling, sense

чуде́сн/ый, -ая, -ое, -ые *(adj.)* I.16 marvelous

Чу́до-де́рево *(n. title)* II.19 The Miracle Tree

Чуко́тк/а, -и *(f.)* I.16 Chukotka

чул(о́)к, -а́; -й, -о́в *(m.)* II.14 stocking

чума́зеньк/ий, -ая, -ое, -ие *(dim. adj.)* II.12 dirty-faced

## Ш

шампа́нск/ое, -ого *(n.)* II.14 champaign

ша́пк/а, -и; -и, ша́пок *(f.)* I.4 hat

ша́почк/а, -и; -и, ша́почек *(dim. f.)* II.14 (little) hat

шар, -а; -ы́, -о́в *(m.)* II.18 balloon, sphere

шарм, -а *(m.)* I.PL charm

шарф, -а; -ы, -ов *(m.)* II.14 scarf

ша́хматн/ый, -ая, -ое, -ые *(adj.)* II.17 of chess

ша́хмат/ы, -0 *(pl.)* I.10 chess

шахтёр, -а; -ы, -ов *(m.)* I.18 miner

ша́шки, ша́шек *(pl.)* I.17 checkers

Шевроле́ *(indecl. n.)* I.11 Chevrolet

шёл *p.t. form of* идти́

шёлков/ый, -ая, -ое, -ые *(adj.)* I.19 silk, silken

шестна́дцат/ый, -ая, -ое, -ые *(ord. no.)* I.16 sixteenth

шестна́дцат/ь, -и *(card. no.)* I.13 sixteen

шест/о́й, -а́я, -о́е, -ы́е *(ord. no.)* I.6 sixth

шест/ь, -и́ *(card. no.)* I.13 six

шестьдеся́т, шести́десяти *(card. no.)* I.13 sixty

ши́шк/а, -и; -и, ши́шек *(f.)* II.8 cone, lump, knob, bump

шкату́лк/а, -и; -и, шкату́лок *(f.)* I.19 box, case

шкаф, -а; -ы́, -о́в *(m.)* I.18 cupboard, dresser

шко́л/а, -ы; -ы, -0 *(f.)* I.1 school

шко́льник, -а; -и, -ов *(m.)* I.3 schoolchild

шко́льн/ый, -ая, -ое, -ые *(adj.)* I.20 school, scholastic

шла, шло, шли *p.t. forms of* идти́

шля́п/а, -ы; -ы, -0 *(f.)* II.14 hat

шок, -а; -и, -ов *(m.)* I.PL shock

шокола́д, -а *(m.)* I.7 chocolate

шокола́дн/ый, -ая, -ое, -ые *(adj.)* I.6 chocolate

шоссе́ *(indecl. n.)* I.4 highway

шофёр, -а; -ы, -ов *(m.)* I.11 driver (of taxi, bus, etc.)

штат, -а; -ы, -ов *(m.)* I.13 state

шу́мно *(adv./pred.)* II.11 noisily; (it's) noisy

## Щ

щек/а́, -й; щёк/и, -0 *(f.)* II.3 cheek

Щелку́нчик, -а *(m.)* II.19 The Nutcracker (ballet)

щёчки, щёчек *(dim. pl.)* II.13 *dim. of* cheeks

щи, щей *(pl.)* I.PL shchi, a soup

## Э

эволю́ци/я, -и *(f.)* II.6 evolution

эгоисти́чн/ый, -ая, -ое, -ые *(adj.)* II.4 egotistical

эй! *(interj.)* I.12 Hey!

эква́тор, -а *(m.)* I.PL equator

экза́мен, -а; -ы, -ов *(m.)* I.PL examination

эколо́ги/я, -и *(f.)* I.PL ecology

эконо́мик/а, -и *(f.)* I.PL economics

экономи́ст, -а; -ы, -ов *(m.)*
I.18 economist
экономи́ческ/ий, -ая, -ое, -ие
*(adj.)* I.9 economic
экску́рси/я, -и; -и, -й *(f.)* I.12
excursion
экспериме́нт, -а; -ы, -ов *(m.)*
I.PL experiment
экспе́рт, -а; -ы, -ов *(m.)* I.PL
expert
экспози́ци/я, -и; -и, -й *(f.)*
II.6 exposition
экспона́т, -а; -ы, -ов *(m.)* II.6
exhibit, display
э́кспорт, -а *(m.)* I.PL export
электри́ческ/ий, -ая, -ое, -ие
*(adj.)* II.2 electrical
электротова́р/ы, -ов *(pl.)* I.4
electrical appliances
эмигра́нт, -а; -ы, -ов *(m.)* I.PL
emigrant
эмоциона́льн/ый, -ая, -ое, -ые
*(adj.)* II.4 emotional
энерги́чн/ый, -ая, -ое, -ые
*(adj.)* II.4 energetic

эпо́х/а, -и; -и, -0 *(f.)* II.6
epoch
эскала́тор, -а; -ы, -ов *(m.)*
II.16 escalator
эски́з, -а; -ы, -ов *(m.)* II.6
sketch, draft
Эсто́ни/я, -и *(f.)* I.PL
Estonia
эта́ж, -а́; -и́, -е́й *(m.)* II.16
floor, story
э́то *(pron.)* I.1 this, this is
э́тот, э́та, э́то, э́ти *(demonstr.
pron.)* I.9 this

# Ю

ю́бк/а, -и; -и, ю́бок *(f.)* II.14
skirt
ю́жн/ый, -ая, -ое, -ые *(adj.)*
I.16 southern
ю́мор, -а *(m.)* I.PL humor
ю́ност/ь, -и *(f.)* I.20 youth
юриди́ческ/ий, -ая, -ое, -ие
*(adj.)* I.18 legal

Юрий Долгору́кий *(m. name)*
II.6 Yuri Dolgoruky, founder
of Moscow
юри́ст, -а; -ы, -ов *(m.)* I.PL
lawyer

# Я

я *(pron.)* I.3 I
я́блок/о, -а; -и, -0 *(n.)* II.9
apple
я́блочн/ый, -ая, -ое, -ые *(adj.)*
II.9 of apple
язы́к, -а́; -и́, -о́в *(m.)* I.6
language
Ялт/а, -ы *(f.)* I.PL Yalta
янва́р/ь, -я́ *(m.)* II.13 January
янта́рн/ый, -ая, -ое, -ые *(adj.)*
I.19 of amber
янта́р/ь, -я́ *(m.)* II.18 amber
япо́нск/ий, -ая, -ое, -ие *(adj.)*
I.11 Japanese
я́сл/и, -ей *(pl.)* I.3 day-care
center

# English-Russian Vocabulary

This vocabulary contains all of the words encountered in *Russian Face to Face I* and *II* with the exception of first names, patronymics, and last names. Some proper nouns (primarily names of countries, states and cities) are capitalized in both English and Russian. In other cases, capitalization follows the rules of the language in which words are given. The book (I or II) and lesson number where each word first appeared are shown. "I.PL" refers to the Pre-Lesson in Level I.

Nouns are listed according to their nominative singular forms, unless they do not normally use singular forms. The last consonant that is retained in spelling the various case forms of the word is followed by the symbol "|". Fleeting vowels are enclosed in parentheses "( )". The nominative and genitive singular and plural forms are given. The singular and plural forms are separated by a semicolon (;). When the genitive plural is identical to the stem, this is shown by the symbol "Ø". The genitive plural of feminine and neuter nouns that require the addition of a fleeting vowel is provided, since the spelling cannot always be deduced. Accents are marked throughout, except when they occur on upper case letters or on monosyllabic forms.

Adjectives, ordinal numbers, and possessive adjectives are listed in their masculine nominative singular forms and the final stem element, which is retained in spelling their forms, is followed by the symbol "|". The endings for feminine, neuter, and plural forms in the nominative case are given.

For verbs, the final non-past tense stem consonant of the infinitive is followed by the symbol "|", and the correct spelling of the first and second person singular and third person plural endings of the non-past is given. Stems which differ from the infinitive are given, followed by a "+". Forms which are not consistent with these principles are spelled out in their entirety.

The following abbreviations are used in this English-Russian vocabulary:

| | | | | | |
|---|---|---|---|---|---|
| *acc.* | accusative case | *imper.* | imperative | *part.* | particle |
| *adj.* | adjective | *impf.* | imperfective verb | *pers.* | personal |
| *adv.* | adverb | *indecl.* | indeclinable | *pf.* | perfective verb |
| *affirm.* | affirmative | *indef.* | indefinite | *phr.* | phrase |
| *card.* | cardinal | *indet.* | indeterminate | *pl.* | plural noun |
| *collec.* | collective noun | *instr.* | instrumental case | *poss.* | possessive |
| *comp.* | comparative | *interj.* | interjection | *pred.* | predicate |
| | adjective/adverb | *interrog.* | interrogative | *prep.* | preposition |
| *conj.* | conjunction | *m.* | masculine noun | *prepos.* | prepositional case |
| *conv.* | conversational or | *neg.* | negative | *pron.* | pronoun |
| | slang form | *n.* | neuter noun | *refl.* | reflexive |
| *dat.* | dative case | *no.* | number | *rel.* | relative |
| *det.* | determinate | *nom.* | nominative case | *s.f.* | short form |
| *dim.* | diminutive | *ord.* | ordinal | *subst.* | substantive |
| *f.* | feminine noun | *p.t.* | past tense | *v.* | verb |
| *gen.* | genitive case | *paren.* | parenthesis | | |

**A**

**A** (grade of 5) I.2 (*adv.*) отли́чно
**abdomen** II (*m.*) живо́т -а́
**able** I.13 (*impf.*) мочь могу́, мо́ж|ешь, -ет; II.18 (*pf.*) смочь смогу́, смо́ж|ешь, смо́гут
**about** I.8 (*prep.*) о (+ *prepos.*); II.14 (*prep.*) про (+ *acc.*)
**above** II.14 (*prep.*) над (+ *instr.*)
**above-ground** I.15 (*adj.*) надзе́мн|ый -ая, -ое, -ые
**absolute** I.PL (*m.*) абсолю́т -а; -ы, -ов
**absolutely** I.18 (*adv.*) абсолю́тно
**academician** I.PL (*m.*) акаде́мик -а; -и, -ов
**academy** I.PL (*f.*) акаде́ми|я -и; -и, -й
**accordion** II.18 (*f.*) гармо́шк|а -и; -и, гармо́шек
**accumulate** II.9 (*impf.*) коп|и́ть -лю́; -ишь, -ят
**acquaint** II.6 (*impf.*) знако́м|ить знако́млю, -ишь, -ят; (*pf.*) познако́м|ить познако́млю, -ишь, -ят
**acquainted** II.1 (*pred.*) знако́м -а, -ы
**acquainted, get acquainted** II.1 (*impf.*) знако́м|иться знако́млюсь, -ишься, -ятся; (*pf.*) познако́м|иться познако́млюсь, -ишься, -ятся
**acrobat** I.14 (*m.*) акроба́т -а; -ы, -ов
**across** II.14 (*prep.*) че́рез (+ *acc.*)
**act** (*circus*) I.PL (*m.*) аттракцио́н -а; -ы, -ов
**act** I.PL (*m.*) акт -а; -ы, -ов
**active** II.4 (*adj.*) акти́вн|ый -ая, -ое, -ые
**activity** I.17 (*pl.*) заня́ти|я -й
**actor** I.PL (*m.*) арти́ст -а; -ы, -ов; I.PL актёр -а; -ы, -ов
**actress** 18 (*f.*) арти́стк|а -и; -и, арти́сток
**actually** I.13 (*part.*) ра́зве
**add** II.3 (*pf.*) доба́в|ить доба́влю, -ишь, -ят
**additional** II.17 (*adj.*) дополни́тельн|ый -ая, -ое, -ые
**address** I.4 (*m.*) а́дрес -а; -а́, -бв
**admire, feast one's eyes on** II.19 (*impf.*) люб|ова́ться -у́юсь; -у́ешься, -у́ются
**adornment** II.4 (*n.*) украше́ние -я; -я, -й
**advertisement** I.6 (*f.*) рекла́м|а -ы
**advertising** I.6 (*f.*) рекла́м|а -ы
**advice** II.18 (*m.*) сове́т -а; -ы, -ов
**advise** II.11 (*impf.*) сове́товать сове́ту|ю, -ешь, -ют; II.11 (*pf.*) посове́товать посове́ту|ю, -ешь, -ют

**Aeroflot** (*airline*) II.1 (*m.*) Аэрофло́т -а
**affair** I.1 (*n.*) де́л|о -а; -а́, -Ø
**afraid of** II.16 (*impf.*) бо|я́ться -ю́сь; -и́шься, -я́тся
**after** I.18 (*prep.*) по́сле (+ *gen.*)
**afternoon, in the** II.2 (*adv.*) днём
**afterwards** I.11 (*adv.*) пото́м
**again** II.18 (*adv.*) опя́ть
**ago** I.11 (*adv.*) наза́д
**agreeable** II.3 (*adj.*) прия́тн|ый -ая, -ое, -ые
**agronomist** I.PL (*m.*) агроно́м -а; -ы, -ов
**ah, oh** II.10 (*interj.*) ах
**ahah** I.12 (*interj.*) ага́
**ahead** I.9 (*adv.*) пря́мо
**aid** II.7 (*impf.*) помога́|ть -ю, -ешь, -ют *p.t.*: помо́г, -ла́, -ло́, -ли́
**aim** I.18 (*f.*) зада́ч|а -и; -и, -Ø
**airplane** I.2 (*m.*) самолёт -а; -ы, -ов
**airport** I.1 (*m.*) аэропо́рт а; -ы, -ов, [в аэропорту́]
**alarm clock** II.16 (*m.*) буди́льник -а; -и, -ов
**Alaska** I.PL (*f.*) Аля́ск|а -и
**album** II.9 (*m.*) альбо́м -а; -ы, -ов
**algebra** I.7 (*f.*) а́лгебр|а -ы
**all** I.11 (*pron.*) всё; II. 11 (*adj.*) весь вс|я, -ё, -е
**all right** I.3 (*adv./pred.*) ничего́; I.14 (*affirm. part.*) ла́дно
**alley** II.6 (*f.*) алле́я -и; -и, -й
**almost** I.11 (*adv.*) почти́
**along** (*prep.*) I.13 по (+ *dat.*)
**alongside** II.6 (*adv.*) ря́дом
**already** I.3 (*adv.*) уже́
**also** I.3 (*adv.*) то́же; II.6 (*adv.*) та́кже
**always** I.18 (*adv.*) всегда́
**amber** I.19 (*adj.*) янта́рн|ый -ая, -ое, -ые; II.18 (*m.*) янта́р|ь -я́
**America** I.PL (*f.*) Аме́рик|а -и
**American** I.PL (*m.*) америка́н(е)ц -а; -ы, -ев; I.PL (*f.*) америка́нк|а -и; -и, америка́нок; I.8 (*adj.*) америка́нск|ий -ая, -ое, -ие
**anatomy** I.7 (*f.*) анато́ми|я -и
**ancient** II.6 (*adj.*) дре́вн|ий -яя, -ее, -ие
**ancient Russian** II.6 (*adj.*) древнеру́сск|ий -ая, -ое, -ие
**and how about . . . ?** 14A8 (*phr.*) А как же . . . ?
**and** I.1 (*conj.*) и; I.1 (*conj.*) а
**and so forth** I.18 (*phr.*) и так да́лее (и т.д.)
**angel** II.9 (*m.*) а́нгел -а; -ы, -ов
**angry** II.14 (*adj.*) серди́т|ый -ая, -ое, -ые
**animal** II.4 (*n.*) живо́тн|ое -ого; -ые, -ых; **wild animal** II.8 (*m.*) звер|ь -я; -и, -е́й
**anniversary** II.13 (*f.*) годовщи́н|а -ы; -Ø

**announcement** I.18 (*n.*) объявле́ни|е -я; -я, -й
**another** I.13 (*adj.*) друг|о́й -а́я, -о́е, -и́е
**answer** I.8 (*m.*) отве́т -а; -ы, -ов; I.4 (*impf.*) отвеча́|ть -ю, -ешь, -ют; II.2 (*pf.*) отве́ти|ть отве́чу, -ишь, -ят
**antenna** I.PL (*f.*) анте́нн|а -ы; -ы, -Ø
**apartment** I.4 (*f.*) кварти́р|а -ы; -ы, -Ø
**apparatus** I.PL (*m.*) аппара́т -ы; -ы, -ов
**appear** II.3 (*impf.*) вы́гляд|еть вы́гляжу; -ишь, -ят; (*show up*) II.14 (*pf.*) появ|и́ться (*usually p.t.*)
**appetizer** II.9 (*f.*) заку́ск|а -и; -и, заку́сок
**apple** (*n.*) II. 9 я́блок|о -а; -и, -Ø; II.9 (*adj.*) я́блочн|ый -ая, -ое, -ые
**applied** II.6 (*adj.*) прикладн|о́й -а́я, -о́е, -ы́е
**appointment** II.16 (*n.*) свида́ни|е -я; -я, -й
**April** II.13 (*m.*) апре́л|ь -я
**apron** I.19 (*m.*) фа́ртук -а; -и, -ов
**Arab** I.7 (*adj.*) ара́бск|ий -ая, -ое, -ие
**Arabic** I.7 (*adj.*) ара́бск|ий -ая, -ое, -ие
**Arbat Street** II.6 (*m.*) Арба́т -а; II.6 (*adj.*) арба́тск|ий -ая, -ое, -ие
**architect** I.9 (*m.*) архите́ктор -а; -ы, -ов
**architectural** II.6 (*adj.*) архитекту́рн|ый -ая, -ое, -ые
**architecture** II.18 (*f.*) архитекту́р|а -ы
**area** II.6 (*m.*) райо́н -а; -ы, -ов
**arena** I.PL (*f.*) аре́н|а -ы; -ы, -Ø
**argue** I.18 (*impf.*) спо́р|ить -ю, -ишь, -ят; **argue a bit** II.12 (*pf.*) поспо́р|ить -ю, -ишь, -ят
**arise** II.15 (*impf.*) встава́|ть -ю, -ёшь, -ю́т
**armchair** II.16 (*adj.*) кре́сл|о -а, -а, кре́сел
**Armenia** I.PL (*f.*) Арме́ни|я -и
**Armenian** 15/13 (*pl. n.*) армяни́н -а; армя́н|е, -Ø
**arrive by air** II.1 (*pf.*) прилете́|ть прилечу́, -ишь, -я́т
**arrive by vehicle** I.16 (*pf.*) прие́хать прие́д+ -у, -ешь, -ут; II.13 (*impf.*) приезжа́|ть -ю, -ешь, -ют
**arrive on foot** II.9 (*impf.*) приход|и́ть прихожу́, -ишь, -ят; II. 9 (*pf.*) прийти́ приду́, -ёшь, -у́т
**art gallery** II.6 (*f.*) галере́|я -и; -и, -й
**art** II.6 (*n.*) иску́сств|о -а
**artist** II.2 (*m.*) худо́жник -а; -и, -ов
**artistic** I.17 (*adj.*) худо́жественн|ый -ая, -ое, -ые
**as far as** II.2 (*prep.*) до (+ *gen.*)
**Asia** I.PL (*f.*) Ази|я -и
**ask for** II.2 (*impf.*) про́с|ить прошу́, -ишь, -ят; II.17 (*pf.*) попрос|и́ть попрошу́, -ишь, -ят
**ask** I.4 (*impf.*) спра́шива|ть -ю, -ешь, -ют; I.20 (*pf.*) спрос|и́ть спрошу́, -ишь, -сят

**ass** II.18 (*m.*) ос(ё)л -á, -ы́, -óв
**assembler** I.18 (*m.*) монтáжник -а; -и, -ов
**assembly** I.PL (*f.*) ассамблéя -и
**assignment** I.15 (*n.*) задáние -я; -я, -й
**assimilation** II.6 (*n.*) освоéние -я
**assist** II.7 (*impf.*) помогáть -ю, - ешь, -ют *p.t.:* помóг, -лá, -лó, -ли́
**association** I.PL (*f.*) ассоциáция -и; -и, -й
**A-student** I.9 (*m.*) отли́чник -а; -и, -ов; I.9 (*f.*) отли́чница -ы; -ы, -Ø
**athlete** I.3 (*m.*) спортсмéн -а; -ы, -ов
**athletic** I.4 (*adj.*) спорти́вн|ый -ая, -ое, -ые
**athletics** I.PL (*f.*) атлéтик|а -и
**athletic shirt** II.9 (*f.*) мáйк|а -и; -и, мáек
**Atlanta** II.1 (*f.*) Атлáнт|а -ы
**atmosphere** I.PL (*f.*) атмосфéр|а -ы
**atom** I.PL (*m.*) áтом -а; -ы, -ов
**attack** I.PL (*f.*) атáк|а -и; -и, -Ø
**attention** II.17 (*n.*) внимáние -я
**attraction** I.PL (*m.*) аттракциóн -а; -ы, -ов
**auditorium** I.10 (*m.*) зал -а; -ы, -ов
**August** II.13 (*m.*) áвгуст -а
**author** II.3 (*m.*) áвтор -а; -ы, -ов
**automobile** I.4 (*f.*) маши́н|а -ы; -ы, -Ø; I.11 (*m.*) автомоби́ль -я; -и, -ей; I.11 (*adj.*) автомоби́льн|ый -ая; -ое, ые
**autumn** I.16 (*f.*) óсен|ь -и; I.16 (*adv.*) óсенью
**avenue** I.1 (*m.*) проспéкт -а; -ы, -ов; II.6 (*f.*) аллéя -и; -и, й
**average** II.3 (*adj.*) срéдн|ий -яя, -ее, -ие
**awaken** I.14 (*pf.*) просн|у́ться -у́сь, -ёшься, -у́тся
**Azerbaijan** I.PL (*m.*) Азербайджáн -а

---

## B

**B, grade of four** I.1 (*adv./pred.*) хорошó; I.9 (*f.*) четвёрк|а -и
**babble** II.3 (*impf.*) болтá|ть -ю, -ешь, -ют
**back** I.11 (*adv.*) назáд
**backwards** I.9 (*adj.*) отстаю́щ|ий -ая, -ое, -ие
**bacteria** I.PL (*f.*) бактéри|я -и; -и, й
**bad, (it's) not good, not well** I.18 (*adv./pred.*) нехорошó
**bad-tempered** II.4 (*adj.*) зл|ой -áя, -óе, -ы́е
**badge** I.7 (*m.*) знач(ó)к -á, -и́, -óв
**badly** I.2 (*adv.*) плóхо
**badminton** I.PL (*m.*) бадминтóн -а
**bag** I.2 (*f.*) су́мк|а -и; -и, су́мок
**baggage** I.PL (*m.*) багáж -á
**Baikal (lake)** I.PL (*m.*) Байкáл -а

**baking soda** I.PL (*f.*) сóд|а -ы
**Baku** I.PL (*indecl. n.*) Баку́
**balalaika** I.19 (*f.*) балалáйк|а -и; -и, балалáек
**ball** (*toy*) I.4 (*m.*) мяч -á; -и́, - éй; (*dance*) II.14 (*m.*) бал -а; -ы, -óв
**ballet** I.PL (*m.*) балéт -а; -ы, -ов
**balloon** II.18 (*m.*) шар -а; -ы́, -óв
**Baltic** I.PL (*f.*) Бáлтик|а -и
**Baltimore** I.4 (*m.*) Балтимóр -а
**banana** II.8 (*m.*) банáн -а; -ы, -ов
**barber** I.18 (*m.*) парикмáхер -а; -ы, -ов
**baseball** I.PL (*m.*) бейсбóл -а; I.20 (*adj.*) бейсбóльн|ый -ая, -ое, -ые
**basketball** I.PL (*m.*) баскетбóл -а; II.17 (*adj.*) баскетбóльн|ый -ая, -ое, -ые
**be** I.6 (*pf., impf.*) быть бу́д|у, -ешь, -ут
**be sometimes** I.15 (*impf.*) бывá|ть -ю, -ешь, -ют
**beads** II.8 (*pl.*) бу́сы бус
**beak** II.3 (*m.*) клюв -а; -ы, -ов
**bear** II.12 (*m.*) медвéд|ь -я; -и, -ей; **bear cub** II.8 (*m.*) медвежóн(о)к -а; медвежáт|а, -Ø
**beard** II.3 (*f.*) бородá -ы́; -ы, бород
**beautiful** I.9 (*adj.*) краси́в|ый -ая, -ое, -ые; **more beautiful** II.18 (*comp. adj.*) краси́вее
**beautifully; (it's) beautiful** II.18 (*adv./ pred.*) краси́во; **more beautifully** II.18 (*comp. adj.*) краси́вее
**beauty** I.18 (*f.*) красот|á -ы́
**because** I.17 (*conj.*) потому́ (что)
**become** II.16 (*pf.*) стать стáну, -ешь, -ут
**bed** II.16 (*f.*) кровáт|ь -и; -и, -ей
**before** II.7 (*prep.*) пéред (+ *instr.*); II.12 (*comp. adj.*) рáньше
**begin** I.18 (*impf.*) начинá|ть -ю, -ешь, -ют; II.3 (*pf.*) начáть начн|у́, -ёшь, -у́т; I.16 (*impf.*) начинá|ться -ется, -ются; II.1 (*pf.*) взя́ться возьм|у́сь, -ёшься, -у́тся; II.16 (*pf. + impf. infinitive*) стать стáну, -ешь, -ут
**begin to bellow** II.19 (*pf.*) замыч|áть -у́; -и́шь, -áт
**begin to buzz** II.19 (*pf.*) зажужж|áть -у́, -и́шь, -áт
**begin to chirp or twitter** II.19 (*pf.*) зачири́ка|ть -ю, -ешь, -ют
**begin to croak** II.19 (*pf.*) заквá|ка|ть -ю, -ешь, -ют
**begin to drone** II.19 (*pf.*) зажуж|áть -у́, -и́т, -áт
**begin to grunt** II.19 (*pf.*) захрю́ка|ть -ю, -ешь, -ют
**begin to meow** II.19 (*pf.*) замяу́ка|ть -ю, -ешь, -ют
**begin to moo** II.19 (*pf.*) замыч|áть -у́; -и́шь, -áт

**begin to neigh** II.19 (*pf.*) заржá|ть -у́, -ёшь, -у́т
**begin to purr** II.19 (*pf.*) замурлы́ка|ть -ю, -ешь, -ют
**begin to quack** II.19 (*pf.*) закря́ка|ть -ю, -ешь, -ют
**begin to ring** II.16 *pf.*) зазвон|и́ть -и́т, -я́т
**beginning** II.16 (*n.*) начáл|о -а; -а, -Ø; II.17 (*adj.*) начáльн|ый -ая, -ое, -ые
**behind** I.9 (*adv.*) сзáди; **be behind** II.16 (*n.*) отстá|вáть -ю́; -ёшь, -ю́т
**beige** I.11 (*adj.*) бéжев|ый -ая, -ое, ые
**Belarus** I.PL (*f.*) Беларýс|ь -и
**belly** II (*m.*) живóт -á
**beloved** II.13 (*adj.*) люби́м|ый -ая, -ое, -ые
**beneath** II.14 (*prep.*) под (+ *instr.*)
**beside** II.6 (*adv.*) ря́дом
**besides** II.17 (*prep.*) крóме (+ *gen.*)
**better** II.6 (*comp. adv.*) лу́чше; II.6 (*adj.*) лу́чш|ий -ая, - ее, -ие
**bicycle** I.12 (*m.*) велосипéд -а; -ы, -ов
**big** I.9 (*adj.*) больш|óй -áя, -óе, -и́е; II.14 (*adj.*) кру́пн|ый -ая, -ое, -ые
**biological** I.9 (*adj.*) биологи́ческ|ий -ая, -ое, -ие
**biology** I.18 (*f.*) биолóги|я -и
**birch** II.18 (*f.*) берёз|а -ы; -ы, -Ø; II.18 (*dim. f.*) берёзк|а -и; -и, берёзок
**bird** II.3 (*f.*) пти́ц|а -ы; -ы, -Ø
**birth** I.20 (*n.*) рождéние -я
**birthday** I.20 (*m. phr.*) день рождéния
**bite, bite each other** II.13 (*impf.*) кусá|ться -юсь, -ешься, -ются
**black** I.PL (*adj.*) чёрн|ый -ая, -ое, -ые; **blackish** II.12 (*conv. dim. adj.*) чёрненьк|ий -ая, -ое, -ие
**blackboard** I.2 (*f.*) доск|á -и́, дóски, досóк
**blessed** II.7 (*adj.*) блажéнн|ый -ая, -ое, -ые
**bloom** II.9 (*impf.*) цвести́ цветёт, -ут
**blossom** II.16 (*m.*) цвет(ó)к -а; цвет|ы́, -óв; II.9 (*impf.*) цвести́ цветёт, -у́т
**blouse** II.14 (*f.*) блу́зк|а -и; -и, блу́зок
**blue, light blue** I.11 (*adj.*) голуб|óй -áя, -óе, -ы́е; II.14 (*conv. dim. adj.*) голубéньк|ий -ая -ие
**blue, dark blue** I.10 (*adj.*) си́н|ий -яя, -ее, -ие
**blush** II.13 (*impf.*) краснé|ть -ю, -ешь, -ют
**board** I.2 (*f.*) доск|á -и́; дóски, досóк
**boarding** II.1 (*f.*) посáдк|а -и; -и, посáдок
**bodybuilding** I.PL (*m.*) культури́зм -а
**bold** II.4 (*adj.*) смéл|ый -ая, -ое, -ые
**bomb** I.PL (*f.*) бóмб|а -ы; -ы, -Ø
**bonfire** II.14 (*m.*) кост(ё)р -а; -ы, -ов

**book** I.2 (*f.*) кни́г|а -и; -и, -Ø

**boot** II.14 (*m.*) сапо́г -а; -и́, -Ø

**booth** I.18 (*m.*) кио́ск -а; -и, -ов

**border** II.17 (*m.*) рубе́ж -а́; -и́, -е́й

**boring** II.4 (*adj.*) ску́чн|ый -ая, -ое, -ые

**boringly, (it's) boring** II.11 (*adv./ pred.*) ску́чно

**born, be born** II.14 (*pf.*) роди́ться (usually past tense)

**borshch** (*soup*) I.PL (*m.*) борщ -а́

**Boston** I.8 (*m.*) Бо́стон -а

**bother** II.19 (*pf.*) надо|е́сть -е́м; -е́шь, -едя́т

**bottle** II.9 (*f.*) буты́лк|а -и; -и, буты́лок

**boulevard** I.1 (*m.*) проспе́кт -а; -ы, -ов; I.6 (*m.*) бульва́р -а; -ы, -ов

**bouquet** I.PL (*m.*) буке́т -а; -ы, -ов

**box** I.19 (*f.*) шкату́лк|а -и; -и, шкату́лок

**boxer** I.PL (*m.*) боксёр -а; -ы, -ов

**boxing** I.PL (*m.*) бокс -а

**boy** I.2 (*m.*) ма́льчик -а; -и, -ов

**bracelet** I.19 (*m.*) брасле́т -а; -ы, -ов

**bread** I.8 (*m.*) хлеб -а

**bread stick** I.2 (*f.*) су́шк|а -и; -и, су́шек

**break** II.16 (*f.*) переме́на -ы; -ы, -Ø

**break dancer** II.12 (*m.*) бре́йкер -а; -ы, -ов

**breakfast** II.17 (*m.*) за́втрак -а; -и, -ов

**breeze** I.16 (*m.*) ве́т(е)р -а; -ы, -ов

**Brest** (*city*) II.16 (*m.*) Брест -а

**Brighton** (*city*) I.15 (*m.*) Бра́йтон -а

**bring** (*by vehicle*) II.6 (*pf.*) привез|ти́ -у́, -ёшь, -у́т

**bring** (*on foot*) II (*pf.*) принес|ти́ -у́, -ёшь, -у́т

**brother** I.3 (*m.*) брат -а; бра́ть|я, -ев

**brown** I.11 (*adj.*) кори́чнев|ый -ая, -ое, -ые

**brunet** I.PL (*m.*) брюне́т -а; -ы, -ов

**buffet** I.2 (*m.*) буфе́т -а; -ы, -ов

**build** I.9 (*pf.*) постро́|ить -ю, -ишь, -ят; I.18 (*impf.*) стро́|ить -ю, -ишь, -ят

**builder** I.4 (*m.*) строи́тел|ь -я; -и, -ей

**building** I.3 (*m.*) дом -а; -а́, -о́в; I.9 (*n.*) зда́ни|е -я; -я, -й; I.11 (*adj.*) строи́тельн|ый -ая, -ое, -ые; II.6 (*n.*) строи́тельств|о -а

**bump** II.8 (*f.*) ши́шк|а -и; -и, ши́шек

**bureau** II.1 (*indecl. n.*) бюро́

**burial** II.8 (*pl.*) по́хорон|ы похоро́н

**buried** II.6 (*pred.*) похоро́нен -а, -о, -ы

**bus** I.PL (*m.*) авто́бус -а; -ы, -ов

**businessman** I.7 (*m.*) бизнесме́н -а; -ы, -ов

**but** I.1 (*conj.*) а; I.7 (*conj.*) но

**butter** I.16 (*n.*) ма́сл|о -а

**butterfly** I.16 (*f.*) ба́бочк|а -и; -и, ба́бочек

**buy** I.3 (*impf.*) покупа́|ть -ю, -ешь, -ют; I.19 (*pf.*) куп|и́ть куплю́ -ишь, -ят

**by** I.8 (*prep.*) у (+ *gen.*); I.13 (*prep.*) по (+ *dat.*)

**by no means** II.6 (*adv.*) отню́дь

**bye-bye** II.14 (*interj.*) бай-бай

---

## C

**C, grade of three** I.2 (*adv.*) удовлетвори́тельно

**cabbage** II.10 (*f.*) капу́ст|а -ы

**cafe** I.4 (*indecl. n.*) кафе́

**cafeteria** II.9 (*f. subst.*) столо́в|ая -ой; -ые, -ых

**cake** II.9 (*n.*) пиро́жн|ое -ого; -ые, -ых

**calendar** II.13 (*m.*) календа́р|ь -я́; -и́, -е́й

**California** II.1 (*f.*) Калифо́рни|я -и

**call** I.PL (*m.*) визи́т -а; -ы, -ов; **call** II.17 (*m.*) звон(о́)к -а́; -и́, -о́в; I.1 (*impf.*) звать зов+ -у́, -ёшь, -у́т; II.11 (*pf. + dat.*) позвон|и́ть -ю́, -и́шь, -я́т

**called** I.9 (*impf.*) называ́|ться -ется, -ются

**calm** II.4 (*adj.*) споко́йн|ый -ая, -ое, -ые

**camel** II.17 (*m.*) верблю́д -а; -ы, -ов

**camera** I.8 (*m.*) фотоаппара́т -а; -ы, -ов

**camp** I.2 (*m.*) ла́гер|ь -я; -и, -е́й

**campfire** II.14 (*m.*) кост(ё)р -а́; -ы́, -о́в

**can** I.13 (*impf.*) мочь могу́, мо́ж|ешь, -ет; **one can** I.11 (*pred.*) мо́жно

**Canada** I.PL (*f.*) Кана́д|а -ы

**Canadian** I.PL (*m.*) кана́д(е)ц -а; -ы, -ев; I.PL (*f.*) кана́дк|а -и; -и, кана́док

**cancer** II.9 (*m.*) рак -а; -и, -ов

**candle** II.14 (*f.*) свеча́ -и́, -и, -е́й

**candy** I.7 (*f.*) конфе́т|а -ы; -ы, -Ø

**capital** I.4 (*f.*) столи́ц|а -ы; -ы, -Ø

**captain** I.17 (*m.*) капита́н -а; -ы, -ов

**car** I.4 (*f.*) маши́н|а -ы; -ы, -Ø

**cards, playing cards** I.19 (*pl.*) ка́рт|ы -Ø

**careful** I.12 (*adv.*) осторо́жно

**carefully** I.12 (*adv.*) осторо́жно

**carnation, pink** II.8 (*f.*) гвозди́ка -и; -и, -Ø

**carp** II.16 (*m.*) карп -а; -ы, -ов

**carriage** I.11 (*f.*) пово́зк|а -и; -и, пово́зок

**carry** (*on foot*) II.8 (*impf.*) нес|ти́ -у́, -ёшь, -у́т

**carry in** (*pf.*) принес|ти́ -у́, -ёшь, -у́т

**cart** I.11 пово́зк|а -и; -и, пово́зок

**case** I.19 (*f.*) шкату́лк|а -и; -и, шкату́лок

**cashier's stand or booth** II.2 (*f.*) ка́сса -ы; -ы, -Ø

**cassette** II.8 (*f.*) кассе́т|а -ы; -ы, -Ø

**cat, tomcat** I.PL (*m.*) кот -а́; -ы́, -о́в; I.2 (*f.*) ко́шк|а -и; -и, ко́шек

**catch sight of** I.20 (*pf.*) уви́д|еть уви́жу, -ишь, -ят

**category** I.17 (*m.*) разря́д -а; -ы, -ов

**cathedral** I.4 (*m.*) собо́р -а; -ы, -ов

**Caucasus** (*mountains, region*) I.PL (*m.*) Кавка́з -а

**caviar** I.16 (*f.*) икр|а́ -ы́

**celebrate** II.15 (*impf.*) отмеча́|ть -ю, -ешь, -ют; II.14 (*pf.*) отме́т|ить отме́чу, -ишь, -ят

**Celsius** I.16 (*m.*) Це́льси|й -я

**cement** I.PL (*m.*) цеме́нт -а

**cent** II.19 (*m.*) цент -а; -ы, -ов

**center** I.PL (*m.*) центр -а; -ы, -ов

**central** I.1 (*adj.*) центра́льн|ый -ая, -ое, -ые

**Central Army Sports Club** I.13 (*indecl. acronym*) ЦСКА

**century** I.10 (*m.*) век -а; а́, -о́в

**certainly, without fail** II.8 (*adv.*) обяза́тельно

**chalkboard** I.2 (*f.*) доск|а́ -и́; до́ски, досо́к

**champagne** II.14 (*n.*) шампа́нск|ое -ого

**champion** I.PL (*m.*) чемпио́н -а; -ы, -ов; I.17 (*f.*) чемпио́нк|а -и; -и, чемпио́нок

**championship** I.15 (*m.*) чемпиона́т -а; -ы, -ов

**character** I.1 (*m.*) хара́ктер -а; -ы, -ов

**charm** I.PL (*m.*) шарм -а

**chart** I.17 (*f.*) табли́ц|а -ы; -ы, -Ø

**chatter** II.3 (*impf.*) болта́|ть -ю, -ешь, -ют

**cheap** II.18 (*adj.*) дешёв|ый -ая, -ое, -ые; **cheaper** II.18 (*comp. adj.*) дешёвле

**cheaply** II.18 (*adj.*) дёшево; **more cheaply** II.18 (*comp. adj.*) дешёвле

**check** I.PL (*m.*) чек -а; -и, -ов

**checkers** I.17 (*pl.*) ша́шк|и ша́шек

**cheek** II.3 (*f.*) щек|а́ -и́; щёк|и, -Ø; II.13 (*dim. pl.*) щёчки

**cheer for** I.13 (*impf.*) боле́|ть -ю, -ешь, -ют (*за* + *асс.*)

**cheerful** II.4 (*adj.*) весёл|ый -ая, -ое, -ые; **it's cheerful** II.11 (*pred.*) ве́село

**cheerfully** II.11 (*adv.*) ве́село

**cheerlessly** II.14 (*adv.*) невесе́ло

**cheese** II.9 (*m.*) сыр -а

**Chekhov** (*writer*) II.11 (*m.*) Че́хов -а

**chemical** I.9 (*adj.*) хими́ческ|ий -ая, -ое, -ые

**chemist** I.18 (*m.*) хи́мик -а; -и, -ов

**chemistry** I.PL (*f.*) хи́ми|я -и

**chess** I.10 (*pl.*) ша́хмат|ы -Ø; II.17 (*adj.*) ша́хматн|ый -ая, -ое, -ые

Chicago II.1 (*indecl. n.*) Чика́го

chicken II.19 (*conv. dim. f.*) ку́рочк|а -и; -и, ку́рочек

chief II.2 (*adj.*) гла́вн|ый -ая, -ае, -ые

child II.4 (*m.*) ребён(о)к -а; де́т|и, -е́й; II.9 (*conv. dim. f.*) де́тк|а -и; -и, де́ток

childhood I.16 (*n.*) де́тств|о -а

children I.13 (*pl.*) де́т|и -е́й; II.14 (*dial. pl. n.*) дети́шки; II.14 (*dial. pl. n.*) ребя́тишки ребяти́шек

children's I.1 (*adj.*) де́тск|ий -ая, -ое, -ие

Chinatown II.6 (*m.*) Кита́й-го́род

Chinese I.7 (*adj.*) кита́йск|ий -ая, -ое, -ие

chocolate I.7 (*m.*) шокола́д -а; I.6 (*adj.*) шокола́дн|ый -ая, -ое, -ые

choir I.PL (*m.*) хор -а; -ы́, -о́в

choose I.18 (*pf.*) вы́брать вы́бер|у, -ешь, -ут

chop II.19 (*impf.*) руби́ть рублю́, ру́б|ишь, -ят

chorus I.PL (*m.*) хор -а; -ы́, -о́в

Christmas II.9 (*n.*) Рождеств|о́ -а

chronicle II.6 (*f.*) ле́топис|ь -и; -и, -ей

chrysanthemum II.9 (*f.*) хризанте́м|а -ы; -ы, -Ø

Chukotka I.16 (*f.*) Чуко́тк|а -и

church I.10 (*f.*) це́рк(о)вь це́ркв|и, -и, -е́й; II. (*adj.*) церко́вн|ый -ая, -ое, -ые

cigarette I.3 (*m.*) сигаре́т|а -ы; -ы, -Ø

Cinderella II.14 (*f.*) Зо́лушк|а -и

circle II.16 (*m.*) круж(о́)к -а́; -и́, -о́в

circus I.PL (*m.*) цирк -а; -и, -ов

city I.2 (*m.*) го́род -а; -а́, -о́в

civilization I.PL (*f.*) цивилиза́ци|я -и; -и, -й

class I.17 (*pl.*) заня́ти|я -й; **extended-schedule classes** II.17 (*conv. f.*) продлёнк|а -и; -и, продлёнок

class group I.PL (*m.*) класс -а; -ы, -ов

classification I.17 (*f.*) классифика́ци|я -и; -и, -й

classroom I.PL (*m.*) класс -а; -ы -ов; II.16 (*m.*) кабине́т -а; -ы, -ов

clean II.12 (*adv./pred.*) чи́сто

climate I.16 (*m.*) кли́мат -а

clinic I.3 (*f.*) поликли́ник|а -и; -и, -Ø

cloakroom II.17 (*m.*) гардеро́б -а; -ы, -ов

clock I.4 (*pl.*) час|ы́ -о́в

close I.12 (*impf.*) закрыва́|ться -ется, -ются

cloth I.16 (*f.*) ткан|ь -и; -и, -ей

clothes I.4 (*f. singular only*) оде́жд|а -ы

cloud II.14 (*n.*) о́блак|о -а; -а́, -о́в; II.14 (*n. dim.*) о́блачк|о -а; -а́, -о́в

cloudiness I.16 (*f.*) о́блачност|ь -и

clown I.14 (*m.*) кло́ун -а; -ы, -ов

club I.3 (*m.*) клуб -а; -ы, -ов; **club** II.16 (*m.*) круж(о́)к -а́; -и́, -о́в

coach I.17 (*m.*) тре́нер -а; -ы, -ов

coarse II.4 (*adj.*) гру́б|ый -ая, -ое, -ые

coat II.14 (*m.*) пиджа́к -а́; -и́, -о́в

coatroom II.17 (*m.*) гардеро́б -а; -ы, -ов

cock-a-doodle-doo II.19 (*phr.*) кукареку́

cocktail II.7 (*m.*) кокте́йл|ь -я; -и, -ей

coffee II.9 (*indecl. m.*) ко́фе

cold I.13 (*adj.*) холо́дн|ый -ая, -ое, -ые; **cold** I.16 (*pred.*) хо́лодно; II. (*m.*) хо́лод -а

collect I.7 (*impf.*) собира́|ть -ю, -ешь, -ют; II.9 (*pf.*) собра́ть собер|у́, -ёшь, -у́т; **be collected** II.7 (*impf.*) собира́|ться -юсь, -ешься, -ются

collection II.18 (*m.*) набо́р -а; -ы, -ов; II.6 (*f.*) колле́кци|я -и; -и, -й

college I.5 (*m.*) ко́лледж -а; -и, -ей

college student I.PL (*m.*) студе́нт -а; -ы, -ов; I.3 (*f.*) студе́нтк|а -и; -и, студе́нток

color II.18 (*m.*) цвет -а; -а́ -о́в

Colorado II.1 (*indecl. n.*) Колора́до

Columbus II.16 (*m.*) Колу́мб -а

come out II.3 (*impf.*) получа́|ться -ется, -ются

comic strip I.9 (*m.*) ко́микс -а; -ы, -ов

command I.13 (*f.*) кома́нд|а -ы; -ы, -Ø

commerce II.12 (*f.*) комме́рци|я -и

common I.12 (*adj.*) еди́н|ый -ая, -ое, -ые; II.9 (*adj.*) о́бщ|ий -ая, -ее, -ие

communication I.PL (*f.*) коммуника́ци|я -и

companion I.PL (*m.*) спу́тник -а; -и, -ов

company II.7 (*f.*) компа́ни|я -и; -и, -й

competition I.18 (*m.*) ко́нкурс -а; -ы, -ов; II.17 (*n.*) соревнова́ни|е -я; -я, -й

completed II.5 (*adj.*) соверше́нный -ая, -ое, -ые

completely I.13 (*adv.*) совсе́м

composer II.2 (*m.*) компози́тор -а; -ы, -ов

compute II.18 (*impf.*) счита́|ть -ю; -ешь, -ют

computer I.20 (*m.*) компью́тер -а; -ы -ов; II.17 (*adj.*) компью́терн|ый -ая, -ое, -ые

comrade I.1 (*m.*) това́рищ -а; -и, -ей

concept I.PL (*f.*) иде́я

concert I.12 (*m.*) конце́рт -а; -ы, -ов; I.14 (*adj.*) конце́ртн|ый -ая, -ое, -ые

conclude II.16 (*impf.*) зака́нчива|ться -ется, -ются

condition II.9 (*n.*) усло́ви|е -я; -я, -й

conduct II.6 (*pf.*) провести́ провед|у́, -ёшь, -у́т

cone II.8 (*f.*) ши́шк|а -и; -и, ши́шек

conference II.17 (*n.*) заседа́ни|е -я; -я, -й

confident I.18 (*adj.*) уве́ренн|ый -ая, -ое, -ые

confusion II.19 (*f.*) пу́таниц|а -ы

congratulate I.13 (*impf.*) поздравля́|ть -ю, -ешь, -ют; II.9 (*pf.*) поздра́в|ить -лю, -ишь, -ят

congratulations II.9 (*n.*) поздравле́ни|е -я; -я, -й

conquer (*first singular not used*) I.13 (*pf.*) победи́ть -и́шь, -я́т

conquerer II.6 (*m.*) покори́тель -я; -и, -ей

consider II.18 (*impf.*) счита́|ть -ю, -ешь, -ют

constitution II.13 (*f.*) конститу́ци|я -и; -и, -й

Constitution Day II.13 (*m. phr.*) День Конститу́ции

construction II.6 (*n.*) строи́тельств|о -а

contented II.9 (*adj.*) дово́льн|ый -ая, -ое, -ые

contest I.13 (*m.*) матч -а; -и, -ей

continue I.16 (*impf.*) продолжа́|ться -ется, -ются

contrary, on the contrary I.19 (*adv.*) наоборо́т

control I.PL (*m.*) контро́л|ь -я; I.19 (*adj.*) контро́льн|ый -ая, -ое, -ые

convent I.9 (*m.*) монасты́р|ь -я́; -и́ -е́й

conversation I.15 (*m.*) разгово́р -а; -ы, -ов

converse I.11 (*impf.*) разгова́рива|ть -ю, -ешь, -ют

convivial II.4 (*adj.*) общи́тельн|ый -ая, -ое, -ые

cook I.18 (*m.*) по́вар -а; -а́, -о́в; II.9 (*pf.*) пригото́в|ить пригото́влю, -ишь, -ят

cooperative store II.18 (*m.*) кооперати́в -а; -ы, -ов

coping II.6 (*n.*) освое́ни|е -я

copy II.6 (*f.*) ко́пи|я -и; -и, -й

corner II.7 (*m.*) у́к(о)л -а́; -ы́, -о́в

correct(ly) I.9 (*adj.*) пра́вильно

correspond II.17 (*impf.*) перепи́сыва|ться -юсь, -ешься, -ются

correspondent II.16 (*m.*) корреспонде́нт -а; -ы, -ов

cosmic II.6 (*adj.*) косми́ческ|ий -ая, -ое, -ие

cosmonaut I.4 (*m.*) космона́вт -а; -ы, -ов

cosmonautics II.6 (*f.*) космона́втик|а -и

cosmos I.PL (*m.*) ко́смос -а

cost II.19 (*impf.*) сто́ить сто́ит; стоя́т

costume I.2 (*m.*) костю́м -а; -ы, -ов

**cottage** I.4 (*m.*) котте́дж -а; -и, -ей

**couch** I.18 (*m.*) дива́н -а; -ы, -ов

**could be** I.11 (*v. phr.*) мо́жет быть

**count** II.18 (*impf.*) счита́|ть -ю; -ешь, -ют

**country** I.1 (*f.*) стран|а́ -ы́; стра́|ны, -Ø

**courageous** II.4 (*adj.*) сме́л|ый -ая, -ое, -ые

**course, of course** I.8 (*adj.*) коне́чно

**court** (*for sports*) I.PL (*m.*) корт -а, -ы; -ов; II.14 (*m.*) двор -а́; -ы́, -о́в

**cover a distance by running, run past** II.14 (*impf.*) пробега́|ть -ю, -ешь, -ют

**crab** II.9 (*m.*) кра́б -а, -ы, -ов

**crayfish** II.9 (*m.*) рак -а; -и, -ов

**croak** II.19 (*impf.*) ква́ка|ть -ю; -ешь, -ют

**crocodile** I.2 (*m.*) крокоди́л -а; -ы, -ов

**crosswalk** II.7 (*m.*) перехо́д -а; -ы, -ов

**cucumber** II.8 (*m.*) огур(е)ц -а; -ы, -о́в

**culture** I.PL (*f.*) культу́р|а -ы

**cultured** II.4 (*adj.*) интеллиге́нтн|ый -ая, -ое, -ые

**cupboard** I.18 (*m.*) шкаф -а; -ы́, -о́в

**cupola** II.7 (*m.*) ку́пол -а; -а́, -о́в

**cured, be cured** II.11 (*pf.*) излеч|и́ться -у́сь; -ишься, -атся

**curly** II.3 (*adj.*) кудря́в|ый -ая, -ое, -ые

**cut** I.19 (*impf.*) руби́ть рублю́, ру́б|ишь, -ят

**cyclamen-colored** I.11 (*adj.*) цикламе́нн|ый -ая, -ое, -ые

**Cyrillic** (*alphabet*) I.PL (*f.*) кири́ллица -ы

**czar** I.PL (*m.*) цар|ь -я́; -и́ -ей

---

# D

**D, grade of two** I.2 (*adv.*) пло́хо; I.9 (*f.*) дво́йк|а -и; -и, двоек

**daisy** II.8 (*m.*) рома́шк|а -и; -и, -рома́шек

**dance** I.7 (*impf.*) танцева́ть танцу́+ -ю, -ешь, -ют; II.4 (*m.*) та́н(е)ц -а; -ы, -ев; II.14 (*m.*) бал -а; -ы, -ов; **folk dance** II.13 (*impf.*) пляса́ть плашу́, -ешь, -ут

**daring** II.4 (*adj.*) сме́л|ый -ая, -ое, -ые

**dark** II.3 (*adj.*) тёмн|ый -ая, -ое, -ые

**dark-haired man** I.PL (*m.*) брюне́т -а; -ы, -ов; II.4 (*adj.*) тёмноволо́с|ый -ая, -ое, -ые

**date** II.8 (*n.*) число -а́; -а, -Ø

**daughter** I.3 (*f.*) доч|ь -ери; -ери, -ере́й; II.14 (*dim. f.*) до́чк|а -и; -и, до́чек

**day** I.5 (*m.*) д(е)н|ь -я; -и, -ей; **in the daytime** II.2 (*adv.*) днём

**day-care center** I.3 (*pl.*) я́сл|и -ей

**daybook** I.2 (*m.*) дневни́к -а́; -и́, -о́в

**dear** I.6 (*adj.*) дорог|о́й -а́я, -о́е, -и́е;

**dearer** II.18 (*comp. adj.*) доро́же

**December** II.13 (*m.*) дека́бр|ь -я́

**decide** I.18 (*pf.*) реш|и́ть -у́, -и́шь, -а́т; I.19 (*impf.*) реша́|ть -ю, -ешь, -ют

**decisive** II.4 (*adj.*) реши́тельн|ый -ая, -ое, -ые

**decisively** I.18 (*adv.*) реши́тельно

**decoration** II.6 (*f.*) декора́ци|я -и; -и, -й; II.14 (*n.*) украше́ни|е -я; -я, -й

**define more accurately or precisely** II.3 (*pf.*) уточн|и́ть -ю́, -и́шь, -я́т

**degree** (*of temperature*) I.16 (*m.*) гра́дус -а; -ы, -ов

**delegation** I.2 (*f.*) делега́ци|я -и; -и, -й

**delicatessen** I.4 (*m.*) гастроно́м -а; -ы, -ов

**delicious** II.9 (*pred.*) вку́сно; II.9 (*adj.*) вку́сн|ый -ая; -ое, -ые

**dental** II.17 (*adj.*) зубн|о́й -а́я, -о́е, -ы́е

**Denver** II.16 (*m.*) Де́нвер -а

**department** (*of a school*) I.9 (*m.*) факульте́т -а; -ы, -ов, (*of a store*) II.18 (*m.*) отде́л -а; -ы, -ов

**department store** I.4 (*m.*) универма́г -а; -и, -ов

**dependence** II.2 (*f.*) зави́симость -и

**design** I.3 (*m.*) прое́кт -а; -ы, -ов

**designer** I.7 (*m.*) диза́йнер -а; -ы, -ов

**desk** (*for two*) I.2 (*f.*) па́рт|а -ы; -ы, -Ø; I.17 (*adj.*) насто́льн|ый -ая, -ое -ые; I.2 (*m.*) стол -а́; -ы́, -о́в

**diagram** I.19 (*f.*) схе́м|а -ы; -ы, -Ø

**diary** I.2 (*m.*) дневни́к -а́; -и́, -о́в

**dictation** I.6 (*m.*) дикта́нт -а; -ы, -ов

**dictionary** I.2 (*m.*) слова́р|ь -я́; -и́, -е́й

**different** II.6 (*adj.*) ра́зн|ый -ая, -ое, -ые

**difficult** I.18 (*adj.*) тру́дн|ый -ая, -ое, -ые

**difficulty, it's difficult** I.8 (*adv.*/ *pred.*) тру́дно

**diligent, not lazy** II.4 (*adj.*) неленн́в|ый -ая, -ое, -ые

**dining room** II.9 (*f. subst.*) столо́в|ая -ы, -ых

**dinner** II.13 (*m.*) обе́д -а; -ы, -ов

**diplomacy** I.3 (*f.*) диплома́ти|я -и

**diplomat** I.18 (*m.*) диплома́т -а; -ы, -ов

**direct** I.19 (*impf.*) руковод|и́ть -ишь, -ят

**direction** II.7 (*f.*) сторон|а́ -ы́; сто́рон|ы, -Ø

**directly** I.9 (*adv.*) пря́мо

**director** II.16 (*m.*) дире́ктор -а, -а́, -о́в

**dirty-faced** II.12 (*adj.*) чума́зеньк|ий -ая, -ое, -ие

**discotheque** I.15 (*f.*) дискоте́к|а -и

**discovered** II.7 (*pred.*) откры́т -а, -о, -ы

**dish** II.6 (*n.*) блю́до -а; -а, -Ø

**dishes** II.18 (*f.*) посу́д|а -ы

**Disneyland** II.15 (*m.*) Ди́снейлэнд -а

**display** II.6 (*m.*) экспона́т -а; -ы, -ов

**distant** II.6 (*adv.*) далеко́; II.6 (*adj.*) да́льн|ий -яя, -ее, -ие

**distribution** II.1 (*f.*) вы́дач|а -и

**district** II.17 (*f.*) о́бласт|ь -и; -и -ей

**divan** I.18 (*m.*) дива́н -а; -ы, -ов

**diverse** II.4 (*adj.*) разнообра́зн|ый -ая, -ое, -ые; II.6 (*adj.*) ра́зн|ый -ая, -ое, -ые

**Dnieper River** I.19 (*m.*) Днепр -а́

**do** I.6 (*impf.*) де́ла|ть -ю, -ешь, -ют; I.11 (*pf.*) сде́ла|ть -ю, -ешь, -ют

**doctor** I.3 (*m.*) врач -а; -и́ -е́й; I.PL (*m.*) до́ктор -а; -а́, -о́в

**document** II.6 (*m.*) докуме́нт -а; -ы, -ов

**Dodge** I.11 (*m.*) Додж -а; -и, -ей

**dog** I.2 (*f.*) соба́к|а -и; -и, -Ø

**dollar** I.PL (*m.*) до́ллар -а; -ы, -ов

**dolphin** I.PL (*m.*) дельфи́н -а; -ы, -ов

**dome** II.7 (*m.*) ку́пол -а; -а́, -о́в

**done** I.11 (*pred.*) сде́лан -а, -о, -ы

**donkey** II.18 (*m.*) ос(ё)л -а́; -ы́, -о́в

**door** I.12 (*f.*) двер|ь -и; -и -е́й

**down** II.15 (*adv.*) вниз

**downtown** I.PL (*m.*) центр -а; -ы, -ов

**downwards** II.15 (*adv.*) вниз

**draft** II.6 (*m.*) эски́з -а; -ы, -ов; II.12 (*m.*) чертёж чертежа́

**drama** I.PL (*f.*) дра́м|а -ы; -ы, -Ø

**draw** I.7 (*impf.*) рисова́ть рису́ю, -ешь, -ют; II.2 (*pf.*) нарисова́ть нарису́ю, -ешь, -ют; II.12 (*impf.*) черт|и́ть черчу́ -и́шь, -я́т; **tied score** I.13 (*pron.*) ничья́

**drawing** I.7 (*n.*) черче́ни|е -я; I.17 (*m.*) рисова́ни|е -я; **drawing** II.6 (*f.*) гра́фик|а -и; I.20 (*m.*) рису́н(о)к -а; -и, -ов

**dread** II.16 (*impf.*) бо|я́ться -ю́сь; -и́шься, -я́тся

**dream** (*m.*) II.7 с(о)н -а; -ы, -ов

**dress oneself** II.16 (*pf.*) оде́ться оде́н|усь, -ешься, -утся

**dress** II.14 (*n.*) пла́ть|е -я; -я, -ев

**dresser** I.18 (*m.*) шкаф -а; -ы́, -о́в

**drink** II.9 (*impf.*) пить пью, ёшь, ют

**drinking glass** I.19 (*m.*) стака́н -а; -ы, -ов

**drive** I.11 (*indet. impf.*) е́зд|ить е́зжу, -ишь, -ят (*det. impf.*) е́хать е́д + -у, -ешь, -ут; II.2 (*pf.*) пое́хать пое́д|у, -ешь, -ут

**driver** (*of taxi, bus, etc.*) I.11 (*m.*) шофёр -а; -ы, -ов; I.11 (*m.*) води́тел|ь -я; -и, -ей

**drop back** II.16 (*n.*) отстава́|ть -ю́; -ёшь, -ю́т

**drugstore** I.3 (*f.*) апте́к|а -и, -и, -Ø

**D-student** I.9 (*m.*) двое́чник -а; -и, -ов

**duck** II.19 (*f.*) у́тк|а -и; -и, у́ток

**duckling** II.19 (*m.*) утён(о)к, -а; утя́та, утя́т

**duet** I.PL (*m.*) дуэ́т -а; -ы, -ов

**dumb** II.4 (*adj.*) глу́п|ый -ая, -ое, -ые

**dweller** II.13 (*m.*) жи́тел|ь -я; -и, -ей

**dynamo** I.13 (*indecl. n.*) дина́мо

**Dzerzhinsky Square** II.6 (*place name*) Дзержи́нская пло́щадь

---

**E**

**each** I.14 (*adj.*) ка́жд|ый -ая, -ое, -ые

**ear** II.19 (*n.*) у́хо -а; у́ш|и, -е́й

**earlier** II.12 (*comp. adv.*) ра́ньше

**earn** I.18 (*impf.*) зараба́тыва|ть -ю, -ешь, -ют; II.12 (*pf.*) зарабо́та|ть -ю, -ешь, -ют

**earring** II.8 (*f.*) серьга́ -и́; -и, серёг

**easily** II.1 (*adv.*) про́сто

**Easter** II.14 (*f.*) Па́сх|а -и

**Eastern** I.16 (*adj.*) восто́чн|ый -ая, -ое, -ые

**easy chair** II.16 (*adj.*) кре́сл|о -а, -а, кре́сел

**easy** I.9 (*adj.*) нетру́дн|ый -ая, -ое, -ые; II.1 (*pred.*) про́сто

**eat** II.9 (*impf.*) есть ем, ест, еди́м, еди́те, едя́т; II.11 (*pf.*) съесть съем, съешь, съест, съеди́м, съеди́те, съедя́т; **eat a bit** II.17 пое́сть пое́м, пое́шь, пое́ст, поеди́м, пое́дите, поедя́т

**ecology** I.PL (*f.*) эколо́ги|я -и; -и, -й

**economic** I.9 (*adj.*) экономи́ческ|ий -ая, -ое, -ие

**economics** I.PL (*f.*) эконо́мик|а -и

**economist** I.18 (*m.*) экономи́ст -а; -ы, -ов

**edifice** I.9 (*n.*) зда́ни|е -я; -я, -й

**editor** II.2 (*m.*) реда́ктор -а; -ы, -ов

**editorial office** II.2 (*f.*) реда́кци|я -и; -и, -й

**educated** II.4 (*adj.*) образо́ванн|ый -ая, -ое, -ые

**education** II.4 (*n.*) образова́ни|е -я

**egotistical** II.4 (*adj.*) эгоисти́чн|ый -ая, -ое, -ые

**eight** I.13 (*card. no.*) во́сем|ь восьми́

**eighteen** I.13 (*card. no.*) восемна́дцат|ь -и

**eighteenth** I.13 (*ord. no.*) восемна́дцат|ый -ая, -ое, -ые

**eighth** I.8 (*ord. no.*) восьм|о́й -а́я, -о́е, -ы́е

**eighty** I.13 (*card. no.*) во́семьдесят восьми́десяти

**either. . . or** II.2 (*conj.*) ли́бо . . . ли́бо

**elder** II.17 (*adj.*) ста́рший -ая, -ее, -ие

**electrical** II.2 (*adj.*) электри́ческ|ий -ая, -ое, -ие

**electrical appliances** I.4 (*pl.*) электротова́ры

**elementary** II.17 (*adj.*) нача́льн|ый -ая, -ое, -ые

**elevated** I.15 (*adj.*) надзе́мн|ый -ая, -ое, -ые

**eleven** I.13 (*card. no.*) оди́ннадцат|ь -и

**eleventh** 11 (*ord. no.*) оди́ннадцат|ый -ая, -ое, -ые

**embankment** II.11 (*adj.*) на́бережн|ый -ая, -ое, -ые

**embassy** II.6 (*n.*) посо́льств|о -а; -а, -Ø

**emerald** II.12 (*m.*) изумру́д -а; -ы, -ов

**emerge** II.14 (*pf.*) появ|и́ться (*usually p.t.*)

**emigrant** I.PL (*m.*) эмигра́нт -а; -ы, -ов

**emotional** II.4 (*adj.*) эмоциона́льн|ый -ая, -ое, -ые

**encounter** II.1 (*impf.*) встреча́|ть -ю, -ешь, -ют; II.2 (*pf.*) встре́т|ить встре́чу, -ишь; -ят; **encounter each other** (*impf.*) II.6 встреча́|ться -юсь -ешься, -ются; II.2 (*pf.*) встре́т|иться встре́чусь, -ишься; -ятся; II.2 (*f.*) встре́ч|а -и; -и, -Ø

**end, be ended** I.16 (*impf.*) конча́|ться -ется, -ются; II.16 (*impf.*) зака́нчива|ться -ется, -ются; I.12 (*m.*) кон(е́)ц -а; -ы, -о́в

**energetic** II.4 (*adj.*) энерги́чн|ый -ая, -ое, -ые

**engineer** I.3 (*m.*) инжене́р -а; -ы, -ов

**England** I.PL (*f.*) А́нгли|я -и

**English** I.6 (*adj.*) англи́йск|ий -ая, -ое, -ие

**English, in English** I.6 (*adv.*) по-англи́йски

**Englishman** I.PL (*m.*) англича́нин -а; англича́н|е -Ø

**English-Russian** I.9 (*adj.*) а́нгло-ру́сск|ий -ая, -ое, -ие

**Englishwoman** I.PL (*f.*) англича́н|к|а -и; -и, англича́нок

**enroll** I.18 (*pf.*) поступ|и́ть поступлю́, -ишь, -ят

**ensemble** II.6 (*m.*) анса́мбл|ь -я; -и, -ей

**entitled** I.9 (*impf.*) называ́|ться -ется, -ются

**entrance** II.7 (*m.*) вход -а; -ы, -ов

**envelope** I.4 (*m.*) конве́рт -а; -ы, -ов

**epoch** II.6 (*f.*) эпо́х|а -и; -и, -Ø

**equator** I.PL (*m.*) эква́тор -а

**erudition** II.17 (*n.*) зна́ни|е -я; -я, -й

**escalator** II.16 (*m.*) эскала́тор -а; -ы, -ов

**especially** I.19 (*adv.*) специа́льно

**Estonia** I.PL (*f.*) Эсто́ни|я -и

**etc.** I.18 (*abbrev.*) и т.д.

**Europe** I.PL (*f.*) Евро́п|а -ы

**even** II.6 (*part.*) да́же

**even** (*numbers*) II.8 (*adj.*) чётн|ый -ая, -ое, -ые

**evening** I.5 (*m.*) ве́чер -а; -а́, -о́в; I.13 (*adj.*) вече́рн|ий -яя, -ее, -ие; **in the evening** I.19 (*adv.*) ве́чером

**every** I.14 (*adj.*) ка́жд|ый -ая, -ое, -ые

**everybody** II.2 (*pron.*) все

**everyone** II.2 (*pron.*) все

**everything** I.11 (*pron.*) всё

**evil** II.4 (*adj.*) зл|ой -ая, -ое, -ые

**evolution** II.6 (*f.*) эволю́ци|я -и

**exact(ly)** I.13 (*adv.*) то́чно

**examination** I.PL (*m.*) экза́мен -а; -ы, -ов

**example** II.6 (*m.*) образ(е́)ц -а́; -ы́, -о́в; **for example** I.17 (*paren.*) наприме́р

**excellent** II.4 (*adj.*) отли́чный -ая, -ое, -ые; II.8 (*pred.*) прекра́сно; II.8 (*adj.*) прекра́сн|ый -ая, -ое, -ые; **excellent(ly)** I.2 (*adv.*) отли́чно; II.8 (*adv.*) прекра́сно

**except** II.17 (*prep.*) кро́ме (+ *gen.*)

**exchange** II.1 (*m.*) обме́н -а; -ы, -ов

**excursion** I.12 (*f.*) экску́рси|я -и; -и, -й

**excuse me** I.4 (*imper.*) извини́те; II.10 (*imper.*) прости́(те)

**exercise** I.2 (*n.*) упражне́ни|е -я; -я, -й

**exhibit** II.6 (*m.*) экспона́т -а; -ы, -ов

**exit** II.1 (*m.*) вы́ход -а; -ы, -ов; II.3 (*pf.*) вы́йти вы́йд|у, -ешь, -ут

**expensive** I.6 (*adj.*) дорог|о́й -а́я, -о́е, -и́е; **more expensive** II.18 (*comp. adj.*) доро́же; **(it's) expensive** II.18 (*pred.*) до́рого; II.9 (*pred.*) недёшево; **more expensive** II.18 (*comp.*) доро́же

**expensively** II.18 (*adj.*) до́рого; **expensively** II.9 (*adv./pred.*) недёшево; **more expensively** II.18 (*comp. adj.*) доро́же

**experiment** I.PL (*m.*) экспериме́нт -а; -ы, -ов

**expert** I.PL (*m.*) экспе́рт -а; -ы, -ов

**export** I.PL (*m.*) э́кспорт -а

**exposition** II.6 (*f.*) экспози́ци|я -и; -и, -й

**extraordinarily** II.12 (*adv.*) чрезвыча́йно

**extreme** II.6 (*adj.*) кра́йн|ий -яя, -ее, -ие

**eye** II.3 (*m.*) глаз -а; -а́ -Ø; II.14 (*conv. dim. f.*) глаз(о́)к -а́; -и́, -о́в

---

**F**

**fabric** II.16 (*f.*) ткан|ь -и; -и, -ей

**face** II.3 (*n.*) лиц|о́ -а́; ли́ц|а, -Ø; **face** II.13 (*dim. n.*) ли́чик|о -а; -и, -ов

**factory** I.3 (*f.*) фа́брик|а -и; -и, -Ø; I.3 (*m.*) заво́д -а; -ы, -ов

**factory worker** I.18 (*m. subst.*) рабо́ч|ий -ая, -ие

**Fahrenheit** I.16 (*m.*) Фаренге́йт -а

**failing grade** I.2 (*f.*) едини́ц|а -ы; -ы, -Ø

**fairy tale** II.14 (*f.*) ска́зк|а -и; -и, ска́зок

**fall** I.16 (*f.*) о́сен|ь -и; I.16 (*adv.*) о́сенью

**fall behind** II.16 (*n.*) отста|ва́ть -ю; -ёшь, -ют

**falsehood** I.11 (*f.*) непра́вд|а -ы

**family** I.3 (*f.*) семь|я́, -и; се́мьи, семе́й; II.13 (*adj.*) семе́йн|ый -ая, -ое, -ые

**family name** I.1 (*f.*) фами́ли|я -и; -и, -й

**famous** II.6 (*adj.*) изве́стн|ый -ая, -ое, -ые

**fan, strong fan** I.13 (*m.*) фана́т -а; -ы, -ов

**fanatic** I.13 (*m.*) фана́т -а; -ы, -ов

**far** II.6 (*adv.*) далеко́

**farmer** I.18 (*m.*) фе́рмер -а; -ы, -ов

**farmstead** II.6 (*f.*) уса́дьб|а -ы; -ы, -Ø

**farther** II.3 (*comp. adj.*) да́льше

**fashion** I.1 (*f.*) мо́д|а -ы; -ы, -Ø

**father** I.3 (*m.*) от(е́)ц -а́; -ы́, -о́в; (*old Russian*) II.14 (*m.*) ба́тюшка -и; -и, батюшек

**fatherland** II.11 (*n.*) оте́честв|о -а, -а, -Ø

**favorite** II.13 (*adj.*) люби́м|ый -ая, -ое, -ые

**fear** II.16 (*impf.*) бо|я́ться -ю́сь; -и́шься, -я́тся

**feather** II.19 (*n.*) пер|о́ -а́, пе́рь|я, -ев

**February** II.13 (*m.*) февра́л|ь -я́

**feeling, sense** II.4 (*n.*) чу́вство -а; -а, -Ø

**fellow** II.3 (*m.*) па́р(е)н|ь -я; -и, -е́й

**fellows** I.1 (*pl.*) ребя́т|а -Ø

**female** I.13 (*adj.*) же́нск|ий -ая, -ое, -ие

**festive** II.13 (*adj.*) пра́здничн|ый -ая, -ое, -ые

**few** I.7 (*adv.*) ма́ло; II.4 (*comp. adj./ adv.*) ме́ньше

**fifteen** I.13 (*card. no.*) пятна́дцат|ь -и

**fifteenth** I.15 (*ord. no.*) пятна́дцат|ый -ая, -ое, -ые

**fifth** I.5 (*ord. no.*) пя́т|ый -ая, -ое, -ые

**fifty** I.13 (*card. no.*) пятьдеся́т -и́

**figure** I.17 (*adj.*) фигу́рн|ый -ая, -ое, -ые; II.4 (*f.*) фигу́р|а -ы; -ы, -Ø

**fill** II.9 (*pf.*) нали́ть налью́, -ёшь, -ю́т

**film** I.10 (*m.*) фильм -а; -ы, -ов

**find** I.18 (*pf.*) найти́ найду́, -ёшь, -ут

**find out** I.18 (*pf.*) узна́|ть -ю, -ешь, -ют; II.16 (*impf.*) узна|ва́ть -ю, -ёшь, -ют

**fine** II.2 (*slang pred.*) здо́рово; II.18 (*pred.*) прекра́сно; II.18 (*adj.*) прекра́сн|ый -ая, -ое, -ые

**fine fellow** I.7 (*m.*) молод(е́)ц -а́; -ы́, -о́в

**fine girl** I.7 (*m.*) молод(е́)ц -а́; -ы́, -о́в

**finish** I.15 (*impf.*) финиши́ровать

финиши́ру+ -ю, -ешь, -ют

**fir tree** II.8 (*f.*) ёлк|а -и; -и, -ёлок; II.14 (*dim. f.*) ёлочка -и; -и, ёлочек; II.14 (*adj.*) ёлочный -ая, -ое, -ые

**firewood** II.14 (*pl.*) дров|а́ -Ø

**fireworks salute** I.PL (*m.*) салю́т -а; -ы, -ов

**firm** I.3 (*f.*) фи́рм|а -ы; -ы, -Ø

**first** (*ord. no.*) I.PL пе́рв|ый -ая, -ое, -ые; **at first** I.14 (*adv.*) снача́ла

**fish** I.16 (*f.*) ры́б|а -ы

**five** I.9 (*card. no.*) пят|ь -и́; **grade of five** I.9 (*f.*) пятёрк|а -и

**flag** II.8 (*dim. m.*) флаж(о́)к -а́; -и́, -о́в

**flashlight** II.8 (*m.*) фона́р|ь -я́; -и́, -е́й

**flight** II.1 (*m.*) рейс -а; -ы, -ов

**floor, story** II.16 (*m.*) эта́ж -а́; -и́, -е́й

**Florida** II.1 (*f.*) Флори́д|а -ы

**flour** II.1 (*f.*) мук|а́ -и́

**flow** II.11 (*impf.*) течь теку́; течёшь, теку́т

**flower** I.16 (*m.*) цвет(о́)к -а; цвет|ы́, -о́в

**fly** II.19 (*f.*) му́х|а -и; -и, -Ø

**fly in** II.1 (*pf.*) прилете́|ть прилечу́, -и́шь, -я́т

**folk-dance** II.13 (*impf.*) пляса́ть пляш|у́, -ешь, -ут

**following** I.12 (*adj.*) сле́дующ|ий -ая, -ее, -ие

**foot** II.14 (*f.*) ног|а́ -и́; -и, -Ø; II.14 (*dim. f.*) но́жк|а -и; -и, но́жек; **on foot** II.6 (*adv.*) пешко́м

**for** I.13 (*prep.*) за (+ *acc.*); I.19 (*prep.*) для (+ *gen.*)

**foreign** I.17 (*adj.*) иностра́нн|ый -ая, -ое, -ые

**foreman** I.17 (*m.*) ма́стер -а; -а́, -о́в

**forest** I.16 (*m.*) лес -а; -а́, -о́в

**forget** I.14 (*pf.*) забы́ть забу́д|у, -ешь, -ут

**forgive me** II.10 (*imper.*) прости́(те)

**form** I.PL (*m.*) фо́рм|а -ы; -ы, -Ø; II.12 (*m.*) образ -а; -ы, -ов

**former** II.6 (*adj.*) бы́вш|ий -ая, -ое, -ие

**formidable** II.6 (*adj.*) гро́зн|ый -ая, -ое, -ые

**fortunate** I.12 (*adj.*) счастли́в|ый -ая, -ое, -ые

**forty** I.13 (*card. no.*) со́рок -а́

**foundation** II.6 (*n.*) основа́ни|е -я

**founder** II.6 (*m.*) основа́тел|ь -я; -и, -ей

**founding** II.6 (*n.*) основа́ни|е -я

**fountain** I.PL (*m.*) фонта́н -я; -ы, -ов

**four** I.9 (*card. no.*) четы́ре; I.9 (*f.*) четвёрк|а -и

**fourteen** I.13 (*card. no.*) четы́рнадцат|ь -и

**fourteenth** I.14 (*ord. no.*) четы́рнадцат|ый -ая, -ое, -ые

**fourth** I.4 (*ord. no.*) четвёрт|ый -ая, -ое, -ые; **one fourth** II.16 (*f.*) че́тверт|ь -и

**fragment** II.6 (*m.*) фрагме́нт -а; -ы, -ов

**free** I.17 (*adj.*) свобо́дн|ый -ая, -ое, -ые

**freedom** I.4 (*f.*) свобо́д|а -ы

**freeze** I.16 (*m.*) моро́з -а; -ы, -ов; **be frozen** II.14 (*pf.*) замерза́ть -ю, -ешь, -ют

**French** I.7 (*adj.*) францу́зск|ий; **in French** I.7 (*adv.*) по-францу́зски

**French fries** II.7 (*m.*) карто́фель-фри; II.7 (*pl.*) чи́псы -ов

**frequently** I.7 (*adv.*) ча́сто

**fresco** II. (*f.*) фре́ска -и; -и, фре́сок

**Friday** I.7 (*f.*) пя́тниц|а -ы

**friend** I.7 (*m.*) друг -а; друзь|я́, друзе́й; I.8 (*f.*) подру́г|а -и; -и, -Ø

**friendship** I.5 (*f.*) дру́жб|а -ы; -ы, -Ø

**frog** II.19 (*m.*) лягушо́н(о)к, -а; дягуша́т|а, лягуша́т

**from** II.2 (*prep.*) из (+ *gen.*); II.2 (*prep.*) от (+ *gen.*)

**from here** II.7 (*adv.*) отсю́да

**from where** II.1 (*interrog. adv.*) отку́да

**front, in front of** II.7 (*prep.*) перед (+ *instr.*)

**frost** I.16 (*m.*) моро́з -а; -ы, -ов

**fruit** I.PL (*m.*) фру́кт -а; -ы, -ов

**full** II.3 (*adj.*) по́лн|ый -ая, -ое, -ые

**fund** II.8 (*m.*) фонд -а; -ы, -ов

**funeral** II.8 (*pl.*) по́хорон|ы похоро́н

**fur** I.19 (*adj.*) мехов|о́й -а́я, -о́е, -ы́е

**furthermore** I.7 (*adv.*) ещё

---

## G

**GAI (traffic police)** I.11 (*indecl. acronym*) ГАИ

**gallop up** II.19 (*pf.*) прискака́ть прискачу́, приска́ч|ешь, -ут

**game** I.10 (*f.*) игр|а́ -ы́; и́гр|ы, -Ø; I.15 (*f.*) па́рти|я -и; -и, -й

**garage** I.PL (*m.*) гара́ж -а́; -и́, -е́й

**garden** II.5 (*m.*) сад -а; -ы́, -о́в; II.7 (*adj.*) садо́в|ый -ая, -ое, -ые

**garland** II.14 (*f.*) гирля́нд|а -ы; -ы, -Ø

**garments** I.4 (*f. singular only*) оде́жд|а -ы

**gas** I.PL (*m.*) газ -а

**gather** I.7 (*impf.*) собира́|ть -ю, -ешь, -ют; II.19 (*pf.*) собра́ть собер|у́, -ёшь, -у́т; **be gathered** II.7 (*impf.*) собира́|ться -юсь, -ешься, -ются

**gathering** II.13 (*m.*) ми́тинг -а; -и, -ов

**general** I.PL (*m.*) генера́л -а; -ы, -ов; II.9 (*adj.*) о́бщ|ий -ая, -ее, -ие; **in general** II.5 (*adv.*) вообще́

**generally** II.5 (*adv.*) вообще́

**geography** I.7 (*f.*) географи|я -и

**geometry** I.7 (*f.*) геометри|я -и

**Georgia** I.PL (*f.*) Грузи|я -и

**German** I.11 (*adj.*) немецк|ий -ая, -ое, -ие

**Gershwin, George** (*composer*) II.19 (*m.*) Гершвин -а

**get** II.3 (*impf.*) получа́|ть -ю, -ешь, -ют; II.8 (*pf.*) получи́|ть -у́, -ишь, -ат

**get up** I.18 (*pf.*) встать вста́н|у, -ешь, -ут; II.15 (*impf.*) вста|ва́ть -ю́, -ёшь, -ю́т

**gift** I.4 (*m.*) пода́р(о)к -а; -и, -ов; II.8 (*m.*) дар -а; -ы́, -о́в; II.8 (*n.*) приноше́ни|е -я; -я, -й

**girl, young girl** I.13 (*f.*) де́вочк|а -и; -и, де́вочек; **young lady** I.9 (*f.*) де́вушк|а -и; -и, де́вушек

**give** I.2 (*pf.*) дать дам, дашь, даст, дади́м, дади́те, даду́т; I.12 (*impf.*) да|ва́ть -ю́, -ёшь, -ю́т; II.9 (*impf.*) дар|и́ть -ю́, -ишь, -ят; II.9 (*pf.*) подар|и́ть -ю́, -ишь, -ят; **give out** II.13 (*impf.*) раздаı|ва́ть -ю́, -ёшь, -ю́т

**giving thanks** II.13 (*n.*) благодаре́ни|е -я

**glad** II.1 (*pred.*) рад -а, -ы

**gladiolus** II.8 (*m.*) гладио́лус -а; -ы, -ов

**gladness** II.14 (*f.*) ра́дост|ь -и

**Glagolytic alphabaet** I.PL (*f.*) глаго́лиц|а -ы

**glass holder** I.19 (*m.*) подстака́нник -а; -и -ов

**glasses** II.3 (*pl.*) очки́ -о́в

**glitter** (*impf.*) II.13 блесте́ть блещу́, блест|и́т, -я́т

**go by vehicle** I.11 (*indet. impf.*) е́зди|ть е́зжу, -ишь, -ят; I.12 (*det. impf.*) е́хать е́д+ -у, -ешь, -ут; II.2 (*pf.*) пое́хать пое́д|у, -ешь, -ут

**go on foot** (*impf.*) II. ход|и́ть хожу́, -ишь, -ят; I.12 (*det. impf.*) ид|ти́ у́, -ёшь, -у́т; **go, set off on foot** I.18 (*pf.*) пойти́ пойд+ -у, -ёшь, -ут

**go out** II.3 (*pf.*) вы́йти вы́йд|у, -ешь, -ут

**go past by vehicle** II.6 (*pf.*) прое́хать прое́д|у, -ешь, -ут

**go past** I.6 (*pf.*) пройти́ пройд|у́, -ёшь, -у́т

**go, make a round-trip on foot** II.11 (*pf.*) сходи́ть схожу́, схо́д|ишь, -ят

**go, make a trip by vehicle** II.11 (*pf.*) съе́здить съе́зжу, съе́зд|ишь, -ят

**goal** I.PL (*m.*) гол -а; -ы́, -ов

**gold(en)** I.15 (*adj.*) золото́й

**golf** I.PL (*m.*) гольф -а

**good fortune** II.9 (*n.*) сча́сть|е -я

**good** I.1 (*adv./pred.*) хорошо́; I.2

(*adj.*) хоро́ш|ий -ая, -ее, -ие; I.5 (*adj.*) до́бр|ый -ая, -ое, -ые; II.8 (*adj.*) неплох|о́й -а́я, -о́е, -и́е

**goodbye** I.1 (*phr.*) до свида́ния

**goods** II.2 (*m.*) това́р -а; -ы, -ов

**Gorky, Maksim** (*poet*) II.19 (*m.*) Го́рьк|ий -ого

**governmental, of the government** II.9 (*adj.*) госуда́рственн|ый -ая, -ое, -ые

**gram** I.PL (*m.*) грамм -а; -ы, -ов (грамм)

**grammar** I.7 (*f.*) грамма́тик|а -и

**granddaughter** I.3 (*f.*) вну́чк|а -и; -и, вну́чек

**Grandfather Frost** II.14 (*name*) Дед Моро́з

**grandfather** I.3 (*m.*) де́душк|а -и; -и, де́душек; II.14 (*m.*) дед -а; -ы, -ов

**grandmother** I.3 (*f.*) ба́бушк|а -и; -и, ба́бушек

**grandson** I.3 (*m.*) внук -а; -и, -ов

**grapes** II.8 (*m.*) виногра́д -а; II.9 (*adj.*) виногра́дн|ый -ая; -ое, -ые

**grasshopper** II.8 (*m.*) кузне́чик -а, -и, -ов

**gratified** II.9 (*adj.*) дово́льн|ый -ая, -ое, -ые

**gray** II.3 (*adj.*) се́р|ый -ая, -ое, -ые; **grayish** II.14 (*conv. dim. adj.*) се́реньк|ий -ая, -ое, -ие

**great** II.2 (*pred.*) здо́рово; II.6 (*adj.*) вели́к|ий -ая, -ое, -ие

**greedy** II.4 (*adj.*) жа́дн|ый -ая, -ое, -ые

**Greek** I.13 (*m.*) грек -а; -и, -ов

**green** I.11 (*adj.*) зелён|ый -ая, -ое, -ые

**greeting card** I.4 (*f.*) откры́тк|а -и; -и, откры́ток

**greetings** I.1 (*m.*) приве́т -а

**groceries** I.PL (*pl.*) проду́кт|ы -ов

**grocery, self-service grocery** I.4 (*m.*) универса́м -а; -ы, -ов

**group** I.11 (*f.*) гру́пп|а -ы; -ы, -Ø

**grow** II.9 (*impf.*) расти́ раст|у́ -ёшь, -у́т

**grunt** II.19 (*m.*) хрю́ка|ть -ю, -ешь, -ют

**guest** II.2 (*m.*) го́сть -я; -и, -е́й

**guilty** II.16 (*pred.*) винова́т -а; -ы

**guitar** I.8 (*f.*) гита́р|а -ы; -ы, -Ø

**guy** I.3 (*m.*) па́р(е)н|ь -я; -и, -е́й

**gym** I.2 (*m.*) спортза́л -а; -ы, -ов

**gymnasium** I.2 (*m.*) спортза́л -а; -ы, -ов

**gymnast** I.17 (*f.*) гимна́стк|а -и; -и, гимна́сток

**gymnastics** I.13 (*f.*) гимна́стик|а -и

---

# H

**hair** II.3 (*pl. m.*) во́лосы воло́с

**hairdresser** I.18 (*m.*) парикма́хер -а; -ы, -ов

**half** II.16 (*f.*) полови́н|а -ы; II.16 (*prefix*) пол-; **half an hour** II.16 (*adv.*) полчаса́

**hall** (*auditorium*) I.10 (*m.*) зал -а; -ы, -ов

**Halloween** II.13 (*m.*) Хэллоуи́н -а

**ham** II.6 (*f.*) ветчин|а́ -ы́

**hamburger** II.7 (*m.*) га́мбургер -а; -ы, -ов

**hand** I.13 (*f.*) рук|а́ -и; ру́ки, -Ø

**hand out** II.13 (*impf.*) разда|ва́ть -ю, -ёшь, -ю́т

**handball** I.PL (*m.*) гандбо́л -а

**handsome** I.9 (*adj.*) краси́в|ый -ая, -ое, -ые

**happen** (*usually 3rd singular*) I.12 (*pf.*) случ|и́ться -ится

**happiness** II.9 (*n.*) сча́сть|е -я

**happy** I.12 (*adj.*) счастли́в|ый -ая, -ое, -ые

**hard** I.PL (*adj.*) твёрд|ый -ая, -ое, -ые

**hard-working** II.4 (*adj.*) трудолюби́в|ый -ая, -ое, -ые

**hare** I.2 (*m.*) за́(я)ц зайц|а; -ы -ев; II.14 (*m.*) за́йк|а -и; -и, за́ек

**Hare Krishna** II.12 (*m.*) кришнаи́т -а; -ы, -ов

**hat** I.4 (*f.*) ша́пк|а -и; -и, ша́пок; II.14 (*dim. f.*) ша́почк|а -и; -и, ша́почек; II.14 (*f.*) шля́па -ы; -ы -Ø

**have** II.4 (*impf.*) име́|ть -ю, -ешь, -ют

**he, it** I.2 (*pers. pron.*) он

**head** I.20 (*f.*) голова́ -ы́; го́ловы, голо́в; **head** (*of an organization*) II.16 (*m.*) дире́ктор -а, -а́, -о́в

**health** II.9 (*n.*) здоро́вь|е -я

**healthy** II.4 (*adj.*) здоро́в|ый -ая, -ое, -ые

**hear** II.2 (*impf.*) слы́ша|ть -у, -ишь, -ат; II.16 (*pf.*) услы́ша|ть -у, -ишь, -ат

**heart** II.9 (*n.*) се́рдц|е -а; -а́, серде́ц

**heaven, sky** II.2 (*n.*) не́б|о -а; небеса́, небе́с

**heavy** I.17 (*adj.*) тяжёл|ый -ая, -ое, -ые

**heavy metal musicians** II.12 (*m.*) металли́ст -а; -ы, -ов

**hedgehog** I.2 (*m.*) ёж -а; еж|и́, -е́й

**height, stature** II.3 (*m.*) рост -а

**hello** I.1 (*greeting*) здра́вствуй(те); (*on the phone*) I.3 (*interj.*) алло́

**help** I.11 (*pf.*) помо́чь помогу́, помо́ж|ешь, помо́гут; II.7 (*impf.*) помога́|ть -ю, -ешь, -ют; past: помо́г, -ла́, -ло́, -ли́

**hen, chicken** II.19 (*conv. dim. f.*) ку́рочк|а -и; -и, ку́рочек

**her** I.11 (*pers. pron.*) её; I.11 (*poss. adj.*) её

**here (is)** I.2 (*adv.*) вот; **from here** II.7 (*adv.*) отсю́да; **in this place** I.4

(adv.) здесь; **to here** I.12
(adv.) сюда́
**hero** II.14 (m.) геро́й -я; -и, -ев
**heron** II.12 (f.) ца́пл|я -и; -и, ца́пель
**herring** II.9 (f.) селёдк|а -и
**herself** II.9 (f. pron.) сама́; II.9 (refl. pron.) себя́
**hey** I.12 (interj.) эй
**hi** I.1 (m.) приве́т -а
**hide** II.14 (impf.) пря́таться пря́чусь, -ешься, -утся
**high** II.3 (adj.) высо́к|ий -ая, -ое, -ие; **higher** II.4 (adj.) вы́сш|ий -ая, -ее, -ие
**highway** I.4 (indecl. n.) шоссе́
**hiker** I.4 (m.) тури́ст -а; -ы, -ов
**him** I.2 (pers. pron.) его́
**himself** II.9 (m. pron.) сам; II.9 (refl. pron.) себя́
**hippy** II.12 (indecl. n.) хи́ппи
**his** I.7 (poss. adj.) его́
**historian** I.18 (m.) исто́рик -а; -и, -ов
**historical** I.10 (adj.) истори́ческ|ий -ая, -ое, -ие
**history** I.7 (f.) исто́ри|я -и
**hockey** I.PL (m.) хокке́|й -я; II.2 (adj.) хокке́йный -ая, -ое, -ые
**holiday** I.16 (m.) пра́здник -а; -и, -ов; II.13 (adj.) пра́здничн|ый -ая, -ое, -ые; **holidays** I.16 (pl.) кани́кул|ы -Ø
**holy** II.13 (adj.) свят|о́й -ая, -ое, -ые
**home** I.3 (m.) дом -а; -а́, -о́в; **at home** I.3 (adv.) до́ма; II.15 (dim. m.) до́мик -а; -и, -ов; **homeward** I.12 (adv.) домо́й
**honest** II.4 (adj.) че́стн|ый -ая, -ое, -ые
**honey** I.16 (m.) мёд -а
**hooligan** I.PL (m.) хулига́н -а; -ы, -ов
**hop** II.14 (impf.) скака́ть скачу́, -ешь, -ут; **hop up** II.19 (pf.) прискака́ть прискачу́, приска́ч|ешь, -ут
**horn** II.4 (m.) рог -а; -а́, -о́в
**hors d'oeuvre** II.9 (f.) заку́ск|а -и; -и, заку́сок
**horse** I.14 (f.) ло́шад|ь -и; -и, -е́й
**hospital** I.3 (f.) больни́ц|а -ы; -ы, -Ø
**hot** I.16 (pred.) жа́рко
**hotel** I.4 (f.) гости́ниц|а -ы, -ы, -Ø
**hour** I.11 (m.) час -а́; -ы́, -о́в
**house** I.3 (m.) дом -а; -а́, -о́в; II.15 (dim. m.) до́мик -а; -и, -ов; **housetop** I.4 (f.) кры́ш|а -и; -и, -Ø
**how** I.1 (adv.) как
**how many** I.4 (interrog.) ско́лько
**how much** I.4 (interrog.) ско́лько
**humor** I.PL (m.) ю́мор -а
**hundred** I.13 (card. no.) сто
**hunter** I.14 (m.) охо́тник -а; -и, -ов
**hurrah** I.7 (interj.) ура́
**hurry** II.16 (impf.) спеш|и́ть -у́, -и́шь, -а́т

**husband** I.3 (m.) муж -а; мужья́, муже́й

---

# I

**I** I.3 (pron.) я
**ice cream** II.13 (n.) моро́жен|ое -ого
**ice skates** II.14 (pl.) са́нки са́нок
**icon** II.6 (f.) ико́н|а -ы; -ы, -Ø
**icon painter** II.6 (m.) иконопи́с(е)ц -а; -ы, -ев
**idea** I.PL (f.) иде́я
**idea** II.12 (f.) мысль -и; -и, -ей
**if (whether)** II.17 (interrog. part.) ли
**if** II.2 (conj.) е́сли
**ill, badly** II.6 (archaic adv.) ху́до
**Illinois** II.1 (m.) Иллино́йс -а
**imp** II.12 (dim. m.) чертён(о)к -а; чертеня́т|а, -Ø; **mischievous imp** II.14 (dim. f.) плути́шк|а -и; -и -плути́шек
**imperfective** II.5 (adj.) несоверше́нный -ая, -ое, -ые
**important** II.2 (adj.) гла́вн|ый -ая, -ое, -ые; **more or most important** II.9 (adj.) главне́йш|ий -ая, -ее, -ие
**impossible, not permitted** I.11 (pred.) нельзя́
**in** I.2 (prep.) в (+ prepos. or + acc.); I.3 (prep.) на (+ prepos. or acc.)
**in return** II.3 (conj.) зато́
**incomplete** II.5 (adj.) несоверше́нный -ая, -ое, -ые
**incorrect(ly); (it is) incorrect** I.13 (adv./pred.) непра́вильно
**indeed, really** II.2 (adv.) неуже́ли
**independence** I.18 (f.) незави́симость -и; **Independence Day** II.13 (m. phr.) день незави́симости
**independent** II.4 (adj.) самостоя́тельн|ый -ая, -ое, -ые
**index** I.19 (m.) и́ндекс -а
**India** I.PL (f.) Инди|я -и
**Indian** I.PL (m.) инди́ец инди́йца; инди́йц|ы -ев; I.PL (f.) индиа́нк|а -и; -и, индиа́нок
**Indian summer** I.16 (n. phr.) ба́бье ле́то
**inexpensive** II.18 (adj.) дешёв|ый -ая, -ое, -ые
**inexpensively** II.18 (adv.) дёшево; II.19 (adv.) недо́рого
**information** II.7 (f.) спра́вк|а -и; -и, спра́вок
**inhabitant** II.13 (m.) жи́тель -я; -и, -ей
**initial** II.17 (adj.) нача́льн|ый -ая, -ое, -ые
**injection** I.PL (f.) инъе́кци|я -и; -и, -й
**ink** II.12 (pl.) черни́л|а -Ø
**institute** I.1 (m.) институ́т -а; -ы, -ов
**intelligent** I.13 (adj.) у́мн|ый -ая, -ое, -ые

**interest** II.4 (m.) интере́с -а; -ы, -ов
**interested in** II.17 (impf.) интересова́ться интересу́юсь, -ешься, -ются
**interesting** I.18 (adj.) интере́сн|ый -ая, -ое, -ые; **(it's) interesting** II.2 (pred. adj.) интере́сно; **more interesting** II.18 (comp. adj.) интере́снее
**interestingly** II.2 (adv.) интере́сно; **more interestingly** II.18 (comp. adj./adv.) интере́снее
**international** I.7 (adj.) междунаро́дн|ый -ая, -ое, -ые; II.17 (adj.) интернациона́льн|ый -ая, -ое, -ые
**International Friendship Club** II.17 (m. acronym) КИД (клуб интернациа́льной дру́жбы) -а; -ы, -ов
**International Labor Day** II.13 (m. phr.) День междунаро́дной солида́рности трудя́щихся
**internationalist** II.17 (m.) междунаро́дник -а; -и -ов
**interval** II.16 (f.) переме́на -ы; -ы, -Ø
**interview** I.18 (indecl. n.) интервью́
**into** I.2 (prep.) в (+ prepos. or acc.); I.3 (prep.) на (+ prepos. or acc.)
**intonation construction** II.9 (f. phr.) ИК (интонацио́нная констру́кция)
**Intourist** (tour agency) I.5 (m.) Интури́ст -а
**introduce** II.6 (impf.) знако́м|ить знако́млю, -ишь, -ят; II.12 (pf.) познако́м|ить познако́млю, -ишь, -ят; **introduced** II.6 (pred.) предста́влен -а, -о, -ы; **be introduced** II.1 (pf.) познако́м|иться познако́млюсь, -ишься, -ятся
**invalid** II.1 (m.) инвали́д -а; -ы, -ов
**invitation** II.14 (adj.) пригласи́тельн|ый -ая, -ое, -ые
**invite** II.9 (pf.) пригласи́ть приглашу́, -и́шь, -я́т; II.13 (impf.) приглаша́|ть -ю, -ешь, -ют
**iron** I.15 (adj.) желе́зн|ый -ая, -ое, -ые
**is, are** I.4 (impf.) (fixed form) есть
**island** I.4 (m.) о́стров -а; -а́, -о́в
**issue** I.12 (m.) но́мер -а; -а́, -о́в
**it depends** I.16 (phr.) когда́ как
**it** I.2 (n. pers. pron.) оно́; I.2 (m. pers. pron.) он; I.2 (f. pers. pron.) она́
**Italian** I.11 (adj.) италья́нск|ий -ая, -ое, -ие
**itself** II.9 (refl. pron.) себя́
**Izmailovo** (part of Moscow) II.18 (n.) Изма́йлово

---

# J

**jacket** II.14 (f.) ку́ртка -и; -и, ку́рток; II.14 (m.) пиджа́к -а́; -и́, -о́в

**jam** II.10 (*m.*) джем -а, -ы, -ов
**January** II.13 (*m.*) янва́р|ь -я́
**Japanese** I.11 (*adj.*) япо́нск|ий -ая, -ое, -ие
**jazz** I.7 (*m.*) джаз -а
**Jew** I.15 (*m.*) евре́|й -я; -и, -ев
**job** I.3 (*f.*) рабо́т|а -ы; -ы, -Ø; I.15 (*n.*) зада́ни|е -я; -я, -й; I.PL (*m.*) пост -а́; -ы́, -о́в
**jot down** II.12 (*pf.*) записа́ть запиш|у́, -ешь, -ут
**journal** I.2 (*m.*) дневни́к -а́; -и́, -о́в
**journal, magazine** I.PL (*m.*) журна́л -а; -ы, -ов
**journalism** I.9 (*f.*) журнали́стик|а -и
**journalist** II.5 (*m.*) журнали́ст -а; -ы, -ов; **specializing in international affairs** II.17 (*m.*) междунаро́дник-журнали́ст
**jovial** II.4 (*adj.*) общи́тельн|ый -ая, -ое, -ые
**joy** II.14 (*f.*) ра́дост|ь -и
**juggler** I.14 (*m.*) жонглёр -а; -ы, -ов
**juice** II.9 (*m.*) сок -а; -и, -ов
**July** II.13 (*m.*) июл|ь -я
**jump** II.14 (*impf.*) скакать скач|у́, -ешь, -ут; II.14 (*impf.*) пры́га|ть -ю, -ешь, -ют
**June** II.13 (*m.*) июн|ь -я
**just** I.10 (*adv.*) то́лько

**K**

**karate** I.13 (*indecl. n.*) карата́
**kassa** II.2 (*f.*) ка́сса -ы; -ы, -Ø
**Kazakhstan** I.PL (*m.*) Казахста́н -а
**kept** II.7 (*v. form*) храни́тся
**kerchief** I.19 (*m.*) плат(о́)к -а́; -и́, -о́в
**key** I.10 (*m.*) ключ -а́; -и́, -е́й
**khaki-colored** I.11 (*indecl. adj.*) ха́ки
**kids** I.1 (*pl.*) ребя́т|а -Ø
**Kiev** I.PL (*m.*) Ки́ев -а
**Kievan** II.6 (*adj.*) ки́евск|ий -ая, -ое, -ие
**kilometer** I.15 (*m.*) киломе́тр -а; -ы, -ов
**kind** I.5 (*adj.*) до́бр|ый -ая, -ое, -ые; I.13 (*m.*) вид -а; -ы, -ов; I.PL (*m.*) сорт -а; -а́, -о́в
**kindergarten** I.3 (*m. phr.*) де́тский сад
**kiosk, booth** I.18 (*m.*) кио́ск -а; -и, -ов
**kitchen** II.19 (*f.*) ку́хн|я -и; -и, ку́хонь
**kitten** II.19 (*m.*) котён(о)к -а; котя́т|а, -Ø; II (*dim. f.*) ко́шечк|а -и; -и, ко́шечек
**knob** II.8 (*f.*) ши́шк|а -и; -и, ши́шек
**knock** II.11 (*impf.*) стуч|а́ть -у́, -и́шь, -а́т
**know how to** II.16 (*impf.*) уме́|ть -ю, -ешь, -ют
**know** I.3 (*impf.*) зна|ть -ю, -ешь, -ют; II.18 (*pf.*) узна́|ть -ю, -ешь, -ют;

II.16 (*impf.*) узна|ва́ть -ю́, -ёшь, -ю́т
**knowledge** II.17 (*n.*) зна́ни|е -я; -я, -й
**known** II.6 (*adj.*) изве́стн|ый -ая, -ое, -ые
**Kolomenskoye** II.6 (*place name*) Коло́менское
**Komsomol member** I.2 (*m.*) комсомо́л(е)ц комсомо́льц|а; -ы, -ев
**kopeck** II.19 (*f.*) копе́йк|а -и; -и, копе́ек
**Korean** I.11 (*adj.*) коре́йск|ий -ая, -ое, -ие
**Kremlin** I.4 (*m.*) кремл|ь -я́
**Kursk** II.6 (*adj.*) ку́рск|ий -ая, -ое, -ие
**Kutuzov** I.4 (*adj.*) Куту́зовск|ий -ая, -ое, -ие

**L**

**labor** II.13 (*m.*) труд -а́; **Labor Day** II.13 (*m. phr.*) День труда́
**laboratory** I.2 (*f.*) лаборато́ри|я -и; -и, -й
**laborer** II.13 (*m. subst.*) трудя́щийся
**lad** II.3 (*m.*) па́р(е)н|ь -я; -и, -е́й
**lake** I.4 (*n.*) о́зер|о -а; озёр|а, -Ø
**lamp** I.2 (*f.*) ла́мп|а -ы; -ы, -Ø
**lance** II.19 (*n.*) копь|ё -я́; ко́пья, ко́пий
**landing** II.1 (*f.*) поса́дк|а -и; -и, поса́док
**lane** II.6 (*f.*) алле́я -и; -и, -й; II.11 (*m.*) переу́л(о)к -а; -и, -ов
**language** I.6 (*m.*) язы́к -а́; -и́, -о́в; **language laboratory** II.17 (*m. phr.*) лингафо́нный кабине́т
**large** I.9 (*adj.*) больш|о́й -а́я, -о́е, -и́е; I.9 (*comp.*) бо́льше; **large-scale** II.14 (*adj.*) кру́пн|ый -ая, -ое, -ые
**last** II.6 (*adj.*) после́дн|яя, -ее, -ие
**last name** I.1 (*f.*) фами́ли|я -и; -и, -й
**late, (it's) late** II.6 (*pred.*) по́здно; II.6 (*adj.*) бы́вш|ий -ая, -ое, -ие; **be late** II.8 (*impf.*) опа́здыва|ть -ю, -ешь, -ют; II.8 (*pf.*) опозда́|ть -ю, -ешь, -ют
**lately** (*adv.*) по́здно
**lathe operator** I.18 (*m.*) то́кар|ь -я; -и, -ей
**Latin** (*adj.*) лати́нск|ий -ая, -ое, -ие
**Latvia** I.PL (*f.*) Ла́тви|я -и
**laugh** II.13 (*impf.*) сме|я́ться -ю́сь, -ёшься, -ю́тся; **loudly** II.16 (*impf.*) хохот|а́ть хохочу́, хохо́чешь, хохо́чет; -и́м, -и́те, -я́т
**laughter** (*loud*) II.16 (*m.*) хо́хот -а
**lawyer** I.PL (*m.*) юри́ст -а; -ы, -ов; I.PL (*m.*) адвока́т -а|ая; -ы, -ов
**lay down** II.9 (*pf.*) полож|и́ть -у́, -ишь, -ат
**lazy** II.4 (*adj.*) лени́в|ый -ая, -ое, -ые

**lead** I.19 (*impf.*) руковод|и́ть руковожу́, -и́шь, -я́т
**leaflet** II.8 (*m.*) лист(о́)к -а́; -и́, -о́в
**leak** II.11 (*impf.*) течь теку́; течёшь, теку́т
**leap** II.14 (*pf.*) пры́гн|уть -у, -ешь, -ут
**learn** I.7 (*impf.*) уч|и́ть -у́, -ишь, -ат; I.19 (*pf.*) вы́уч|ить -у, -ишь, -ат; II.16 (*impf.*) узна|ва́ть -ю́, -ёшь, -ю́т; I.18 (*pf.*) узна́|ть -ю, -ешь, -ют; I.8 (*impf.*) уч|и́ться -у́сь, -ишься, -атся
**lecture** II.6 (*f.*) ле́кци|я -и; -и, -й
**left, on or to the left** I.9 (*adv.*) нале́во; II. (*adv.*) сле́ва
**leg** II.14 (*f.*) ног|а́ -и́; -и, -Ø; II.14 (*dim. f.*) но́жк|а -и; -и, но́жек
**legal** I.18 (*adj.*) юриди́ческ|ий -ая, -ое, -ие
**leisure time** II.16 (*m.*) досу́г -а
**lemon** II.8 (*m.*) лимо́н -а; -ы, -ов
**lemonade** II.9 (*m.*) лимона́д -а
**Lenin** II.11 (*adj.*) ле́нинск|ий -ая, -ое, -ие
**Leningrad** II.13 (*m.*) Ленингра́д -а
**Lermontov, (Russian poet)** II.11 (*m.*) Ле́рмонтов -а
**less** II.4 (*comp. adj.*) ме́ньше
**lesson** I.1 (*m.*) уро́к -а; -и, -ов
**let** II.2 (*auxiliary verb*) пусть; (*imper. of дава́ть*) дава́й(-те)
**letter** I.2 (*n.*) письм|о́ -а́; пи́сьма, пи́сем; **of alphabet** I.6 (*f.*) бу́кв|а -ы; -ы, -Ø
**lettuce** I.PL (*m.*) сала́т -а; -ы, -ов; **lettuce-colored** I.11 (*adj.*) сала́тн|ый -ая, -ое, -ые
**library** I.4 (*f.*) библиоте́к|а -и; -и, -Ø
**lie, be lying** I.18 (*impf.*) леж|а́ть -у́, -и́шь, -а́т
**life** I.7 (*f.*) жизн|ь -и; -и, -ей; II.4 (*adj.*) жи́зненн|ый -ая, -ое, -ые
**light green** I.11 (*adj.*) сала́тн|ый -ая, -ое, -ые
**light** I.6 (*m.*) огон(ё)к огонька́; I.12 (*m.*) свет -а; I.17 (*adj.*) лёгк|ий
**light-colored** II.3 (*adj.*) све́тл|ый -ая, -ое, -ые; II.14 (*conv. dim. adj.*) све́теньк|ий -ая, -ое, -ие
**likable** II.4 (*adj.*) симпати́чн|ый -ая, -ое, -ые
**like** I.7 (*impf.*) люб|и́ть люблю́, -ишь, -ят; II.3 (*pred.*) похо́ж -а, -е, -и; II.8 (*f.*) люб(о́)в|ь -и́
**likely, most likely** II.4 (*adv.*) наве́рное
**lily** I.16 (*f.*) ли́ли|я -и; -и, -й
**listen to** I.6 (*impf.*) слу́ша|ть -ю, -ешь, -ют; **for a while** II.12 (*pf.*) послу́ша|ть -ю, -ешь, -ют
**literary** II.17 (*adj.*) литерату́рн|ый -ая, -ое, -ые
**literature** I.7 (*f.*) литерату́р|а -ы

**Lithuania** I.PL (*f.*) Литв|а́ -ы
**little** I.9 (*adj.*) ма́леньк|ий -ая, -ое,
-ие; I.7 (*adv.*) ма́ло
**live** I.4 (*impf.*) жить жив+ -у́, -ёшь, -у́т
**located** I.2 (*impf.*) находи́ться
нахожу́сь, нахо́д|ишься, -ятся
**locksmith** I.18 (*m.*) сле́сар|ь -я; -я́, -е́й
**London** II.16 (*m.*) Ло́ндон -а
**long** I.3 (*adj.*) дли́нн|ый -ая, -ое, -ые;
**long time** II.12 (*adv.*) до́лго
**look, look at** I.7 (*impf.*) смотр|е́ть -ю́,
-ишь, -ят; I.9 (*pf.*) посмотр|е́ть -ю́,
-ишь, -ят; **look for** I.12 (*impf.*)
иска́ть ищ|у́, -ешь, -ут; **look**
(*appear*) II.3 (*impf.*) вы́гляд|еть
вы́гляжу; -ишь, -ят
**lot (a lot)** I.2 (*adv.*) мно́го
**love** I.7 (*impf.*) люб|и́ть люблю́, -ишь,
-ят; II.8 (*f.*) люб(о)в|ь -и́
**lower** II.14 (*pf.*) опуст|и́ть опущу́,
-ишь, -ят
**Lubyanka St.** II.6 (*f.*) Лубя́нк|а -и
**lucky** I.12 (*adj.*) счастли́в|ый -ая, -ое,
-ые
**luggage, baggage** I.PL (*m.*) бага́ж -а́
**lump** II.8 (*f.*) ши́шк|а -и; -и, ши́шек
**Luzhniki** (*a section of Moscow*) II.11
(*pl.*) Лужники́

## M

**machine** I.4 (*f.*) маши́н|а -ы; -ы, -Ø
**machinist** I.18 (*m.*) машини́ст -а; -ы,
-ов
**made** II.11 (*pred.*) сде́лан -а, -о, -ы
**magazine** I.PL (*m.*) журна́л -а; -ы, -ов
**magic trick** I.15 (*m.*) фо́кус -а; -ы, -ов
**magician** I.14 (*m.*) фо́кусник -а; -и,
-ов
**major** I.PL (*m.*) майо́р -а; -ы, -ов
**make a note** II.12 (*pf.*) записа́ть
запиш|у́, -ешь, -ут
**make** I.6 (*impf.*) де́ла|ть -ю, -ешь, -ют;
I.11 (*pf.*) сде́ла|ть -ю, -ешь, -ют
**make the acquaintance of** II.6 (*impf.*)
знако́м|иться знако́млюсь,
-ишься, -ятся
**male** I.13 (*m.*) мужчи́н|а -ы; -ы, -Ø;
I.13 (*adj.*) мужск|о́й -а́я, -о́е, -и́е
**malicious** II.4 (*adj.*) зл|ой -а́я, -о́е, -ы́е
**mama** I.3 (*f.*) ма́м|а -ы; -ы, -Ø
**man** I.13 (*m.*) мужчи́н|а -ы; -ы, -Ø;
(*human being*) I.20 (*m.*) челове́к -а;
лю́д|и, -е́й
**manage to get** II.9 (*pf.*) добы́ть добу́д|у,
-ешь, -ут
**manager** I.3 (*m.*) ме́неджер -а; -ы, -ов;
II.16 (*m.*) дире́ктор -а, -а́, -о́в
**many** I.2 (*adv.*) мно́го
**map** I.4 (*f.*) ка́рт|а -ы; -ы, -Ø; **make a
map** II.12 (*impf.*) черт|и́ть черчу́;
-ишь, -я́т

**March** I.16 (*m.*) март -а
**mare** I.14 (*f.*) ло́шад|ь -и; -и, -е́й
**market** I.4 (*m.*) ры́н(о)к -а; -и, -ов
**marriage** II.11 (*f.*) сва́дьб|а -ы; -ы, -Ø
**Mars** I.PL (*m.*) Марс -а
**Marshak** (*children's poet*) II.19
(*m.*) Марша́к
**marvelous** I.16 (*adj.*) чуде́сн|ый -ая,
-ое, -ые
**Marx** II.6 (*m.*) Маркс -а
**masculine** I.13 (*adj.*) мужск|о́й -а́я,
-о́е, -и́е
**mask** II.14 (*f.*) ма́ск|а -и; -и, ма́сок
**masquerade** II.14 (*m.*) маскара́д -а;
-ы, -ов; II.14 (*adj.*) маскара́дн|ый
-ая, -ое, -ые
**master** I.17 (*m.*) ма́стер -а; -а́, -о́в;
**master of sports** I.17 (*m. phr.*)
ма́стер спо́рта
**mastering** II.6 (*n.*) освое́ни|е -я
**match** I.13 (*m.*) матч -а; -и, -ей
**material** II.3 (*m.*) материа́л -а; -ы, -ов;
(*cloth*) II.16 (*f.*) ткан|ь -и; -и, -ей
**mathematics** I.7 (*f.*) матема́тик|а -и;
II.17 (*adj.*) математи́ческ|ий -ая,
-ое, -ие
**matryoshka** (*nested Russian doll*) I.10
(*f.*) матрёшк|а -и; -и, матрёшек
**mausoleum** I.4 (*m.*) мавзоле́|й -я; -и,
-ев
**May** I.PL (*m.*) ма́|й -я
**Mayakovsky** (*Russian poet*) II.6 (*m.*)
Маяко́вск|ий -ого
**may, one may** I.11 (*pred.*) мо́жно
**maybe** I.11 (*v. phr.*) мо́жет быть
**mean** II.2 (*impf.*) зна́ч|ить -ит, -ат
**meanwhile** II.1 (*adv.*) пока́
**meat** I.2 (*n. singular only*) мя́с|о -а
**mechanic** I.10 (*m.*) меха́ник -а; -и, -ов
**medical** I.18 (*adj.*) медици́нск|ий -ая,
-ое, -ие
**meet** II.2 (*pf.*) встре́т|ить встре́чу,
-ишь, -ят; II.6 (*impf.*) знако́м|иться
знако́млюсь, -ишься, -ятся; **meet
(with)** II.6 (*impf.*) встреча́|ться
-юсь, -ешься, -ются; II.2 (*pf.*)
встре́т|иться встре́чусь, -ишься;
-ятся
**meeting** II.2 (*f.*) встре́ч|а -и; -и, -Ø; II.6
(*n.*) собра́ни|е -я; -я, -й; II.16
(*n.*) свида́ни|е -я; -я, -й; II.17 (*n.*)
заседа́ни|е -я; -я, -й
**Melodia** (*recording store & company*)
II.18 (*f.*) Мело́ди|я -и
**melt away** II.14 (*pf.*) раста́|ять -ю,
-ешь, -ют
**member** II.13 (*m.*) член -а; -ы, -ов
**memorial** II.6 (*adj.*) мемориа́льн|ый
-ая, -ое, -ые
**memory** II.12 (*f.*) па́мять -и
**meow** II.19 (*impf.*) мя́ука|ть -ю; -ешь,
-ют

**meow** II.19 (*interj.*) мя́у
**merry** II.4 (*adj.*) весёл|ый -ая, -ое, -ые
**merry woman** II.16 (*m.*) хохоту́шк|а
-и; -и, хохоту́шек
**metal craftsman** I.18 (*m.*) сле́сар|ь -я;
-я́, -е́й
**metal** I.PL (*m.*) мета́лл -а; -ы, -ов
**metalworker** II.12 (*m.*) металли́ст -а;
-ы, -ов
**metallurgist** I.4 (*m.*) металлу́рг -а; -и,
-ов
**Metropol** (*hotel*) I.10 (*m.*) Метропо́л|ь -я
**Miami** II.16 (*indecl. pl.*) Майа́ми
**Michigan** II.1 (*m.*) Мичига́н -а
**middle** II.3 (*adj.*) сре́дн|яя, -ее, -ие
**midnight** II.16 (*f.*) по́лночь -и; -и, -ей
**militiaman** I.4 (*m.*) милиционе́р -а;
-ы, -ов
**milk** II.9 (*n.*) молок|о́ -а́; II.7 (*adj.*)
моло́чный -ая, -ое, -ые; **milkshake**
II.7 (*m. phr.*) моло́чный кокте́йль
**mill** I.3 (*m.*) заво́д -а; -ы, -ов
**million** I.11 (*m.*) миллио́н -а; -ы, -ов
**mind** II.9 (*m.*) ум -а́
**miner** I.18 (*m.*) шахтёр -а; -ы, -ов
**mineral** II.9 (*adj.*) минера́льн|ый -ая,
-ое, -ые; **mineral water** II.9 (*noun
prh.*) минера́льн|ая вод|а́
**Minsk** I.13 (*m.*) Минск -а
**minus** I.15 (*m.*) ми́нус -а; -ы, -ов; II.16
(*prep.*) без (+ *gen.*)
**minute** I.11 (*f.*) мину́т|а -ы; -ы, -Ø
**mirage** I.PL (*m.*) мира́ж -а; -и, -ей
**misfortune** II.11 (*f.*) бед|а́ -ы; -ы, -Ø
**Miss** I.4 (*f.*) госпож|а́ -и́; -и́, -е́й; II.3
(*indecl. f.*) мисс
**Missouri** II.1 (*indecl. n.*) Миссу́ри
**mister** I.4 (*m.*) господи́н -а; господ|а́,
госпо́д; II.1 (*m.*) ми́стер -а
**mode** I.1 (*f.*) мо́д|а -ы; -ы, -Ø
**model** II.6 (*m.*) образ(е́)ц -а́; -ы́, -о́в;
**mock-up** II.6 (*m.*) маке́т -а; -ы,
-ов; II.14 (*impf.*) леп|и́ть леплю́,
-ишь, -ят
**modest** II.4 (*adj.*) скро́мн|ый -ая, -ое,
-ые
**Moldavia (Moldova)** I.PL (*f.*)
Молдо́ва -ы
**momentary** I.16 (*adj.*)
кратковре́менн|ый -ая, -ое, -ые
**monastery** I.9 (*m.*) монасты́р|ь -я́; -и́,
-е́й
**Monday** I.7 (*m.*) понеде́льник -а; -и,
-ов
**money** I.18 (*pl.*) де́ньги де́нег
**Mongol-Tatar** I.PL (*adj.*) мо́нголо-
тата́рский
**monitor** II.17 (*m. subst.*) дежу́рн|ый
-ая, -ое, -ые
**month** II.11 (*m.*) ме́сяц -а; -ы, -ев
**monument** II.5 (*m.*) па́мятник -а; -и,
-ов

**more** I.9 (*comp.*) бо́льше; II.6 (*adv.*) бо́лее

**morning** I.5 (*n.*) у́тр|о -а; -а, -Ø; **in the morning** II.2 (*adv.*) у́тром

**Moscow** I.PL (*f.*) Москва́ -ы́; I.2 (*adj.*) моско́вск|ий -ая, -ое, -ие

**Moskvich** (*automobile*) I.4 (*m.*) москви́ч -а́; -и́, -е́й

**Moskvichka** (*store*) I.4 (*f.*) москви́чка -и; -и, москви́чек

**most, the most** I.11 (*adj.*) са́м|ый -ая, -ое, -ые

**mother** I.3 (*f.*) мать ма́тер|и; -и, -е́й; II.14 (*archaic f.*) ма́тушк|а -и; -и, ма́тушек

**motor** I.PL (*m.*) мото́р -а; -ы, -ов

**motorcycle** I.8 (*m.*) мотоци́кл -а; -ы, -ов

**motorcycle club member** I.3 (*m.*) ро́кер -а; -ы, -ов

**motorist** I.12 (*m.*) автомобили́ст -а; -ы, -ов

**mountain** II.6 (*f.*) гор|а́ -ы́; -ы, -Ø; I.17 (*adj.*) го́рн|ый -ая, -ое, -ые; **mountain climbing** I.17 (*m.*) альпини́зм -а

**mouth** II.15 (*m.*) р(о)т -а; -ы, -ов

**movie advertisement** II.2 (*f.*) киноафи́ш|а -и; -и, -Ø

**movie material** II.6 (*m.*) киноматериа́л -а, -ы, -ов

**movie theater** I.7 (*indecl. n.*) кино́; I.4 (*m.*) кинотеа́тр -а; -ы, -ов

**Mr.** I.4 (*m.*) господи́н -а; господ|а́, госпо́д; II.1 (*m.*) ми́стер -а

**Mrs.** I.4 (*f.*) госпож|а́ -и́; -и́, -е́й; II.1 (*indecl. f.*) ми́ссис

**MSU (Moscow State University)** I.6 (*indecl. acronym*) МГУ

**much** I.2 (*adv.*) мно́го; **not a little** II.7 (*adv.*) нема́ло

**much more** II.7 (*adv.*) гора́здо

**multinational** II.6 (*adj.*) многонациона́льн|ый -ая, -ое, -ые

**Muscovite** I.4 (*m.*) москви́ч -а́; -и́, -е́й; I.4 (*f.*) москви́чка -и; -и, москви́чек

**museum** I.4 (*m.*) музе́|й -я; -и, -ев

**museum-estate** II.6 (*m.*) музе́й-уса́дьба

**mushroom** I.14 (*m.*) гриб -а́; -ы́, -о́в

**music** I.7 (*f.*) му́зык|а -и

**musical** I.17 (*adj.*) музыка́льн|ый -ая, -ое, -ые

**musician** I.PL (*m.*) музыка́нт -а; -ы, -ов

**mustache, whiskers** II.3 (*pl.*) ус|ы́ -о́в

**my** I.3 (*poss. adj.*) мо|й -я́, -ё, -и́

---

**N**

**name day** II.9 (*pl.*) имени́ны

**name** I.1 (*impf.*) звать зов+ -у́, ёшь, -у́т; I.1 (*n.*) и́мя и́мени; имена́, имён; I.16 (*n.*) назва́ни|е -я; -я, -й; **be named** I.9 (*impf.*) называ́|ться -ется, -ются

**napkin** II.18 (*f.*) салфе́тк|а -и; -и, салфе́ток

**narrate** I.18 (*impf.*) расска́зыва|ть -ю, -ешь, -ют; I.20 (*pf.*) рассказа́ть расскаж+ -у́, -ешь, -ут

**narration, tale, story** II.2 (*m.*) расска́з -а; -ы, -ов

**national** II.14 (*adj.*) национа́льн|ый -ая, -ое, -ые

**National Hotel** I.10 (*m.*) Национа́ль -я

**native** I.7 (*adj.*) родн|о́й -а́я, -о́е, -ы́е

**nature** I.16 (*f.*) приро́д|а -ы

**near** I.8 (*prep.*) у (+ *gen.*); I.19 (*prep.*) о́коло (+ *gen.*)

**nearby, not far away** I.20 (*adv.*) недалеко́

**nearly** I.11 (*adv.*) почти́

**neat** II.12 (*adv./pred.*) чи́сто

**necessary** I.19 (*pred.*) на́до; II.18 ну́жен нужна́, ну́жно, нужны́

**necktie** I.20 (*m.*) га́лстук -а; -и, -ов

**needed** I.19 (*pred.*) на́до; II.18 (*pred.*) ну́жен нужна́, ну́жно, нужны́

**neighbor** II.6 (*m.*) сосе́д -а; сосе́д|и, -ей

**neither** II.8 (*part.*) ни

**never** I.8 (*adv.*) никогда́

**New Jersey** II.1 (*indecl. n.*) Нью-Дже́рси

**New Year's** II.14 (*adj.*) нового́дн|ий -яя, -ее, -ие

**New Year's tree** II.8 (*f.*) ёлк|а -и, -и, ёлок; II.14 (*dim. f.*) ёлочка -а; -и, ёлочек; II.14 (*adj.*) ёлочный -ая, -ое, -ые

**New York** II.1 (*m.*) Нью-Йо́рк -а

**New York Times** I.6 (*m.*) Нью-Йо́рк Таймс

**new** I.4 (*adj.*) но́в|ый -ая, -ое, -ые

**news** II.2 (*f.*) но́вост|ь -и; -и, -е́й; II.10 (*n.*) изве́сти|е -я; -я, -й; II.16 (*f.*) весть -и; -и, -ей

**newspaper** I.2 (*f.*) газе́т|а -ы; -ы, -Ø

**next** I.12 (*adj.*) сле́дующ|ий -ая, -ее, -ие

**next to** II.6 (*adv.*) ря́дом

**nice-looking** II.4 (*adj.*) симпати́чн|ый -ая, -ое, -ые

**night** I.14 (*f.*) ночь -и; -и, -е́й; **at night** II.8 (*adv.*) но́чью

**nine** I.13 (*card. no.*) де́вять

**nineteen** I.13 (*card. no.*) девятна́дцать -и

**nineteenth** I.19 (*ord. no.*) девятна́дцат|ый -ая, -ое, -ые

**ninety** I.13 (*card. no.*) девяно́сто

**ninth** I.9 (*ord. no.*) девя́т|ый -ая, -ое, -ые

**no, there is no** I.1 (*neg.*) нет; **not any** I.18 (*adj.*) никак|о́й -а́я, -о́е, -и́е

**Nogin Square** II.6 (*place name*) Пло́щадь Ноги́на

**noisily; (it's) noisy** II. (*adv./pred.*) шу́мно

**none** I.16 (*m.*) ноль -я́; -и́, -е́й; **not any** I.18 (*adj.*) никак|о́й -а́я, -о́е, -и́е

**noon** II.16 (*m.*) по́лден|ь -я; -и, -ей

**nor** II.8 (*part.*) ни

**north** II.6 (*m.*) се́вер -а

**northern** I.13 (*adj.*) се́верн|ый -ая, -ое, -ые

**nose** II.3 (*m.*) нос -а; -ы́, -о́в

**not** I.2 (*part.*) не; II.8 (*part.*) ни

**not at all** II.6 (*adv.*) отню́дь

**not bad** I.3 (*adv./pred.*) ничего́

**not soon, not quickly** II.6 (*adv.*) нескоро

**notebook** I.2 (*f.*) тетра́д|ь -и; -и, -ей

**notes** I.4 (*pl.*) но́т|ы -Ø

**nothing** I.3 (*adv./pred.*) ничего́

**notion** I.PL (*f.*) иде́я

**November** I.16 (*m.*) ноя́бр|ь -я́

**Novodevichy Monastery** I.9 (*place name*) Новоде́вичий монасты́рь

**now** I.2 (*adv.*) сейча́с; I.16 (*adv.*) тепе́рь

**number** I.12 (*m.*) но́мер -а; -а́, -о́в; II.8 (*n.*) число́ -а́; -а, -Ø

**nurse** I.18 (*f.*) медсестр|а́ -ы́; медсёстры, медсестёр

**nut** II.8 (*m.*) оре́х -а; -и, -ов

**Nutcracker** (*ballet*) II.19 (*m.*) Щелку́нчик -а

---

**O**

**object** I.PL (*m.*) объе́кт -а; -ы, -ов

**observe** II.14 (*pf.*) отме́т|ить отме́чу, -ишь, -ят

**obtain** I.9 (*pf.*) добы́ть добу́д|у, -ешь -ут

**occupation** I.17 (*pl.*) заня́ти|я -й

**occupy oneself** I.17 (*impf.*) занима́|ться -юсь, -ешься, -ются

**occur** I.12 (*pf.*) (*usually 3rd singular*) случ|и́ться -ится

**ocean** I.4 (*m.*) океа́н -а; -ы, -ов

**October** I.15 (*m.*) октя́бр|ь -я́

**Odessa** (*city*) I.PL (*f.*) Оде́сс|а -ы

**offering** II.8 (*n.*) приноше́ни|е -я; -я, -й

**office** I.3 (*m.*) о́фис -а; -ы, -ов; II.16 (*m.*) кабине́т -а; -ы, -ов; **school office** II.17 (*f.*) канцеля́ри|я -и; -и, -й

**often** I.7 (*adv.*) ча́сто

**oh** I.19 (*interj.*) ох; II.2 (*excl.*) ой

**Ohio** II.1 (*indecl. n.*) Ога́йо

**oil** I.16 (*n.*) ма́сл|о -а

**Oka River** I.11 (*f.*) Ок|а́ -и́

**Okhotny Ryad** (*major street of central Moscow*) II.6 (*m. place name*) Охо́тный ряд

**Oklahoma** II.1 (*f.*) Оклахо́м|а -ы

**Okudzhava, Bulat** (*singer/poet*) I.8 (*name*) Окуджа́ва, Окуджа́вы

**old** I.9 (*adj.*) ста́р|ый -ая, -ое, -ые; II.6 (*adj.*) дре́вн|ий -яя, -ее, -ие

**older** II.17 (*adj.*) ста́рший -ая, -ее, -ие

**old man** II.12 (*m.*) стари́к -á; -и́, -óв

**old person** II.12 (*m.*) стари́к -á; -и́ -óв; II.14 (*f.*) стару́х|а -и; -и, -Ø

**old woman** II.14 (*f.*) стару́х|а -и; -и, -Ø

**Olimpiada—Olympics** II.15 (*f.*) Олимпиа́д|а -ы; -ы, -Ø

**olive-colored** I.11 (*adj.*) оли́вков|ый -ая, -ое, -ые

**on** I.3 (*prep.*) на (+ *prepos. or acc.*); (*prep.*) I.13 по (+ *dat.*)

**once** I.14 (*adv.*) раз а; -ы́, раз; II.2 (*adv.*) одна́жды

**once upon a time** II.6 (*v. phr.*) жи́ли-бы́ли

**on-duty person** II.17 (*m. subst.*) дежу́рн|ый -ая, -ое, -ые

**one** (*some*) I.11 (*card. no.*) оди́н одна́, одно́, одни́; (*counting or grade*) I.2 едини́ц|а -ы; -ы, -Ø

**one's own** I.19 (*poss. adj.*) сво|й -я́, -ё, -и́

**oneself** II.9 (*pron.*) сам, сама́, само́, са́ми; II.9 (*refl. pron.*) себя́

**only** I.10 (*adv.*) то́лько

**onto** I.3 (*prep.*) на (+ *prepos. or acc.*)

**open** II.1 (*pf.*) откры́ться откро́|юсь; -ешься, -ются; **open wide** II.3 (*impf.*) раскрыва́|ть -ю, -ешь, -ют

**open(ed)** II.7 (*pred.*) откры́т -а, -о, -ы

**opera** I.19 (*f.*) о́пер|а -ы; -ы, -Ø

**opinion, in my opinion** II.4 (*adv.*) по-мо́ему; **in your opinion** II.4 (*adv.*) по-тво́ему

**opposite** II.9 (*adj.*) обра́тн|ый -ая, -ое, -ые

**optical illusion** I.PL (*m.*) мира́ж -а; -и, -ей

**or** I.7 (*conj.*) и́ли; II.2 (*conj.*) ли́бо

**orange** II.8 (*m.*) апельси́н -а; -ы, -ов, **orange-colored** I.11 (*adj.*) ора́нжев|ый -ая, -ое, -ые

**orchestra** I.PL (*m.*) орке́стр а-; -ы, -ов

**order** II.12 (*pf.*) заказа́ть закажу́, зака́ж|ешь, -ут; I.13 (*f.*) кома́нд|а -ы; -ы, -Ø; I.19 (*m.*) поря́д(о)к -а; -и, -ов

**organization** II.13 (*f.*) организа́ци|я -и; -и, -й

**Oryol** (*city*) I.19 (*m.*) Ор(ё)д Орла́

**Ostankino** (*Moscow region*) II.6 (*f.*) Оста́нкино

**other** I.13 (*adj.*) друг|о́й -а́я, -о́е, -и́е

**our** I.1 (*poss. pron.*) наш -а, -е, -и

**ourselves** II.9 (*m. pron.*) са́ми

**out of** II.2 (*prep.*) из (+ *gen.*)

**output** I.PL (*f.*) проду́кци|я -и

**outside** II.14 (*m.*) двор -á; -ы́, -óв

**outstanding** II.14 (*adj.*) кру́пн|ый -ая, -ое, -ые

**over** II.14 (*prep.*) над (+ *instr.*); **over there** I.4 (*adv.*) вон

**overcast** I.16 (*f.*) о́блачност|ь -и

**overcoat** II.14 (*indecl. n.*) пальто́

**own** II.4 (*impf.*) име́|ть -ю, -ешь, -ют

---

## P

**paint** II.2 (*pf.*) нарисова́ть нарису́|ю, -ешь, -ют

**painter** II.2 (*m.*) худо́жник -а; -и, -ов; II.11 (*f.*) худо́жница худо́жница, -ы; -ы, -Ø

**painting** I.4 (*f.*) карти́н|а -ы; -ы, -Ø; II.6 (*f.*) жи́вопись-и

**palace** I.19 (*m.*) двор(е́)ц -а́; -ы́, -óв

**pancake** I.16 (*m.*) блин -á; -ы́, -óв

**panorama** II.5 (*f.*) панора́м|а -ы; -ы, -Ø

**pants** II.14 (*pl.*) брю́ки брюк

**papa** I.3 (*m.*) па́п|а -ы; -ы, -Ø

**paper** I.18 (*f.*) бума́г|а -и

**parent** II.4 (*m.*) роди́тел|ь -я, -и, -ей

**Paris** I.8 (*m.*) Пари́ж -а

**park** I.4 (*m.*) парк -а; -и, -ов

**parrot** I.7 (*m.*) попуга́|й -я; -и, -ев

**participate in** I.17 (*impf.*) занима́|ться -юсь, -ешься, -ются

**partner** I.PL (*m.*) партнёр -а; -ы, -ов

**party** I.15 (*f.*) па́рти|я -и; -и, -й

**pass** (*on foot*) I.6 (*pf.*) пройти́ пройд|у́, -ёшь, -у́т; (*by vehicle*) II.6 (*pf.*) прое́хать прое́д|у, -ешь, -ут; I.12 (*m.*) биле́т -а; -ы, -ов

**pass** (*time*) I.14 (*impf.*) проводи́ть провожу́, -ишь, -ят; II.6 (*pf.*) провести́ провед|у́, -ёшь, -у́т

**passenger** II.1 (*m.*) пассажи́р -а; -ы, -ов

**passerby** II.6 (*m.*) прохо́ж|ий -его; -ие, -их

**past** II.2 (*adj.*) про́шл|ый -ая, -ое, -ые; II.14 (*prep.*) че́рез (+ *acc.*)

**pastry** I.4 (*m.*) пиро́г -á; -и́, -óв; **filled pastry** II.9 (*m.*) пирож(о́)к -а; -и, -óв; **pastry cake** I.6 (*m.*) то́рт -а; -ы, -ов

**path** II.6 (*f.*) алле́|я -и; -и, -й; II.14 (*f.*) троп|а́ -ы́; -ы, -Ø; I.12 (*m.*) пут|ь -и́; -и́, -е́й

**patient** II.4 (*adj.*) терпели́в|ый -ая, -ое, -ые

**patronymic** II.1 (*n.*) о́тчеств|о -а; -а, -Ø

**peace** I.1 (*m.*) мир -а

**peak** I.12 (*m.*) пик -а; -и, -ов

**pedagogical, teacher's** I.18 (*adj.*)

педагоги́ческ|ий -ая, -ое, -ие

**pedestrian** II.11 (*m.*) пешехо́д -а; -ы, -ов

**pen** I.2 (*f.*) ру́чк|а -и; -и, ру́чек; II.19 (*n.*) пер|о́ -á, пе́рья, -ев

**pencil** I.2 (*m.*) каранда́ш -á; -и́, -е́й

**people** II.11 (*m.*) наро́д -а; -ы, -ов; II.19 (*adj.*) наро́дн|ый -ая, -ое, -ые

**perfective** II.5 (*adj.*) соверше́нный -ая, -ое, -ые

**perform** I.14 (*impf.*) выступа́|ть -ю, -ешь, -ют

**performance** I.PL (*m.*) спекта́кл|ь -я; -и, -ей

**perfume** II. (*adj.*) парфюме́рн|ый -ая, -ое, -ые

**periodic** I.16 (*adj.*) переме́нн|ый -ая, -ое, -ые

**person** I.20 (*m.*) челове́к -а; лю́д|и, -е́й; II.3 (*n.*) лиц|о́ -á, ли́ца, -Ø

**pester** II.19 (*pf.*) надое́сть -е́м; -е́шь, -едя́т

**pet store** II.9 (*m.*) зоомагази́н -а; -ы, -ов

**pharmacy** I.3 (*f.*) апте́к|а -и; -и, -Ø

**pheasant** I.15 (*m.*) фаза́н -а; -ы, -ов

**Philadelphia** II.1 (*f.*) филаде́льфи|я -и

**philology, study of language** I.18 (*f.*) филоло́ги|я -и; I.9 (*adj.*) филологи́ческ|ий -ая, -ое, -ие

**philosophy** (*f.*) филосо́фи|я -и

**phonetics** II.1 (*f.*) фоне́тик|а -и

**photograph** II.7 (*impf.*) фотографи́ровать фотографи́ру|ю, -ешь, -ют; II.3 (*pf.*) сфотографи́ровать сфотографи́р|ую, -ешь; -ют; **be photographed** II.3 (*pf.*) сфотографи́р|оваться -уюсь, -уешься; -уются

**photographer** I.PL (*m.*) фото́граф -а; -ы, -ов

**photography** I.PL (*f.*) фотогра́фи|я -и; -и, -й

**phrase** I.PL (*f.*) фра́з|а -ы; -ы, -Ø

**physical education** I.18 (*f.*) физкульту́р|а -ы

**physicist** I.18 (*m.*) фи́зик -а; -и, -ов

**physics** I.7 (*f.*) фи́зик|а -и; I.18 (*adj.*) физи́ческ|ий -ая, -ое, -ие

**piano** I.8 (*indecl. n.*) пиани́но

**pick** I.18 (*pf.*) вы́брать вы́бер|у. -ешь, -ут

**picnic** I.14 (*m.*) пикни́к -а; -и, -ов

**picture** I.4 (*f.*) карти́н|а -ы; -ы, -Ø

**pie** I.4 (*m.*) пиро́г -á; -и́ -óв

**piggy bank** II.19 (*f.*) копи́лк|а -и; -и, копи́лок

**piglet** I.9 (*m.*) поросён(о)к -а; порося́т|а, -Ø

**pin** I.7 (*m.*) знач(о́)к -á; -и́, -óв

**ping pong** I.PL (*m.*) пинг-по́нг -а

**pink** I.11 (*adj.*) ро́зов|ый -ая, -ое, -ые

**pioneer club member** I.19 (*m.*) пионе́р -а; -ы, -ов; I.17 (*adj.*) пионе́рск|ий -ая, -ое, -ие

**pizza** II.6 (*f.*) пи́цц|а -ы

**placard** I.4 (*m.*) плака́т -а; -ы, -ов

**place** I.19 (*n.*) ме́ст|о -а; -а́, -∅; II.9 (*pf.*) полож|и́ть -у́ ,-ишь, -ат; (*stand*) II.16 (*pf.*) поста́в|ить -лю, -ишь, -ят

**plague** II.19 (*pf.*) надо|е́сть -е́м; -е́шь, -едя́т

**plan** I.18 (*m.*) план -а; -ы, -ов

**planned** I.19 (*adj.*) контро́льн|ый -ая, -ое, -ые

**plant** I.3 (*m.*) заво́д -а; -ы, -ов

**plate** I.19 (*f.*) таре́лк|а -и; -и, таре́лок

**platform** II.1 (*f.*) платфо́рма -ы; -ы, -∅

**play** I.8 (*impf.*) игра́|ть -ю. -ешь, -ют; II.1 (*adj.*) игру́шечн|ый -ая, -ое, -ые; **play a bit** II.12 (*pf.*) поигра́|ть -ю, -ешь, -ют; I.PL (*m.*) спекта́кл|ь -я; -и, -ей

**playbill** I.6 (*f.*) афи́ш|а -и; -ы, -∅

**plaything** II.14 (*f.*) игру́шка -и; -и, игру́шек

**pleasant** I.2 (*pred.*) прия́тно

**pleasant** II.3 (*adj.*) прия́тн|ый -ая, -ое, -ые

**please** I.3 (*part.*) пожа́луйста

**pleased with** II.9 (*adj.*) дово́льн|ый -ая, -ое, -ые

**pleasing** I.9 (*impf.*) нра́в|иться нра́влюсь, -ишься, -ятся; II.12 (*pf.*) понра́виться понра́вится, понра́вятся

**pleasure** II.2 (*n.*) удово́льствие -я; **with pleasure** (с удово́льствием)

**plump** II.3 (*adj.*) по́лн|ый -ая, -ое -ые

**plus** I.5 (*m.*) плюс -а; -ы, -ов

**poem** I.16 (*n.*) стихотворе́ни|е -я; -я, -й

**poet** I.15 (*m.*) поэ́т -а; -ы, -ов

**poetry** I.3 (*f.*) поэ́зия -и; I.18 (*pl. m.*) стих|и́ -о́в

**point** I.13 (*m.*) очк|о́ -а́; -и́, -о́в

**Pokrovsky Cathedral** II.6 (*m. place name*) Покро́вский собо́р

**police** I.11 (*adj.*) полице́йск|ий -ая, -ое, -ие

**policeman** I.4 (*m.*) милиционе́р -а; -ы, -ов

**political** II.17 (*adj.*) полити́ческий -ая, -ое, -ие

**politics** I.PL (*f.*) поли́тик|а -и

**polytechnical** II.6 (*adj.*) политехни́ческ|ий -ая, -ое, -ие

**pool** (*m.*) бассе́йн -а; -ы, -ов

**poor** I.7 (*adj.*) плох|о́й -а́я, -о́е, -и́е; **poor(ly)** I.2 (*adv.*) пло́хо

**popular** I.11 (*adj.*) популя́рн|ый -ая, -ое, -ые

**porch** II.18 (*f.*) крыльц|о́ -а́; кры́льца, -крыле́ц

**portrait** I.PL (*m.*) портре́т -а; -ы, -ов

**position** II.4 (*f.*) пози́ци|я -и; -и, -й

**possess** II.4 (*impf.*) име́|ть -ю, -ешь, -ют

**possibly** I.11 (*phr.*) мо́жет быть

**post** I.PL (*m.*) пост -а́; -ы́, -о́в

**postage** I.4 почто́в|ый -ая, -ое, -ые

**postal** I.4 почто́в|ый -ая, -ое, -ые

**postal code** I.19 (*m.*) и́ндекс -а

**postcard** I.4 (*f.*) откры́тк|а -и; -и, откры́ток

**poster** I.6 (*f.*) афи́ш|а -и; -ы, -∅; I.4 (*m.*) плака́т -а; -ы, -ов

**post office** I.3 (*f.*) по́чт|а -ы; -ы, -∅

**post-revolutionary** II.6 (*adj.*) послереволюцио́нный -ая, -ое, -ые

**potato** II.13 (*conv. f.*) карто́шк|а -и; -и, карто́шек; II.7 (*m.*) карто́фел|ь -я; **potato chips** II.7 (*pl.*) чи́псы -ов

**pour, be poured** II.18 (*impf.*) ли́ться ль|ётся; -ю́тся

**pour out** II.9 (*pf.*) нали́ть наль|ю́, -ёшь, -ю́т

**practice** I.7 (*f.*) пра́ктик|а -и; I.17 (*f.*) трениро́вк|а -и

**Pravda, newspaper** I.6 (*f.*) пра́вд|а -ы

**precipitation** I.16 (*pl.*) оса́дк|и -ов

**prepare** I.14 (*impf.*) гото́в|ить гото́влю, -ишь, -ят; II. (*pf.*) пригото́в|ить пригото́влю, -ишь, -ят

**pre-revolutionary** II.6 (*adj.*) дореволюцио́нн|ый -ая. -ое, -ые

**present** I.4 (*m.*) пода́р(о)к -а; -и, -ов; II.9 (*pf.*) дар|и́ть -ю́, -ишь, -ят; II.9 (*pf.*) подар|и́ть -ю́, -ишь, -ят; II.8 (*n.*) приноше́ни|е -я; -я, -й

**present, for the present** I.1 (*adv.*) пока́

**presented** II.6 (*pred.*) предста́влен -а, -о, -ы

**preserved** II.7 (*v. form*) храни́тся

**preserves** II.10 (*m.*) джем -а, -ы, -ов

**president** I.11 (*n.*) президе́нт -а; -ы, -ов

**press center** I.3 (*m.*) пресс-це́нтр -а; -ы, -ов

**prince** II.6 (*m.*) кня́з|ь -я; -ья́, -е́й

**principal** II.16 (*m.*) дире́ктор -а, -а́, -о́в

**principle** I.18 (*m.*) при́нцип -а; -ы, -ов

**print** II.17 (*pf.*) напеча́та|ть -ю, -ешь, -ют

**private store** II.18 (*m.*) кооперати́в -а; -ы, -ов

**probably** II.4 (*adv.*) наве́рное

**problem** I.18 (*f.*) пробле́м|а -ы; -ы, -∅; I.18 (*f.*) зада́ч|а -и; -и, -∅

**produce** I.19 (*impf.*) ста́в|ить ста́влю, -ишь, -ят; I.PL (*pl.*) проду́кт|ы -ов

**producer** I.7 (*m.*) продю́ссер -а; -ы, -ов; II.6 (*m.*) режиссёр -а; -ы, -ов

**product** II.6 (*n.*) произведе́ни|е -я; -я, -й

**production** I.PL (*f.*) проду́кци|я -и

**profession** I.18 (*f.*) профе́сси|я -и; -и, -й

**professional** II.13 (*adj.*) профессиона́льн|ый -ая, -ое, -ые

**professional-technical** I.18 (*adj.*) профессиона́льно-техни́ческ|ий -ая, -ое, -ие

**program** I.14 (*f.*) програ́мм|а -ы; -ы, -∅

**project** I.3 (*m.*) прое́кт -а; -ы, -ов

**prominent** II.14 (*adj.*) кру́пн|ый -ая, -ое, -ые

**promise** II.9 (*impf.*) обеща́|ть -ю, -ешь, -ют

**protest** I.PL (*m.*) проте́ст -а; -ы, -ов

**province** II.17 (*f.*) о́бласт|ь -и; -и, -е́й

**PTU, Professional Technical School** I.18 (*indecl. acronym*) ПТУ

**public** I.PL (*f.*) пу́блик|а -и

**punks** II.11 (*pl.*) па́нки

**pupil** I.5 (*m.*) учени́к -а́; -и́, -о́в

**purchase** I.19 (*pf.*) куп|и́ть куплю́, -ишь, -ят

**purchase** II.18 (*f.*) поку́пк|а -и; -и, поку́пок

**pursuit** I.1 (*n.*) де́л|о -а; -а́, -∅

**Pushkin** II.6 (*adj.*) пу́шкинск|ий -ая, -ое, -ие

**Puss'n Boots** II.14 (*name*) Ко́т в сапога́х

**put down** II.14 (*pf.*) опуст|и́ть опущу́, -ишь, -ят

**put on** (*clothing*) II.16 (*pf.*) оде́ться оде́н|усь, -ешься, -утся; II.13 (*impf.*) надева́|ть -ю, -ешь, -ют; II.14 (*pf.*) наде́ть наде́н|у, -ешь, -ут

**put** (*standing*) II.16 (*pf.*) поста́в|ить -лю, -ишь, -ят

## Q

**quack** II.19 (*impf.*) кря́ка|ть -ю, -ешь, -ют

**quarter** II.16 (*f.*) че́тверт|ь -и

**queen** I.18 (*f.*) короле́в|а -ы; -ы, -∅

**question** I.4 (*impf.*) спра́шива|ть -ю, -ешь, -ют; I.20 (*pf.*) спрос|и́ть спрошу́, -ишь, -сят; I.6 (*m.*) вопро́с -а; -ы, -ов

**quickly** I.11 (*adv.*) бы́стро; II.13 (*adv.*) ско́ро

**quiet** II.4 (*adj.*) споко́йн|ый -ая, -ое, -ые; **quieter** II.17 (*comp. adj.*) ти́ше

**quill** II.19 (*n.*) перо́ -а́; пе́рь|я, -ев

**quite** II.11 (*adv.*) во́все

**R**

**racquet** I.15 (*f.*) раке́тк|а -и; -и, раке́ток

**radio** I.6 (*indecl. n.*) ра́дио

**radio program** II.13 (*f.*) радиопрогра́мм|а -ы; -ы, -Ø

**railroad** I.15 (*phr.*) желе́зная доро́га

**rain** I.16 (*m.*) дождь -я́; -и́, -е́й

**rain shower** II.18 (*dim. m.*) до́ждик -а

**rainbow** I.16 (*f.*) ра́дуг|а -и; -и, -Ø

**raincoat** II.14 (*m.*) плащ -а; -и́, -е́й

**rally** II.13 (*m.*) ми́тинг -а; -и, -ов

**rank** I.17 (*m.*) разря́д -а; -ы, -ов

**rarely** II.12 (*adv.*) ре́дко

**reach by vehicle** II.6 (*pf.*) дое́хать дое́д|у, -ешь, -ут

**reach on foot** II.6 (*pf.*) дойти́ дойд|у́, -ёшь, -у́т

**read a while** II.12 (*pf.*) почита́|ть -ю, -ешь, -ют

**read** I.6 (*impf.*) чита́|ть -ю, -ешь, -ют; I.8 (*pf.*) прочита́|ть -ю, -ешь, -ют

**reading** II.1 (*n.*) чте́ни|е -я, -я, чте́ний

**real** I.13 (*adj.*) настоя́щий -ая, -ое, -ие

**really** I.13 (*part.*) ра́зве; II.2 (*adv.*) неуже́ли

**receive** II.3 (*impf.*) получа́|ть -ю, -ешь, -ют; II.8 (*pf.*) получ|и́ть -у́, -ишь, -ат

**recently, not long ago** II.18 (*adv.*) неда́вно

**recess** II.16 (*f.*) переме́н|а -ы; -ы, -Ø

**recognize** I.18 (*pf.*) узна́|ть -ю, -ешь, -ют; II.16 (*impf.*) узна|ва́ть -ю, -ёшь, -ю́т

**record** I.18 (*m.*) реко́рд -а; -ы, -ов; I.19 (*f.*) пласти́нк|а -и; -и, пласти́нок

**recover** II.11 (*pf.*) излеч|и́ться -у́сь; -ишься, -атся

**red** I.2 (*adj.*) кра́сн|ый -ая, -ое, -ые

**redden, become red** II.13 (*impf.*) красне́|ть -ю, -ешь, -ют

**refreshment** II.9 (*f.*) заку́ск|а -и; -и, заку́сок

**region** II.6 (*m.*) райо́н -а; -ы, -ов; II.17 (*f.*) о́бласт|ь -и; -и, -е́й

**registration** II.1 (*f.*) регистра́ци|я -и; II.1 (*n.*) оформле́ни|е -я

**regularly** II.6 (*adv.*) регуля́рно

**rehearsal** II.3 (*f.*) репети́ци|я -и; -и, -й

**reinforce** II. (*impf.*) креп|и́ть креплю́, -и́шь, -я́т

**religious painting** II.6 (*f.*) ико́н|а -ы; -ы, -Ø

**remain** II.17 (*pf.*) оста́ться оста́н|ется, -утся

**remember** II.17 по́мн|ить -ю, -ишь, -ят

**remote** II.9 (*adj.*) да́льн|ий -яя, -ее, -ие

**rendezvous** II.16 (*n.*) свида́ни|е -я; -я, -й

**repairman** I.17 (*m.*) ма́стер -а; -а́ ,-о́в

**repeat** I.17 (*pf.*) повтор|и́ть -ю́, -и́шь, -я́т

**repetition** I.5 (*n.*) повторе́ни|е -я

**replica** II.6 (*f.*) ко́пи|я -и; -и, -й

**republic** I.PL (*f.*) респу́блик|а -и; -и, -Ø

**request** II.2 (*impf.*) про́с|ить прошу́, -ишь, -ят; II.17 (*pf.*) попрос|и́ть попрошу́, -ишь, -ят; II.9 (*f.*) про́сьб|а -ы; -ы, -Ø

**resembling** II.3 (*pred.*) похо́ж -а, -е, -и

**residence** II.6 (*f.*) резиде́нци|я -и; -и, -й

**resolutely** II.6 (*adv.*) реши́тельно

**resound** I.1 (*impf.*) звуча́ть звуч+ -у́, -ишь, -а́т

**respond** II.2 (*pf.*) отве́ти|ть отве́чу, -ишь, -ят; I.4 (*impf.*) отвеча́|ть -ю, -ешь, -ют

**rest** II.2 (*impf.*) отдыха́|ть -ю, -ешь, -ют; II.12 (*pf.*) отдохн|у́ть -у́, -ёшь, -ёшь

**restaurant** I.4 (*m.*) рестора́н -а; -ы, -ов

**result** I.18 (*m.*) результа́т -а; -ы, -ов

**reverse** II.9 (*adj.*) обра́тн|ый -ая, -ое, -ые

**revolution** I.4 (*f.*) револю́ци|я -и; -и, -й

**rhinoceros, rhino** II.4 (*m.*) носоро́г -а; -и, -ов

**rich** II.6 (*adj.*) бога́т|ый -ая, -ое, -ые

**ride** (*for pleasure*) II.16 (*pf.*) поката́|ться -юсь, -ешься, -ются; (*a bit*) II.16 (*pf.*) поката́|ться -юсь, -ешься, -ются

**ride** I.11 (*indet. impf.*) е́зд|ить е́зжу, -ишь, -ят; I.12 (*det. impf.*) е́хать е́д+ -у, -ешь, -ут; II.12 (*pf.*) пое́хать пое́д|у, -ешь, -ут; II.14 ката́|ться -юсь; -ешься, -ются; **make a trip by vehicle** II.11 (*pf.*) съе́здить съе́зжу, съе́зд|ишь, -ят

**riding** I.17 (*n.*) ката́ни|е -я; -я, -й

**right away** I.2 (*adv.*) сейча́с

**right, to or on the right** I.9 (*adv.*) напра́во; II.7 (*adv.*) спра́ва

**ring** I.1 (*impf.*) звуча́ть звуч+ -у́, -и́шь, -а́т; I.2 (*n.*) кольц|о́ -а́; ко́льца, коле́ц

**river** I.9 (*f.*) рек|а́ -и́; -ре́ки, -Ø; II.14 (*dial.*) ре́чк|а -и; -и, ре́чек

**road** I.15 (*f.*) доро́г|а -и; -и, -Ø; II.9 (*adj.*) доро́жн|ый -ая ,-ое, -ые

**roar** II.19 (*impf.*) рев|е́ть, -у́, -ёшь, -у́т

**robot** I.4 (*m.*) ро́бот -а; -ы, -ов

**rock and roll** I.6 (*m.*) рок-н-ро́л -а

**rock concert** I.15 (*m.*) ро́к-конце́рт -а; -ы, -ов

**rock group** II.2 (*f.*) рок-гру́ппа -ы; -ы, -Ø

**rogue, little rogue** II.14 (*dim. f.*) плути́шк|а -и; -и, плути́шек

**roll** II.14 (*impf.*) ката́|ться -юсь; -ешься, -ются

**rolling** I.17 (*n.*) ката́ни|е -я; -я, -й

**roof** I.4 (*f.*) кры́ш|а -и; -и, -Ø; **exclamation** II.19 (*interj.*) кря

**room** I.2 (*f.*) ко́мнат|а -ы; -ы, -Ø

**rose** II.8 (*f.*) ро́за -ы; -ы, -Ø

**RSFSR, Russian republic** I.PL (*indecl. acronym*) РСФСР (before 1992)

**ruble** II.19 (*m.*) рубл|ь -я́; -и́, -е́й

**rude** II.4 (*adj.*) гру́б|ый -ая, -ое, -ые

**ruffian** I.PL (*m.*) хулига́н -а; -ы, -ов

**rugby** I.PL (*indecl. n.*) ре́гби

**rule** I.16 (*n.*) пра́вил|о -а; -а, -Ø

**run** I.13 (*imper.*) бега́й -; I.17 (*m.*) бег -а; **run past** II.14 (*impf.*) пробега́|ть -ю -ешь, -ют; **run up** II.19 (*pf.*) прибежа́ть прибегу́, прибеж|и́шь, прибегу́т

**Rus, ancient Russia** II.6 (*f.*) Русь -и́

**rush hour** I.12 (*m.*) пик -а; -и, -ов

**Russia** I.PL (*f.*) Росси́|я -и

**Russian** I.PL (*adj.*) ру́сск|ий -ая, -ое, -ие; (*language*) I.PL (*adj.*) ру́сск|ий -ая, -ое, -ие; **in Russian** I.6 (*adv.*) по-ру́сски

**Russian-English** I.10 (*adj.*) ру́сско-англи́йск|ий

---

**S**

**sacred** II.13 (*adj.*) свят|о́й -а́я, -о́е, -ы́е

**salad** I.PL (*m.*) сала́т -а; -ы, -ов

**salesclerk** I.18 (*m.*) продав(е́)ц -а́, -ы́, -о́в; II.19 (*f.*) продавщи́ц|а -ы; -ы, -Ø

**salon** II.18 (*m.*) сало́н -а; -ы, -ов

**samovar** II.9 (*m.*) самова́р -а; -ы, -ов

**San Francisco** II.17 (*indecl. n.*) Сан-Франци́ско

**sandwich** II.9 (*m.*) бутербро́д -а; -ы, -ов

**Santa Claus** II.13 (*m.*) Са́нта-Кла́ус -а; -ы, -ов

**satisfaction** II.2 (*n.*) удово́льствие -я; **with pleasure** с удово́льствием

**satisfactorily** I.2 (*adv.*) удовлетвори́тельно

**satisfied** II.9 (*adj.*) дово́льн|ый -ая, -ое, -ые

**satellite** I.PL (*m.*) спу́тник -а; -и, -ов

**Saturday** I.7 (*f.*) суббо́т|а -ы

**sausage** II.9 (*f.*) колбас|а́ -ы́; колба́с|ы, -Ø

**save up** II.9 (*impf.*) коп|и́ть -лю́; -ишь, -ят

**say** I.7 (*impf.*) говор|и́ть -ю́, -и́шь, -я́т; I.3 (*pf.*) сказа́ть ска́ж+ -у́, -ешь, -ут; **say, tell me** I.3 (*imper.*) скажи́, скажи́те

**scarf** II.14 (*m.*) шарф -а; -ы, -ов

**scat** (*to a dog*) I.2 (*interj.*) фу; (*to a cat*) I.2 (*interj.*) брысь

**scenery** II.6 (*f.*) декора́ци|я -и; -и, -й

**schedule** I.7 (*n.*) расписа́ни|е -я; -я, -й

**scheduled** I.19 (*adj.*) контро́льн|ый -ая, -ое, -ые

school I.1 (*f.* ) шко́л|а -ы; -ы, -Ø (*for professional training*) I.13 (*n.*) учи́лищ|е -а; -а, -Ø; II. (*adj.*) шко́льн|ый -ая, -ое, -ые
school office II.17 (*f.*) канцеля́ри|я -и; -и, -й
schoolchild I.3 (*m.*) шко́льник -а; -и, -ов
science II.6 (*f.*) нау́к|а -и, -и -Ø
score I.13 (*m.*) счёт -а; -а́, -о́в
screech II.9 (*impf.*) визж|а́ть -у́; -и́шь, -а́т
sculpt II.14 (*impf.*) леп|и́ть леплю́, -ишь, -ят
sculpture I.PL (*f.*) скульпту́р|а -ы; -ы, -Ø
sea I.PL (*n.*) мо́р|е -я; -я́, -е́й
search for I.12 (*impf.*) иска́ть ищ|у́, -ешь, -ут
seasons I.16 (*pl. phr.*) времена́ го́да
Seattle I.13 (*m.*) Си́этл -а
second I.2 (*ord. no.*) втор|о́й -а́я, -о́е, -ы́е
secret I.PL (*m.*) секре́т -а; -ы, -ов
secretary I.18 секрета́р|ь -я́; -и́, -е́й
section II.17 (*f.*) се́кци|я -и; -и, -й; II.18 (*m.*) отде́л -а; -ы, -ов
see I.11 (*impf.*) ви́д|еть ви́жу, -ишь, -ят; I.20 (*pf.*) уви́д|еть уви́жу, -ишь, -ят
seeing off I.16 (*pl.*) про́вод|ы -ов
seek I.12 (*impf.*) иска́ть ищ|у́, -ешь, -ут
seems, it seems II.4 (*v. form*) ка́жется (+ *dat.*)
seldom II.12 (*adv.*) ре́дко
select I.18 (*pf.*) вы́брать вы́бер|у, -ешь, -ут
sell II.19 (*impf.*) прода|ва́ть -ю́, -ёшь, -ю́т
semi- II.16 (*prefix*) пол-
send II.12 (*impf.*) посыла|ть -ю, -ешь, -ют; II.8 (*pf.*) посла́ть пошл|ю́, -ёшь, -ю́т
sending off I.16 (*pl.*) про́вод|ы -ов
sentence I.6 (*n.*) предложе́ни|е -я; -я, -й
September II.13 (*m.*) сентя́бр|ь -я́
serious II.4 (*adj.*) серьёзн|ый -ая, -ое, -ые
service I.11 (*m.*) серви́з -а; -ы, -ов
session II.17 (*n.*) заседа́ни|е -я; -я, -й
set I.15 (*f.*) па́рти|я -и; -и, -й; II.6 (*f.*) декора́ци|я и-; -и, -й; II.18 (*m.*) набо́р -а; -ы, -ов; I.11 (*m.*) серви́з -а; -ы, -ов
settee I.18 (*m.*) дива́н -а; -ы, -ов
seven I.13 (*card. no.*) сем|ь -и́
seventeen I.13 (*card. no.*) семна́дцат|ь -и
seventeenth I.17 (*ord. no.*) семна́дцат|ый -ая, -ое, -ые

seventh I.7 (*ord. no.*) седьм|о́й -а́я, -о́е, -ы́е
seventy I.13 (*card. no.*) се́мьдесят семи́десяти
several I.18 (*indef. no.*) не́сколько
shake off II.14 (*pf.*) отряхн|у́ть -у́, -ёшь, -у́т
shape II.12 (*m.*) о́браз -а; -ы, -ов; I.PL (*f.*) фо́рм|а -ы; -и, -Ø
shawl I.19 (*m.*) плат(о́)к -а́; -и́, -о́в
shchi (*soup*) I.PL (*pl.*) щи, щей
she, it I.2 (*f. pers. pron.*) она́
sheet (of paper) II.8 (*m.*) лист(о́)к -а́; -и́, -о́в
sheet music I.4 (*pl.*) но́т|ы -Ø
she-goat I.19 (*f.*) коз|а́ -ы; -ы, -Ø
shine II.13 (*impf.*) блесте́ть блещу́, блест|и́т, -я́т
shirt I.19 (*f.*) руба́шк|а -и; -и, руба́шек
shock I.PL (*m.*) шок -а; -и, -ов
shoe, slipper (*f.*) ту́фл|я -и; -и, ту́фель
shop for I.3 (*impf.*) покупа́|ть -ю, -ешь, -ют
shop window II.19 (*f.*) витри́н|а -ы; -ы, -Ø
short II.3 (*adj.*) коро́тк|ий -ая, -ое, -ие; II.3 (*adj.*) невысо́к|ий -ая, -ое, -ие
short-time I.16 (*adj.*) кратковре́менн|ый -ая, -ое, -ые
shout II.19 (*impf.*) крич|а́ть -у́, -и́шь, -а́т
show I.19 (*pf.*) показа́ть покажу́, пока́ж|ешь, -ут; II.3 (*impf.*) пока́зыва|ть -ю, -ешь, -ют
showcase II.19 (*f.*) витри́н|а -ы; -ы, -Ø
Shrovetide I.16 (*f.*) Ма́слениц|а -ы
Siberia I.PL (*f.*) Сиби́р|ь -и
side II.7 (*f.*) сторон|а́ -ы; сто́рон|ы, -Ø
side street II. (*m.*) переу́л(о)к -а; -и, -ов
sideshow I.PL (*m.*) аттракцио́н -а; -ы, -ов
sign I. (*m.*) знак -а; -и, -ов; signboard II.20 (*f.*) вы́веск|а -и; -и, вы́весок
signal I.5 сигна́л -а; -ы, -ов
signify II.2 (*impf.*) зна́ч|ить -ит, -ат
silent, keep silent, be silent II.8 (*impf.*) молч|а́ть -у́; -и́шь, -а́т
silk, siken I.19 (*adj.*) шёлков|ый -ая, -ое, -ые
silly II.4 (*adj.*) глу́п|ый -ая, -ое, -ые
similar II.3 (*pred.*) похо́ж -а, -е, -и
simply II.1 (*adv.*) про́сто
sing I.7 (*impf.*) петь по|ю́, -ёшь, -ю́т; (*a bit*) II.12 (*impf.*) попе́ть попо|ю́ -ёши, -ют; II.14 (*pf.*) спеть спо|ю́, -ёшь, -ю́т; sing out II.3 (*impf.*) распева́|ть -ю, -ешь, -ют
singer II.3 (*m.*) пев(е́)ц -а́; -ы́, -о́в; II.3 (*f.*) певи́ц|а -ы; -ы, -Ø
sister I.PL (*f.*) сестр|а́ -ы́; сёстры, сестёр
sit down II.19 (*pf.*) сесть ся́ду, -ешь, -ут; I.12 (*imper.*) сади́сь; (*for a*

*while*) II.14 (*pf.*) посид|е́ть посижу́, -ишь, -я́т
sit, be sitting I.13 (*adj.*) сид|е́ть сижу́, -и́шь, -я́т
site I.19 (*n.*) ме́ст|о -а; -а́, -Ø
sitting II.17 (*n.*) заседа́ни|е -я; -я, -й
six I.13 (*card. no.*) шест|ь -и
sixteen I.13 (*card. no.*) шестна́дцат|ь -и
sixteenth I.16 (*ord. no.*) шестна́дцат|ый -ая, -ое, -ые
sixth I.6 (*ord. no.*) шест|о́й -а́я, -о́е, -ы́е
sixty I.13 (*card. no.*) шестьдеся́т шести́десяти
skate II.14 (*impf.*) ката́|ться -юсь; -ешься, -ются
skates I.17 (*pl.*) конько́в
skating I.17 (*n.*) ката́ни|е -я; -я, -й
sketch I.19 (*f.*) схе́м|а -ы; -ы, -Ø; II.12 (*adj.*) чертёж чертежа́; I.20 (*m.*) рису́н(о)к -а; -и, -ов; II.6 (*m.*) эски́з -а; -ы, -ов
sketching I.17 (*n.*) рисова́ни|е -я
skirt II.14 (*f.*) ю́бк|а -и; -и, ю́бок
skis I.16 (*pl.*) лы́ж|и -Ø
sky II.2 (*n.*) не́б|о -а; небес|а́, небе́с
sleep II.15 (*impf.*) сп|ить сплю, -ишь, -ят; (*a bit*) II.16 (*pf.*) поспа́ть; II.7 (*m.*) с(о)н -а; -ы, -ов
slender, slim II.3 (*adj.*) стро́йн|ый -ая, -ое, -ые
slipper (*f.*) ту́фл|я -и; -и, ту́фель
slow I.9 (*adj.*) отстаю́щий -ая, -ое, -ие
slowly I.12 (*adv.*) ме́дленно
slumber II.7 (*m.*) с(о)н -а; -ы, -ов
small I.9 (*adj.*) ма́леньк|ий -ая, -ое, -ие; I.9 (*adj.*) небольш|о́й -а́я, -о́е, -и́е; II.4 (*comp. adj.*) ме́ньше
smile II.3 (*f.*) улы́бк|а -и; -и, -Ø; II.14 (*pf.*) улыбну́ться (*usually past*)
smoked II.9 (*adj.*) копчён|ый -ая, -ое, -ые
snack II.9 (*f.*) заку́ск|а -и; -и, заку́сок; snack bar I.2 (*m.*) буфе́т -а; -ы, -ов
snow I.16 (*m.*) снег -а
snowball II.14 (*m.*) снеж(о́)к -а́; -и́, -о́в
Snow Maiden II.14 (*f.*) Снегу́рочк|а -и
snowstorm II.14 (*f.*) мете́л|ь -и; -и, -ей
so I.11 (*adv.*) так
soccer I.PL (*m.*) футбо́л -а; I.15 (*adj.*) футбо́льн|ый -ая, -ое, -ые
soccer player I.20 (*m.*) футболи́ст -а; -ы, -ов
sociable II.4 (*adj.*) обши́тельн|ый -ая, -ое, -ые
socialist(ic) I.PL (*adj.*) социалисти́ческ|ий -ая, -ое, -ие
soda pop II.9 (*m.*) лимона́д -а
sofa I.18 (*m.*) дива́н -а; -ы, -ов
soft drink II.9 (*m.*) лимона́д -а
soft I.PL (*adj.*) мя́гк|ий -ая, -ое, -ие
solidarity II.13 (*f.*) солида́рност|ь -и
solve I.18 (*pf.*) реш|и́ть -у́, -и́шь, -а́т;

**I.19** (*impf.*) реша́|ть -ю, -ешь, -ют

**some** I.7 (*adv.*) немно́го; I.18 (*indef. no.*) не́сколько; II.12 (*pron.*) не́который -ая, -ое -ые; **a little bit** II.18 (*conv. adv.*) немно́жко

**sometimes** II.12 (*adv.*) иногда́

**somewhere, in some place** II.8 (*adv.*) где́-то

**son** I.3 (*m.*) сын -а; сыновья́, сынове́й

**song** I.7 (*f.*) пе́сн|я -и; -и, пе́сен; II.14 (*dim. f.*) пе́сенк|а -и, -и, пе́сенок

**soon** II.13 (*adv.*) ско́ро

**sort** I.PL (*m.*) сорт -а; -а́, -о́в

**soul** II.9 (*f.*) душа́ -и́; -и́, -Ø

**sound** I.1 (*impf.*) звуча́ть звуч+ -у́, -ишь, -а́т

**sound recording** II.6 (*f.*) зву́козапись -и; -и, -ей

**sour cream** I.16 (*f.*) смета́н|а -ы

**southern** I.16 (*adj.*) ю́жн|ый -ая, -ое, -ые

**souvenir** I.PL (*m.*) сувени́р -а; -ы, -ов

**space** I.PL (*m.*) ко́смос -а; II.6 (*adj.*) косми́ческ|ий -ая, -ое, -ие

**Spanish** I.19 (*adj.*) испа́нск|ий -ая, -ое, -ие

**spare time** II.16 (*m.*) досу́г -а

**sparkle** II.13 (*impf.*) блесте́ть блещу́, блест|и́т, -я́т

**sparrow** II.19 (*m.*) вороб|е́й -ья́; -ьи́, -ьёв; II.19 (*m.*) воро́быш(е)к -а; -и, -ов

**Spartacus** I.10 (*m.*) Спарта́к -а

**speak** I.7 (*impf.*) говор|и́ть -ю́, -и́шь, -я́т; I.14 (*impf.*) выступа́|ть -ю, -ешь, -ют

**spear** II.19 (*n.*) копьё -я́; -ко́пья, ко́пий

**spend** (*time*) I.14 (*impf.*) провод|и́ть провожу́, -ишь, -ят; II.6 (*pf.*) провести́ провед|у́, -ёшь, -у́т

**special** I.14 (*adj.*) специа́льн|ый -ая, -ое, -ые

**specially** I.19 (*adv.*) специа́льно

**sphere** II.18 (*m.*) шар -а; -ы́, -о́в

**spinet** I.8 (*indecl. n.*) пиани́но

**spoiled** II.4 (*adj.*) избало́ванн|ый -ая, -ое, -ые

**sponsor** I.3 (*m.*) спо́нсор -а; -ы, -ов

**sport(s)** I.PL (*m.*) спорт -а; -ы, -ов

**sporting** I.4 (*adj.*) спорти́вн|ый -ая, -ое, -ые

**sporting goods** I.4 (*pl.*) спорттова́р|ы -ов

**sports lotto** I.17 (*indecl. n.*) спортлото́

**sportsman** I.3 (*m.*) спортсме́н -а; -ы, -ов

**sports shoe** I.18 (*m.*) кед -а; -ы, -ов

**spot** I.19 (*n.*) ме́ст|о -а; -а́, -Ø

**spring** I.9 (*f.*) весна́ -ы́; вёсн|ы, -вёсен; **in the spring** I.6 (*adv.*) весно́й

**square** I.2 (*f.*) пло́щадь -и; -и, -е́й

**squeal** II.9 (*impf.*) визж|а́ть -у́; -и́шь, -а́т

**squirrel** II.18 (*f.*) бе́лк|а -и; -и, бе́лок

**St. Louis** I.20 (*m.*) Сент-Лу́ис -а

**St. Petersburg** II.5 (*m.*) Санкт-Петербу́рг -а

**stadium** I.PL (*m.*) стадио́н -а; -ы, -ов

**stage** I.19 (*impf.*) ста́в|ить ста́влю, -ишь, -ят

**stamp** I.4 (*f.*) ма́рк|а -и; -и, ма́рок

**stand** I.11 (*impf.*) сто|я́ть -ю́, -и́шь, -я́т; II.7 (*f.*) стоя́нк|а -и; -и, стоя́нок; II.16 (*pf.*) поста́в|ить -лю, -ишь, -ят; **stand up** I.18 (*pf.*) встать вста́н|у, -ешь, -ут

**star** I.9 (*f.*) звезда́ -ы́; звёзд|ы, -Ø; II.2 (*adj.*) звёздн|ый -ая, -ое, -ые

**start** I.15 (*impf.*) стартова́ть старту́|ет, -ют; I.18 (*impf.*) начина́|ть -ю, -ешь, -ют; II.3 (*pf.*) нача́ть начн|у́, -ёшь, -у́т; **begin** I.16 (*impf.*) начина́|ться -ется, -ются; II.1 (*pf.*) взя́ться возьм|у́сь, -ёшься, -у́тся; II.16 (*pf. + impf. infinitive*) стать ста́ну, -ешь, -ут; нача́л|о -а, -Ø

**state** II. (*m.*) штат -а; -ы, -ов

**station** (*train*) II.7 (*m.*) вокза́л -а; -ы, -ов

**station** I.12 (*f.*) ста́нци|я -и; -и, -й

**statue** II.5 (*m.*) па́мятник -а; -и, -ов

**stature** II.3 (*m.*) рост -а

**steel, steel-colored** I.11 (*adj.*) стальн|о́й -а́я, -о́е, -ы́е

**stem** II.14 (*dim. f.*) но́жк|а -и; -и, но́жек

**still** I.7 (*adv.*) ещё

**stocking** II.14 (*m.*) чуло́к -а; -и́, -о́в

**stomach** II. (*m.*) живо́т -а́

**stop** I.11 (*pf.*) останов|и́ть остановлю́, -ишь, -ят; II.7 (*f.*) остано́вк|а -и; -и, остано́вок

**store** I.3 (*m.*) магази́н -а; -ы, -ов

**story** II.2 (*m.*) расска́з -а; -ы, -ов; **stout** II.3 (*adj.*) по́лн|ый -ая, -ое, -ые

**stove** II.11 (*f.*) пли́тка пли́тк|и, -и, пли́ток

**straight** II.3 (*adj.*) прям|о́й -а́я, -о́е, -ы́е

**strange** II.11 (*adj.*) стра́нн|ый -ая, -ое, -ые

**stream** II.14 (*dial. f.*) ре́чк|а -и; -и, ре́чек

**street** I.3 (*f.*) у́лиц|а -ы; -ы, -Ø

**streetcar** I.12 (*m.*) трамва́|й -я; -и, -ев

**strengthen** I.18 (*impf.*) усилива́|ть -ет, -ют; креп|и́ть; II. (*impf.*) креплю́ -и́шь, -и́т

**stroll** I.12 (*impf.*) гуля́|ть -ю, -ешь, -ют; II.12 (*pf.*) погуля́|ть -ю, -ешь, -ют

**strong** I.13 (*adj.*) си́льн|ый -ая, -ое, -ые

**student** (*post-secondary*) I.PL (*m.*) студе́нт -а; -ы, -ов; I.3 (*f.*) студе́нтк|а -и; -и, студе́нток; (*in grades 9-11*) II.14 (*m.*) старшекла́ссник -а; -и, -ов; (*in school*) I.5 (*m.*) учени́к -а; -и, -о́в;

**I.7** (*f.*) учени́ц|а -ы; -ы, -Ø; I.3 (*m.*) шко́льник -а; -и, -ов

**studio** II.17 (*f. subst.*) мастерска́я

**study** I.7 (*impf.*) уч|и́ть -у́, -ишь, -ат; I.8 (*impf.*) уч|и́ться -у́сь, -ишься, -атся; I.17 (*impf.*) занима́|ться, -юсь, -ешься, -ются

**stupid** II.4 (*adj.*) глу́п|ый -ая, -ое, -ые

**style** I.1 (*f.*) мо́д|а -ы; -ы, -Ø

**subject** I.PL (*m.*) субъе́кт -а

**subjugator** II.6 (*m.*) покори́тель -я; -и, -ей

**subscriber** I.19 (*m.*) подпи́счик -а; -и, -ов

**subway** I.PL (*indecl. n.*) метро́

**succeed, be in time for** II.17 (*pf.*) успе́|ть -ю, -ешь, -ют

**success** II.9 (*m.*) успе́х -а; -и, -ов

**such** I.16 (*adj.*) так|о́й -а́я, -о́е, -и́е

**suck** II.2 (*impf.*) сос|а́ть у́, -ёшь, -у́т

**suddenly** I.20 (*adv.*) вдруг

**suit** I.2 (*m.*) костю́м -а; -ы, -ов

**summer** I.16 (*n.*) ле́т|о -а; -а, -Ø; **in summer** I.16 (*adv.*) ле́том

**sun** I.16 (*n.*) со́лнце -а; -а, -Ø

**Sunday** I.14 (*m.*) воскресе́нь|е -я

**superior** II.4 (*adj.*) вы́сш|ий -ая, -ее, -ие

**supper** II.13 (*m.*) у́жин -а; -ы, -ов

**supplementary** II.17 (*adj.*) дополни́тельн|ый -ая, -ое, -ые

**sure** I.18 (*adj.*) уве́ренн|ый -ая, -ое, -ые

**surname** I.1 (*f.*) фами́ли|я -и; -и, -й

**Suzdal** (*ancient town*) II.11 (*m.*) Су́здаль Су́здал|ь, -я

**swan** I.20 (*adj.*) лебеди́н|ый -ая, -ое, -ые

**sweater** II.14 (*m.*) сви́тер -а; -ы, -ов

**sweatshirt** II.8 (*f.*) футбо́лка -и; -и, футбо́лок

**sweet** II.9 (*adj.*) сла́дк|ий -ая, -ое, -ие

**swimming** II.17 (*n.*) пла́вани|е -я

**swimming pool** I.10 (*m.*) бассе́йн -а; -ы, -ов

**symbol** II.12 (*m.*) си́мвол -а; -ы, -ов

**symphony, symphonic** I.7 (*adj.*) симфони́ческ|ий -ая, -ое, -ие

---

## T

**table** I.2 (*m.*) стол -а́; -ы́, -о́в; I.17 (*adj.*) насто́льн|ый -ая, -ое, -ые; I.17 табли́ц|а -ы; -ы, -Ø

**table cloth** I.19 (*f.*) ска́терт|ь -и; -и, -ей

**Taganka, part of Moscow** II.16 (*f.*) Тага́нка

**take** I.18 (*pf.*) взять возьм|у́, -ёшь, -у́т

**take** (*on foot*) II.8 (*impf.*) нес|ти́ -у́, -ёшь, -у́т

**take a seat** II.19 (*pf.*) сесть ся́ду, -ешь, -ут

**tale** II.14 (*f.*) ска́зк|а -и; -и, ска́зок; II.2 (*m.*) расска́з -а; -ы, -ов

**talented** II.4 (*adj.*) тала́нтливый -ая, -ое, -ые

**talk a bit** II.16 (*pf.*) поговор|и́ть -ю́, -и́шь, -я́т

**tall** II.3 (*adj.*) высо́к|ий -ая, -ое, -ие

**tap** II.11 (*impf.*) стуч|а́ть -у́, -и́шь, -а́т

**tape recorder** I.8 (*m.*) магнитофо́н -а; -ы, -ов

**task** I.15 (*n.*) зада́ни|е -я; -я, -й; I.18 (*f.*) зада́ч|а -и; -и, -Ø

**tasty** II.9 (*pred.*) вку́сно; II.9 (*adj.*) вку́сн|ый -ая -ое, -ые

**Tatar** I.15 (*m.*) тата́рин -а; тата́р|ы, -Ø

**taxi** I.12 (*indecl. m.*) такси́

**Tchaikovsky, P.I.** (*composer*) II.9 (*m.*) Чайко́вск|ий

**tea** II.9 (*m.*) ча|й -я

**teacher** I.3 (*f.*) учи́тельниц|а -ы; -ы, -Ø; I.6 (*m.*) учи́тел|ь -я; -я́, -ей; I.18 (*adj.*) учи́тельск|ий -ая, -ое, -ие

**team** I.13 (*f.*) кома́нд|а -ы; -ы, -Ø

**teapot** II.18 (*m.*) ча́йник -а; -и, -ов

**technical** I.20 (*adj.*) техни́ческ|ий -ая, -ое, -ие

**technical school** I.8 (*m.*) те́хникум -а; -ы, -ов

**technics** I.18 (*f.*) те́хник|а -и

**technology** I.18 (*f.*) те́хник|а -и

**telegram** II.9 (*f.*) телегра́мм|а -ы; -ы, -Ø

**telegraph** II.7 (*m.*) телегра́ф -а; -ы, -ов; II.6 (*adj.*) телегра́фн|ый -ая, -ое, -ые

**telephone** I.4 (*m.*) телефо́н -а; -ы, -ов; II.6 (*adj.*) телефо́нн|ый -ая, -ое, -ые; II.11 (*pf.*) позвон|и́ть -ю́, -и́шь, -я́т

**telephone call** II.17 (*m.*) звон(о́)к -а́; -и́, -о́в

**television** II.3 (*n.*) телеви́дени|е -я

**television center** II.2 (*m.*) телеце́нтр -а; -ы, -ов

**television set** I.PL (*m.*) телеви́зор -а; -ы, -ов

**tell** I.7 (*impf.*) говор|и́ть -ю́, -и́шь, -я́т; I.3 (*pf.*) сказа́ть ска́ж+ -у́, -ешь, -ут; I.20 (*pf.*) рассказа́ть расска́ж+ -у́, -ешь, -ут

**temperature** I.16 (*f.*) температу́ра -ы

**temple** I.10 (*m.*) храм -а; -ы, -ов; (*part of face*) II.3 (*m.*) вис(о́)к -а́

**Temple of St. Vasily the Blessed** II.6 (*m. phr.*) Храм Васи́лия Блаже́нного

**ten** I.13 (*card. no.*) де́сять -и́

**tennis** I.PL (*m.*) те́ннис -а; -ы, -ов; II.8 (*adj.*) те́нисн|ый -ая, -ое, -ые

**tenth** I.10 (*ord. no.*) деся́т|ый -ая, -ое, -ые

**terrible** II.6 (*adj.*) гро́зн|ый -ая, -ое, -ые

**territory** I.16 (*f.*) террито́ри|я -и; -и, -й

**text** I.PL (*m.*) текст -а; -ы, -ов

**textbook** I.2 (*m.*) уче́бник -а; -и, -ов

**textile** II.16 (*f.*) ткан|ь -и; -и, -ей

**than** II.5 (*conj.*) чем

**thanking** II.13 (*n.*) благодаре́ни|е -я

**thanks** I.1 (*part.*) спаси́бо

**Thanksgiving** II.13 (*m. phr.*) День благодаре́ния

**that** I.7 (*conj.*) что; II.3 (*pron.*) тот та, то, те

**theater** II.6 (*m.*) теа́тр -а; -ы, -ов; I.20 (*adj.*) театра́льн|ый -ая, -ое, -ые

**their** I.11 (*poss. pron.*) их

**themselves** II.9 (*m. pron.*) са́ми

**then** (*afterwards*) I.11 (*adv.*) пото́м; (*at that time*) II.9 (*adv.*) тогда́

**there** (*in that place*) I.4 (*adv.*) там; (*to that place*) II.6 (*adv.*) туда́

**therefore** I.18 (*adv.*) поэ́тому

**they** I.3 (*pl. pers. pron.*) они́

**thing** II.6 (*f.*) вещ|ь -и; -и, -е́й

**think** II.1 (*impf.*) ду́ма|ть -ю, -ешь, -ют; (*a bit*) II.3 (*pf.*) поду́ма|ть -ю, -ешь, -ют; **I think** II.4 (*pf.*) по-мо́ему; **you think** II.4 (*adv.*) по-тво́ему

**third** I.3 (*ord. no.*) тре́т|ий -яя, -ее, -ые

**thirteen** I.13 (*card. no.*) трина́дцать -и

**thirteenth** I.13 (*ord. no.*) трина́дцат|ый -ая, -ое, -ые

**thirty** I.13 (*card. no.*) три́дцат|ь -и́

**this** I.9 (*pron.*) э́тот, э́та, э́то, э́ти; (*this is*) I.1 (*pron.*) э́то

**thought** II.12 (*f.*) мысл|ь -и; -и, -ей

**thousand** II.7 (*f.*) ты́сяч|а -и; -и, -Ø

**threatening** II.6 (*adj.*) гро́зн|ый -ая, -ое, -ые

**three** I.9 (*card. no.*) три

**through** II.14 (*prep.*) че́рез (+ *acc.*)

**Thursday** I.7 (*m.*) четве́рг -а́

**ticket** I.12 (*m.*) биле́т -а; -ы, -ов; **ticket good on any form of mass transit** I.12 (*phr.*) еди́н|ый биле́т

**tidy** II.12 (*adv./pred.*) чи́сто

**tie** I.20 (*m.*) га́лстук -а; -и, -ов

**tied score, draw** I.13 (*pron.*) ничья́

**tiger** I.14 (*m.*) ти́гр -а; -ы, -ов

**time** I.7 (*n.*) вре́м|я вре́мени; времена́ времён; **from time to time** I.16 (*adv.*) времена́ми; II.14 (*adv.*) поро́ю (поро́й); **have time for** II.17 (*pf.*) успе́|ть -ю, -ешь, -ют; **it's time** II.16 (*pred.*) пора́

**tire; to get tired** II.16 (*pf.*) уста́ть уста́н|у, -ешь, -ут

**title** I.16 (*n.*) назва́ни|е -я; -я, -й

**to** I.3 (*prep.*) на (+ *prepos. or acc.*); (*to a person*) II.3 (*prep.*) к (+ *dat.*)

**toast** I.PL (*m.*) то́ст -а, -ы, -ов

**tobacco** I.4 (*m.*) таба́к -а́

**today** I.12 (*adv.*) сего́дня

**together** I.8 (*adv.*) вме́сте

**toilet** I.4 (*m.*) туале́т -а; -ы, -ов

**Tolyatti** (*city*) I.11 (*indecl. n.*) Тольятти

**tomato** I.PL (*m.*) тома́т -а; -ы, -ов; II.9 (*adj.*) тома́тн|ый -ая, -ое, -ые; II.8 (*m.*) помидо́р -а; -ы, -ов

**tome** I.PL (*m.*) том -а; -а́, -о́в

**tomorrow** I.13 (*adv.*) за́втра

**too** II.4 (*adv.*) сли́шком; II.6 (*adv.*) та́кже

**tooth** II.17 (*adj.*) зубн|о́й -а́я, -о́е, -ы́е

**Torpedo** I.13 (*indecl. n.*) Торпе́д|о

**torte** I.6 (*m.*) то́рт -а; -ы, -ов

**tourist** I.4 (*m.*) тури́ст -а; -ы, -ов

**towards** II.3 (*prep.*) к, ко (+ *dat.*)

**towel** I.10 (*n.*) полоте́нц|е -а; -а, полоте́нец

**tower** II.6 (*f.*) ба́шн|я -и; -и, ба́шен

**town** I.2 (*m.*) го́род -а; -а́, -о́в; II.2 (*m. dim.*) город(о́)к -а́; -и́, -о́в

**toy** II.14 (*f.*) игру́шка -и; -и, игру́шек; II.1 (*adj.*) игру́шечн|ый -ая, -ое, -ые; II.1 (*adj.*) игру́шечн|ый -ая, -ое, -ые

**traffic police** I.11 (*indecl. acronym*) ГАИ

**train** II.11 (*m.*) по́езд -а; -а́, -о́в

**trainer** I.17 (*m.*) тре́нер -а; -ы, -ов

**training** I.17 (*f.*) трениро́вк|а -и

**transitory** I.16 (*adj.*) кратковре́менн|ый -ая, -ое, -ые

**translate** II.9 (*pf.*) переве|сти́ переведу́, -ёшь, -у́т

**translation** II.7 (*m.*) перево́д -а; -ы, -ов

**transparent** II.11 (*pred.*) прозра́ч(е)н -а; -о, -ы

**tray** II.18 (*m.*) подно́с -а; -ы, -ов

**tree** I.4 (*n.*) де́рев|о -а; дере́вь|я, -ев

**Tretyakov Gallery** II.6 (*f. place name*) Третьяко́вская галере́я

**trip** I.11 (*f.*) пое́здк|а -и; -и, пое́здок

**trolleybus** I.12 (*m.*) тролле́йбус -а; -ы, -ов

**trouble** II.11 (*f.*) бед|а́ -ы́; -ы, -Ø

**trousers** II.14 (*pl.*) брю́ки брюк

**truck** II.18 (*m.*) грузови́к -а́; -и́, -о́в

**true, it's true** I.6 (*f.*) пра́вд|а -ы

**truth** I.6 (*f.*) пра́вд|а -ы

**try** II.9 (*impf.*) про́б|овать -ую, -уешь, -уют; II. (*pf.*) попро́бовать попро́бу|ю, -ешь, -ют

**tsar** I.PL (*m.*) цар|ь -я́; -и, -е́й

**t-shirt** II.9 (*f.*) ма́йк|а -и; -и, ма́ек

**Tuesday** I.7 (*m.*) вто́рник -а

**turkey** (*f.*) инде́йк|а -и; -и, инде́ек

**turn** II.7 (*pf.*) поверн|у́ть -у́, -ёшь, -у́т

**turn out** II.3 (*pf.*) вы́йти вы́йд|у, -ешь, -ут; II.8 (*pf.*) получи́ться -у́сь, -и́шься, -а́тся

**turtle** II.12 (*f.*) черепа́х|а -и, -и, -ов; **baby turtle** II.2 (*f.*) черепашён(о)к -а

**Tverskaya Street** II.6 (*f. phr.*) Тверска́я у́лица

**twelfth** I.12 (*ord. no.*) двена́дцат|ый -ая, -ое, -ые

**twelve** I.13 (*card. no.*) двена́дцать

**twentieth** I.20 (*ord. no.*) двадца́т|ый -ая, -ое, -ые

**twenty** I.13 (*card. no.*) два́дцать

**twin** II.19 близне́ц -а́, -ы́, -о́в

**two** (*with m. & n.*) I.4 (*card. no.*) два; (*with f.*) I.4 (*card. no.*) две; **group of two** II.14 (*collec.*) · дво́е двои́х

**type** II.17 (*pf.*) напеча́та|ть -ю, -ешь, -ют

---

## U

**ugh** I.16 (*interj.*) уф

**Ukraine** I.PL (*f.*) Украи́на -ы

**Ukrainian** I.15 (*m.*) украи́н(е)ц -а; -ы, -ев

**uncle** II.11 (*m.*) дя́д|я -я; -и, -ей

**under** II.14 (*prep.*) под (+ *instr.*)

**understand** I.5 (*impf.*) понима́|ть -ю, -ешь, -ют; I.18 (*pf.*) поня́ть пойм|у́, -ёшь, -у́т

**understood** I.6 (*pred.*) поня́тно

**undertake** II.1 (*pf.*) взяться возьм|у́сь, -ёшься, -у́тся

**undress** II.7 (*pf.*) разде́ть разде́н|у, -ешь, -ут

**uneven** (*numbers*) II.8 (*adj.*) нечётный -ая, -ое, -ые

**unfortunately** II.14 (*phr.*) к сожале́нию

**unhappy, not cheerful** II.14 (*adj.*) невесёл|ый -ая, -ое, -ые

**uniform** I.PL (*f.*) фо́рм|а -ы; -ы, -Ø

**union** I.PL (*m.*) сою́з -а; -ы, -ов

**unique** I.19 (*adj.*) уника́льн|ый -ая, -ое, -ые

**united** I.12 (*adj.*) еди́н|ый -ая, -ое, -ые

**universal** II.7 (*adj.*) универса́льн|ый -ая, -ое, -ые

**university** I.5 (*m.*) университе́т -а; -ы, -ов

**unlikely** II.17 (*adv.*) вряд ли

**unsatisfactory, grade of two (D)** I.2 (*adv.*) неудовлетвори́тельно

**until** II.2 (*prep.*) до (+ *gen.*)

**untruth** I.11 (*f.*) непра́вд|а -ы

**up** II.15 (*adv.*) вверх

**up to** II.2 (*prep.*) до (+ *gen.*)

**upwards** II.15 (*adv.*) вверх

**U.S.A.** I.PL (*indecl. acronym*) США

**U.S.S.R.** I.PL (*indecl. acronym*) СССР

**usually** II.8 (*adv.*) обы́чно

**utterly** II.12 (*adv.*) чрезвыча́йно

**Uzbekistan** I.20 (*m.*) Узбекиста́н -а

---

## V

**vacation** I.16 (*pl.*) кани́кул|ы -Ø

**various** II.4 (*adj.*) разнообра́зн|ый -ая, -ое, -ые; II.6 (*adj.*) ра́зн|ый -ая, -ое, -ые

**vase** I.PL (*f.*) ва́з|а -ы; -ы, -Ø

**vehicle** I.11 (*f.*) пово́зк|а -и; -и, пово́зок

**verse** I.16 (*n.*) стихотворе́ни|е -я; -я, -й; **verses** I.18 (*pl. m.*) стих|и́ -о́в

**very** I.2 (*adv.*) о́чень; **the very** I.11 (*adj.*) са́м|ый -ая, -ое, -ые

**very well** I.14 (*affirm. part.*) ла́дно

**vest** II.14 (*m.*) жиле́т -а; -ы, -ов

**victor** I.18 (*f.*) победи́тельниц|а -ы; -ы, -Ø

**victory** II.13 (*f.*) побе́д|а -ы; -ы, -Ø; **Victory Day** II.13 (*m. phr.*) День побе́ды

**video** II.11 (*indecl. n.*) ви́део; **video camera** I.8 (*f.*) видеока́мер|а -ы; -ы, -Ø; **videocassette** II.11 (*f.*) видеоплёнк|а -и; -и, видеоплёнок; **video film** II.5 (*m.*) видеофи́льм -а; -ы, -ов; **video recorder** I.10 (*m.*) видеомагнитофо́н -а; -ы, -ов; **video recording** II.3 (*f.*) видеоза́пис|ь -и; -и, -ей; **video rental store** II.12 (*m.*) видеосало́н -а; -ы, -ов

**village** I.2 (*f.*) дере́вн|я -и; -и, дереве́нь

**violet** I.11 (*adj.*) фиоле́тов|ый -ая, -ое, -ые; I.11 (*adj.*) лило́в|ый -ая, -ое, -ые

**violin** I.8 (*f.*) скри́пк|а -и; -и, скри́пок

**Virginia** II.1 (*f.*) Вирджи́ни|я -и

**visa** I.PL (*f.*) ви́з|а -ы; -ы, -Ø

**visit** I.PL (*m.*) визи́т -а; -ы, -ов; **visit** I.16 (*impf.*) быва́|ть -ю, -ешь, -ют; **be visiting** быть в гостя́х; **go visiting** идти/е́хать в го́сти

**visitor** II.6 (*m.*) посети́тел|ь -я; -и, -ей

**Vladimir** (*city*) I.19 (*m.*) Влади́мир -а

**Vladivostok, Russian city on the east coast of Siberia** II.16 (*m.*) Владивосто́к -а

**voice** II.11 (*m.*) го́лос -а; -а́, -о́в

**Volga** I.PL (*f.*) Во́лг|а -и

**Volgograd** II.1 (*m.*) Волгогра́д -а

**volleyball** I.PL (*m.*) волейбо́л -а

**volume** I.PL (*m.*) том -а; -а́, -о́в

**volunteer** II.13 (*adj.*) доброво́льческ|ий -ая, -ое, -ые

**Volvo** I.11 (*n.*) Во́льво -а

---

## W

**waiting** II.1 (*n.*) ожида́ни|е -я

**walk** I.6 (*pf.*) пройти́ пройд|у́, -ёшь, -у́т; (*a while*) II.12 (*pf.*) походи́ть похожу́, -ишь, -ят; I.12 (*impf.*) гуля́|ть -ю, -ешь, -ют; (*a bit*) II.12 (*pf.*) погуля́|ть -ю, -ешь, -ют

**walkman** I.8 (*m.*) пле́ер -а; -ы, -ов

**wall** II.11 (*f.*) стен|а́ -ы́; -ы, -Ø; I.19 (*adj.*) насте́нн|ый -ая, -ое, -ые

**walrus** I.16 (*m.*) морж -а́, -и́, -е́й

**want** I.16 (*impf.*) хот|е́ть хочу́, хо́чешь, хо́чет; -и́м, -и́те, -я́т; II.17 (*pf.*) захот|е́ть захочу́, -ешь, -ет; захот|и́м, -и́те, -я́т

**war** I.19 (*f.*) войн|а́ -ы; во́йны, -Ø

**wares** II.2 (*m.*) това́р -а; -ы, -ов; I.4 изде́ли|е -я; -я, -й

**warm** I.16 (*pred.*) тепло́; II.7 (*adj.*) тёпл|ый -ая, -ое, -ые

**way** II.6 (*f.*) алле́я -и; -и, -й; II.14 (*f.*) троп|а́ -ы́; -ы, -Ø; I.12 (*m.*) пут|ь -и́ -и́, -ёй

**wash** II.2 (*impf.*) мыть мо́|ю, -ешь, -ют

**Washington** I.4 (*m.*) Вашингто́н -а

**watch** I.4 (*pl.*) час|ы́ -о́в

**water** II.9 (*f.*) вод|а́ -ы; II.13 (*dim. f.*) води́чк|а -и

**waterpolo** I.17 (*indecl. n.*) ватерпо́ло

**way** I.12 (*m.*) пут|ь -и́; -и, -ёй

**we** I.3 (*pron.*) мы

**weak** I.16 (*adj.*) сла́б|ый -ая, -ое, -ые

**wealthy** II.6 (*adj.*) бога́т|ый -ая, -ое, -ые

**wear** II.13 (*impf.*) надева́|ть -ю, -ешь, -ют; II.14 (*pf.*) надеть наде́н|у, -ешь, -ут

**weather** I.16 (*f.*) пого́д|а -ы

**weave** II.16 (*m.*) тк|ать -у; -ёшь, -ут

**weaver** II.16 (*m.*) ткач -а́; -и́ -е́й

**wedding** II.11 (*f.*) сва́дьб|а -ы, -ы, -Ø

**Wednesday** I.7 (*m.*) сред|а́ -ы

**week** I.18 (*f.*) неде́л|я -и; -и, -Ø

**welcome, you're welcome** I.3 (*part.*) пожа́луйтса

**well** I.1 (*adv./pred.*) хорошо́; I.8 (*part.*) ну; (*not badly*) I.12 (*adv.*) неплохо́

**well done** II.2 (*slang pred.*) здо́рово

**well-dressed** II.14 (*adj.*) наря́дн|ый -ая, -ое, -ые

**well-known** II.6 (*adj.*) изве́стн|ый -ая, -ое, -ые

**western** I.16 (*adj.*) за́падн|ый -ая, -ое, -ые

**what** I.7 (*adj.*) как|о́й -а́я, -о́е, -и́е; I.7 (*pron.*) что

**wheel** I.11 (*n.*) колес|о́ -а́; колёс|а, -Ø

**when, at what time** I.8 (*adv.*) когда́

**where** I.2 (*adv.*) где; **from where** II.1 (*interrog. adv.*) отку́да; **to where** (*adv.*) куда́

**whether** II.17 (*interrog. part.*) ли

**which** I.16 (*rel. pron.*) кото́р|ый -ая, -ое, -ые

**while** I.1 (*adv.*) пока́

**whine** II.9 (*impf.*) визж|а́ть -у́; -и́шь, -а́т

**whiskers** II.3 (*pl.*) ус|ы́ -о́в

**white** I.10 (*adj.*) бе́л|ый -ая, -ое, -ые; II.2 (*dim. adj.*) бе́леньк|ий -ая, -ое, -ие

**who** I.2 (*pron.*) котóр|ый -ая, -ое, -ые
**whose** I.11 (*interrog. pron.*) чей, чья, чьё, чьи
**why** I.11 (*adv.*) почемý
**wicked** II.4 (*adj.*) зл|ой -áя, -óе, -ы́е
**wife** I.3 (*f.*) жен|á -ы́; жён|ы, -Ø
**win** (*first singular not used*) I.13 (*pf.*) побед|и́ть -и́шь, -я́т; I.15 (*pf.*) вы́игра|ть -ю, -ешь, -ют
**wind** I.16 (*m.*) вét(e)p -a; -ы, -ов
**window** I.2 (*n.*) окн|ó -á; óкна, óкон
**winner** I.18 (*f.*) победи́тельниц|а -ы; -ы, -Ø
**winter** I.16 (*f.*) зим|á -ы́; зи́м|ы, -Ø; **in winter** I.16 (*adv.*) зимóй
**wish** I.15 (*impf.*) жела́|ть -ю, -ешь, -ют; II.9 (*n.*) пожела́ни|е -я; -я, -й
**with, along with** I.14 (*prep.*) c (+*instr.*)
**without** II.16 (*prep.*) без (+ *gen.*)
**wolf** I.2 (*m.*) волк -a; -и, -óв
**woman** I.3 (*f.*) жéнщин|а -ы; -ы, -Ø
**wonder, I wonder** II.2 (*pred.*) интерéсно
**wood, wooden** II.6 (*adj.*) деревя́нн|ый -ая, -ое, -ые
**woods** I.16 (*m.*) лес -a; -á, -óв
**word** I.6 (*n.*) слóв|о -a; -á, -Ø
**work** I.3 (*f.*) рабóт|а -ы; -ы, -Ø; I.5 (*impf.*) рабóта|ть -ю, -ешь, -ют; (*a*

*while*) II.12 (*pf.*) порабóта|ть -ю, -ешь, -ют; II.6 (*n.*) произведéни|е -я; -я, -й
**worked, who worked** II.17 (*adj.*) рабóтавш|ий -ая, -ее, -ие
**worker** I.18 (*m. subst.*) рабóч|ий -ая, -ее, -ие
**work out** II.3 (*impf.*) получá|ться -ется, -ются
**world** I.1 (*m.*) мир -a; I.12 (*m.*) свет -a
**worldwide** II.6 (*adj.*) миров|óй -áя, -óе, -ы́е
**worry** II.11 (*impf.*) волновá́ться волнý|юсь, -ешься, -ются; II.19 (*pf.*) надо|éсть -éм; -éшь; -еди́м, -еди́те, -едя́т
**worse** II.18 (*comp. adj./adv.*) хýже
**would** (*conditional part.*) бы
**wrap up warmly** II.14 (*impf.*) укýтыва|ть -ю, -ешь, -ют
**wreath** II.14 (*m.*) вен(ó)к -á; -и́, -óв
**write** I.6 (*impf.*) писáть пиш|ý, -ешь, -ут; I.16 (*pf.*) написáть напишý, напи́ш|ешь, -ут
**writer** I.16 (*m.*) писáтел|ь -я; -и, -ей
**written selection** I.PL (*m.*) тéкст -a; -ы, -ов
**Wyoming** II.1 (*m.*) Вайóминг -a

---

**Y**
**Yalta** I.PL (*f.*) Ялт|а -ы
**yard** II.14 (*m.*) двор -á; -ы́, -óв
**year** I.9 (*m.*) год -a; -ы, -óв (лет)
**yellow** I.11 (*adj.*) жёлт|ый -ая, -ое, -ые
**yes** I.1 (*adv.*) да
**yesterday** I.13 (*adv.*) вчерá; **yesterday's** I.14 (*adj.*) вчерáшн|ий -яя, -ее, -ие
**you** I.1 (*plural/polite pers. pron.*) вы
**young** II.4 (*adj.*) молод|óй -áя, -óе, -ы́е
**young people** II.14 (*m. n. singular only*) молодёж|ь -и
**your** I.1 (*poss. adj.*) твой, твоя́, твоё, твои́; I.3 (*poss. adj.*) ваш -а, -е, -и
**youth, young people** II.14 (*m. n. singular only*) молодёж|ь -и
**Yuri Dolgoruky** (*founder of Moscow*) II.6 (*m. name*) Юрий Долгорýкий

---

**Z**
**Zaporozhets** (*automobile*) I.11 (*m.*) Запорóж(е)ц -a; -ы, -ев
**zero** I.16 (*m.*) нол|ь -я́; -и́, -éй
**Zhiguli** (*automobile*) I.11 (*indecl. n.*) Жигули́

парфюмерия игрушки:
мяч
грузовик
пирамида

обувь

собо
тапки
туфли

мужская одежда
шапка
шуба
костюм

Женская одежда
юбка
платье
блузка

---

парфюмерия игрушки:
мяч
грузовик
пирамида

обувь

собо
тапки
туфли

мужская одежда
шапка
шуба
костюм

Женская одежда
юбка
платье
блузка